까칠한 정치, 우직한 법을 만나다

까칠한 정치, 우직한 법을 만나다

ⓒ 승지홍 2016

초판 1쇄	2016년 2월 27일		
초판 4쇄	2024년 5월 13일		

지은이	승지홍		

출판책임	박성규	펴낸이	이정원
편집주간	선우미정	펴낸곳	도서출판 들녘
기획이사	이지윤	등록일자	1987년 12월 12일
편집	이동하·이수연·김혜민	등록번호	10-156
디자인	하민우·고유단	주소	경기도 파주시 회동길 198
마케팅	전병우	전화	031-955-7374 (대표)
경영지원	김은주·나수정		031-955-7381 (편집)
제작관리	구법모	팩스	031-955-7393
물류관리	엄철용	이메일	dulnyouk@dulnyouk.co.kr

ISBN	979-11-5925-133-7 (43300)

까칠한 정치, 우직한 법을 만나다

승지홍 지음

들녘

더불어 가는 길, 당당하고 행복하게!

법과 정치, 생각만 해도 왠지 딱딱하게 느껴집니다. "꼭 알아야 되는 건가?" 하면서 고개를 갸우뚱할 수도 있습니다. "혼탁한 세상에 물들지 않고 뚝심 있게 살아가면 되는 거지, 법은 무슨!" 하는 친구도 있을지 모르고요. 하지만 법과 정치는 사람과 사람의 관계 속에서 꼭 필요한 제도입니다. 사람들이 만든 조밀한 관계의 망 속에 나타나는 다양한 의견과 다툼을 해결해가는 것이 바로 정치이고 법이지요. 그러니 지금 당장 나와 상관없다며 무시해버리면 나중에 돌이킬 수 없는 결과를 불러올 수도 있답니다. 법과 정치는 딱딱한 학문이 아니라 친절한 상식입니다. 살아가는 데 꼭 필요한 '실용지식'이죠.

인생을 살아가는 데 있어 가장 중요한 것은 세상을 아는 일입니다. 이 세상은 모든 인생의 터전이니까요. 그러면, 어떻게 해야 세상을 알고 이해할 수 있을까요? 저는 그 무엇보다 법과 정치의 메커니즘을 잘 아는 것이 세상을 이해하는 지름길이라 생각합니다. 법과 정치는 경제, 역사, 문화 등등 사회 전반의 이야기를 다 포괄하는 인문교양의 종합선물세트거든요. 게다가 법과 정치에 관심을 가지면 불필요한 다툼을 하거나 억울하게 피해를 입지 않아도 되니, 매우 실용적이기도 합니다. 말과 상식이 통하지 않는 무지막지한 상황에 부딪쳤을 때 가장 큰 도움을 청할 수 있는 것은 그 무엇도 아닌 법과 정치잖아요?

이 책은 "법과 정치를 쉽고 재미있게 공부할 수 있는 인문교양서를 만들어 보자"는 취지에서 출발했습니다. 교육현장에서 생활하는 만큼 여러분 또래의 청소년들이 교과서에 나온 사전적 정의를 억지로 외우고 공부하면서 한숨을 폭폭 쉬는 모습을 수없이 보았기 때문인데요. 따라서 저는 법과 정치에 관련된 여러 내용들이 실제로 주변에서 어떤 식으로 전개되는지, 우리의 일상과 어떤 관계를 맺는지 친절하게 알려드릴 생각입니다. "쉽게, 재미있게, 쓸모 있게!"라는 세 가지 원칙을 고수한 이유이기도 합니다.

저는 여러분이 이 책을 읽으면서 지식을 얻는 데 만족하지 않고 '당당하고 행복하게 살아가는 개인', 그리고 '배려하며 함께하는 삶'에 대해 진지하게 고민해보기를 바랍니다. 법과 정치라는 제도를 이해하고, 그 제도가 구현된 사회 안에서 살아가는 구성원의 권리와 의무를 알고, 인류가 함께 살아가는 지구촌에 대해 관심을 가진다는 것은 결국 '행복한 개인'과 '건강한 사회'를 위해 꼭 필요한 과정이니까요.

이 책이 나오기까지 도움을 주신 분들께 고마움을 전합니다. 항상 곁에서 조언을 아끼지 않고 힘이 되어주신 최승후, 조석주, 배호준, 박성민 선생님께 감사드립니다. 늘 내 편이 되어주시는 부모님, 장인·장모님, 예쁜 두 아들 시우·찬우, 그리고 이 책이 나오기까지 함께 애써주신 들녘출판사 식구들에게도 감사드립니다. 특히 모든 글을 읽고 내용의 감수까지 도맡으며 성원을 아끼지 않았던 아내에게 감사와 큰 사랑을 전합니다.

2016년 2월
승지홍

차례

헌법으로 지은 나라

나, 민법 좀 아는 사람이야

사회생활 & 범죄의 재구성

손에 손 잡고, 벽을 넘어서

응답하라, 민주정치

외딴 섬에서 염소를 기르고 보리를 재배하며 홀로 살아가는 남자. 덥수룩한 수염에 왠지 쓸쓸해 보이는 표정을 지닌 이 남자는… 예, 로빈슨 크루소입니다. 그런데 이 사람, 자신만의 터전을 가꾸는 데 성공한 뒤에도 끊임없이 탈출을 시도합니다. 고국으로 돌아가 평범하게, 남들과 어울려 살고 싶어서요. 결국 그는 고군분투 끝에 영국으로 돌아가게 되는데요. 영국으로 돌아간 크루소는 '남들과 다투지 않고 행복하게 오래오래' 살았을까요? 꼭 그렇지는 않았을 겁니다. 사람과 사람이 어울려 살다 보면 크고 작은 갈등을 겪게 마련이니까요. 하지만 크루소가 다시 무인도로 돌아갔다는 이야기는 들어본 적 없지요? 부나 권력, 명예 등을 더 많이 차지하려고 남과 다투기도 했을 테고, 친구나 이웃과 의견이 달라 충돌하기도 했을 테지만, '어떻게든' 자신이 몸 담은 사회에 적응하며 살아갔을 터입니다. 이제부터 우리는 바로 그 '어떻게든'에 해당하는 이야기들을 살펴볼 거예요. 혼자서 살 수 없는 인간이 다른 인간들과 관계를 맺으며 살아가려면 어떻게 해야 하는지, 어떤 도움을 받아야 하는지, 시시각각 닥치는 위기에서 벗어나게 해주는 것은 무엇인지, 다양한 사람이 모여 이룬 사회를 유지해주는 원리는 과연 어떤 것인지 한번 탐색해볼까요?

사는 게 뭐라고, 정치가 뭐라고!

사랑하는 연인 사이에도 가끔 먹구름이 낄 때가 있습니다. 평소 피자를 즐겨 먹던 커플도 날씨나 분위기에 따라 서로 먹고 싶은 음식이 달라지는 바람에 말다툼을 하기도 하죠. 여러분이라면 어떻게 하시겠어요? 다투기 싫어서 양보하나요, 자신의 의견이 통할 때까지 밀어붙이나요, 상대방의 의견을 존중하는 가운데 합리적인 방법을 찾아내려 노력하나요? 제가 이런 모습을 보면서 "여러분은 지금 정치를 한 거야!"라고 말하면 모두 깜짝 놀라겠지요? "에이~, 이렇게 시시한 일이 무슨 정치예요? 정치는 어른들이 국회에서 하는 거잖아요?" 하고 반문할 친구들도 있을 테고요.

그런데 여러분, '어른들이 국회에서 나라와 관련된 일을 결정하는 행위'만 정치가 아니랍니다. 연인끼리 저녁 메뉴를 결정하거나 친구들과 피자를 나누어 먹는 것처럼 이해관계를 해결하기 위해 꼭 필요한 것이 바로 정치예요. 시시하고 사소해 보일지라도 분명 정치한 거 맞습니다. 정치란 곧 '구성원 간의 대립과 갈등을 조정하여 해결'하는 것, 다시 말해 '사람들 사이의 의견 차이나 이해관계를 둘러싼 다툼을 해결하는 과정'입니다.

그러니까 "정치는 정치가가 하는 일이지, 나랑 무슨 상관이 있어?"라 생각했던 친구들은 이번 기회에 여러분의 일상을 자세히 들여다보세요. 동아리 친구들과 축제에서 부를 노래를 정하거나 체육대회 응원단장을 뽑는 일처럼 우리의 일상생활 속에도 정치가 들어 있다는 걸 알게 될 겁니다. 그래도 '정치'라는 말을 들으면 제일 먼저 국회의원이나 대통령 같은 사람들이 떠오른다고요? 예, 그럴 거예요. 하지만 정치가 그들의 전유물은 아니지요.

생각보다 가까운 정치

어느 동네에 지하철을 개통할 것인가, 자유무역협정(FTA)을 체결할 것인가 등 지역이나 국가 차원에서 결정을 내려야 하는 사안들이 있습니다. 지하철이 생기면 우리 동네 집값이 올라갈 수 있고, 국가가 식량 부족 문제를 해결하지 못하면 그 사회는 혼란에 빠질 수도 있겠지요. 어떤 결정을 내리는가에 따라 지역과 국가는 여러모로 영향을 받게 되는데요. 이처럼 국가와 지역의 중요 사안을 다루는 활동을 '좁은 의미의 정치'라 합니다. 정치가들이 하는 일이지만, 결과적으로 우리의 생활에 큰 영향력을 행사하지요.

우리 일상에도 무엇인가를 결정해야 하는 일들이 많습니다. 체육대회에서 입을 유니폼을 정하는 학급회의, 교내 학생회장 선거, 놀이터 부족을 해결하기 위한 주민 반상회, 나와 동생의 용돈을 결정하기 위한 가족회의 같은 것들이죠. 이는 대개 사람들 사이의 갈등이나 문제를 해결하는 과정에서 필요한데요. 이를 '넓은 의미의 정치'라 봅니다.

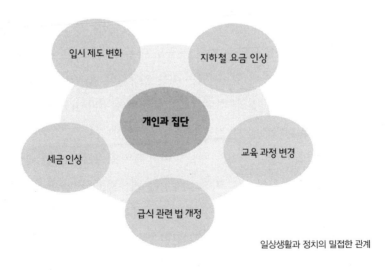

일상생활과 정치의 밀접한 관계

13

그런데 사람들이 모여 의사 결정을 하다 보면 입장 차이로 다툼이 벌어지게 마련입니다. 동네 반상회나 학교, 회사, 국회에서도 말이지요. 눈앞에 놓인 문제를 해결하려고 모인 것은 맞는데, 논의가 진행될수록 입장이 달라 싸움이 벌어지기 일쑤입니다. 대체 왜 이런 일이 벌어질까요?

갈등을 해결해줘!

매력이 철철 넘치는 K-POP 가수들의 인기는 하늘을 찌릅니다. 그 위세가 얼마나 대단한지요! 그러다 보니 이들처럼 되고 싶어 하는 많은 청춘들이 각종 오디션 프로그램에 나가 기량을 겨루곤 합니다. 하지만 정상의 자리는 늘 한정되어 있어요. 누군가는 스타가 되지만 대다수 사람들은 그저 바라볼 수밖에 없습니다. 물질이나 명예, 지위, 권력도 마찬가지예요. 바라는 사람은 많은데 정작 이것들을 손에 쥘 수 있는 이는 드뭅니다. 좀 딱딱한 말로 표현하자면 '사회적 자원의 희소성' 때문인데요. 이처럼 한정된 자원을 두고 사람들이 서로 더 많이 가지려 할 때 갈등과 경쟁이 발생합니다.

그렇다고 "법은 멀고 주먹은 가깝다"면서 무력을 행사하면 안 되잖아요? 예, 정치가 필요한 순간입니다. 무조건 싸우는 게 아니라 정당한 절차를 만들어 이를 관리하고, 의견을 피력할 수 있는 대표자를 뽑고, 그에게 권위를 주는 일련의 행동들이죠. 이때 갈등을 해결하려고 준비하는 절차와 기준, 방법 등은 사회 구성원들이 모두 동의하고 공유한 것이어야 합니다. 사회는 이를 위해 법에 따른 재판, 정부의 조정과 중재, 관련 집단 간의 합의, 법의 제정과 개정 등을 활용하는데요. 이 같은 갈등들이 어떻게 해결되는지 한번 살펴볼게요.

A마을이 산업단지건설 문제로 몸살을 앓고 있습니다. 지역 주민과 지방자치단체 사이에 갈등이 불거졌거든요. 산업단지 조성은 후보지로 거론되는 지역에 분란을 일으키는 대표적인 사안입니다. 건설 과정에 따르는 환경오염 문제가 주 요인인데요. 하지만 이 지역을 선정한 데에 나름의 이유가 있을 터이므로 무조건 반대하거나 포기할 수는 없습니다. 치열한 갑론을박 끝에 A마을은 결국 산업단지 건설을 받아들이게 돼요. 어떤 노력들이 있었던 걸까요? 지자체에서는 공사 도중 발생할 수 있는 환경오염 문제를 최소화하고, 산업단지 건설 후 지역 주민이 취업할 경우 가산점을 부여하겠다고 약속했다고 합니다. 이 경우, 관련 집단 간 합의를 통해 갈등을 해결한 사례로 볼 수 있겠군요.

이스턴 가라사대

마을에 엄청난 부자가 살고 있습니다. 드라마에서나 볼 수 있는 부잣집이죠. 그런데 바로 아랫골목엔 너무나 가난한 사람들이 살고 있습니다. 같은 하늘을 머리에 이고 전혀 다른 세상에서 살아가지요. 어째서 이런 빈부격차가 생기는 걸까요? 가난한 사람들은 왜 가난할까요? 많이 배우지 못해서, 몸이 불편해서, 사회적 약자이기 때문에…. 물론 많은 이유가 있을 것입니다. 그러니 "할 수 없지" 하면서 방치해야 할까요? 국가가 개입해 법과 제도를 만들고, 누군가의 부를 거둬 사회적 약자에게 나누어줄 수 없는 걸까요?

정치학자 이스턴[1]의 주장을 들어봅시다. 이스턴은 "사회적 가치를 권위적으

---

1 이스턴(David Easton)은 캐나다 출신의 정치학자로 정치 분석의 일반적인 구조를 정치 체계로 제시하고, 정치과정을 피드백 과정으로 설명했다. 정치에 대해 가장 널리 쓰이는 학문적 정의인 '가치의 권위적 배분'을 주장했다.

로 배분하는 과정이 정치다"라 말합니다. 위의 경우에 대입해본다면, 정부가 부자들에게 세금을 제대로 걷어서 가난한 사람들에게 나누어주는 권위를 가진 활동이 곧 정치라는 뜻인데요. 이스턴이 말하는 정치체계론(정치과정)을 잠시 알아볼게요.

이스턴은 정치체계론에서 "사회적 가치를 권위적으로 배분하는 과정은 정책으로 나오고, 정책의 결정은 정부와 같이 권위를 부여받은 기관에 의해 이루어진다"고 말합니다. 즉, 정부는 국민의 요구와 지지를 바탕으로 정책을 결정해야 한다는 의미인데요. 결정된 정책은 국민의 요구에 어느 정도 부응하는가에 따라 새로운 요구로 나타나게 됩니다. 그는 특히 '체계'라는 개념을 도입해 정치를 설명해요. 이 개념은 여러분이 중학교 수학 시간에 배운 함수 상자를 떠올리면 좀 더 쉽게 이해할 수 있어요. 특정 값을 넣으면 그에 따른 결과 값이 나오는 함수 상자 기억나시죠? 동전을 넣으면 음료수가 덜컹 하고 떨어지는 자판기와 같은 건데요. 이스턴은 정치가 '투입-산출-환류' 과정을 통해 진행된다고 설명합니다.

먼저 투입(input)을 볼게요. 투입은 국민이 정부에 보여주는 모든 정치 행동입니다. 국민의 투입은 '요구와 지지'[2]로 이루어져요. 예를 들어 여러분 다수가 선생님에게 "진도가 너무 빨라요, 좀 천천히 설명해주세요"라고 부탁하거나 "관련 자료를 영상으로 보여주세요"라 말하는 것은 요구에 속합니다. 이때 선생님이 여러분의 요청을 모두 들어준다면 "우리 선생님 짱이야!"라며 엄지손가락을 치켜 올릴 텐데요. 이것은 지지에 해당합니다. 이렇듯 국민에 의해 투입이 행해지면 행정부와 같은 정책 결정 기구에선 그에 대한 '일정한 반

---

2 '요구'는 정치체제(정책 결정 기구)에 대하여 어떤 정책을 만들어 집행해달라는 국민의 희망과 기대를 말한다. '지지'는 정치체제의 산출 결과가 국민에게 만족감을 주었을 때, 국민이 정치체제에 대해 호의적인 모습을 보이는 것이다.

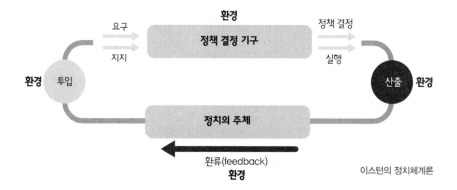

응'을 보여줍니다. 새로운 정책을 발표하는 등 다양한 방식으로 말이에요. 이게 바로 산출입니다. 즉 산출은 국민의 요구와 지지를 바탕으로 정책 결정 기구가 정책을 결정하고 실행하는 과정입니다. 그리고 정책이 결정되고 실행되면 정치의 주체인 국민은 정책에 대해서 평가를 내리고 개선책들을 제시합니다. 또, 이 내용들을 다시 정책에 반영하게 됩니다. 정책 결정은 이러한 환류(feedback)[3] 과정을 거칩니다. 산출된 정책이 외부 환경[4]의 영향을 받아 새로운 투입으로 이어지는 것이죠. 그러면 또 투입에 대한 적절한 정책이 산출되고, 산출된 정책은 다시 환경에 영향을 주게 됩니다.

이스턴은 이와 같은 투입-산출의 체계를 유기체에 비유했습니다. 유기체가 살아가기 위해서는 주변 환경으로부터 영양분을 투입 받아서 에너지를 산출해야 합니다. 이와 마찬가지로 정치 체계도 주변 환경으로부터 투입-산출의 과정을 거친다는 뜻이지요.

반가워요, 민주주의

민주주의를 배울 때 단골로 등장하는 사람들이 있습니다. 링컨, 마틴 루서

---

3 민주정치의 핵심은 국민의 끊임없는 투입과 국가기관이 정책을 결정해 실행에 옮긴 후 뒤따르는 환류이다.

4 상태, 자연, 경제, 정치, 교육, 인구, 문화 등이다.

킹, 간디 등인데요. 링컨은 게티즈버그 연설 중 "국민의(of the people), 국민에 의한(by the people), 국민을 위한(for the people) 정치"라는 말로, 마틴 루서 킹은 인종 차별에 반대하는 "나에겐 꿈이 있습니다"는 뜨거운 연설로, 그리고 간디는 '무저항 비폭력주의'로 유명합니다.

여기서 질문! "민주주의가 뭘까요?" 초등학교 때부터 민주주의에 대해 배웠는데, 막상 그 의미를 설명하려니 쉽지가 않습니다. 민주주의란 앞서 링컨이 말한 것처럼 국민이 주인이 되어 국민을 위한 정치가 이루어지는 제도를 말해요. 이 원칙에 따라 '국민의, 국민에 의한, 국민을 위한' 정치를 하는 게 바로 민주정치입니다. 국민의 정치란 나라의 주인이 왕도, 대통령도 아닌 바로 국민이란 뜻이고(국민 주권), 국민에 의한 정치는 국민들이 정치에 참여해 나라를 다스린다는 뜻이며(국민 자치), 국민을 위한 정치란 나랏일이 국민의 행복을 위한 것이어야 한다는 뜻입니다(국민 복지).

민주주의는 흔히 여행용 가방 같다고들 합니다. 똑같은 가방이라 해도 주인에 따라 내용물이 달라지듯 민주주의도 주장하는 사람에 따라 의미가 달라질 수 있다는 뜻인데요. 알다시피 민주주의는 다수를 위하는 제도입니다. 하지만 자기 욕심만 챙기려는 사람에게는 거추장스럽고 불편한 제도일 뿐이죠. "남들 이야기 들어줄 여유 없어. 한 번 틈을 보이면 너도나도 아우성칠 텐데. 그냥 내 맘대로 해"라고 생각합니다. 이런 사람은

국민에 의한 정치

국민을 위한 정치

투표함

내가 이 나라의 주인이야!

천만에, 우리 국민이 주인이지!

국민의 정치

"내가 바로 정치의 주인공이라고!"
민주정치는 국민의 주도로 이루어진다.

게티즈버그에서 연설 중인 미국 16대 대통령 링컨(위), 마틴 루서 킹(아래 좌), 마하트마 간디(아래 우)

십중팔구 모든 걸 자기 마음대로 해도 되는 독재[5]를 원해요. 독재 엄마, 독재 회장, 독재 대통령이 나오는 건 다 이런 맥락 때문이죠.

민주주의의 얼굴과 마음

민주주의는 적용 범위와 의미에 따라 정치형태로서의 민주주의, 생활양식으로서의 민주주의, 이념으로서의 민주주의로 나눌 수 있습니다. 먼저 정치형태로서의 민주주의를 살펴볼게요. 민주주의는 정치적인 용어라 했지요? 따라서 다스리고 다스림을 받는 형태, 즉 정치상의 목적과 의미가 중요합니다. 민주주의의 핵심 원리를 '스스로 지도자를 뽑고 법을 만들어 자신들이 세운 지도자의 지배와 법의 통제를 받는 것'이라 보는 이유입니다.

> **TIP**
> 민주주의는 영어로 'democracy(데모크라시)'라고 쓰는데, 이는 그리스어 'demokratia(데모크라티아)'에서 유래했다. 민중 또는 다수를 뜻하는 'demos(데모스)'와 지배를 뜻하는 'kratia(크라티아)'가 합쳐진 단어이다. 그러므로 demokratia는 '다수(또는 시민)에 의한 지배(또는 통치)'를 의미한다.

생활양식으로서의 민주주의는 한결 가깝게 느껴지면서도 살짝 추상적입니다. 왜냐하면 정신적 자세, 생활태도, 사고방식, 행동양식 등 민주정치의 바탕을 이루는 생활양식을 의미하거든요. 개개인에 해당되는 사안인 만큼 지적을 하거나 충고를 할 수는 있어도 강제하기는 힘듭니다. 동아리 여행을 준비하는 과정에서 K형이 "내가 리더니까 모두 내 말을 따르라!" 한다면 어떨까요? 이러쿵저러쿵 불만을 표할 수는 있겠지만 "그런 생각은 민주적이지 않아요" 하면서 단칼에 K형의 생각을 바꿀 수는 없잖아요. 사실 우리는 민주주의를 너무 멀리 두고 생각하는 경향이 있어요. 정치 같은 특정 범위에만 적용되

---

5 독재는 다수에게는 나쁜 제도지만 권력을 독점한 소수에겐 더할 나위 없는 제도이다. 민주주의의 보편적 요소를 부정하기 때문에 '독재정치=민주주의'라고 할 수 없다.

는 게 아니라 우리 일상에 스며들어야 하는 건데 말입니다. 타인의 인격과 의사를 존중[6]하고 서로 신뢰하면서 타협[7]을 통해 문제를 해결하는 방식이야말로 생활양식으로서의 민주주의거든요.

마지막으로 이념으로서의 민주주의를 살펴볼게요. 민주주의는 그 자체로 이념을 의미하기도 합니다. 국어사전에도 "국민이 권력을 가지고 그 권력을 스스로 행사하는 제도나 그런 정치를 지향하는 사상"이라 나와 있어요. 민주주의의 이념 중 가장 근본적인 것이 인간 존중입니다. 재산이 많든 적든, 공부를 많이 했든 하지 않았든… 인간은 누구나 자유와 평등을 누릴 권리가 있고 존중받을 가치가 있다는 말인데요. 한마디로 인간의 존엄성이 보장되어야 한다는 뜻입니다. 이제 자유와 평등에 대해 좀 더 자세히 탐색해볼게요.

그럼, 다수결에 따라 산으로 가자.

!

다수결이 반드시 좋은 건 아닌데…

---

6 내 생각이 중요한 만큼 다른 사람의 생각이나 생활방식을 중요하게 여겨 이를 존중하고 인정하는 것을 '톨레랑스(tolerance)'라 한다. 프랑스어로 '관용, 인내'라는 뜻이다.

7 타협은 대화와 토론을 통해 이루어진다. 내 생각만 강요하지 않고 상대방의 의견과 생각을 존중하는 것이 민주적인 결정을 위한 기본인데, 이때 토론은 옳고 그름을 따져 논의하는 것이고, 타협은 다툼이 있을 때 서로 양보하며 의견 차이를 줄여가는 것이다. 그런데 토론을 열심히 해도 결론이 나지 않을 수 있다. 이럴 때엔 다수결의 원칙을 따라야 한다. 다수결의 원칙이란 말 그대로 많은 사람이 선택한 의견에 따라 문제를 해결하는 방법이다. 명심해야 할 점은 잠재적인 변동 가능성이다. 즉 현재의 다수가 얼마 뒤에 소수가 될 수 있고, 지금의 소수는 다수가 될 수도 있다는 것을 말한다.

오~ 자유, 아~ 평등!

여러분, 프랑스의 작가 빅토르 위고가 쓴 장편 소설 『레미제라블』 아시지요? 주인공 장 발장은 빵 한 조각을 훔친 죄로 19년 동안 옥살이를 하고 나온 후 주교(主教)의 자비심에 감화하여 사랑을 깨닫게 되고, 그 뒤 정치가로서 선정(善政)을 베풉니다. 『레미제라블』은 2012년 겨울 국내에서도 개봉되어 많은 사람의 심금을 울렸어요. 특히 1832년의 6월 봉기[8] 장면과 「민중의 노래」가 감동적이었는데요. 프랑스는 이미 43년 전 더 큰 혁명을 경험한 적이 있습니다. 예, 1789년에서 1794년까지 프랑스를 뒤흔들고, 세계사에 일대 획을 그었던 시민혁명인 프랑스대혁명입니다.

시민들에게 공격받는 바스티유 감옥(좌) 1832년의 6월 봉기(1870년 그림)(우)

제가 시민혁명 이야기를 꺼낸 이유는 자유에 대해 설명하고 싶었기 때문입니다. 자유란 '외부의 구속과 강제 없이 자신의 의지에 따라 행동을 선택할 수 있는 상태'를 의미하는데요. 이 같은 자유 개념이 봉건시대의 불평등한 신분제로부터의 해방이라는 사상을 꽃피우고 마침내 유럽에서 시민혁명을 일으킨 것입니다. 시민혁명은 신분적 예속, 국왕의 절대적 권한과 억압, 구조적

8 1832년 6월 5일부터 6월 6일까지 파리에서 군주제 폐지를 기치로 일어난 항쟁이다. 1830년 7월 혁명으로 세워진 루이 필리프의 왕정에 불만을 품고 있던 공화주의자들이 봉기를 일으켰다가 실패한 사건이다.

모순, 인간 지배 현상을 무너뜨린 사건으로 그 결과 기본 인권의 첫째 자리에 비로소 자유가 놓일 수 있었어요.

자유는 외부로부터 속박 당하지 않는 상태를 가리키는 '소극적 의미의 자유(국가로부터의 자유)'와 자신이 하고자 하는 바를 적극적으로 행할 수 있는 상태를 의미하는 '적극적 의미의 자유(국가에 의한 자유)'로 나눌 수 있습니다. 초창기의 자유 개념은 '국가 권력으로부터의 자유'를 의미했어요. 국가의 억압이나 간섭에서 벗어날 권리를 뜻하는 것으로 헌법과 법률에 의하여 보장된 자유를 뜻했습니다(법률적 자유). 그 후 자유의 개념은 두 차례에 걸쳐 중요한 변화를 겪게 됩니다. 참정권을 강조하는 근대민주주의 시대에 들어서면 '국가에 대한 자유', 즉 개인이 다양한 정치활동에 참여할 수 있는 자유로 의미가 바뀌지요(정치적 자유). 그러다가 사회권이 강조되는 현대 사회에 들어서면 '국가에 의한 자유'로 의미가 변합니다. 경제적·사회적으로 평등한 기회를 보장받는 자유를 말하는데요(경제적·사회적 자유). 이 세 가지 개념은 서로 대립하거나 새로운 것이 나왔다고 해서 그 전의 것이 사라지는 게 아니라 상생하며 상호 보완적으로 사용됩니다.

평등은 '신분적 특권을 배제하고 모든 인간이 동등한 권리를 갖는 상태'를 말합니다. 평등도 두 가지 개념으로 나누어 생각할 수 있어요. 먼저 '절대적 평등(형식적 평등)'이란 개인차를 인정하지 않고 모든 사람을 똑같이 대우하는 것을 의미합니다. 같은 일을 한 사람에게 같은 임금을 주는 것, 남자, 여자, 장애인에 상관없이 똑같은 학력이 되면 수능응시 자격을 주는 것은 절대적 평등에 해당합니다. 그런데 여기서 문제가 발생해요. 현실적 차이(선천적 조건, 능력차 등)를 고려하지 않기 때문에 '실질적 불평등'이 발생할 수 있다는 점입니다. 예를 들어 "우리 회사는 절대적 평등을 고수합니다!" 하면서 같은 부서에 근무하는 신입사원과 5년 경력자에게 같은 급여를 준다면 어떻게 될까요?

또 우사인 볼트와 여러분이 동일선상에서 출발하는 100미터 달리기를 해야 한다면 어떻게 되겠어요? 어느 경우든, 어느 쪽이든 "뭔가 단단히 잘못됐어" 하고 느낄 겁니다.

이를 보완하는 것이 '상대적 평등(실질적 평등)' 개념입니다. 상대적 평등은 사람들이 처한 조건의 차이를 인정하고, 이 차이를 극복하기 위해 약자를 적극적으로 배려하는 개념이에요. 무조건 절대적 평등을 강요하기보다 현실적으로 발생하는 차이를 극복하는 데 더 노력하는 것입니다. "선생님, 차이를 무조건 인정하는 게 오히려 차별 아닌가요?" 좋은 질문입니다. 제가 말하는 차이의 인정은 사회적 약자를 위한 적극적 배려를 의미하는데요. 대학에 입학할 때 국가 유공자 자녀에게 가산점을 주는 제도, 우수한 평가를 받은 대학에 운영 보조금을 추가로 지급하는 것, 돈을 많이 번 사람들에게 세금을 더 많이 내게 하는 조세제도 등이 해당합니다.[9]

민주주의, 원리를 찾아라

여러분은 민주주의라는 말을 들으면 어떤 이미지가 떠오르세요? 저는 오케스트라가 연주하는 모습이 연상됩니다. 여러 사람이 다양한 악기를 통해 자기 소리와 남의 소리를 아우르는 모습을 보면 정말 감격스러워요. 어느 악기 하나 소외되는 법 없이 자기 몫을 하고, 서로의 색깔을 존중하면서 하나의 멋진 음악을 완성하잖아요? 민주주의도 그런 게 아닐까 싶습니다. 실은 아주 상식적이죠.

민주주의는 인간의 존엄성 및 자유와 평등을 보장하는 제도입니다. 누구나

---

9 평등의 개념은 '같은 것은 같게, 다른 것은 다르게'로 생각해볼 수 있다. 선거권처럼 모든 국민에게 똑같이 인정해줘야 할 권리는 절대적 평등에 입각하여 부여하되, 시험 성적처럼 노력의 차이가 결과로 나오는 경우엔 더 열심히 한 사람에게 실질적 평등의 원리를 따라 대가를 주는 것이다.

아는 해석이에요. 그런데 우리는 여기서 '제도'란 표현에 주목해야 합니다. 앞에서 살펴본 것처럼 '생활양식으로서의 민주주의'나 '이념으로서의 민주주의'에 대해 충분히 이해하고 실천하기 위해 노력한다 해도 이를 뒷받침해줄 원리와 제도가 없으면 모든 게 허사가 되기 때문인데요. 민주주의에 입각한 정치를 하려면 여러 가지 원리와 제도가 필요합니다. 집 지을 때 가장 먼저 주춧돌을 놓고 기둥을 세우듯, 나랏일을 할 때도 원리와 제도가 마련되어야 하죠.

민주주의의 기본 원리는 국민주권, 대의제, 입헌주의, 권력분립, 지방자치입니다. 가장 중요한 것들이죠. 옛날에는 왕이 나라의 주인이며, 이게 신의 뜻이라 여겼습니다. 저 유명한 왕권신수설 같은 것인데요. '왕의 권력은 신이 부여한다'는 뜻으로 국가는 신의 의지에 따라 형성되었다는 말입니다. 따라서 인민은 왕에게 절대 복종해야 한다고 주장해요. 왕권신수설을 바탕으로 군주에게 주권이 있다는 의미의 '군주주권설'이 등장하기도 했답니다. 물론 왕이 모든 것을 마음대로 했던 시절에도 법과 제도는 존재했어요(비록 장식에 불과했지만요). 프랑스 왕 루이 14세가 남겼다는 "짐이 곧 법이다"[10]는 말은 흔히 왕권신수설을 이야기할 때 회자되요. 지금은 어떤가요? 이렇게 생각하는 사람이 있다면 다들 "큰일 날 소리!" 하겠지요? 국민이야말로 나라의 주인이니까요. 이를 국민주권의 원리라 합니다.

그런데 여러분, 나라의 주인이 국민이라고 해서 중요한 사안을 결정

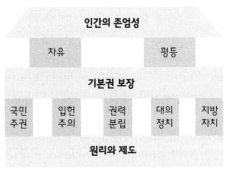

민주주의는 튼튼하고 정교하게 지어진 멋진 건축물과 같다.

---

10 "짐이 곧 법이다"라는 말은 프랑스의 계몽주의 작가 볼테르가 창작한 것으로 보이며, 실제로는 "짐은 이제 죽는다. 그러나 국가는 영원하리라"고 말했다고 한다.

할 때마다 온 국민이 모여 합의를 보는 게 가능할까요? 우리 사회는 복잡하고 규모가 크기 때문에 모든 국민이 직접 정치에 참여하기 힘듭니다. 그래서 선거를 통해 대표를 뽑아 간접적으로 정치에 참여하지요. 이를 국민 대신 정치에 참여한다고 하여 '대의민주정치'라 합니다. 대표자를 선출하여 그로 하여금 국민의 의사를 대신하도록 하는 대의제의 원칙[11]은 간접민주정치에서 필연적인 제도입니다.

태양왕 루이 14세

'입헌주의'는 헌법에 의한 통치를 뜻해요. 법률에 따른 통치를 강조하는 법치주의와 유사한 개념입니다. 객관적인 통치 기준인 법이 없다면 권력을 손에 쥔 통치권자가 자의적으로 국가를 운영하면서 국민에게 영향력을 행사할 수 있잖아요? 입헌주의 내지 법치주의는 이를 방지하려는 정치 원리입니다.

그런데 하나의 국가 기관이 지나치게 강한 권력을 갖게 되면 국민의 자유와 권리가 위협을 당하기 쉽습니다. 이를 방지하고자 여러 기관에 힘을 나누어놓는 것을 '권력 분립'이라 해요. 법을 제정하는 권한은 입법부(국회)에, 법을 집행하는 권한은 행정부에, 법을 적용하고 판단하는 권한은 사법부(법원)에 두지요. 이처럼 국가 권력을 분산시키는 이유는 상호 견제와 균형을 통해 권력이 남용되는 것을 막으려는 것입니다. 특히 중앙에 집중된 권력을 지방으

---

11 간접민주주의 또는 대의민주정치는 주로 의회를 통해 이루어지기 때문에 '의회민주주의'라고도 한다. 고대 그리스처럼 사회 구성원들이 의사결정에 직접 참여하는 것이 아니라, 대표 또는 대리인을 통해 정치에 참여하는 제도이다.

로 분산시켜 지역 주민들 스스로 자기가 살고 있는 지역 정치에 참여하게 하는 '지방자치' 역시 민주주의의 기초 원리 중 하나인데요. 지방자치제도는 간접민주정치의 여러 제도 중 주민이 직접 참여의 장을 펼칠 수 있다는 점에서 큰 의미가 있습니다.[12]

민주주의의 여러 모습

민주주의의 기본 원리 중 보다 구체적이며 실천적인 원리로 작동하는 것은 '국민자치'입니다. 국민자치가 제대로 이루어지지 않는 체제는 사실 독재나 마찬가지예요. 민주국가를 표방하면서 선거권을 장악한다거나, 교묘하게 민심을 조정하여 자기편에 유리하도록 정치하는 것은 자치를 허용하는 게 아닙니다. 자치란 말 그대로 자기에게 관계된 일을 스스로 다스리는 거잖아요? 그러려면 국민이 어떤 사안에 대해 직접 고민하고 해결책을 마련하는 데 어떤 식으로든 참여해야 합니다.

민주주의는 주권자인 국민이 정치에 참여하는 수단과 방법에 따라 '직접민주제'와 '대의민주제'로, 그리고 이념에 따라 '자유민주주의'와 '사회민주주의'로 구분합니다. 차례차례 알아볼까요?

◉ 직접민주제와 대의민주제, 어떻게 다를까?

'직접민주제'란 주권자인 국민이 정치에 직접 참여하여 의사를 결정하는 제도입니다. 대표를 선출하여 이들에게 정치를 맡기는 대의제와 대비되지요. 과

---

12 과거 우리나라는 중앙 정부에서 지방의 관료까지 임명했다. 덕분에 중앙 집권화엔 어느 정도 성공했으나 지역의 자율성을 담보하고 주민 개개인의 복리를 증진하는 데엔 실패했다. 지방자치를 '민주주의의 교실' 혹은 '풀뿌리 민주주의'라 부르는 것만 보아도 지방자치제도를 폐지했던 과거 독재정부가 민주주의의 원칙을 얼마나 훼손해왔는지 알 수 있다. 우리나라의 지방자치제도는 1991년에 부활하여 오늘에 이르렀다.

거에는 고대 그리스에서 시민권을 가진 남자들이 모여 다수결 원칙에 따라 정치적 결정에 직접 권한을 행사했는데요. 현대 국가는 넓은 영토와 엄청난 규모의 인구, 다양한 구성원, 정책 결정에 불가피한 전문성 등을 고려해야 하므로 직접민주제를 실현하지 못하고 있습니다.

직접민주제를 이끄는 3두 마차[13]를 소개할게요. 바로 '국민 투표', '국민 발안', '국민 소환'입니다. 국민 투표는 국가의 중요 정책을 국민의 뜻에 따라 결정하는 과정이고, 국민 발안은 국민이 직접 법안을 제안하는 것이며, 국민 소환은 공직자를 소환·청구하여 파면시키는 것입니다.

먼저 국민 투표를 볼게요. 다들 아시는 것처럼 대표자를 국민의 손으로 직접 뽑는 제도입니다. 대통령 선거(대선), 국회의원 선거(총선), 지방 선거 등이 있어요. 그 밖에 헌법을 개정하거나 국가의 중요한 정책에 대해 국민에게 의사를 물을 때도 사용합니다. 세계 각국에서 가장 널리 채택하고 있는 제도예요.

그런데 문제가 있어요. 헌법은 국민 투표로 개정할 수 있지만, 대부분의 법안은 의회에 올라가고, 의회에서 만들어집니다. 따라서 국민의 의견이 제대로 반영되지 못하겠죠? 법치주의 국가인데도 법과 국민의 거리가 너무 멀다는 문제점을 안고 있습니다. 이런 점을 보완하여 국민이 직접 법률안이나 헌법 개정안을 발의할 수 있도록 마련한 제도가 국민 발안입니다. 입헌주의의 원칙으로 운영되는 현대 국가에서 법과 국민의 거리를 좁히고 자치를 구현하고자 만든 제도라 할 수 있지요.

국민 소환은 뽑아놓은 대표에게 문제가 있을 경우 임기와 상관없이 재신임 여부를 묻는 제도예요. 일종의 중간 평가 또는 현대판 도편추방제[14]로 이해

---

13 직접민주제의 3요소이다.

14 도편추방제는 고대 그리스의 아테네에서 조개껍데기나 도자기 파편 등에 추방할 인물의 이름을 기입했던 제도이다.

하면 됩니다. 선거를 통해 대표를 선출했는데 그가 보장된 임기를 믿고 국민의 의사와 전혀 상관없이 자신의 이득만 추구한다고 생각해보세요. 국민 입장에선 발만 동동 구를 수밖에 없잖아요? 바로 이때 국민 소환[15]이 필요한 겁니다. 게임하다 지원군이 필요할 때 힘 센 캐릭터를 부르는 것도 소환한다고 하죠? 현실에선 국민 소환을 당한 정치인이 혼줄 나게 마련입니다. "기껏 뽑아놨더니 딴 짓을 해? 용서할 수 없다!" 하면서 임기 중일지라도 투표에 의해 파면시키는 제도지요. 공무원에 대한 강력한 견제 장치로 기능합니다. 하지만 우리나라에서는 아직까지 국민 투표를 제외하고 국민 발안이나 국민 소환 제도는 적용 전이거나 부분적으로 실험하는 수준이에요.

이제 '대의민주제'를 볼게요. 근대 이후 대부분의 민주국가에서는 국민의 대표를 선출하여 입법부를 구성하고, 입법부에서 국가 정책에 관한 중요 사항을 결정하는 대의민주제를 실시하고 있습니다. 대의민주제는 대표를 통해 (국민의) 주권을 행사한다는 점에서 간접민주제라고도 불려요. 의회가 국가 정책을 결정하므로 의회민주제라고도 하지요.

대의민주제는 직접민주제의 한계[16]를 극복하려고 도입한 제도입니다. 하지만 대표지기 국민들의 의사에 반하는 결정을 내릴 수 있다는 점, 선거철을 제외한 평상시엔 국민들이 정치에 무관심할 수 있다는 점이 문제로 지

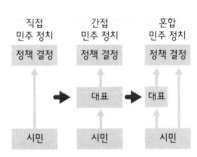

민주주의 정치구조의 변천

---

15 국민 소환은 임기 중에 대표의 행동을 감시하면서 문제가 있는 대표는 국민의 힘으로 끌어내리겠다는 의지를 담은 제도이다. 일명 '국민 파면' 제도라고도 한다. 비슷한 제도로 '주민 소환제'도 있다. 지방자치단체 단위로 시행되는데, 제주도에서 시행했다가 투표율 저조로 무효가 된 적이 있다.

16 국가의 규모와 기능이 확대되고, 사회가 점점 복합성을 띠며, 전문성이 커짐에 따라 국민이 국가의 모든 의사를 결정하는 것이 어려워졌다.

적되곤 해요. TV 뉴스나 신문에서도 가장 인기 없는 분야가 정치잖아요? 따라서 현대 민주국가에서는 이를 극복하기 위해 직접민주제의 요소를 추가한 '혼합민주제'를 채택하기도 합니다.

최근에는 '참여민주제'가 주목 받고 있는데요. 이는 시민단체 등 비정부기구(NGO)의 정치화 현상이 확대되면서 개인 또는 집단이 자발적으로 정치과정에 참여하여 정치적 의사 결정에 영향을 미치는 것입니다. 인터넷을 기반으로 하는 정보 사회의 발달로 나타난 '전자민주제'[17]는 참여민주제의 한 형태라 볼 수 있지요.

전자 투표도 전자민주제의 한 요소다.

● 자유민주주의와 사회민주주의, 어떻게 다를까?

민주주의는 이념에 따라서도 구분됩니다. "선생님, 민주주의는 그 자체로 이념이라면서요. 이게 어떻게 이념에 따라 다시 구분되나요?" 하고 물어볼 친구들도 있을 거예요. 맞아요. 민주주의는 원래 정치 이념입니다. 그런데 여기 경제적인 측면이 추가되면서 약간의 변화가 생겨요. 아주 미묘한 변화인 동시에 매우 중요한 변화입니다. 이를 테면 술만 좋아하고 운동을 싫어하던 형이 결혼을 앞두고 건강을 챙겨야겠다며 금주와 동시에 매일 저녁 달리기를 시작한 것과 같아요. 형의 건강이 하루아침에 좋아질 리는 없지만 서서히 회복될

---

17 전자민주제는 인터넷을 통해 시민이 직접 정치과정에 참여함으로써 이루어지는 민주주의를 말한다. 뉴미디어와 정보기술(IT)이 빠르게 발전하면서 등장한 새로운 형태의 정치체제로, 대의민주제의 한계를 보완하기 위한 대안으로 등장했다.

게 틀림없어요.

가장 대표적인 형태는 '자유민주주의'와 '사회민주주의'입니다. 자유민주주의는 자유주의에 입각한 민주주의 사상이에요. 진정한 민주주의란 자유주의를 전제로 해야만 가능하고, 양자(兩者)는 본디 일체가 되어야 한다는 뜻에서 이르는 말인데요. 자유민주주의는 개인의 자유를 최대한 보장하면서 시장 경쟁의 원리를 강조하는 민주주의를 말합니다. 우리나라는 자유민주주의를 채택했지요.

한편 스웨덴이나 노르웨이 등 북유럽 국가에서는 자본주의 사회의 부조리를 보완하기 위해 평화적인 방식(선거)을 통해 생산 수단을 사회적으로 소유하고 관리하려는 흐름을 보이는데요. 이를 '사회민주주의'[18]라 합니다. 민주주의는 이처럼 다양한 모습으로 발전해왔고 여전히 그 영역을 넓혀가는 중입니다. 그래서 민주주의를 살아 있는 생활 방식이자 가치라 부르는 것이지요.

---

18 본래 사회민주주의는 제1차 세계대전 이전에 마르크스주의를 포함한 사회주의적 조류를 통틀어 이르던 말이었다. 주로 정치적 민주주의에 한정되었던 자유민주주의에 대하여 쓰였다.

대화와 타협은 왜 중요할까?

죄수의 딜레마

"형사에겐 감이 중요해!"를 입버릇처럼 달고 사는 패기만만 강력계 이 형사. 「CSI」의 그리썸처럼 과학수사요원도 아니고, 「크리미널마인드」의 하치너처럼 전문 프로파일러도 아닌데 웬일인지 그만 나타나면 용의자들이 사건의 진상을 술술 불어댔다. 증거가 충분하지 않은 상황에서도 그랬다. 무슨 이유일까?

이 형사가 알려준 방법은 의외로 간단했다. 두 명의 공범 용의자가 있을 때 이들을 다른 방에 격리시켜 만나지 못하게 한 다음 이렇게 말하면 그만이었다. "얼른 자백해. 자백하지 않으면 20년 형 살게 할 거야. 하지만 자백하면 수사에 협조한 대가로 넌 1년만 살게 하고, 다른 놈은 20년을 살게 하지. 단, 둘 다 자백하면 두 놈 모두 10년 형을 살게 하겠다!"

그의 말에 따르면 이 경우 범인들은 심각한 고민에 빠진다고 한다. 두 사람 다 자백하지 않고 버티면 증거 불충분으로 3일 후에 풀려나게 되지만, 대개의 용의자들은 공범이 침묵을 지킬 거라고 확신하지 못하기 때문이라는 것이다. 공범이 자백할지 안 할지 확인할 길도 없으니까. 그래서 공범 A는 자백해서 1년 형을 받고, 자신은 자백을 하지 않아 20년 형을 받는 건 아닐까 걱정한다는 것이다. 결국 공범 B는 A가 자백할 것이라 확신하고, 자백을 하는 것이다. 사실 A든 B든, 서로를 믿고 자백하지 않을 것을 확신했다면 두 용의자는 모두 풀려날 수 있었을 것이다. 이것이 흔히 말하는 '죄수의 딜레마'이다.

사실을 말해!

고백할까?
함구할까?
……

"자백할까, 말까?" "저 놈을 믿어야 하나, 말아야 하나?"

용의자 을 \ 용의자 갑	자백	부인
자백	갑 10년/을 10년	을 1년/갑 20년
부인	을 20년/갑 1년	갑 3일/을 3일

최선의 선택, 최악의 결과

공범 A와 B는 결국 서로를 배신하는 바람에 10년 형을 살게 된다. 이들은 왜 동료를 신뢰하지 못하고 자백하게 되었을까?

첫째, 서로 신뢰하지 않았기 때문이다. 혼자 죄를 뒤집어쓰고 싶은 사람은 아무도 없다. 먼저 자백하지 않으면 결국 자기가 죄를 다 뒤집어쓰고 20년을 감옥에서 살아야 하니 고민할 수밖에.

둘째, 감형의 유혹에 굴복한 탓이다. 인간은 서로의 이익이 갈등을 일으킬 때 상호 협력보다 배신이 자신에게 이익이 된다고 판단하게 마련이다.

셋째, 도박을 하고 싶지 않기 때문이다. 서로 신뢰할 수 있는 대화 자체가 불가능하므로 동료가 자백하지 않으리라고 확신하기 어렵다. 그래서 두 사람은 뒤통수를 맞을 바에야 차라리 내가 먼저 자백하는 편이 안전하다고 생각하는 것이다.

이러한 이유로 이들은 각자 자백한 뒤, 10년 형을 살게 되었다. 물론 친구도 잃는다. 두 용의자는 자신의 이익을 지키기 위해 최선을 선택했지만, 결과는 최악이었다. 만약 두 범인이 격리돼 있지 않고 함께 대화를 나눌 수 있는 상황이었다면 어땠을까? 절대 자백하지 말자고 서로 약속할 수 있었을 것이다. 동료의 배신을 우려해 자신도 배신함으로써 결국 모두에게 마이너스를 가져오는 일도 없었을 것이다. 즉 자신의 이익만을 고려한 선택이 결국 자신뿐만 아니라 상대방에게도 불리한 결과를 유발한다는 것을 보여준다.

민주정치사 스케치

여러분은 '시민', '국민' 중 어떤 말을 더 즐겨 사용하나요? 저는 시민 하면, 아주 오래전에 본 영화 「시민 케인Citizen Kane」[19]이 떠오릅니다. 뉴딜 시절을 보내던 미국인의 시각, 즉 '행복은 돈으로 살 수 없다'는 전형성에 갇히긴 했지만, 스토리를 풀어가는 방법과 촬영 기법이 워낙 흥미로워서 기억에 남는 영화죠. 그런데 국민이란 단어를 들으면 '국민교육헌장'이 가장 먼저 생각나요. 아마 부모님께 여쭤보면 추억의 이야기들을 들려주실 거예요.

우리 사회에서는 서구와 달리 '시민'이라는 표현을 즐겨 쓰지 않습니다. 사회 전체 구성원을 지칭할 때는 대개 '국민'이라 하고, 시민은 고작해야 '서울 시민, 부산 시민'처럼 한정된 표현으로 사용해요. 그런데 시민과 국민은 엄연히 다른 표현입니다. 같은 나라 국적을 가진 사람이라는 뜻의 국민과 달리, 시민은 민주사회의 구성원으로서 공공의 의사 결정 과정인 '정치과정에 주체적으로 참여'하는 사람들을 지칭하거든요. 따라서 시민이 곧 국민이 될 수는 없어요. 또한 모든 국민이 곧 시민이 된 현대 사회는 오랜 투쟁과 희생의 결과물이랍니다. 특히 민주화의 산실인 시민사회는 형성 과정에서 크고 작은 대립과 갈등을 경험했지요(우리나라도 '4·19혁명'이나 '6월 민주항쟁' 같은 역사적 사건들을 치르면서 민주화를 이루어냈습니다).

---

19 1941년 미국에서 제작된 흑백 영화. 오손 웰스 감독 작품으로 웰스 본인이 각본·제작·주연까지 모두 도맡아 했다. 아카데미상 각본상을 수상했으며, 미국 영화 연구소가 선정한 위대한 미국 영화 목록에서 1위를 차지했을 만큼 평단과 학계로부터 역사상 최고의 영화로 손꼽힌다. 찰스 포스터 케인이라는 거부의 삶과 유산을 되짚는 것으로 구성된 이 영화는 케인이 임종하면서 남긴 '로즈버드'라는 말의 미스터리를 풀어가는 형식으로 전개된다.

서양에서는 시민사회가 어떤 과정을 거쳐 형성되었을까요? 제가 서양 이야기를 먼저 꺼내는 까닭은 그들이 민주주의라는 제도를 최초로 만들고 실현했기 때문입니다. 지금부터 고대, 근대, 현대에 따른 시대별 민주정치의 발전 과정을 살펴볼게요.

민주정치의 고향 아테네

영화 「나의 그리스식 웨딩」에는 그리스계 미국인인 아버지가 틈만 나면 자식들을 세뇌하는 장면이 나옵니다. 딸에게 "너 빨리 결혼해야겠다. 나이 들어 보이기 시작했어"라고 핀잔을 주면서 그리스 여자는 반드시 일생에 세 가지 일을 해야 한다고 역설하는데요. 첫째, 그리스 남자와 결혼하는 것. 둘째, 그리스 아이를 낳는 것. 셋째, 다른 사람을 먹여 살리는 것입니다. 또한 "그리스는 철학이 발아한 곳이자 최초로 민주주의를 만든 곳이야!" 하면서 어깨에 힘을 줍니다.

그리스인들이 정치적 자부심을 갖는 건 당연합니다. 특히 민주주의에 대해서 말이지요. 고대 그리스의 시민사회는 비록 완전하진 않았어도 오늘날의 민주정치 제도와 상당히 유사한 제도를 가졌으니까요. 그리스는 산지가 많고 평지가 적어서 지역 간 교류가 쉽지 않았습니다. 정치적·사회적으로 독립된 도시국가인 폴리스(Polis)[20]가 고대 그리스에서 독자적인 정치 형태로 발전하게 된 배경이지요.

당시 아테네는 영토가 작고 인구도 적은 도시국가였습니다. 대부분의 노동

---

20 폴리스는 성벽으로 둘러싸인 도시와 주변의 농촌으로 이루어졌다. 도시는 크게 아크로폴리스 (Acropolis)와 아고라로 나눌 수 있는데, 아크로폴리스는 도시국가 폴리스에 있는 높은 언덕을 가리키는 것으로 '높다'는 뜻의 그리스어 '아크로(akros)'에서 유래했다. 아고라는 물건을 사고팔거나 토론을 하는 등 시민들의 공공생활이 이루어졌던 광장이다.

아크로폴리스(좌) 아고라(우)

을 노예와 외국인이 담당해준 덕에 아테네 시민은 생계유지를 위한 노동에서 벗어나 정치에 참여할 수 있었는데요. 시민[21] 모두가 민회(民會)[22]에 참석하여 법률 제정, 세금 부과, 국방 등 공동체에 중요한 사안들을 직접 토의하고 결정했지요. 그러나 모든 시민이 참여해 민회를 운영하는 데 어려움이 많아지자 절충안을 내놓습니다. 제비를 뽑아 공직을 맡기는 추첨제나 돌아가며 공직을 맡는 윤번제로 대표를 선출해 '500인 평의회'를 구성한 거예요. 500인 평의회는 토론을 거쳐 민회의 의사일정과 민회에 제안할 법률안을 결정했습니다. 일종의 행정부였다고 할 수 있어요. 물론 오늘날의 사법부에 해당하는 재판소도 있었습니다. 역시 추첨제나 윤번제로 선출된 '배심원'이 재판을 진행했고요. 그러니까 아테네는 민회, 평의회, 재판소를 통해 직접민주정치를 실천한 것입니다. 공직자들이 수당을 받게 되고, 가장 하위 계급의 시민도 정치에 참여하는 등 다양한 시스템이 만들어지면서 민주주의가 발전하게 되지요.

21 일정 연령의 성인 남성에겐 직위고하를 막론하고 시민의 자격을 부여했지만 여성, 노예, 외국인 등은 배제되었다.

22 민회는 모든 시민이 참여했던 아테네의 최고 의결기관이다. 아테네를 비롯한 여러 폴리스는 직접민주주의를 추구했다. 고대 그리스의 폴리스는 3천~1만 명 정도의 농촌 공동체로서 인구가 적었으므로 국회 같은 대표자들의 모임이 아닌 민회가 최고 의결기관으로 자리 잡을 수 있었다.

그런데 이렇게 쭉 갈 수 없다는 거, 여러분도 잘 아시죠? 어느 시대든 제도가 자리 잡고 절차화하면 반드시 악용하는 무리가 나타나게 마련이잖아요. '도편추방제(陶片追放制)'는 이처럼 아테네의 민주정치를 위협하는 세력을 배척하려고 만든 제도입니다. 민주정치에 위협적이라 생각되는 인물을 도자기 조각[陶片]에 적은 후 6000표 이상 표가 나온 사람을 10년간 해외로 추방하는 제도죠. 오늘날의 국민 소환제와 유사하지요? 도편추방제는 민주적인 제도였지만 문제점도 있었습니다. 영향력이 큰 정치인을 추방하는 수단으로 악용되어 '다수의 횡포'를 가능하게 했거든요. 중우정치(衆愚政治)[23]의 폐단을 낳는 원인이 되었고요. 여러분이 잘 아는 테미스토클레스[24]가 바로 도편추방제에 희생된 대표적인 케이스입니다.

아테네 민주정치의 가장 큰 특징은 모든 시민이 참여해 국가의 중요한 일을 토의하여 결정하는 직접민주정치가 이루어졌다는 점이에요. 한마디로 지배자와 피지배자가 동일한 자치(自治)의 원리[25]에 충실했

투표용지로 사용된 도편
(CC BY-SA 3.0)

테미스토클레스(좌)와
그의 이름이 적힌 도편(우)

---

23 이성보다 일시적 충동에 의하여 좌우되는 어리석은 대중들의 정치. 고대 그리스 민주정치의 타락한 형태를 이르던 말로서 민주정치를 멸시하는 뜻으로 쓰인다. 플라톤과 아리스토텔레스가 그들의 저서에서 '민주제의 타락한 정치체제'에 부여한 명칭으로 플라톤은 중우정치를 다수의 폭민(暴民)에 의한 정치로 규정했고, 아리스토텔레스는 다수 빈민의 정치라 규정했다. 즉, 민주제가 상황에 적합한 효과적인 리더십을 결여했을 때 나타나는 정치 현상으로 본 것이다. 중우정치의 대표적인 사례로 히틀러의 국민투표를 들 수 있다(국제연맹 탈퇴에 대한 국민투표 찬성률 93.4%(1933. 11. 12), 히틀러 총통 취임에 대한 국민투표 찬성률 88.1%(1934. 8. 19), 독일의 오스트리아 합병에 관한 국민투표 찬성률은 99.0%(1938. 4. 10)였다).

24 아테네를 그리스 제일의 해군국으로 만들고, 직접 함대를 지휘하여 페르시아 해군을 격파한 인물이다.

25 스스로 다스리고 스스로 복종하는 구조를 '치자(治者)=피치자(被治者)'의 원리라 한다.

고대 그리스의 민주주의는 제한적이라 시민권이 있는 성인 남자들만 권리가 있었죠!

우린 권리가 없어요.

외국인　여자　미성년자　노예

아테네의 제한적 민주정치. "우린 뭐냐?!"

던 시스템이었습니다. 시민 모두가 국정에 직접 참여하고, 그 결정에 따라 통치를 받는 이상적인 구조가 이루어짐으로써 민중의 권력 창출에 매우 좋은 조건이 마련될 수 있었고요. 하지만 그리스의 민주정치엔 명확한 한계가 있습니다. 일정 연령의 성인 남성에게는 직위고하를 막론하고 시민 자격을 부여했지만, 여성이나 노예, 외국인 등은 정치 참여에서 배제되었기 때문이에요. 고대 그리스의 민주정을 '제한된 민주정치'라 일컫는 이유입니다.

민주정치를 부활시킨 핫한 사상가들

그리스의 민주주의는 페리클레스가 아테네를 이끌던 BC 5세기를 전후하여 크게 융성합니다. 하지만 아테네가 스파르타와의 전쟁에 지면서 점점 시들어 가다가 BC 2세기 중엽 로마가 그리스를 정복함으로써 자취를 감추지요. 이후 민주주의의 암흑기라 불리는 중세 봉건사회[26]와 근대 초기의 절대왕정[27]을 거친 뒤 마침내 시민혁명을 통해 오늘날과 같은 성격의 민주국가로 정착하게 됩니다. 바로 의회정치를 확립한 '명예혁명', 식민지에서 벗어나기 위한 미국의

26　중세 유럽의 봉건사회는 나라 안에서 제일 높은 자리에 왕이 있고, 그 아래에 왕을 받드는 크고 작은 영주들이 있으며, 또 그 영주를 모시는 기사들이 있는 사회이다. 영주들은 왕을 받들어 모시는 대신 땅을 받고, 그 땅에 성을 쌓아서 장원을 만든 다음 그 영토에 속한 농민과 기사들을 다스렸다.

27　절대왕정(Absolutism)은 절대적 혹은 무조건이라는 뜻의 'Absolute'에서 생긴 말로, 강력한 왕권을 뜻한다. 절대주의라고도 한다.

'독립전쟁', 절대군주의 억압에 항거한 '프랑스 혁명' 등인데요. 이들 시민혁명은 근대 민주정치를 수립하는 계기가 되었어요. 그런데 근대 시민혁명은 어떻게 발생한 걸까요? 어느 날 하늘에서 뚝 떨어진 것은 아닐 텐데… 그 사상적 배경을 한번 알아볼까요?

절대왕정의 구조

 TIP

관료제와 상비군, 왕권신수설과 중상주의

중세 유럽의 왕들은 제후들에게 땅과 권력을 나누어주고, 그들의 영토 안에서 행해지는 재판권과 조세권(세금을 걷는 권한)에는 간섭하지 않았다. 그러나 16세기경 봉건제도가 무너지면서 왕은 직접 세금을 걷고 자신의 명령을 전달하기 위해 지방에 관리를 파견하기 시작한다(관료제). 또한 나라를 지키고 지방에서 일어나는 반란을 막기 위해 군대를 만들었다(상비군). 관료와 군인들에게 월급을 주려면 돈이 필요했으므로 왕은 상공업에 종사하는 시민들과 손잡고, 그들의 경제 활동을 적극적으로 도와준 대가로 세금을 거두었다. 왕권신수설은 강력한 왕권을 뒷받침하는 것으로 '왕의 권력은 신이 주었다'고 생각하는 사상이다. 중상주의는 상공업에 몸담은 시민들을 돕고, 외국 상품의 수입을 억제하기 위해서 자국 상업을 중시하는 경제 정책이다. 이때부터 수출 산업 육성이라는 명목 아래 무역 차액을 축적하기 위해 아시아와 아프리카에 식민지를 만들기 시작했다.

　근대 시민혁명에 가장 큰 영향을 미친 사상은 '천부인권(天賦人權)사상', '계몽(啓蒙)사상', '사회계약설(社會契約說)'입니다. 하나씩 살펴볼게요.

　천부인권사상[28]은 문자 그대로 사람의 권리는 하늘로부터 부여받은 것이라는 뜻이에요. 그런 만큼 어느 누구도 이를 침해할 수 없고, 다른 사람에게 줄 수도 없다는 의미입니다. 천부인권사상은 인간의 자유와 평등, 그리고 절대 권력으로부터 인권을 보장하는 게 목적이에요.

28　자연권 사상이라고도 한다. 자연법에 의하여 인간이 태어나면서부터 가지고 있는 권리를 말한다. 반면 실정권은 경험적·역사적 사실에 근거하여 성립되고 현실적 제도로 시행되는 실정법에 의해 보장되는 권리이다.

계몽사상이란 이성(理性)에 대한 믿음을 바탕으로 인간과 세계를 합리적으로 이해하고 개혁하려는 철학 및 운동입니다. 중세와 근대를 주름잡던 신학과 미신, 마술 등의 사상적 전통에 반대하고, 우주를 신비적 힘이 아닌 자연법칙에 따라 지배되는 세계로 보았지요. 즉, 자연을 지배하는 합리적인 법칙이 인간의 내면에 있으며, 사회는 이 같은 인간성을 바탕으로 합리적인 절차를 거쳐 진보한다고 생각했습니다. 계몽사상은 인간 이성에 의한 진보를 가로막는 것이 교회의 독단과 전제 군주에 의한 통치라 보았어요. 따라서 봉건제를 타파하고 시민의 자유와 권리를 쟁취하는 시민혁명의 사상적 토대가 됩니다.

사회계약설도 근대 시민혁명의 사상적 토대를 제공했습니다. 국가란 사회 구성원의 계약에 의해 성립한다는 것이 사회계약설인데요. 사회계약설로 인해 시민계급은 절대주의 시대의 군주가 권력을 자의적으로 행사하는 것에 반대하고, 기본권을 확보하는 투쟁을 벌일 수 있었어요. 또한 '왕의 권한은 신이 내려준 것', '왕은 신을 대신하는 자'라는 생각에서도 벗어나게 해주었습니다.

물론 천부인권사상이나 계몽사상, 그리고 사회계약설이 갑자기 생긴 건 아닙니다. 인류의 역사에도 정반합(正反合)의 원리가 적용되거든요. 정반합이란 헤겔이라는 철학자가 변증법 논리의 3단계로 주장한 것입니다. 곧 하나의 주장인 정(正)에 모순되는 다른 주장인 반(反)이, 더 높은 종합적인 주장인 합(合)에 통합되는 과정을 말하지요. 저는 이 원칙이 인간 사회와 역사에도 그대로 나타난다고 봅니다. 어느 사상이나 움직임에든 융성하는 시기가 있으면 → 오래 되어 폐해를 낳게 되고 → 이어 하락하는 시기를 맞게 되면서 → 반작용들이 나타나잖아요? 그러다 결국 최선의 길을 찾게 되고요. 인간 종(種)은 뭐니 뭐니 해도 좀 스마트하니까요. 이제, 사회계약설을 주장한 대표적 학자 홉스, 로크, 루소에 대해 알아보겠습니다.

● 홉스_센 자에게 권력을!

영국의 철학자이자 법학자였던 홉스는 인간의 본성은 악하므로 국가가 성립하기 이전인 자연 상태에서는 '만인의 만인에 대한 투쟁'이 발생한다고 주장했어요. 인간의 본성을 악하다고 보았다니, 중국의 사상가 순자가 주장한 성악설(性惡說)[29]이 떠오릅니다. 따라서 홉스는 "인간은 자연 상태의 권리를 전부 통치자에게 넘겨야 한다"고 역설했는데요. 힘이 약한 사람들끼리 놔두면 '도토리 키 재기' 하다가 싸우게 될 게 뻔하니 힘이 강한 녀석에게 권리를 줌으로써 싸우지 않게 만든다는 논리입니다. 약한 사람들이 싸울 때 혼내줄 수 있도록 강한 사람에게 권력을 줘야 한다는 말이지요. 오오, 좀 위험한데요. 여러분은 어떻게 생각하세요?

사회계약을 통한 근대 인민주권 탄생

"국가의 주권은 모든 인민의 동의로 만들어진다"

토마스 홉스(Thomas Hobbes, 1588~1679).
영국의 철학자·법학자로서 유물론을 바탕으로
자연과 인간의 국가에 대해 삼부작(三部作)의 체계를 세웠다.

"모든 판단은 내가 할 거야!"

분쟁을 해결하는 객관적 판단자
절대국가주권

자연상태   사적 판단 권리 포기 ---〉 권력 양도   동의

평화 상태에서 자신을 더 잘 보존할 수 있다   자연의 이성

상호불신   대립투쟁

홉스의 주장

29 인간의 본성은 이기적이고 악하므로 선(善) 행위는 후천적 습득에 의해서만 가능하다고 보는 학설. 중국의 순자가 주장한 것으로, 인간은 선천적으로 한없는 욕망을 가지고 있어 그대로 두면 싸움만 일어나 파멸하기 때문에 예(禮)로써 바로잡아야 한다고 했다.

홉스의 주장은 대개 군주주권을 정당화하는 근거로 쓰여요. 왕은 뭐든지 해도 된다는 말도 안 되는 주장을 뒷받침하는 겁니다. 그런데 조금 더 자세하게 이해할 필요가 있어요. 홉스는 왕이란 존재를 필요악으로 보았답니다. 부당한 명령을 내리는 악마 같은 존재인 동시에 나약한 인간이 불안한 자연 상태로 돌아가지 않기 위해 꼭 필요한 존재라 본 것인데요. 그는 『리바이어던 The Leviathan』[30]이라는 저서를 통해 왕을 구약 성경의 「욥기」[31]에 나오는 바다 괴물 리바이어던에 비유합니다. 왕관을 쓴 리바이어던은 강력한 국가 권력을 상징하는데요. 그의 몸은 인민으로 구성되어 있고 인민은 그를 향하고 있습니다. 리바이어던은 한 손에는 국가 권력을 의미하는 칼, 다른 손에는 종교적 권위를 나타내는 지팡이를 들고 도시를 지키는 모습이에요. 이 한 장의 그림만으로도 홉스가 펼치는 논리의 문제점을 단박에 알아챌 수 있습니다. 독재자를 옹호하는 데 이용될 수 있다는 치명적 약점이지요.

『리바이어던』 초판 표지

30 홉스의 국가론(1651). 리바이어던은 구약 성경 「욥기」에 나오는 지상 최강의 괴이한 동물로, 국가 유기체를 비유한 것이다.

31 구약 성경의 한 권. 욥이 고난을 겪으면서도 믿음을 지키고 하느님께 마음으로 순종하는 내용이 담겨 있다. 뜻하지 않은 고난이 닥쳤을 때, 고난이 반복될 때 흔히 인용된다.

● 로크_경험론을 확립하고 계몽사상의 씨를 심다

홉스보다 반세기 늦게 태어난 로크는 생각이 좀 다릅니다. 그는 오히려 군주 주권이 자연 상태보다 위험할 수 있음을 지적해요. 그리고 "인간의 본성은 특징지을 수 없다"면서 "인간은 태어날 때부터 특별히 선하거나 악한 게 아니라 환경 속에서 선 혹은 악으로 나누어진다"고 주장합니다. 이른바 '백지설'인데요. 타불라 라사(Tabula rasa, 라틴어로 '깨끗한 석판')라고도 하지요.

로크의 주장을 들어볼게요. 그는 "자연 상태에서의 인간은 생명, 자유, 재산에 대한 자연법상의 권리를 가지고 자유롭고 평등하게 태어났다"고 역설합니다. 그런데 자연법이 정해주는 일체의 권리

계약을 위반한 정부는 무력을 사용해서라도 제거할 수 있다
→ 시민 저항권

존 로크(John Locke, 1632~1704).
영국의 철학자·정치 사상가로서 경험주의의 입장을 확립했다. 사회계약설, 삼권분립을 바탕으로 의회제, 민주주의 사상의 발전에 크게 공헌했다.

를 향유하며 살다 보면 자연권이 침해되는 분쟁이 발생하여 자연법이 완전하게 지켜지지 않는 경우가 발생합니다. 따라서 로크는 "사람들은 자연권을 보다 확실히 보장받기 위해 자신의 (천부)인권을 정부에 권력의 형태로 신탁[32]하여(일부 양도) 사회계약을 체결해야 한다"고 말했습니다. 만약 정부가 신탁을 배반하면 시민은 당연히 정부를 재구성할 권한(저항권)[33]을 가져야 하고요.

---

32 신탁은 본래 법률 용어로 사용되었다. 계약이 당사자 간 권리와 의무의 관계를 뜻한다면, 신탁은 수탁자(受託者)가 수혜자(受惠者)에게 일방적으로 의무만 질 뿐 아무런 권리를 갖지 못하게 되는 것이다.

33 '저항권'은 말 그대로 저항할 수 있는 권리다. 하지만 아무 때나 저항해도 된다는 의미가 아니라 모든 방법을 다 썼는데도 왕이 국민의 의견을 들어주지 않거나 문제를 해결할 방법이 없을 때 저항권을 인정한다는 뜻이다. 저항권은 현대 민주국가라면 어디서나 인정하는 헌법적 권리로서 미국의 독립선언문과 프랑스 인권선언에도 명시되어 있고, 우리나라의 현행 헌법에도 국민주권의 원리를 보장함으로써 최후의 수단이라는 전제 아래 저항권을 인정하고 있다. 우리나라의 4·19혁명이나 5·18 광주민주화운동, 1987년 6월 민주항쟁 등은 저항권을 보여준 실례라 할 수 있다.

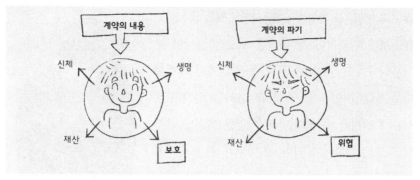

로크의 주장

이 내용이 바로 사회계약설입니다.

　로크와 홉스의 주장이 어떻게 다른지 눈치 채셨나요? 홉스는 모든 권리를 왕에게 넘기는 반면, 로크는 입법권과 행정권만을 양도한 것입니다. 왕에게 "자유는 우리가 가지고 있을 테니 너는 법을 만들어 집행하라"며 자연 상태의 혼란을 없애고 국민들을 지키라 강조했어요. 로크의 주장은 각 개인이 계약을 통해 국가를 형성했다고 주장한 점에서는 홉스의 주장과 비슷하지만 만약 국가가 계약을 위반하면 국민의 자유와 권리가 침해된다고 주장한 점에서 홉스의 사회계약설과는 차이가 있지요.

● 루소_인간의 천부적 자연권인 자유와 평등을 보장하라

루소는 홉스나 로크와 달리 "인간의 본성은 선하다"고 주장했어요. 예, 이번엔 맹자의 성선설(性善說)[34]이 떠오릅니다. 루소의 이야기를 들어보죠. 그는 "인간은 자연 상태에서 자유롭고 평화롭지만 그대로 두면 개인의 욕망과 자유가 방치되어 자연 및 자유가 파괴되는 일이 생기기 때문에 자발적 합의에 의해 국가를 만든다"고 설명합니다. 자연 상태에 있던 인간에게 차츰 사유재산

34　사람의 본성은 선천적으로 착하나 나쁜 환경이나 물욕(物慾)으로 악하게 된다는 학설. 중국의 맹자가 주장했다.

과 신분이 등장함에 따라 불평등이 발생하는데 이를 방치해둘 경우 문제를 해결하기 힘들다는 뜻이에요. 그런데 사람들은 국민 전체의 선(善)인 일반의지[35]를 가지고 있기에 서로를 보호하기 위해 법을 만들고 정부를 세우는 데 동의하게 됩니다.

장 자크 루소(Jean-Jacques Rousseau, 1712~1778).
프랑스의 작가·사상가로서 이성보다 감성을 중요시하는 낭만주의의 기초를 마련했다. 인위적인 문명사회의 타락을 비판하고 자연으로 돌아갈 것을 역설했다.

인간의 '허영심'이 사회 불평등의 기원

자연상태 서로 격리되어 있어 구속하지 않기에 모두가 자유롭고 평등한 상태

루소의 『사회계약론』(1762년 판)

공동체의 형성 공동생산으로 인한 여가의 증대 → 남들과 비교했을 때 잘나 보이고 싶은 '허영' → 공동체 내 인간들의 불평등 시작 → 난 노래도 잘하고 돈도 많다!

돈 없는 농부　　허영　　노래 못하는 로커

루소의 주장

35　일반의지는 루소의 『사회계약론』에 나타나는 공익(公益)에 대한 핵심적 개념으로 보편의지라고도 한다.

루소의 주장에 따르면 주권의 기초는 국민의 일반의지에 있으며, 법이나 정부는 바로 이 같은 일반의지에서 나오는 것입니다. 절대적이며, 잘못을 범하지 않고, 타인에게 주거나 분할될 수 없는 성질을 가지고요. 따라서 루소는 왕정을 인정하지 않습니다. 왕정은 일반의지가 아니라 왕의 사적의지에 따라 운영될 확률이 높으니까요. 한마디로 왕은 필요 없는 존재라는 것입니다. 루소의 생각은 아주 자연스럽게 국가 통치권의 근원인 주권이 국민에게 있다는 국민주권주의와 연결됩니다. 또한 루소는 "일반의지는 양도될 수 없다"는 전제 아래 대의제를 반대하고, 직접민주제를 주장했어요. 이 사상은 후에 민주주의의 금자탑이라 할 수 있는 1789년의 프랑스 혁명 발발에 중대한 역할을 했습니다.

루소는 인간의 평등문제를 실천적으로 파고든 최초의 사상가로 평가받습니다. 당시 계몽주의 사상가들도 평등을 주장하긴 했지만 사실상 엘리트주의에 빠져 있었거든요(천재 철학자라 불리는 칸트조차도 말입니다). 이런 점에서 우리가 흔히 루소 하면 떠올리는 "자연으로 돌아가라"는 말도 낭만적이거나 야성적인 상태로서의 자연 회귀가 아니라 평화롭고 자유로우며 평등한 사회의 원형으로서의 자연을 의미한다고 해석할 수 있지 않을까요?

근대 시민혁명, 민주주의의 꽃을 피우다

16세기 후반, 서양에서는 왕권의 절대성을 강조하는 절대주의 국가들이 등장합니다. 영국의 엘리자베스 1세와 프랑스의 루이 14세가 대표적인데요. 절대주의 국가들이 중상주의 정책을 실시하면서 부르주아[36]가 성장하게 됩니다.

---

36 부유한 시민 계급을 일컫는 부르주아(bourgeois)는 원래 성(城)에 둘러싸인 중세 도시국가의 주민을 이르는 말이었다. 근대에 와서는 '절대왕정의 중상주의 경제정책을 통해 부를 축적한 유산계급으로, 시민혁명의 주체가 된 사람'들을 칭한다. 시민혁명 이전에는 상당한 부를 소유하였음에도 왕과 귀족의 지배를 받는 피지배 계급으로 존재했지만 구제도의 모순을 깨뜨리는 시민혁명을 주도한 이후 사회의 주체세력으로 성장한다.

부르주아를 중심으로 뭉친 시민 계급은 계몽사상을 통해 깨달음을 얻고 마침내 시민혁명을 일으키면서 절대왕정을 무너뜨리지요. 자유와 평등을 추구한 세계 역사상 3대 시민혁명으로는 영국의 '명예혁명', 미국의 '독립전쟁', '프랑스혁명'을 들 수 있습니다. 여러분, 민주정치의 발전 과정을 보니 기시감이 들지 않나요? 어디선가 본 듯한 사건들이 대거 등장하잖아요. 역사책에 나오는 이야기들이 막 쏟아져서 당황하셨겠지만, 이게 바로 인문학의 묘미거니 생각하면 될 것 같습니다. 모두 인간의 이야기니까요. 자, 이제 근대 민주주의의 꽃을 피운 시민혁명의 의의와 한계점을 살펴보러 가겠습니다.

◉ 혁명하라!

1649년 영국에서는 엄청난 일들이 벌어집니다. 찰스 1세의 왕권신수설을 바탕으로 한 절대왕정 강화와 의회의 동의 없이 세금을 징수하는 데 반발한 의회파가 찰스 1세를 처형하고 공화정[37]을 수립한 거예요. 바로 저 유명한 '청교도혁명'입니다. 그러나 1685년 왕위에 오른 제임스 2세는 왕권신수설과 전제정치의 부활을 꾀하지요. 이에 국민협의회가 반발하여 혁명을 주도하자 제임스 2세는 프랑스로 도주합니다. 피를 보지 않은 무혈혁명이라 하여 '명예혁명'(1688)이라 칭하지만 실은 무혈이 아니었습니다. 영국 본토를 벗어난 아일랜드는 그야말로 피바다를 이루었으니까요. 어쨌든 명예혁명의 결과 영국은 권리장전을 통해 입헌주의 공화국 정치체제를 확립하게 됩니다.

---

37 국민이 선출한 대표가 국민을 대신해 국가를 통치하는 정치 형태. 근대 이전에도 그리스의 도시국가, 고대 로마의 통치 형태, 르네상스 시대 이탈리아의 도시국가에서 공화제를 채택한 예가 있었다. 민주주의, 국민주권주의, 대의정치의 원리가 구현되는 공화제는 미국의 독립혁명, 프랑스혁명, 1793년 프랑스의 국민투표로 나타난다.

진군하는 윌리엄 공의 군대와 권리장전 문서

영국이 자국의 재정난을 해결하려고 식민지 미국에 대해 지나친 과세를 부과하는 등 식민지 통제를 강화하자 미국은 "대표 없이 과세 없다"는 원칙을 내세우며 영국의 본국 위주 정책에 반발하게 되는데요. 이로써 독립전쟁의 서막이 오릅니다. 미국은 1776년 독립선언문을 공포하고, 프랑스는 이 전쟁을 원조[38]하죠. 영국 측은 계속되는 전쟁과 국가적 고립에 지쳐 1782년 평화를 원했고, 이에 1783년 파리조약을 통해 미국의 독립을 승인하게 됩니다. 독립전쟁의 결과, 근대 최초의 민주공화국인 아메리카 합중국이 탄생합니다.

마지막으로 미국의 독립전쟁에 영향을 받아 프랑스혁명(1789)이 일어납니다. 프랑스 혁명의 근본적인 원인은 구제도(앙시앵 레짐)라 불리는 모순적인 사회 구조에 있었어요. 태양왕 루이 14세 이야기는 앞에서 들어보셨죠? 최고

38 이때 프랑스는 영국과의 식민지 쟁탈전에 패하여 식민지 제국 부활의 기회를 노리고 있었다.

요크타운의 항복으로 독립전쟁은 마침내 종지부를 찍는다(1797년 존 트럼블 작).(위)
「독립선언문의 서명」(존 트럼블) 2달러 지폐의 도안으로 사용되고 있다.(아래)

미국의 독립선언문(1776)

권력자로 군림한 루이 14세의 뒤를 이어 루이 15세와 루이 16세가 베르사유 궁전에서 화려한 생활을 누리고 있을 때, 프랑스 사람들은 매우 비참한 상태에 있었습니다. 당시 프랑스는 성직자, 귀족, 평민의 세 신분으로 나뉘어 있었는데요. 제1신분인 성직자와 제2신분인 귀족들은 많은 땅을 가졌으면서도 세금 한 푼 내지 않았습니다. 반면, 인구의 대부분을 차지한 제3신분 평민들은 무거운 세금을 부담하면서도 정치엔 참여할 수 없었지요. 특히 제3신분을 대표하던 판사, 변호사, 부유한 상인 같은 부르주아들의 불만은 하늘을 찌를 정도였습니다. 국민의 권리를 중요시한 루소의 주장에 공감하던 시민들은 아메리카 사람들이 영국 국왕에 대항해 일으킨 독립전쟁에 자극을 받습니다. 잘못된 제도를 없애고 자유롭고 평등한 사회를 건설해야겠다고 결심한 거죠.

사치스러운 생활과 계속된 전쟁으로 재정이 파산 직전에 이르자 루이 16세는 "귀족들도 세금을 내는 게 어떻겠소?" 하고 제안합니다. 귀족들이 당연히 거세게 반발하자 루이 16세는 삼부회(三部會)[39]를 소집합니다. 하지만 투표 방식을 둘러싸고 서로 대립하게 되고, 왕은 평민 대표들이 투표하지 못하도록 문을 잠가버립니다. 화가 난 평민 대표들은 이윽고 '국민의회'를 결성하는데요. 루이 16세가 국민의회를 무력으로 해산시키려 한다는 소식을 듣고 파리 시민들은 분노하여 바스티유 감옥을 습격하면서 파리를 점령하게 됩니다. 그리고 국민의회에서 인간과 시민의 권리

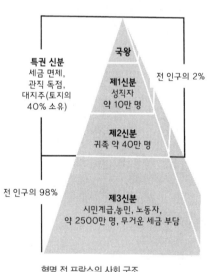

특권 신분
세금 면제,
관직 독점,
대지주(토지의
40% 소유)

국왕

전 인구의 2%

제1신분
성직자
약 10만 명

제2신분
귀족 약 40만 명

전 인구의 98%

제3신분
시민계급,농민, 노동자,
약 2500만 명, 무거운 세금 부담

혁명 전 프랑스의 사회 구조

39 성직자, 귀족, 평민 출신 의원으로 구성된 프랑스의 신분제 의회다.

를 널리 알리는 '인권선언문'을 발표합니다. 인간은 자유롭고 평등한 권리를 가지고 태어났으며, 나라의 주권은 국민에게 있음을 만천하에 공표한 문서지요.

「민중을 이끄는 자유의 여신」(외젠 들라크루아, 1830년)　　　　　　　　　　프랑스의 인권선언문

TIP

프랑스 인권선언문(1789)의 주요 내용

제1조 인간은 자유롭고 평등하게 태어나서 생활할 권리를 가진다. / 제3조 모든 주권의 근원은 국민에게만 있다. 어떤 단체나 어떤 개인도 명백히 국민에게서 유래하지 않은 권력을 행사할 수 없다. / 제6조 모든 시민은 직접 또는 대표자를 통해서 법 제정에 참여할 권리를 가진다. 법의 보호, 법에 의한 처벌에서 만인은 평등하다.

부르주아를 중심으로 똘똘 뭉친 시민들은 절대 권력을 누리던 왕과 귀족에 맞서 싸웠고, 결국 그들을 내쫓는 데 성공합니다. 그러나 여기서 그치지 않고 불평등하고 불합리한 제도를 하나씩 없애기 시작해요. 혁명의 구호로 내걸었던 자유, 평등, 박애의 이념은 이후 다른 나라로 급속히 전파됩니다.

이제 사람들은 어떻게 하면 자유를 잃지 않으면서 평등한 사회를 만들 수 있을까 고민하기 시작해요. 그러면서 각 나라의 상황에 따라 자유롭고 평등한 시민 중심의 사회를 건설하기 위해 노력합니다. 프랑스혁명 덕분에 새로운 사회로 나가는 길이 활짝 열린 셈이에요. 정말 숨 가쁜 장면들이죠? 남의 나라 이야기인데도 가슴이 막 뜁니다.

그런데 시민의 자유와 권리를 확대하기 위해 전개된 시민혁명에도 한계가 있었어요. 미국 독립혁명의 경우 독립선언서에서 '인간의 권리'를 주장하였으나 인간으로서의 권리를 행사할 수 있었던 계층은 재산을 가진 남성으로 한정되었어요. 프랑스혁명 역시 인간과 시민의 권리 선언에서 "모든 사람은 자유롭고 평등하게 태어난다"고 규정했지만, 19세기까지 여성은 인간의 범주에 포함되지 않았지요.

하지만 시민혁명의 의의는 절대 과소평가될 수 없습니다. 시민혁명을 통해 무자비한 고문 등 인간의 존엄성을 해치는 제도가 폐지되었고, 종교의 자유 및 사상과 양심의 자유가 인정되었으며, 인간의 존엄성에 대한 인식을 바탕으로 19세기를 지나면서 신분제도와 노예제도가 폐지될 수 있었으니까요.

민주주의로 가는 길

현대 민주정치의 발달 과정은 다음 연표처럼 선거권의 확대 과정과 관계가 깊습니다. 시민혁명 이후에도 선거권을 갖지 못했던 여성, 노동자, 농민, 도시 하층민 등은 참정권을 얻기 위한 오랜 노력을 통해 점진적으로 선거권을 얻어 나갔는데요. 대표적인 참정권 확대 운동으로 '차티스트운동', '여성참정권운동', '흑인참정권운동'이 있습니다.

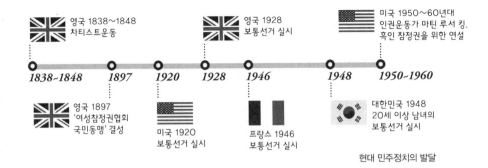

◉ 우리에게 투표권을 달라!

'차티스트운동'은 1838~1848년에 걸쳐 영국에서 성인 노동자층을 중심으로 일어났던 선거권 획득 운동이에요. 주도한 이들은 "재산 유무와 상관없이 우리에게도 투표권을 달라!"며 서명서를 받고 자신의 요구사항을 차트에 정리했다 하여 '차티스트'라 불렸습니다. 이 운동의 핵심은 선거법 개정입니다. 수백만 명이 서명에 참여하는 등 엄청난 지지자를 모았지만 운동 자체는 실패하고 말아요. 선거법을 고치지 못한 거죠. 하지만 이후 영국에서 선거권이 차츰 확대되면서 차티스트운동은 오늘날과 같은 보통선거제[40]가 시행되는 밑거름이 됩니다.

19세기 중반 미국, 영국 등에서 중산층 여성들을 중심으로 일어난 '여성참정권운동'도 차티스트운동과 성격이 비슷합니다. 여성들이 남성과 동등한 참정권과 선거권을 요구했거든요. 지금이야 당연한 일이지만, 100년 전만 해도 여성들은 아무리 능력이 뛰어나도 정치에 참여할 수가 없었어요. 당시 여성들은 취약 계층에 속했습니다. 각계각층에서 다양한 차별을 받았지요. 심지어 메리 앤 에번스 같은 작가는 여성이라는 이유로 차별당할 것을 걱정하여

---

40 보통선거는 일정한 연령이 되면 재산이나 인종, 성별에 관계없이 누구에게나 투표권이 주어지는 제도다. 제한선거의 반대 개념으로 평등선거, 직접선거, 비밀선거와 더불어 민주선거의 4원칙 중 하나이다.

런던에 운집한 차티스트들(Kennington Common, London in 1848)의 모습(좌) 차티스트들의 궐기를 알리는 포스터(우)

조지 엘리엇이란 이름으로 작품을 발표하기도 했답니다. 문화적으로도 그 모양이었으니 정치 분야는 오죽했을까요? 여성에게는 선거권도 피선거권도 허용되지 않았습니다.

그러나 제1차 세계대전이 끝난 후 상황이 달라집니다. 남성들이 전쟁터로 나간 사이 공장일이나 무기 제조 등 산업의 밑거름을 일군 장본인이 바로 여성이라는 자각이 일어난 덕분인데요. 여성들이 전쟁에서 세운 공이 남성 못지않게 큰 마당에 여성만 계속 차별 받을 이유가 없잖아요? 이에 여성들은 조직적인 시위와 운동을 통해 참정권을 요구하는 목소리를 높입니다. "우리에게도 투표할 권리가 있다. 여성에게도 선거권을 달라!"고 외치며 거리를 행진하고, 공개 연설을 하거나 단식 농성을 벌이기도 했지요. 이처럼 세계 곳곳에서 요구가 거세지자 유럽의 여러 나라들은 하나둘 여성의 참정권을 인정하기 시작합니다.

1918년 영국은 일정 금액 이상의 세금을 내거나 학위를 취득한 30세 이상 여성의 투표권을 인정해요. 그다음 1928년엔 21세 이상의 모든 여성에게 남성과 동등하게 선거권을 부여합니다. 1920년, 미국은 헌법에 여성의 선거권을 명시하고, 독일 역시 바이마르 헌법을 통해 여성의 참정권을 인정[41]했지요. 19세기부터 전개되어온 여성참정권운동이 드디어 결실을 맺은 것입니다.

보통선거의 원리를 확립하고 대중 민주주의를 실현하는 데 이렇듯 힘든 과정이 수반되었다는 것, 꼭 기억하세요. 감나무 아래 누워 감이 떨어지기만 기다리는 사람처럼 잠자코 뒷짐이나 진 채 사회에 비판만 가하는 사람에게는

1912년 5월 6일, 미국 뉴욕에서 열린 여성 참정권 대회

41 미국, 독일 외에 오스트리아도 당시 여성들의 선거권을 인정한 나라 중 하나였다.

결코 권리가 주어지지 않습니다. 민주주의는 콧대가 아주 높아서 아무 곳에 나 자리를 잡지 않거든요.

1950~1960년대 미국에서 나타난 '흑인참정권운동'은 시기적으로 뒤쳐집니 다. 독립혁명기 때부터 이미 노예제의 문제점을 고민했던 사람들이 있었고, 노예제 폐지운동이 광범위하게 일어나기도 했지만, 독립한 지 불과 몇 십 년 도 안 되어 남북전쟁과 링컨 대통령의 죽음을 겪어야 했거든요. 그만큼 흑인 들에 대한 인식이 '노예에서 인간으로' 바뀌는 데 시간이 필요했습니다. 스토 부인이 쓴 『톰 아저씨네 오두막』 같은 작품을 떠올려보세요. 19세기의 노예 무역이나 노예들의 생활상, 노예제도를 둘러싼 정치적 상황 등은 말로 하기 어려울 만큼 끔찍했잖아요? 우여곡절 끝에 비로소 흑인이 인간으로 여겨지 게 되었으니 그다음은 '백인과 동등한 인간'으로 대우받을 차례입니다. 하지 만 이 과정 역시 순탄하지 않아요. 인간의 존엄성을 무시하는 여러 폭력적인 사건·사고에 저항하는 인권운동이 활발하게 전개되면서 마틴 루서 킹 목사

셀마 몽고메리 행진. 1965년 앨라배마 주 셀마에서 투표권을 위한 논쟁이 터지자 킹 목사는 1월에 아프리카계 미국 인들의 투표권을 찾기 위하여 셀마로 간다. 3월 말, 킹은 약 3만 명의 사람들을 이끌고 연방군의 보호를 받으면서 셀 마 몽고메리 행진을 이끌었다. 그해 의회는 흑인의 투표권을 통과시켰다.

등을 중심으로 비폭력 민권운동이 벌어집니다. 그리고 흑인참정권운동 결과 1965년 마침내 흑인들에게 선거권이 주어지는데요. 그 감동의 깊이는 광복을 맞은 우리 조상들의 기쁨과 맞먹을 것입니다.

● 정치 무대의 주역이 바뀌다

차티스트운동, 여성참정권운동, 흑인참정권운동의 결과 인류 사회엔 마침내 보통선거 제도가 정착합니다. 정말 놀라운 발전이지요. 재산으로 인한 사회적 차별, 여권 의식에 대한 미숙함, 흑인사회의 구조적 모순 등등 여전히 많은 문제점을 안고 있음에도 불구하고 오직 '인간'을 척도로 투표권을 보장하는 보통선거제의 확립은 인류 정치사에서 엄청난 의미를 갖습니다. 특정 엘리트들이 사회를 좌지우지할 수 없게 되고, 권력을 가지고 싶은 사람은 일단 국민의 마음에 들도록 노력해야 하는 상황에 처해진 거죠. 시민혁명기만 해도 정치는 여전히 교양과 재산이 있는 특권층의 독무대였습니다. 하지만 여러 운동의 결과 정치가 대중의 손으로 넘어가면서 비로소 '대중민주주의'라는 새로운 시대가 열린 것입니다.

오늘날 인류는 대중민주주의를 기반으로 한 대의정치를 발전시키는 중입니다. 물론 우리 사회엔 여전히 많은 문제가 있어요. 대중에게 투표권이 주어진 만큼 다수의 횡포가 발생할 수 있고, 미디어가 발달하면서 이미지 중심의 미디어 정치가 성행하기도 합니다. 하지만 중요한 것은 고군분투 끝에 얻어낸 민주정치가 기본적으로 '대의정치'라는 사실이에요. 즉, 대중이 투표를 통해 정치할 대표자를 뽑는다는 뜻입니다.

최근에는 정보통신 기술의 발달에 따른 전자민주주의의 등장으로 시민들이 인터넷 같은 전자매체를 통해 자신의 의사를 보다 직접적으로 정책에 반영하는 것이 가능해졌는데요. 무엇보다 직접민주정치의 요소를 강화할 수 있는 여건을 마련했다는 것이 전자민주주의의 특징이라 할 수 있습니다. 공간적 제약을 극복하면서 정치 참여를 위한 개인적, 사회적 비용을 줄일 수 있게 됐거든요. 예전에는 사람들이 손으로 하나하나 개표했지만 오늘날엔 전자 개표기를 사용해서 당일 밤 10시만 돼도 모든 것을 알 수 있으니, 정말 대단하지요?

또한 정보통신 매체를 활용해 정치권력을 감시할 수도 있게 되었습니다. 예전에는 수동적으로 신문이나 TV를 보았지만, 이제는 다양한 매체 덕분에 쌍방향으로 자신의 의견을 표출하거나 정보를 공유할 수 있게 되었잖아요? 상황이 완전히 바뀐 셈이죠.

마지막으로 인터넷에 익숙한 젊은 세대들이 정치에 관심을 가지게 되었다는 점도 주목할 만합니다. 투표시간을 아무리 늘려도 선거 날만 되면 놀러가기 바빴던 사람들이 달라지기 시작한 거예요. 포털사이트에서 정치 기사를 자주 접하는 것은 물론 블로그나 카페, 다양한 팟캐스트 등을 통해 좀 더 수월하게 정치 문제에 다가서게 됨으로써 이제 먼 정치가 아니라 바로 내 곁에서 정치를 느끼게 된 것입니다. 가까워지면 가까워질수록 관심이 더 많아지는 게 인지상정이니까요.

대한민국 민주화의 현장을 가다

대한민국은 민주주의 국가입니다. 여러 가지 법과 제도로 국민 개개인의 존엄성을 지키고 있지요. 하지만 아시다시피 우리나라는 민주주의를 성취하는 데 정말 오랜 시간이 걸렸습니다. 그 사이 많은 사람이 죽거나 상처를 입었고요. 지금 저와 여러분이 당연한 듯 여기는 민주주의는 이처럼 여러 사람의 노력과 희생의 대가로 얻은 것입니다.

제2차 세계대전 후 독립을 맞이한 대한민국. 문자 그대로 신흥 독립국이었던 우리나라는 근대화 시기엔 일제강점기를, 해방 이후에는 미군정을 통한 대리통치를 경험합니다. 1948년 대한민국 정부가 수립되었으나 남한에는 미국의 간섭 아래 자유민주주의 정부가 들어서고, 북한엔 소련의 파워에 따라 공산주의 정부가 세워져요. 그 결과 분단이라는 비극적 상황을 맞았고요. 그뿐인가요? 미국과 소련의 냉전체제로 인한 대결 구도에 휘말리면서 우리는 그 상흔을 여전히 되새겨야 하는 뼈아픈 한국전쟁도 겪었습니다. 그러나 역사는 늘 앞으로 나가는 법, 우리나라도 한 발자국씩 민주화를 향해 나아갔는데요. 그 뜨거운 현장을 좇아보겠습니다.

◉ 젊은 그대들의 승리 '4·19혁명'

민주주의를 향한 전진은 1960년 4·19혁명을 기점으로 시작됩니다. 당시 집권 세력은 이승만이 노쇠해진 탓에 언제 대통령 유고(有故) 사태가 발생할지 모른다는 걱정을 안고 있었습니다. 대통령의 나이가 이미 80대 중반에 접어들었으니 그럴 만도 했지요. 당시 법에 의하면 대통령 유고 시 대통령직을 이어받을 사람은 부통령이었습니다. 그래서 1960년 3월 15일의 정·부통령 선거는 대통령이 아니라 누가 부통령이 되느냐에 초미의 관심이 집중되었어요.

당시 집권당은 자유당이었습니다. 자유당은 이기붕을 부통령 후보로 내세우고, 그를 당선시키기 위해 온갖 부정을 저질렀는데요. 대리 투표, 투표함 바꿔치기, 개표 결과 조작에 이르기까지 전국의 투표장은 자유당 독재 정부의 '이기붕 부통령 만들기'를 위한 마당이었습니다. 조직적 범죄라고밖에 말할 수 없는 3·15 부정선거에 대한 최초의 항의는 학생들로부터 터져 나옵니다. 마산의 고등학생들이 3·15 부정선거 무효를 주장하며 시위를 벌이기 시작했거든요.

그런데 시위가 있은 지 며칠 후, 마산 앞바다에 한 학생의 시체가 떠오릅니다. 눈에 경찰이 쏜 최루탄이 박힌 채 말이죠. 바로 김주열 학생인데요. 그는 고향 전라도를 떠나 마산에서 공부하던 중 3·15 부정선거 규탄 시위에 참가

4·19혁명에 참여한 시위대

1960년 3월 15일자 〈동아일보〉에 게재된 3·15 부정선거 관련 기사

했고, 경찰의 무자비한 진압에 저항하다 최루탄을 얼굴에 맞고 바다로 떨어져 숨진 것입니다. 이 소식이 전해지자 전국의 청년, 학생, 지식인들이 3·15 부정 선거 무효화 투쟁에 나섭니다. 1960년 4월 18일에는 고려대 학생들이 길거리 에서 시위를 하던 중, 정치 폭력배들의 습격을 받아 다수의 학생들이 다치는 사건이 발생해요. 김주열의 사망에 이어 고려대 학생들의 부상 소식까지 전 해지자 서울의 전 대학과 고등학교가 술렁거립니다. 그리고 마침내 4월 19일, 이승만 독재 정권 타도를 외치며 전국에 걸쳐 학생시민혁명이 일어나지요.

4·19혁명은 수백 명의 사상자를 낸 끝에 4월 26일, 이승만의 하야 선언으로 막을 내립니다. 시위의 발단이 되었던 이기붕 일가는 자살로 생을 마감하지요.

◉ 겨울공화국

1960년 4·19혁명으로 집권한 민주당은 1년도 안 돼 무너집니다. 김종필 등 소 장파 정치군인들이 박정희를 내세워 쿠데타를 일으켰거든요. 1961년 5·16쿠데타로 집권한 박정희는 강력한 독재에도 불구하고 1971년 대선에서 김대중 후보에게 고전 끝에 간신히 이기게 됩니다. 1972년, 박정희는 대통령 직선제를 대통령 간선제로 바꾸는 것을 핵심으로 한 '10월 유신'을 단행하고, 통일주체 국민회의[42]라는 간접민주주의 기관을 만듭니다. 유신헌법의 핵심인 대통령 간접선거를 담당하는 어용기관이었지요. 통일주체국민회의 소속 위원들은 체육관에 모여 자기들끼리 대통령을 뽑고, 대통령은 또 국회의원 3분의 1을 임명했습니다. 유신헌법에 의해 대통령은 아무 때나 국회를 해산할 수도 있게 되었고요.

유신정권 시대는 그야말로 모든 것이 얼어붙어버린 '겨울공화국'[43]이었습니다. 법률, 언론, 집회 및 결사의 자유는 물론 인간의 존엄성마저 보장되지 않았던 암흑의 시기였어요. 여러분은 "헉! 우리나라에 그런 시절이 있었다니!" 하면서 놀라겠지만요. 그즈음 벌어진 사건 중 '사법 파동'이 있습니다. 양심에 따라 재판하려던 판사들을 정부가 앞장서 무더기로 해임하고 정보기관에 끌고 가서 협박한 사건인데요. 그 후 사법부는 한참 동안 독립적인 재판을 하지 못하게 됩니다. 유신정권은 또한 신문과 방송의 자유도 억압했어요. 정보기관이 일일이 신문기사를 검열했고, 말을 잘 안 듣는 언론사가 보이면 광고주에 압력을 행사해 돈줄을 끊어버렸지요.

이것도 모자랐는지 유신정권은 급기야 '대통령 긴급조치'를 발동하기에 이릅니다. 온 나라에 공포 분위기를 조성하고, 갖은 방법으로 국민을 억압했지

---

42 10월 유신(1972년 10월 17일)으로 제4공화국이 출범하면서 헌법에 따라 구성된 간접민주주의 기관. 유신헌법의 핵심인 대통령의 간접선거 기능을 담당한 이 기관은 1979년 10월 26일 박정희가 암살된 후 이듬해 제5공화국 헌법 발효와 함께 해체되었다.

43 전남 광주의 중앙여고 국어교사였던 시인 양성우는 민청학련 사건 관련자 석방을 촉구하는 행사(1975년 2월 12일)에 참가했다가 유신체제를 '겨울'과 '한밤중'에 비유한 자작시 「겨울공화국」을 낭송했는데, 그 여파로 그해 4월 중앙여고에서 파면되었다.

요. 유신정권에 반대하는 어떠한 행동도 체제 위협으로 간주되어 탄압받는 시절이었습니다. 따라서 생존권을 지키려는 노동자들의 요구, 민주국가라면 마땅히 전개해야 할 야당의 비판도 원천 봉쇄되었어요. 유신정권은 특히 당시 야당의 지도자였던 김대중과 김영삼에 대해 감시를 게을리 하지 않았습니다. "한국에는 민주주의가 없다. 미국은 야당과 민주세력을 도와 한국을 민주화시켜야 한다"는 내용으로 외국 언론사와 인터뷰했다는 이유로 제1야당 총재였던 김영삼을 국회에서 제적하고 의원직을 박탈했을 정도지요.

TIP

혁명 vs. 쿠데타

혁명은 기존 사회체제를 바꾸기 위해 국가권력을 '비합법적인 수단과 방법'으로 탈취하는 권력 교체 형태이다. 지배 세력과 피지배 세력의 교체나 정부체제의 변화만을 의미하는 것이 아니라 정치·사회·경제 등 전반에 걸친 근본적인 변화를 뜻한다. 반면 쿠데타는 규정된 방법을 벗어나 '비합법적인 방법으로 정권 찬탈을 노리는 시도'를 이른다. 사회 개혁이나 제도 개선 같은 구조상의 변화가 아니라 정권 탈취나 체제 전복을 위해 소수 세력인 군인들이 일으키는 무력 정변을 말한다. 혁명이 '지배 세력과 피지배 세력의 교체'라면 쿠데타는 '지배 세력 간의 교체'라는 차이점이 있다.

● 서울의 봄

유신정권의 거듭된 공포 정치와 야당 탄압, 그리고 노동자와 서민에 대한 강압적 통제 정책은 마침내 국민들의 거센 저항을 불러일으킵니다. 그 결과 1979년 부산과 마산에서 대규모 반독재 시위가 일어나지요. 학생들의 민주화 시위로 시작된 '부마항쟁'이 점차 부산, 마산 지역의 시민과 노동자들이 합세하면서 반독재 시위로 확산되자 정부는 이 지역에 군대를 파견합니다. 정부와 국민들 사이엔 일촉즉발의 위기감이 조성되었지요. 그런데 이때 유신정권 내부에서 갈등이 벌어집니다. 부마사태에 대한 대응책을 둘러싸고 온건파와 강경파로 나뉜 거예요. 강경파는 5·16쿠데타와 유신체제 때처럼 군대를 동원해서라도 부마사태를 진압하자 주장했고, 온건파는 군대를 동원하면 엄청난 희생이 날 수밖에 없으니 국민의 민주화 요구를 점진적으로 수용하자고 주장했습니다. 결국 1979년 10월 26일 밤, 온건파였던 김재규 중앙정보부장은 박정희 대통령과 강경파를 이끌던 차지철 경호실장을 암살합니다. 이것이 '10·26 사태'인데요. 이로써 18년에 걸친 박정희 군사독재 정권은 종말을 고하고, 우리나라는 마침내 '서울의 봄'[44]을 맞이하게 됩니다. 그러나 사계절 중 봄이 가장 짧은 것처럼 서울의 봄 역시 꽃을 활짝 피우지 못하고 스러져요. 그 과정을 볼게요.

김대중, 김영삼을 비롯해 그동안 정치 활동이 금지되었던 정치인들은 활동을 재개합니다. 학생, 비판적 지식인, 종교인 등 유신체제에 반대해 싸웠던 민주화 세력도 민주정부 건설을 위해 다양한 주장을 내걸고 움직이기 시작했고요. 바야흐로 민주화로 가는 문이 활짝 열리는 것 같았지요. 그러나 실은 민주주의를 짓밟고 질식시키려는 새로운 음모가 조용히 진행되고 있었습니다. 전두환과 노태우를 비롯한 신군부 세력이 그 주인공인데요. 이들은 1979년 12월 12일 전격적으로 쿠데타를 단행합니다.

12·12쿠데타를 감행해 실권을 틀어쥔 전두환과 노태우는 박정희가 키운 군내 사조직 '하나회'의 리더였어요. 이들은 박정희가 암살당하고 민주화의 봄이 찾아온 것을 보자 걱정이 앞섭니다. 박정희의 추종자였던 자신들에게도 화가 미칠 게 뻔하잖아요. 그러니 아예 선제공격을 하는 게 낫다고 생각한 거죠. 이들 신군부 세력은 12·12쿠데타로 군부 내 실권을 장악한 뒤 김영삼과 김대중, 종교인, 지식인들이 이끌던 민주화운동을 저지하는 데 총력을 기울입니다. 군부독재로 돌아가기 위해 정권 장악에 나서지요.

---

44 대한민국에서 수많은 민주화운동이 벌어졌던 1979년 10월 26일~1980년 5월 17일 사이를 일컫는 말이다. 1968년 체코슬로바키아의 프라하의 봄에 비유한 것인데, 이는 신군부가 투입한 계엄군에 의해 5·18 광주민주화운동이 무력으로 진압되면서 종결됐다.

하지만 민주화 세력도 더 이상 가만히 있지 않았습니다. 1980년 3월 신학기를 계기로 대학가에서부터 신군부에 대한 항의 시위가 전개되거든요. 이 시위는 4월을 지나 5월 초순에 이르러 절정에 달합니다. 이에 따른 신군부의 대응이 더욱 더 폭력적으로 바뀌면서 민주화 세력과 신군부 세력 간에 팽팽한 긴장감이 조성됩니다. 자칫하면 모든 게 터져버릴 것 같은 기세에 김대중과 김영삼은 양측에 자제를 요청해요. 어떻게든 평화적으로 민주화를 이루자 호소했습니다. 그러나 신군부 세력은 이 모든 상황을 폭력으로 마무리하겠다고 결심한 상태였어요.

이윽고 1980년 5월 17일, 신군부는 전국에 비상계엄령을 발동하고 김대중을 내란죄로 체포합니다. 김영삼은 가택에 연금하고요. 동시에 국회와 정부 기관, 그리고 전국의 대학교에 군대를 투입해 일체의 집회를 금지합니다. 20년 전 1961년에 벌어졌던 5·16쿠데타를 그대로 본뜬 신군부의 12·12쿠데타로 전국은 한순간에 얼어붙습니다. 그러나 광주만은 예외였어요. 비상계엄이 발동되어 군인들이 주둔해 있었는데도 전남대 학생들을 비롯한 광주의 청년 지식인들은 김대중의 체포와 신군부의 불법적인 정권 찬탈에 강력하게 항의하고 나섰습니다. 시위대와 계엄군 사이에서는 물리적 충돌이 일어났고, 양측에서 부상자들이 속출했지요. 시간이 지날수록 숫자가 불어난 시위대는 마침내 광주 전역을 장악하고, 계엄군은 이에 질세라 광주를 외곽에서 포위합니다. '5·18광주민주화운동'은 이렇게 시작되었어요.

시민군은 지도부를 구성해 광주의 치안과 안전을 유지하는 한편, 신군부에 사태의 평화적 해결을 위한 협상을 요청합니다. '신군부의 퇴진과 군으로의 복귀 및 민주화 추진'이 이들이 내건 요구였지요. 그러나 신군부의 대답은 단 하나, "무조건 항복하라"였습니다. 광주 시민들을 희생양으로 삼아 자신들의 불법적인 권력 탈취를 정당화하려는 계획을 세우고 있던 신군부는 계획대

광주민주화운동이 벌어졌던 전남도청 별관(CC BY-SA 3.0)(좌) 추모탑(국립 5·18 민주 묘지)(CC BY-SA 3.0)(우)

로 1980년 5월 26일 새벽, 광주를 기습 공격해 시민군의 지휘부를 비롯한 191명의 시민을 학살합니다. 이로써 10일간 지속되었던 광주민주화운동은 막을 내리고 신군부의 철권통치가 시작되지요.

● 시민의 승리 '6월 민주항쟁'

유신정권의 뒤를 이은 전두환 정권의 독재는 한층 더 심했습니다. 신문사며 방송국은 아예 폐쇄됐고, 수천 명의 언론인과 공무원들이 해직되었지요. 수만 명의 무고한 시민들은 '삼청교육'이라는 명목 하에 불법으로 끌려가 혹독한 훈련을 받았습니다. 전두환 정권은 또한 '국가보위 입법회의'라는 임의기구를 설치하여 법을 만들고 정치인을 규제하는 등 자기들 입맛대로 권력을 행사했어요. 지금은 상상조차 할 수 없는 불법과 무법이 판을 치는 시기였습니다. 불과 30년 전의 일이에요.

그런데 1985년이 되자 전두환 정권의 철권통치도 기세가 꺾이기 시작합니다. 변화의 조짐은 국회의원 선거에서부터 나타나요. 그해 선거에서 창당된 지 불과 두 달여밖에 안 된 신한민주당이 신군부의 권력을 등에 업은 민한당을 깔

끔하게 물리치고 89석을 확보한 것입니다. 신한민주당은 제1야당이 되었지요. 이렇게 되자 그동안 전두환 정권의 철권통치에 숨죽이고 있던 언론과 국민들도 민주주의 회복을 외치며 좀 더 적극적인 활동을 전개하기 시작합니다.

1986년 5월 3일, 인천에서는 학생, 노동자, 시민들이 모여 신군부의 폭압 정치를 규탄하고 대통령 직선제 개헌을 주장했습니다. 전두환 정권은 더 강한 폭력 통치로 대응했지요. 시위 주동자들에 대한 경찰의 수배 조치가 수도 없이 내려졌고, 시위 주동자의 가족에 대한 압박도 심해졌어요. 그 와중에 박종철 고문 치사 사건이 발생합니다. 경찰이 시위 주동자를 잡기 위해 서울대생 박종철 군을 물 고문하다가 죽인 사건인데요. 경찰은 고문 사실을 숨기기 위해 "책상을 '탁' 치니 박종철 군이 '억' 하고 죽었다"고 발표했습니다. 마침 부검에 참여했던 의사의 양심선언이 이어지면서 시민들의 분노는 극에 달하지요. 당황한 전두환 정권은 뒤늦게 박종철에 대한 고문 사실을 시인했지만, 민주화를 향한 화살은 이미 시위를 떠난 뒤였습니다. 1987년, 민주화를 향한 열망은 마침내 6월 민주항쟁으로 폭발하지요.

6월 민주항쟁은 남녀노소 가리지 않고 우리 국민 모두가 전국에서 동시에 진행한 민주화운동이었습니다. 학생은 물론 직장인들까지 대거 합세한 이른바 '넥타이 부대'의 참여가 눈에 띄었던 시위였는데요. 그날 서울에서는 거의 전 시민이 시내로 몰려나와 독재 타도를 외쳤답니다. 차를 타고 지나가던 사람들은 경적을 울려 동참했고, 상점에서 일하던 분들은 마스크 안에 치약을 묻혀서 시위대에게 건네주는 등 여러 모로 가슴 뜨거운 장면

이한열을 기념하는 추모비. 이한열은 시위 도중 최루탄에 맞아 사망했는데 이 사건은 박종철 고문 사건과 함께 6·10 민주항쟁의 도화선이 되었다.

이 가득했지요. 그 뿐인가요? 어머니들은 시위대 진압을 위해 출동한 전투 경찰들의 가슴에 꽃을 달아주었습니다. "데모하는 딸도 내 딸, 그걸 막는 전경도 내 아들이니 부디 평화롭게 민주화를 이루어내자"는 염원이 담긴 꽃을요.

6월 민주항쟁이 전개되자 신군부는 또 다시 온건파와 강경파로 나뉘었습니다. 온건파는 조금씩 양보해서 점진적으로 민주화를 수용하자고 주장했고, 강경파는 여기서 밀리면 끝장날 터이니 군대를 동원해서라도 버티자고 주장했어요. 그러나 200만 명 이상이 전국에서 동시에 참가한 6월 18일의 집회를 기점으로 신군부는 "아무리 군대를 동원해도 민주화의 흐름은 막을 수 없다"는 결론을 내리고, '6·29선언'이라는 양보 정책을 택합니다. 대통령 직선제 개헌을 받아들이기로 한 거예요.

● 실질적 민주주의

1987년 6·29선언과 함께 6월 민주항쟁은 국민의 승리로 막을 내립니다. 대통령 직선제를 쟁취한 거예요. 6·29선언은 신군부가 정치적으로 한 발 물러섬으로써 자신들의 정치 생명을 연장하기 위한 불가피한 선택이기도 했어요. 신군부의 이러한 시도는 김영삼, 김대중 두 야당 지도자의 분열에 힘입어 결국 노태우의 집권으로 이어집니다. 덕분에 정치 생명을 5년간 연장하는 데 성공해요. 그러나 민주화를 향한 거대한 역사적 흐름은 도저히 거스를 수 없었습니다. 그 후로도 많은 우여곡절이 있었지만 우리나라는 김영삼 정부, 김대중 정부, 노무현 정부, 이명박 정부, 박근혜 정부에 이르기까지 민주주의를 지켜가고 있습니다. 이제는 누구도 선거를 마음대로 없애지 못합니다. 아무도 삼권(입법부, 행정부, 사법부)을 독점하겠다며 야욕을 부리지 못하지요. 언론의 자유와 시민들의 정치 참여는 누구도 막을 수 없습니다. 이 모든 것은 국민들이 목숨을 걸고 독재 정권에 맞섰던 1987년 6월 민주항쟁의 결과입니다.

우리나라의 민주화는 1980년대 전 세계에 불어 닥친 민주화 물결에 선도적인 역할을 했어요. 민주화의 전 과정이 평화적인 집회와 시위로 이루어졌다는 점, 경제 성장과 민주화를 동시에 성공적으로 이루어냈다는 점, 독재 세력의 정치적 양보를 받아내면서 그들을 정치적으로 배제해가는 세련된 정치력을 보여주었다는 점에서 우리나라의 민주화는 세계 정치 발전의 중요한 사례로 기록되었는데요. 그렇다면 우리는 진정 완전한 민주주의를 누리고 있는 걸까요? 선거, 삼권분립, 언론의 자유와 정치 참여는 민주주의의 생명과 같은 것이지만 과연 이것만으로 민주주의가 완전히 실현되었다고 할 수 있을까요? 지금까지의 민주주의가 절차적 민주주의였다면 이를 통해 궁극적으로 실현하고자 하는 민주주의의 진짜 내용이 있지 않을까요?

형식적·절차적 민주주의가 정착되었다면 그다음은 실질적 민주주의를 행할 차례입니다. 여러분이 아주 멋진 파티를 준비하고 있다고 상상해보세요. 오랜 취업 준비 생활 끝에 원하는 회사에 취직한 오빠를 위해, 혹은 결혼한 언니가 아기를 낳아서… 뭐든 좋아요. 그런데 장소를 꾸미고, 음식을 준비하고, 선물을 사는 데 정신이 팔려 정작 파티의 목적을 잊어버린다면 어떻게 될까요? 실질적 민주주의의 중요성을 강조하는 이유도 마찬가지입니다. 이제 우리는 형식적·절차적 민주주의를 확고히 하고, 실질적·내용적 민주주의를 실현하기 위해 준비하고 행동해야 합니다. 무늬만 민주주의인 사회가 아니라 뼛속 깊이 민주화가 이루어진 사회를 위해 나름대로 자기 자리에서 일정 부분 헌신해야 하지요. 즉 사회적 소수자를 존중하고, 경제 정의를 이루며, 문화적으로 성숙하여, 모든 국민이 높은 수준의 민주주의를 누릴 수 있도록 행동해야 합니다. 그럴 때 우리 모두는 '실질적 민주주의'를 향유하게 될 것입니다.

평생의 벗, 법치와 민주

옛날 중국 진나라에 상앙[45]이라는 사람이 있었습니다. 법을 시행함에 있어 국민의 신뢰가 가장 중요하다고 생각한 상앙은 어느 날 성문 앞에 나무 막대기를 하나 세워놓고 방을 붙입니다. "이 나무 막대기를 이쪽 문에서 저쪽 문으로 옮겨놓는 자에게 상금 10냥을 주겠다"는 내용이었죠. 그런데 사람들은 방을 보고도 나무 막대기를 옮겨놓지 않았습니다. 어이가 없어서 믿지 않았던 거예요. 상앙은 이튿날 똑같은 방을 쓰면서 상금을 50냥으로 올렸습니다. 역시 많은 사람들이 장난이겠거니 하고 보고만 있는데, 우직한 사람 하나가 나서더니 "밑져야 본전 아니겠어?" 하면서 나무 막대기를 옮겨놓고 상앙에게 왔습니다. 상앙은 두말하지 않고 50냥을 내주었지요. 이 일이 알려지자 진나라 사람들은 국가가 하는 말이라면 무엇이든지 믿게 되었다고 하는데요. 국가를 믿는 국민을 앞세워 진나라는 마침내 천하 통일을 이룰 수 있었습니다.

국가에 대한 국민의 신뢰는 어디서부터 생기는 것일까요? 도로를 많이 깔고, 소득 증대를 도모하고, 학교를 많이 세우면 신뢰가 쌓일까요? 물론 이런 일들을 차근차근 해나가는 것 또한 국민을 위한 일임에 틀림없습니다. 하지만 오늘은 이런 말을 했다가 내일이면 다른 말을 하고, 2년 전에는 복지를 강조하더니 몇 년 안 돼 예산안을 삭감하는 등 정책을 손바닥 뒤집듯 바꾼다면 과연 국민들이 국가를 믿을 수 있을까요? 저는 국가에 대한 국민의 신뢰란 국가가 국민에게 한 약속을 지키는 행위에서 비롯된다고 봅니다. 즉 법에

---

45 상앙(商鞅. ?~BC 338)은 중국 춘추전국시대 진나라의 정치 사상가로 오가작통법(행정구역체계)을 창시했다. 당대에 채택되지는 않았지만 동양 최초로 노비제도의 폐지를 주장했다.

의한 정치로부터 믿음이 생겨나는 것이지요. 공명정대한 법치주의가 중요한 이유입니다.

법치주의야, 정체를 밝혀줘

여러분, 주변에서 어른들이 다투는 모습을 본 적 있으세요? 아이들 사이에서는 주먹이 먼저 나가지만, 어른들은 주로 말로 싸웁니다. 그러다 의사소통이 불가능해지는 지점에 이르면 반드시 나오는 말이 하나 있죠. 예, 바로 "법대로 하자!"입니다. 사소한 접촉 사고부터 층간 소음이나 동네 상권을 두고 벌어지는 싸움의 끝도 대개 '법대로'인데요. 그런데 우리 사회는 정녕 법대로 잘 굴러가는 사회일까요? 법대로 굴러가는 사회란 어떤 걸까요?

'법대로'를 좀 유식하게 표현하면 법치주의(法治主義)가 됩니다. 법(法)을 통한 사회의 지배(治)라는 뜻으로, 인(人)에 의한 지배[46]가 아닌 객관적인 사회 규범인 법에 의한 통치를 말하는데요. 법치주의 국가에서는 모든 국가 권력이 의회가 제정한 법률에 따라 행사되어야 합니다. 즉, 국민의 권리를 제한하거나 의무를 부과하는 등 모종의 명령을 내리거나 책임을 지울 때 반드시 의회에서 만든 법률에 의거해야 한다는 뜻이지요. 그러므로 어느 날 갑자기 세금을 더 걷는다거나, 신도시를 건설할 계획이라며 예고도 없이 지역 주민을 몰아내는 일 등은 법치에 위배되는 행위입니다. 물론 법도 완전하지 않아요. 잘 들여다보면 구멍이 숭숭 난 조항도 있고, '코에 걸면 코걸이, 귀에 걸면 귀걸이'가 되는 조항도 꽤 많으니까요. 그럼에도 불구하고 법은 인간의 존엄성을 문서화해 명시한 가장 중요한 유산입니다.

---

46 인치(人治)는 제도나 규칙에 의한 통치가 아닌, 개인의 자의적인 판단에 따른 통치를 말한다. 옛날의 군주제가 대표적인 예이다. 또, 현대 독재 국가에서도 겉으로는 법치를 내세우지만 실질적으로 독재자 개인의 의사가 정치를 주도하는 경우가 많다.

우리나라도 법치주의를 선언하고 있습니다. 국가가 수호해야 할 민주주의의 근본 목표인 인간의 자유와 권리를 헌법에서 보장하지요. 헌법 제10조 '모든 인간은 인간으로서의 존엄과 가치를 가지며 행복을 추구할 권리를 가진다. 국가는 개인이 가지는 불가침의 기본적 인권을 확인하고 이를 보장할 의무를 진다'는 규정이나, 헌법 제11조 1항 '모든 국민은 법 앞에 평등하다'는 규정이 좋은 예입니다. '인간의 존엄과 가치'나 '법 앞의 평등'처럼 궁극적 목표를 헌법으로 규정한 것은 법치주의 국가에서 국가 권력이 보장하고 수호해야 할 기본 의무가 무엇인지 보여줍니다. 나아가 국가 권력이 침해할 수 없는 불가침의 한계를 제시하는 지침도 되고요.

법치주의를 실현하려면 국가 권력은 어디서부터 나오는 것인지, 한계는 어떤 것인지 등을 명확하게 규정해야 합니다. 이는 헌법 제12조 1항 '모든 국민은 신체의 자유를 가진다. 누구든지 법률에 의하지 아니하고는 체포, 구속, 압수, 수색 또는 심문을 받지 아니하며…'라는 규정에 잘 나타납니다. 불가피한 경우 국가가 국민을 체포, 구속, 압수, 수색 또는 심문할 수는 있지만, 이때 반드시 그 근거가 법률로서 규정되어 있어야 한다는 건데요. 이로써 권력의 한계를 명확히 보여주는 거예요. 즉 국가의 지배 원리와 한계를 명확히 밝힘으로써 권력이 남용되지 않도록 통제하는 역할을 합니다.

법치주의의 궁극적인 목적은 국민의 자유와 권리를 보장하여 자유민주주의의 근본이념인 인간의 존엄성을 실현하는 것입니다. 매우 딱딱하게 보이는 문장이지만 실은 단순해요. '내가 이 나라 국민으로서 살아갈 때 자유롭게, 권리를 잘 행사하면서, 인간의 존엄성을 침해받지 않을 수 있도록 보호해주는 것이 법'이라는 이야기거든요. 그렇다면 법치주의는 어떤 과정을 통해 그 역할을 달성할까요?

법치주의가 지금처럼 시민의 권리를 보호하기 위한 수단으로 확고하게 자리 잡은 것은 근대 시민혁명 이후입니다. 18세기 프랑스에서는 왕이 절대 권력을 누리고 있었잖아요? 당시 프랑스 국왕이었던 루이 14세가 "짐이 곧 하늘이다"라고 말할 정도로요. 절대군주들은 대개 무법자였습니다. 무소불위의 권력을 바탕으로 국민들한테서 마음대로 세금을 걷고, 시도 때도 없이 군대에 보내 나라를 지키게 했지요(심지어 남의 나라 전쟁에도 보냈어요). 절대군주의 폭정을 견디지 못한 시민들은 마침내 "못 살겠다, 갈아보자"며 혁명을 일으키게 됩니다. 침해당한 권리를 보호하고, 인간다운 삶을 살아가기 위해서요. 그 결과 '인권 선언'을 통해 군주의 권한은 의회에서 정한 법률에 근거해야 한다는 법치주의를 선언하게 됩니다.

그런데 여기서 한 가지 의문이 생겨요. 법을 통해 권력을 주었는데 또 다시 법을 도구로 삼아 권력을 제한하다니, 뭔가 이상하지 않아요? 법을 수호하고 집행하는 강제력이 국가에 있으니 국가는 저 혼자서 북 치고 장구 치고 스스로를 감시하고 제한하는 꼴이 되잖아요. 자, 이러한 모순을 해결하기 위해 권력 분립[47]이 이루어집니다. 국가 권력을 영역별로 분리하여, 각각의 권력이 상호 감시하고 견제할 수 있도록 한 것이지요.

법치주의의 기본은 무엇보다 법률의 우위(優位)입니다. 법으로 사회를 다스려야 하므로 법률은 사회 내의 어떤 존재보다 강한 권력을 가져야 하는데요. 즉, 법률에 의한 행정, 법률에 의한 재판을 통해 사법적 정의를 실현하고, 국민의 자유와 권리를 보장해야 한다는 뜻입니다.

형식적 법치주의 vs. 실질적 법치주의

법치주의는 국민의 권리를 제한하거나 의무를 부과할 때 의회가 만든 법률에

---

47 우리나라를 비롯한 대부분의 국가는 입법권, 행정권, 사법권의 삼권분립에 기초해 법률의 우위, 법률에 의한 행정, 법률에 의한 재판을 권력 분립의 내용으로 한다.

의하거나 그에 근거해야 함을 뜻합니다. 그렇다면 통치권자는 법률에 근거하여 무한정으로 권리를 제한하거나 의무를 부과할 수 있을까요?

BC 399년 소크라테스는 사형을 언도 받았습니다. "신을 믿지 않는다"는 이유와 "젊은이들을 타락시켰다"는 죄목으로요. 주위 사람들은 소크라테스에게 도망갈 것을 권했지만, 그는 "악법도 법이다"라는 말을 남기고 죽음을 맞이합니다. 이 문구는 나중에 독일 나치에 의해 악용되는데요. 히틀러는 집권 후 수권법[48]을 제정하여 '나치에게 반항하는 자=공익을 해치는 자'라 하면서 인권 탄압을 정당화합니다. 법치주의에서 법의 내용은 문제 삼지 않고, '법에 근거만 있다면 합법'적인 것으로 보는 맹점을 이용한 것이지요. 이처럼 통치 행위를 단순히 법에 근거하는가 아닌가 하는 형식적 면만을 대상으로 판단하는 입장을 '형식적 법치주의'라 합니다. 제2차 세계대전으로 나치독일이 붕괴된 후 독일의 법학자들은 지대한 반성을 하게 되는데요. 법을 이용해 히틀러의 독재를 정당화했다는 뼈아픈 반성이었죠. 이후 독일은 기본법에서부터 사회적 법치국가를 지향하되 실질적 법치주의의 개념을 강조하게 됩니다.

실질적 법치주의는 공권력의 행사가 법률에 기초를 둔다 할지라도 법률 자체의 내용이 정당하지 않다면 이를 법치주의에서 벗어난 것으로 보는 입장입니다. 오늘날에는 국가가 국민의 자유와 권리를 제한하거나 국민에게 새로운 의무를 부과할 때 의회가 제정한 법률에 의거해야 한다는 형식적 법치주의뿐만 아니라 통치의 정당성에 초점을 맞춘 실질적 법치주의도 함께 요청하고 있습니다.

---

48 히틀러가 1933년 3월 24일에 공포한 「국민 및 국가의 위기 극복에 관한 법률」은 '라이히 헌법이 규정하고 있는 절차에 의하는 외에, 라이히 정부에 의해서도 의결될 수 있다(제1조). 라이히 정부가 의결하는 법률에는 라이히 헌법과는 다른 규정을 둘 수 있다(제2조). 라이히 입법 사항에 관한 라이히 정부와 외국과의 조약에는 입법에 참여하는 기관의 동의를 필요로 하지 않는다(제3조)'라는 조항을 포함하고 있다. 의회의 동의 없이 정부가 법률을 제정하도록 만든 이 법은 '독재로 통하는 다리'로 불리기도 했다.

유대인 율법학자들이 사회의 모든 사상(事象)을 집대성한 『탈무드』에는 "유대인은 새로운 법률을 만들 때 많은 사람들이 지킬 수 없는 부당한 법률은 만들 수 없다"라는 법률 원칙이 있습니다. 바로 실질적 법치주의를 뜻하는 말이지요. 법치주의의 목적이 국민의 자유와 권리를 보장하는 것인 만큼 법을 제정할 때도 형식을 지키는 데만 그치지 않고, 그 법이 실제로 인간의 존엄성을 지켜줄 수 있는지, 실질적인 평등을 보장하는지, 사회정의 실현에 도움이 되는지 등을 면밀히 살펴야 한다는 뜻입니다.

이처럼 형식적 법치주의의 특징이 합법성[49]이라면, 실질적 법치주의의 특징은 정당성(正當性)이라 할 수 있는데요. 실질적 법치주의를 실현하려면 어떤 것들이 필요할까요? 대부분의 민주국가에서는 법률의 내용이 헌법에 어긋나는지 심판하는 '위헌 법률 심사제'와 각각의 권력을 통제하는 '권력 분립 제도', '사법권의 독립' 등을 채택하여 실질적 법치주의를 실현하고 있습니다.

평생을 함께 가는 벗, 법치주의와 민주정치

우리나라 같은 민주주의 국가는 국민이 주인이고 그 나라의 최고 힘인 주권 역시 국민의 것입니다. 물론 대표를 뽑아 그들에게 정치를 대신 맡기고 있지만 아무리 국민을 대표하는 사람이라 해도 자기 마음대로 정치를 하면 안 된답니다. 그들도 실수할 수 있고, 나랏일을 하는 데 필요한 지식이나 도덕심이 부족할 수도 있거든요. 또 국민이 자신들에게 준 권력을 자신만을 위해 사용할 수도 있고요. 그래서 민주주의 국가에서는 오직 법에 의해서만 나라를 다스릴 수 있게 합니다. 이것이 법치주의이고, 이 법치주의가 바로 민주정치의 기본 원리인 탓입니다.

---

49 형식적 법치주의의 합법성은 법률이 '정의를 추구'하고 있는지에 대해서는 무관심하다.

민주주의와 민주정치는 자주 혼동되지만 서로 다른 의미를 갖고 있어요. 앞서 민주주의는 정치형태로서의 의미, 생활양식으로서의 의미, 이념으로서의 의미 등 다양한 뜻을 갖고 있다고 했는데요. 그 가운데 정치형태로서의 민주주의에 주목한 단어가 바로 민주정치입니다.

민주국가에서는 권력 행사의 근거가 되는 법률을 입법부인 의회에서 만듭니다. 법률을 의회에서 만드는 이유는, 의회가 민주적인 선거 원칙에 따라 국민에 의해 구성된 국민 대표 기관이기 때문이지요. 즉, 국민의 뜻이 국민의 대표 기관인 입법부를 통해 법률로 구체화되므로 법률은 곧 국민의 뜻이라 볼 수 있는 것입니다. 이런 점에서 법의 지배를 의미하는 법치주의는 국민에 의한 지배로서의 민주정치와 같은 의미를 가져요. 이렇듯 법치주의와 민주정치는 상호 보완적인 관계에 있습니다. 법치주의에 따라 민주정치가 성장하는 동시에 민주정치에 의해 법치주의가 실현되는 것이지요.

'법에 의한 지배(rule by law)'와 '법의 지배(rule of law)'라는 구분을 통해서도 민주정치와 법치주의의 관계를 이해할 수 있습니다. 전체주의 국가나 독재정부, 군주국가 등에서 볼 수 있듯 법에 의한 지배는 엄격한 의미의 법치주의와 달라요. 법을 통치자의 의사를 실현하는 도구나 수단으로 사용할 수 있기 때문입니다. 절대왕정 시대를 떠올려보세요. 이 시기의 법이란 곧 왕의 의지를 뜻했습니다. 중국의 법치사상으로 이어지는 법가[50]의 사상 역시 전제군주의 통치 수단으로 법을 중시했다는 점에서 법에 의한 지배로 볼 수 있겠지요. 따라서 법치주의의 진정한 의미는 '누구도 법과 동등한 권위를 지닐 수 없고, 통치자를 비롯한 모든 사람이 법에 종속된다'는 법의 지배에서 찾아야 합니다.

---

50 중국 전국시대의 제자백가 가운데에 관자(管子), 상앙(商鞅), 신불해(申不害), 한비자 등의 학자, 또는 그들이 주장한 학파. 도덕보다도 법을 중하게 여겨 형벌을 엄하게 하는 것이 나라를 다스리는 기본이라고 주장했다.

참여하고
행동하라

남아메리카 대륙의 코스타리카에서는 4년에 한 번씩 선거를 치릅니다. 코스타리카는 대통령부터 국회의원, 지자체까지 선거를 한꺼번에 치르기로 유명한데요. 그곳 사람들에게 선거는 민주주의 교육의 장이자 축제랍니다. 월드컵이 열리는 해와 같은 해에 선거를 치르기 때문에 상반기는 선거로, 하반기는 월드컵으로 한 해를 즐기거든요. 그런데 매우 인상적인 사실이 있습니다. 코스타리카에선 기본적인 선거권이 17세부터 주어지지만, 17세 이하의 청소년들도 투표를 할 수 있다는 점이에요. 일종의 모의투표로서 국가기관이 직접 나서 12세부터 17세 청소년들에게 투표를 위한 신분증명서를 발급하기 때문에 나름대로 공신력을 가집니다. 모의투표는 실제 선거의 결과에 영향을 미치지 않지만, 그 결과가 언론에 공개되고 선거 당선자에게 전달되어 향후 여론 수렴이나 청소년 정책을 수립할 때 주요 자료로 다루어진다고 해요. '민주주의의 전시장'이라 평가받는 코스타리카에서 이런 제도를 두는 이유가 무엇일까요? 어릴 때부터 민주주의 정치과정에 참여하고 이를 학습하면 정말로 민주적으로 사고하고 행동하는 민주 시민이 될 수 있을까요?

나라마다 다른 정부 형태

퀴즈를 하나 낼게요. 제가 문장을 하나 읽어드릴 테니 맞으면 'O', 틀리면 'X'
라 말해주세요. "민주주의 국가인 미국과 영국에서 정부의 수장은 대통령과
여왕이다." 와, 거의 모든 분이 알고 있군요. 그렇습니다. 이 문장엔 틀린 부분
이 있어요. 미국 정부의 수장은 대통령이지만, 영국 정부의 수장은 여왕님이
아닌 총리거든요. 물론 미국의 대통령이나 영국의 여왕이나 각 나라를 대표
하는 사람임엔 틀림없습니다. 그러나 역할에는 분명한 차이가 있지요. 그렇다
면 영국 여왕은 어떤 신분일까요? 영국 하면 대개 여왕을 떠올릴 만큼 인지
도가 높은데, 정작 정치력은 갖지 못한 '무늬만 대장'인 사람일까요? 지금부
터 우리가 함께 나눌 이야기, 곧 민주주의의 정부 유형에 대한 이야기 안에
그 답이 들어 있습니다.

한 지붕 두 가족

민주주의를 표방하는 세계 여러 나라는 주로 대통령제와 의원내각제를 채택
하고 있습니다. '대통령제'는 대통령을 중심으로 국정이 운영되는 정부 형태인
데요. 대통령이 자신의 임기 동안 강력한 집행권을 행사함으로써 정국의 안
정을 꾀할 수 있다는 장점도 있지만, 대통령의 권한이 비대해질 경우 독재로
흐를 가능성도 배제할 수 없지요. 현대 민주주의 정부에서 가장 흔한 형태로
미국을 비롯해 대한민국, 브라질, 콜롬비아 등 대다수 나라가 대통령제를 채
택하고 있습니다.

그런데 1948년 대한민국 건국 당시만 해도 민주국가의 대표적인 정치 제도

는 의원내각제였습니다. '의원내각제'란 국회의 신임에 따라 정부가 성립하고 존속되는 정치 제도인데요. 18세기 초 영국에서 처음 성립되었답니다. 의원내각제는 다수당을 중심으로 행정부가 만들어지며 다수당의 총수가 곧 정부의 수반이 되는 정치 형태입니다. 영국처럼 왕이 있는 형태도 있고, 독일처럼 대통령이 있는 형태도 있지만 양쪽 다 상징적인 존재에 불과하지요.

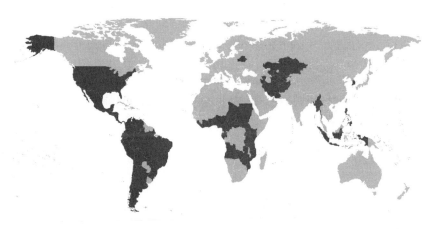

세계 여러 나라의 정부 형태. 검은색은 대통령제, 분홍색은 의원내각제 국가이다.

그 밖에 '이원정부제'는 대통령제와 의원내각제를 절충한 형태인데요. 대통령제와 의원내각제의 단점을 보완하기 위해 만들어진 제도입니다. 외형상으로는 대통령제와 유사하고, 절차상의 원리는 의원내각제의 속성을 많이 갖지요. 이원정부제를 채택한 대표적인 국가는 프랑스입니다. 때문에 일각에서는 프랑스 대통령제라 부르기도 해요. 지금부터 특히 많은 국가들이 채택하고 있는 대통령제와 의원내각제를 비교해보겠습니다.

대통령제가 좋을까, 의원내각제가 좋을까?

대통령제와 의원내각제는 선거를 몇 번 하느냐로 구분합니다. 대통령제에선 대통령 선거(대선)와 국회의원 선거(총선), 총 두 번의 선거를 치르지요. 국민의 직접 선거로 대통령을 뽑고, 선출된 대통령은 행정부의 수반으로서 장관을 임명합니다. 대통령과 장관은 함께 행정부를 관할하고요. 국회의원 역시 국민들이 선거를 통해 선출합니다. 국회의원들은 의회(입법부)를 구성하여 법을 만들고 정부의 정책을 심의하지요. 이렇게 이원화된 방식으로 대표를 선출하는 제도가 바로 대통령제입니다.

반면 의원내각제에서는 선거를 한 번만 치러요. 국민 투표를 통해 의회가 구성되면, 의회에서 행정부를 구성하고 행정부가 의회에 대해서 책임지는 형태로 정치를 합니다.

대통령제와 의원내각제는 행정부를 구성하는 방식이 다릅니다. 대통령제는 국민의 선거에 의해 입법부와 행정부를 구성하지만, 의원내각제에서는 국민의 선거로 일단 의회를 구성한 뒤 의회의 다수당에 의해서 행정부(내각)가 구성되거든요. 이 같은 차이는 입법부와 행정부의 관계에도 영향을 미칩니다. 대통령제는 권력 분립형[1] 정부예요. 입법부, 행정부가 엄격하게 분리되어 존재하기 때문입니다. 이에 비해 의원내각제는 권력 융합형[2] 정부입니다. 행정부인 내각을 구성하는 수상과 각료들이 입법부인 의회를 구성하는 의원이기도 하거든요. 여기서 주의할 게 하나 있습니다. 대통령제와 의원내각제에는 여러 가지 차이점이 있지만, 양쪽 모두 사법부의 독립을 보장한다는 점입니다. 대

---

1 한 개인이나 집단 또는 특정 기관에 권력이 집중되는 것을 방지할 목적으로 권력을 분할·배치하여 상호 견제와 균형을 이루려는 제도적 원리.

2 입법권을 휘두르는 세력이 행정권도 장악하는 정치적 원리로 의원내각제에서 볼 수 있는 입법부와 행정부의 관계이다.

통령제와 의원내각제 중 어떤 제도가 더 좋은지에 대한 갑론을박은 사실 무의미해요. 그보다는 각 제도가 가진 뚜렷한 장단점을 기억해야겠지요?

대통령제 구석구석 파헤치기

떡볶이 가게나 순대국밥 집이 즐비한 곳에 가면 저마다 "내가 진짜야!"라며 자신이 원조임을 강조하는 간판들을 볼 수 있습니다. 이참에 우리도 대통령제의 원조를 알아볼까요? 오호, 대통령제의 원조는 미국이군요. 미국은 영국으로부터 독립하는 과정에서 수만 명의 사상자를 내며 큰 깨달음을 얻습니다. 세습 군주에게 국가를 맡기면 안 된다는 것이었지요. 이에 미국은 개인의 자유 실현을 위한 제한된 정부가 필요하고, 이를 위해 국민이 선출한 통치자[3]가 국가를 이끌어가는 것이 바람직하다는 결론 아래 대통령제를 채택합니다. 대통령제는 제2차 세계대전 후 신생 독립국들이 본격적으로 채택하면서부터 일반적인 제도로 발전하지요.

대통령제는 '견제와 균형의 원리'를 가장 중요하게 여깁니다. 법을 만드는 입법부, 법을 집행하는 행정부, 법을 해석·적용하는 사법부를 분리하고, 각 부서가 대등한 관계를 유지하며 서로 권력 남용을 견제함으로써 균형 있게 권력을 운용하고자 노력해요. 가위바위보 게임을 생각해봅시다. 가위는 날카롭고, 바위는 묵직합니다. 보는 부드럽고요. 그래서 가위와 바위와 보는 나머지 상대를 모두 제압할 수 없습니다. 이기는 상대가 있는가 하면 지는 상대도 반드시 있게 마련이지요. 따라서 가위바위보는 견제와 균형입니다. 서로 물고 물리는 가운데 균형을 이루는 것이지요. 국가의 일도 마찬가지랍니다.

대통령제에서 행정부와 입법부가 어떻게 분립되는지 살펴볼게요. 우선 의

---

3 대통령은 행정부의 수반으로서 국가의 모든 정책을 집행하는 동시에 국가 원수로서의 지위도 겸한다.

회 의원의 행정부 각료(閣僚)[4] 겸직이 금지되어 있습니다. 장관과 국회의원을 동시에 할 수 없다는 뜻이에요. 즉 Z지역에서 국회의원으로 뽑힌 사람이 OO부 장관을 동시에 맡을 수 없다는 말입니다(우리나라에선 가능하지만요). 또한 의회의 내각(행정부) 불신임[5]과 행정부의 의회 해산권도 인정되지 않아요. 단, 의회는 대통령에 대한 탄핵 소추권[6]을 행사할 수 있고, 대통령은 의회에서 의결된 법률안의 공포를 거부할 수 있는 권한[7]을 가집니다. 대통령이 임명한 행정부 장관들은 의회의 간섭을 받지 않고 오로지 대통령에 대해 책임지면 됩니다. 행정부의 수반은 의회가 아닌 국민이 뽑은 것이니까요.

대통령제는 대통령이 중심이 되어 국정을 책임지는 정부 형태입니다. 따라서 집권 기간 동안 강력한 정책을 수행할 수 있고, 정책의 연속성이 보장됩니다. 즉 임기 동안 정국이 안정될 수 있다는 장점을 가져요. 또한 '대통령의 법률안 거부권'은 의회의 다수파를 견제하고 소수파의 권익을 보호하는 기능을 합니다. "우리 정당이 의회를 장악했으니 마음껏 권력을 휘두를 수 있겠구나!" 하고 생각한다면… 엄청난 오산입니다. 입법부가 의결한 법률안을 대통령이 거부함으로써 그 효력이 발생하지 못하도록 할 수 있기 때문이에요.

---

4 내각을 구성하는 각 부처의 장관이다. 의원내각제에서는 각료가 국회의원을 겸할 수 있고 국회에 대하여 책임을 지는 반면, 대통령제에서는 각료가 국회의원을 겸하지 못하며 대통령의 보조 기관 역할을 한다.

5 의원내각제 국가에서 '의회가 투표를 통해 내각을 신임하지 않는다는 것을 표시하는 제도'로 불신임 결의가 통과되면 그 내각은 해산되고 새로운 내각이 구성된다. 반면 대통령제 국가에서는 헌법상 임기가 보장되어 있는 대통령이 직무 수행에 있어 헌법이나 법률에 위반된 행위를 할 경우 국회는 '대통령을 처벌하거나 파면할 수 있는 탄핵 소추 의결이 가능'하고 '헌법 재판소가 탄핵 결정'을 한다. 따라서 우리나라의 경우 탄핵은 가능하지만 불신임은 불가능하다.

6 대통령을 비롯한 고위 공직자가 직무 집행에 있어 헌법이나 법률을 위배한 경우, 헌법이 정하는 권한과 절차에 따라 의회가 법적인 책임을 추궁하는 통제 권한이다.

7 법률안 거부권을 이른다. 이는 '의회가 의결한 법률안에 대하여 대통령이 재가나 승인 또는 공포를 거부함으로써 법률로서의 성립을 저지할 수 있는 권한'을 말한다. 대통령제 국가에서는 정부가 법률안을 제출할 수 없으므로 법률안 거부권을 통해 견제와 균형의 원리를 지켜나간다.

그런데 말입니다. 이런 장점 자체가 치명적인 단점이 되기도 합니다. 대통령의 권한이 지나치게 강해져 독재가 등장할 수 있거든요. 남미의 군사정권이라든지, 우리나라의 이승만 정부나 박정희 정부 역시 대통령제를 배경으로 나타난 독재정권이잖아요? 또한 의회와 행정부가 지나치게 분리되어 운영되기 때문에 양자 간 조화가 어렵고, 서로 대립할 경우 원만하게 해결하기 힘들다는 점도 문제입니다. 예를 들어 의회 선거에서는 A당이 승리했지만 대통령 선거에서는 B당이 승리한다면 여당과 다수당이 달라지는데요. 이때 의회와 행정부가 대립한다면 갈등이 심화될 수 있습니다.

TIP

여당, 야당, 다수당

여당은 정부의 편을 들어 정책을 지지하는 정당을 말한다. 대통령제의 경우 국회의원 총선거와 상관없이 대통령을 배출한 정당이 여당이 된다. 의원내각제에서는 국회에서 많은 의석을 차지한 정당이 여당이다. 야당은 현재 정권을 잡고 있지 않은 정당을 뜻하며, 여당의 반대편에 서서 '정부의 정책을 비판하고 견제'하면서 국민의 여론을 형성해 다음 대통령 선거에서 정권을 잡기 위해 노력한다. 대통령제 국가에서 대통령을 배출한 정당인 여당이 국회의원 총선거에서 야당보다 적은 의석수를 갖게 될 경우 '여소야대' 정국이라 말하는데, 이 경우 대통령이 강력한 정책을 펼칠 수 없다는 문제가 있다. 그러나 의원내각제에서는 '여소야대'가 불가능하다. 의회 다수당의 대표가 행정부 수반(총리)이 되는 탓이다. 다수당은 의회에서 의석을 가장 많이 차지한 정당인데, 대통령제에서는 여당과 다수당이 다를 수 있지만 의원내각제에서는 다수당이 곧 여당이 된다.

우리나라는 대통령제 국가입니다. 하지만 제헌헌법부터 의원내각제적인 요소를 많이 받아들였고, 4·19혁명으로 수립된 2공화국 때는 실제로 의원내각제를 시행하기도 했어요. 따라서 우리나라에서 도입한 의원내각제의 요소에 대해서 잘 이해할 필요가 있답니다. 어떤 것들이 있을까요?

우선 행정부가 법률안 제출권을 가집니다. 미국식 대통령제에선 불가능하지만 우리나라는 가능하지요. 국무를 총괄하는 국무총리가 있고, 국무회의에서 국정을 심의하는 것도 의원내각제의 요소로 볼 수 있습니다. 또한 의회 의원과 내각의 각료를 겸직할 수 있어요. 즉, 국회의원이면서 장관이 될 수 있다는 뜻이지요. 그리고 대통령이 국회에 출석해서 연설할 수 있는 의사 표시권을 가진다는 점, 국회가 국무총리와 국무위원에 대한 해임 건의권을 가지며 국회 출석 요구와 질문권까지 가지고 있다는 것도 특징입니다. 뉴스를 보면 종종 '대정부 질문'이라면서 국무총리가 국회의원과 설전을 벌이는 장면처럼요.

의원내각제 요모조모 뜯어보기

의원내각제의 성립 과정은 영국 역사와 밀접한 관련이 있습니다. 1215년에 나온 '대헌장'에서 그 기원을 찾을 수 있는데요. 대헌장(大憲章, Magna Carta)은 1215년 6월 15일에 영국의 존 왕이 귀족들의 강요에 의해 서명한 문서로 국왕의 권리를 명시한 것입니다. 특히 "의회의 동의 없이 과세할 수 없다"는 조항을 넣는 등 국왕이 할 수 있는 일과 할 수 없는 일을 문서화하여 절대군주의 권력을 제한했는데요. 이후 영국은 복잡다단한 과정을 거치면서 1688년 명예혁명[8]을 통해 입헌군주제를 확립하고, 1689년에 제정된 '권리장전'을 바탕으로 "왕은 군림하나 통치하지 않는다"는 원칙을 세우게 됩니다. 여기서 의문이 생겨요. '군림하나 통치하지 않는다'니, 그러면 누가 나라를 통치하는 걸까요? 예, 답은 '의회'입니다. 이때부터 영국은 의회가 주도하는 의원내각제를 발전시키게 되고, 의원내각제는 대통령제와 더불어 민주정치 제도의 양대 산맥으로 자리 잡게 되지요.

영국의 존 왕

---

8 1688년에 영국에서 피를 흘리지 않고 평화롭게 전제 왕정을 입헌군주제로 바꾸는 데 성공한 혁명. 제임스 2세의 대권 남용과 가톨릭 부흥 정책에 반대하여 국회가 국왕을 추방하고, 왕의 큰딸 메리 2세와 그녀의 남편 오렌지 공 윌리엄 3세를 공동 통치자로 정하였으며, 1689년에 권리장전을 제정하고 의회 주권에 기초를 둔 입헌왕정을 수립했다.

존 왕이 서명한 〈마그나 카르타〉

1689년 권리장전 문서

의원내각제는 대통령제와 매우 대조적입니다. 그중 의회 다수당의 대표가 수상(총리)[9]이 된다는 점, 수상이 내각을 구성하고 행정권을 담당한다는 점이 가장 특별하지요. 의원내각제에서는 의회 다수당이 정권을 잡기 때문에 수상과 각료의 의원 겸직이 가능합니다. 즉, 입법권을 장악한 세력이 행정권도 차지하므로 입법부와 행정부가 하나로 융합된 정부 형태를 띠는 거예요. 따라서 의회는 내각 불신임권을 갖고, 반대로 내각은 의회에 대해 연대 책임을 지며, 의회 해산권과 법률안 제출권을 가집니다. 실권 없는 국왕이나 대통령이 국가 원수가 되고, 수상이 행정부의 수반이 된다는 점도 대통령제와의 차이점이죠. 현재 영국의 국가 원수는 국왕인 엘리자베스 2세입니다. 여왕을 비롯한 왕실 이야기에 여러 나라 사람들이 관심을 기울일 만큼 이목을 끄는 건 사실이지만 실권은 없어요. 정작 나라 살림을 주도하는 사람은 토니 블레어나 데이비드 캐머런 수상 같은 보수당과 노동당의 당수랍니다.

의원내각제의 장단점을 살펴봅시다. 우선 장점부터 볼게요. 대통령제에서는

9 수상(총리)은 내각의 수반을 말한다. 의원내각제를 택하고 있는 나라에서는 다수당의 당수가 수상이 되는 것이 원칙이며, 수상은 내각을 통솔하고 행정 각 부서를 지휘·감독한다.

엘리자베스 2세의 대관식

의회와의 극한 대립이 문제가 될 수 있었 잖아요? 하지만 의원내각제에서는 의회 와 내각이 긴밀하게 협조할 수 있어서 상 대적으로 능률적이고 적극적인 정책을 수행해나갈 수 있습니다. 물론 의원내각 제에서도 내각과 의회는 얼마든지 충돌 할 수 있지요. 하지만 같은 당 출신끼리 다투면 상대방에게 정권이 넘어갈 수 있 기 때문에 어지간해서는 긴밀한 협조 관 계를 유지한답니다. 또한 의원내각제에 서는 내각이 의회에 대해 책임을 지므로 정치적 책임과 국민적 요구에 민감하게

반응해요. 대통령제에서는 선거가 각각 치러져 구조적으로 국회와 행정부가 따로 놀게 되잖아요. 즉, 국회는 대통령을 무한 압박할 수 있고, 대통령은 의 회를 무시한 채 행정부를 운영할 수도 있다는 뜻이지요. 하지만 의원내각제에 서는 내각과 의회가 함께 갈 수밖에 없는 구조이므로 자연스레 정치적 책임 에 민감해질 수밖에 없는 거죠. 또한 국민이 직접 뽑은 의원들이 그대로 내각 에 진출하니까 상대적으로 민의가 더 잘 반영된다고 볼 수 있습니다.[10]

하지만 이런 장점이 곧 단점이 되기도 해요. 대통령제에서는 여소야대 국회 가 가능합니다. 대통령을 배출한 당이 소수당이라도 권력 유지가 가능하다 는 말이죠. 하지만 의원내각제에서는 불가능합니다. 소수파가 권력을 창출하 기란 매우 어려운 일이니까요. 이웃나라 일본을 보세요. 무려 50년 동안 당의

10 대통령제에서는 대통령을 제외한 내각의 각료들을 보통 대통령이 임명한다. 국회는 '동의권' 정도만 행 사하기 때문에 실상 행정부에 대한 국민의 영향력은 제한적일 수밖에 없다.

명칭만 몇 번 바뀐 채 계속 자민당이 집권하잖아요. 자민당 내의 계파 싸움과 수상만 바뀌었을 뿐 본질적으로 일본은 50여 년 동안 같은 당이 계속 통치했다고 보아도 무방합니다.

　의원내각제에서는 아무리 혁신적인 정당이라 해도 소수파에 머무르는 한 정치적 영향력이 매우 미약할 수밖에 없습니다. 선거 결과에 따라 다수당이 행정부를 구성하기 때문인데요. 이때 다수당은 의회와 행정부를 동시에 장악하므로 횡포를 부릴 여지가 생기게 되는 것입니다. 반대의 경우에도 문제가 생길 수 있어요. 다수당이 없거나, 있더라도 과반수 의석을 확보하지 못하면, 의회 과반수 의석을 얻어 집권하기 위해 정당 간 이합집산이 되풀이 될 수 있기 때문입니다. 과반수 의석을 얻어야만 내각을 구성할 수 있으므로 각 정당은 정치적 입장과 상관없이 정략적으로 거래를 하게 될 텐데요. 만일 극우파와 극좌파가 연립정권을 형성해 내각을 구성한다면 어떻게 되겠어요? 나아가 이런 연립정권에 대항하겠다며 중도좌파와 중도우파가 연합하여 내각을 장악한다든지, 다시 중도우파가 극우파를 끌어들여 중도좌파를 몰아낸다든지 하는 일들이 반복되면 정말이지 골치 꽤나 아플 겁니다. 이들이 과연 국민을 위하는 좋은 정책을 펼칠 수 있을까요?

좌파와 우파

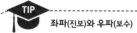
정치적 기반이 다른 정당 간의 연립은 불안정을 초래하게 마련입니다. 이탈리아의 사례를 보세요. 2013년 2월 총선에서 이탈리아 민주당은 하원에서는 과반수 의석을 차지했지만, 지역별로 의석수가 배분되는 상원에서는 과반수 의석을 확보하지 못했습니다. 게다가 연립정부 구성마저 실패하면서 정치적 불안이 야기되었고, 그로 인해 유럽에 불어 닥친 경제 위기 이후 매우 중대한 시기에 이탈리아 경제뿐만 아니라 유로존(Eurozone)의 증권 시장에까지 악영향을 미쳤답니다.

그럼 의원내각제 국가에서 과반수를 차지한 정당이 없을 때 제2의 당이나 제3의 당이 연합하여 총리를 배출하고 내각을 구성할 수 있을까요? 예를 들어 전체 의원수가 200명인데 A당 80명, B당 70명, C당 40명, D당 10명이 당선되었다고 하면, B당과 C당이 힘을 합쳐 총리를 배출하고 내각을 구성할 수 있을까요? 예, 가능합니다. 이 경우에 총리는 B당이고, 각료 중의 일부를 C당에게 나누어주겠죠. 이런 경우 각료 중 중요한 직위(중요한 장관)를 C당에 주는 경우가 많아요. 일본, 독일, 이스라엘 등에서 이런 사례가 있었고 결국 어떤 경우든지 의회 내에서 다수당이 되면 가능한 일입니다. 아무튼 대통령제가 정국을 안정시킨다는 장점이 있는데 비해 의원내각제는 자칫 정국이 불안해질 수 있다는 치명적 단점을 가지고 있다는 것, 잊지 마세요.[11]

이원정부제(이원집정부제)의 정체성이 궁금해

이원정부제는 대통령제를 변형한 정부 형태예요. 중간형 대통령제, 총리형 대통령제, 분권형 대통령제 같은 이름으로 불리기도 하는데, 프랑스가 대표 주자입니다. 국제 정치를 다룬 뉴스를 보면 특이한 부분이 눈에 띄는데요. 영국이나 미국의 정치 상황을 보도할 때엔 총리나 대통령 한 사람이 집중적으로 부각되는 반면 프랑스 이야기가 나오면 늘 총리와 대통령이 함께 거론된다는 점입니다. 시라크 대통령[12]과 조스팽 총리[13] 간의 갈등이 많은 이슈를 몰고 왔던 것처럼요.

어떻게 대통령과 총리가 동시에 존재하느냐고요? 최고 권력을 또 쪼갠 거예요. 생각해보세요. 입법, 행정, 사법으로 나뉘긴 했지만 사실상 행정부의 권력이 너무 크잖아요? 그래서 행정부의 권력을 다시 두 개로 나눈 것입니다. 대통령은 국방과 외교를 담당하고, 총리는 내정에 관한 행정권을 담당하는 이원적 구조[14]라 할 수 있지요. 따라서 평상시와 비상시의 국정 운영 방식도 다릅니다. 평상시에는 내각이 행정권을 행사하고 의회에 대해 책임을 지는 의원내각제로 운영되다가 전시에는 대통령이 행정권까지 행사하는 강력한 대통령제로 운영되지요.

프랑스의 이원정부제는 두 가지 형태로 나타납니다. 대통령과 총리가 같은 당에서 나올 때와 그 반대의 경우인데요. 대통령이 속한 정당이 의회 다수당

---

11 1948년부터 1987년까지 이탈리아는 무려 46번에 걸친 내각(정권) 교체가 있었다. 내각의 평균 수명은 고작 10개월이었다.

12 제22대 대통령으로 1995년에 취임했다. 2007년에는 니콜라 사르코지가 제23대 대통령에 당선되었으나 2012년 재선에 패하여 현재 사회당 출신의 프랑수아 올랑드가 대통령직을 맡고 있다.

13 1997년 총선에서 프랑스 사회당을 화려하게 재기시켰다. 총리로 집권하는 5년 동안 시라크 대통령과 불협화음을 많이 냈으나 총선에서 제안한 급진적인 공약들(35시간 근로제, 근로자 해고 조건 강화, 코르시카의 자치권 확대 등)과 관련된 개혁을 추진했다.

14 이원정부제는 의원내각제에 따른 군소 정당의 난립을 극복하기 위해 채택한 정부 형태라 할 수 있다.

이 될 경우에는 한국의 대통령제와 비슷한 성격을 가집니다. 즉, 총리가 대통령 밑에서 일하는 수직적 관계를 형성하지요. 하지만 의회 소수당에서 대통령이 나올 경우 그는 다수당이 요구하는 총리를 임명해야 하고, 총리가 내각 구성에 전권을 행사하게 됩니다. 이와 같이 권력을 나누어 가지는 형태를 프랑스에서는 '동거 정부'라 불러요. 정치적으로 좌파와 우파가 대통령과 총리를 나누어 맡아 국정을 수행한다고 볼 수 있는데요. 이렇게 되면 대통령과 총리가 대립함으로써 정치가 불안정해질 수 있습니다. 우파 출신 자크 시라크 대통령과 좌파 출신 리오넬 조스팽 총리가 권력을 나누어 가졌던 형태가 바로 동거 정부의 예입니다.

우리나라는 군사독재 정권을 겪으면서 대통령의 권한이 지나치게 비대해졌어요. 직선제가 정착되고, 민주주의가 발전하고, 또한 의원내각제적 요소가 많음에도 불구하고 여전히 대통령에게 권한이 집중되었다는 비판을 받는 이유입니다. 그 결과 현행 헌법을 고치자는 말까지 나오는 실정인데요. 여기서 유력하게 논의되는 이슈가 바로 의원내각제와 이원정부제랍니다.

우리나라 정부는 어떤 모습일까?

나라마다 '격동의 역사'를 갖고 있듯 우리나라도 예외가 아닙니다. 대한민국도 최초의 정부 수립 이래 엄청난 격변기를 지나왔는데요. 우리나라 정부 형태의 변화 과정은 대한민국 민주주의 발전 과정과 밀접한 관련이 있습니다. 역사적 사건들을 중심으로 다음 표를 살펴보세요. 이 표는 정부 형태나 대통령 선거 제도 변화와 관련된 헌법 개정 내용을 정리한 것인데요. 우리나라엔 아홉 번에 걸친 헌법 개정이 있었습니다. 대부분 독재자들이 자신의 권력을 연장하기 위해 벌인 일이었죠.

국민들의 요구를 받아들인 헌법 개정은 고작 두 번으로, 4·19혁명 직후에

사사오입 개헌안이 통과되자 민주당 의원 이철승이 단상에 뛰어올라 국회부의장 최순주의 멱살을 잡았다.

있었던 3차 개헌과 6월 민주항쟁 이후에 있었던 9차 개헌뿐입니다. 개헌 시기와 목적도 대통령 선거 또는 정권 획득과 밀접한 관계가 있음을 알 수 있는데요. 잘 보면 개헌 내용의 대부분이 정부 구성 등 권력 구조 개편과 관련되었음을 눈치 챌 수 있답니다. 즉, 대통령제를 할 때 간선으로 할 것이냐 직선으로 할 것이냐 하는 문제부터 대통령의 연임과 관련된 규정을 어찌할 것인가 등이지요. 3차 개헌 때에는 최초이자 마지막으로 대통령 중심제 대신 의원내각제를 채택했고요.

공화국	정부	개헌	특징
제1 공화국	이승만 정부	제헌 헌법 (1948)	○대통령 중심제 : 의원내각제의 성격이 일부 가미된 대통령제, 대통령 임기 4년 ○대통령 간선제 : 국회에서 대통령 선출 ○국회의원 임기 2년
		1차 개헌 (1952)	대통령 직선제 : 대통령, 부통령 선출을 직선제로 전환(발췌 개헌)
		2차 개헌 (1954)	대통령 직선제 유지(사사오입 개헌→초대 대통령에 한해 3선 제한 철폐)
제2 공화국	허정 과도정부	3차 개헌 (1960)	4·19혁명으로 이승만 정권 종식, 대통령 간선제(국회에서 대통령 선출), 영국식 의원내각제 도입

제2 공화국	장면 내각	4차 개헌 (1960)	3·15부정선거 관련자들을 소급하여 처벌할 수 있도록 헌법 개정
제3 공화국	박정희 정부	5차 개헌 (1962)	5·16군사정변으로 집권한 군사 정권이 대통령제 채택, 대통령 직선제, 대통령 임기 4년
		6차 개헌 (1969)	대통령 3선 허용(종신 집권 가능), 대통령 직선제 유지, 대통령 중심제(임기 6년)
제4 공화국		7차 개헌 (1972)	유신헌법, 대통령 간선제(통일주체 국민회의에서 대통령 선출), 대통령 권한 강화
제5 공화국	전두환 정부	8차 개헌 (1980)	유신체제의 붕괴, 대통령 간선제(선거인단에서 대통령 선출), 대통령 중심제(7년 단임)
제6 공화국	노태우 정부	9차 개헌 (1987)	○1987년 6월 민주항쟁→대통령 직선제 요구→대통령 직선제 및 5년 단임 채택 ○현재까지 유지되고 있는 현행 헌법

우리나라 정부 형태의 변화 과정

우리나라는 1948년 대한민국 건국 헌법을 제정하며 대통령제를 채택했어요. 1960년에는 대통령의 권력 남용을 방지하기 위해 정치적 실권을 국무총리에게 부여하는 의원내각제로 정부 형태를 바꾸었다가 5·16 군사정변 이후 대통령제로 다시 돌아옵니다. 1972년에는 대통령의 권한을 대폭 강화하고 대통령 간선제가 도입된 '유신체제'라는 독특한 정부 형태가 만들어졌다가 1980년 개헌에서 유신체제가 폐지되고 대통령 단임제가 실시됩니다. 현재의 정부 형태는 1987년 제9차 개헌을 통해 성립된 것으로 이전보다 권력 분립 원칙에 더욱 충실한 대통령제를 기반으로 의원내각제 요소를 추가한 거예요. 즉, 우리나라의 정부 형태는 의원내각제 요소[15]가 많이 가미된 변형된 형태의 대통령제라 할 수 있습니다.

15 국회의원의 각료(장관) 겸직, 행정부의 법률안 제출권은 내각과 의회가 융합하여 국가 권력을 행사하는 의원내각제에서 볼 수 있는 모습이고, 국회가 국무총리 또는 국무위원에 대한 해임을 대통령에게 건의할 수 있는 것은 의원내각제의 내각 불신임 제도와 유사한 것이라 할 수 있다. 또 대통령제에서는 부통령이 존재하는 것이 일반적인데 원래 의원내각제적 구성 요소인 국무총리를 두고 있으며, 그 밖에 국무총리, 국무의원, 정부위원의 국회 출석 발언권, 국회의 국무총리·국무위원에 대한 국회 출석 요구 및 질문권 등이 있다는 점도 의원내각제적 요소라 하겠다. 여기서 국무위원은 행정부의 최고 정책 심의 기관인 국무 회의의 구성원으로서 대통령을 보좌하고 국가의 주요 정책을 심의하며 때로는 대통령의 권한 남용을 통제하는 구실을 한다. 국무위원은 행정부 내 각 부서의 장관을 포함하여 15인 이상 30인 이하로 구성된다.

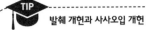
　대통령제의 시초는 미국이잖아요? 그렇기 때문에 원칙적으로 대통령제란 미국의 제도와 같은 것을 의미하지만 우리나라의 정부 형태는 좀 다릅니다. 어떻게 다른지 헌법에 나와 있는 대통령제의 요소부터 함께 살펴볼게요.

　첫째, 대통령은 국가 원수인 동시에 행정부 수반의 지위와 권한을 보유하고 있으므로 행정 집행에 관한 최고의 권한과 최종적인 책임은 대통령에게 있습니다. 둘째, 대통령은 국민에 의하여 직접 선출되므로 국민으로부터 직접 그 대표성을 부여받지요. 셋째, 대통령은 5년의 임기 동안 탄핵소추의 경우를 제외하고는 국회에 대해 정치적 책임을 지지 않고, 국회도 대통령에 대하여 불신임 건의를 할 수 없습니다. 따라서 대통령의 임기 동안 지속적이고 강력한 정책 수행이 가능하지요. 하지만 5년 단임제라는 특성상 임기 후반 정책의 연속성이 떨어지기도 합니다. 넷째, 대통령이 국회 해산권을 가지고 있지 않으므로 권력 분립의 원리가 충실히 반영됩니다. 다섯째, 대통령은 법률안 거부권을 행사함으로써 국회 다수당의 횡포를 견제할 수 있지요.

　우리나라가 의원내각제적 요소를 가미한 대통령제를 채택하고 있는 것처럼 현실 정치에서는 영국식의 전형적인 의원내각제만 취한다든지 미국식의 대통령제만 채택하기보다 양쪽 요소를 혼합하여 변형한 정부 형태들이 더 많이 나타납니다. 이원정부제와 신(新) 대통령제[16]가 대표적인 예인데요. 신 대통령제란 대통령의 정치권력이 다른 어떠한 국가 기관보다 우월한 위치에 있도록 한 정부 형태로서 '영도적 대통령제'라고도 합니다. 의회와 내각은 물론 명목상으로는 독립적 지위를 가진 법원까지도 대통령에 대하여 종속적인 지위를 가지는 것이 일반적이며, 우리나라 제4공화국 헌법이 여기 해당하지요.

TIP
제4공화국 헌법

제40조 ① 통일주체 국민회의는 국회의원 정수의 3분의 1에 해당하는 수의 국회의원을 선거한다.

제53조 ① 대통령은 천재지변 또는 중대한 재정·경제상의 위기에 처하거나, 국가의 안전 보장 또는 공공의 안녕 질서가 중대한 위협을 받거나 받을 우려가 있어 신속한 조치를 할 필요가 있다고 판단할 때에는 내정·외교·국방·경제·재정·사법 등 국정 전반에 걸쳐 필요한 긴급 조치를 할 수 있다.

제59조 ①대통령은 국회를 해산할 수 있다.

---

16 뢰벤슈타인에 의하면 신 대통령제에서도 권력 분립의 원리가 채택되고 있지만 부분적 또는 불균형적으로 채택되어 있고, 대통령의 권력 행사에 대한 통제와 권력 남용을 방지하기 위한 제도가 마련되어 있지 않거나, 마련되어 있더라도 실효성을 거의 거둘 수 없다고 한다.

열심히 일한 당신, 선거를 즐겨라

아래 그림을 보세요. 대화의 내용은 같지만, 상황은 전혀 다릅니다. 왼쪽 그림은 평범한 어느 주말에 오고간 일상적인 대화이고, 오른쪽 것은 선거를 앞둔 날의 대화거든요. 예, 정치에 무관심한 커플의 모습이 적나라하게 드러나네요. 투표엔 관심조차 없어 보입니다.

○○○○년 ○월 ○○일, 화창한 주말 오전(좌) △△△△년 △월 △△일, 국회의원 선거일 전날

우리나라에는 이처럼 정치에 관심이 없거나 아예 반감을 지닌 사람들이 해마다 늘어나고 있는데요. 투표율이 얼마나 낮아지고 있는지 그래프로 확인해볼까요? 제2대부터 제18대까지 대통령 선거 투표율[17]을 조사한 것입니다.

---

17 대통령 선거의 투표율 하락 추이를 살펴보면 1987년의 13대 대통령 선거에서는 시민 10명 중 9명이 투표해서 89.2%의 투표율을 기록한 것을 알 수 있다. 1992년의 14대 대통령 선거와 1997년의 15대 대통령 선거의 투표율은 각각 81.9%와 80.7%로 10명 중 8명이 투표를 한 셈이다. 2002년의 16대 대통령 선거에서는 투표율이 70.8%로 떨어졌고, 17대 대통령 선거에서는 역대 최저인 63%를 기록했다. 2012년 18대 대통령 선거에서는 75%로 어느 정도 회복되었지만 전반적으로 투표율이 떨어지고 있다는 것을 알 수 있다. 이런 경향은 국회의원 선거나 지방자치단체 선거에서도 마찬가지다.

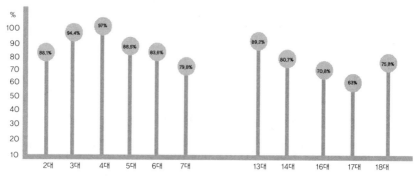

대통령 선거의 투표율

　선거는 나를 대표하는 정치인들을 뽑는 중요한 행사인데도 국민의 투표율은 점점 떨어지고 있습니다. 우리나라 사람들 중에는 평소 정치에 관심이 많다고 말하면서도 실제로는 선거에 잘 참여하지 않는 분이 꽤 있습니다. 그래서인지 "누굴 뽑으나 그 사람이 그 사람"이라며 투표조차 하지 않고 놀러가기 일쑤입니다. 국민이 주인인 민주주의 국가에서 투표율이 계속 하락하고, 국민 대다수가 정치에 무관심해진다면 민주정치는 어떻게 될까요? 과연 제대로 된 민주주의가 발전할 수 있을까요?

참여하느냐 마느냐, 그것이 문제로다!

선거철이 되면 각 매체마다 투표를 독려하는 캠페인이 등장합니다. 평소 정치에 관심이 많았던 부모님이나 친척 어른들은 이즈음이 되면 한결같은 목소리로 "이번엔 꼭 투표해야지, 신성한 한 표를 행사해야지" 하십니다. 이런 모습을 보면서 청소년들도 내심 '나도 얼른 자라 투표하고 싶어' 하고 생각하지요. 그런데 개중에는 투표 따위 안중에 없이 데이트 계획을 세우거나 휴일을 즐기느라 바쁜 사람이 많습니다. 한때는 다들 여러분 같은 마음이었을 텐데 그걸 다 잊어버린 채 방관하다가 나중에 결과만 두고 비판의 목청을 높이지요. 어떤 일이든 참여가 없으면 바라는 결과도 결코 나오지 않는 법인데 말입니다.

정치도 마찬가지예요. 정치에 참여한다는 것은 각 개인이 정치적인 의사 결정 과정에 영향을 미치거나, 지지와 반대의 입장을 나타내기 위해 직접 행동한다는 뜻입니다. 국민들의 정치 참여[18] 방법은 매우 다양합니다. 그 가운데 가장 기본적인 방법이 선거에 참여하는 거예요. 선거는 국민이 주권을 행사할 수 있는 거의 유일한 기회라는 점에서 중요하지만, 4년(국회의원과 지방자치단체장과 지방의원) 또는 5년(대통령) 동안 국정을 담당할 대표를 뽑는다는 점에서도 대단히 중요합니다. 물론 국가의 중대 사안을 두고 국민의 의사를 묻는 투표도 이에 못지않게 중요하지요.

그 밖에도 우리는 다양한 방법으로 정치에 참여할 수 있어요. 행정기관에 청원이나 민원 제출하기, 언론 매체에 자신의 생각을 투고하기, 정치인이나 공공기관에 다양한 형태로 의견 제시하기, 자신의 입장을 출판물로 만들어 배포하기, 어떤 이슈에 대해 서명이나 캠페인 활동 벌이기 등도 있지요. 또한 집단을 통해 정치에 참여하는 방법도 있습니다. 대표적인 사례가 정당이나 시민단체, 혹은 이익집단에 가입하는 것인데요. 지역의 공동 문제를 협의하는 주민회의와 집회, 시위에 참가하는 것 역시 정치 참여에 해당합니다. 최근에는 온라인을 통한 정치 참여도 활성화되고 있습니다. 전자 투표, 사이버 토론, 온라인 서명, 사이버 캠페인 등이 좋은 예인데요. 이처럼 여러 방법을 통해 국민의 영향력은 보다 빠르고 광범위하게 확산될 수 있습니다.

---

18 국민 주권의 원리를 기본으로 하는 민주주의에서 국민의 정치 참여는 매우 중요하다. 만약, 국민들이 정치에 무관심해서 선거에 참여하지 않는 등, 참여에 소홀하다면 소수의 권력자들이 제멋대로 정책을 결정하고 집행하게 된다. 그렇게 되면 사회는 균형과 형평성을 잃고 정치 역시 부정부패에 빠질 가능성이 높다. 반면, 국민 개개인이 능동적으로 정치과정에 참여하면 국민의 다양한 의사가 정책 결정에 반영되어 국민 주권의 원리가 실현될 수 있다.

민주주의의 꽃, 선거

고대 아테네에서는 시민들이 직접 정치에 참여하여 나라 살림을 도모했습니다. 하지만 오늘날 대부분의 국가에서는 자신들의 대표자를 뽑아 그들에게 정치를 맡기는 방식을 채택하는데요. 이를 '대의정치', 또는 '간접민주주의'라 합니다. 아테네처럼 모든 국민이 한 자리에 모여 법률을 만들고 서로 의견을 묻고 답하면서 정책을 결정하는 방식은 현대 사회에서 불가능한 일이잖아요? 그래서 자신을 위해 활동하게 될 소수의 대표자를 뽑아 정치에 간접적으로 참여하는 거죠. 이 과정이 바로 '선거'입니다.

선거는 흔히 '민주주의의 축제' 내지 '민주주의의 꽃'이라 불려요. 간접민주정치 제도를 채택하고 있는 국가에서는 국민들이 선거를 통해서야 비로소 자신도 진정한 주권자임을 인식할 수 있습니다. 사실 여타의 정치 참여 방식은 국민 스스로 적극적으로 참여하지 않는 한 실천이 거의 불가능합니다. 따라서 선거철을 제외한 나머지 기간 동안 시민들은 대부분 정치를 지켜보는 관객으로 전락하게 되어 TV 뉴스를 보며 정치인들의 행태를 비판하고 욕하는 일 이외엔 달리 할 수 있는 일을 찾지 못하지요.

하지만 선거철이 되면 좋든 싫든 시민들은 또다시 정치의 한복판에 설 수밖에 없습니다. 뉴스에서도 선거 관련 이야기들을 쏟아내고, 주위 사람들과의 대화에서도 정치적 이슈가 계속하여 도마 위에 오르게 되니까요. 어디 그뿐인가요? 선거 운동을 벌이는 후보자들의 열띤 경쟁과 극성스런 홍보로 도무지 관심을 갖지 않을 수 없게 되지요. 이처럼 선거는 정치에 무관심한 사람들을 정치와 연결해주는 매개 역할을 담당합니다.

내친 김에 선거의 기능들을 살펴볼게요. 먼저 선거는 국가기관을 구성합니다. 즉, 우리는 선거를 통해 대통령이나 국회의원을 선출하고, 여기서 뽑힌 대표들은 정부를 조직하고 국회를 구성하지요. 또한 선거는 정치인과 국가기관에 국민의 지지와 동의를 부여함으로써 각 기관들이 권력을 행사할 때 민주적 정당성을 부여해주는 역할을 합니다. 또한 선거를 통해 선출된 대표에게 국민의 지지와 동의를 부여함으로써 국민의 의사를 간접적으로 정치에 반영해요. 다시 말해 대표자는 국민의 의사에 위반되지 않는 정책을 시행하고, 국민은 정치 대표자들이 국민의 의사에 반하는 정책을 펴지 않는지 예의 주시하게 되지요. 마지막으로 선거는 새로운 정치 세력이 등장할 수 있는 계기를 마련해줍니다. 선거철마다 거리를 도배하는 벽보들을 떠올려보세요. 유명한 사람들도 있지만, 이름조차 가물가물한 생소한 사람도 많잖아요? 지역의 유명 인사가 당선될 것 같은 곳에서 전혀 새로운 인물이 당선되는 이변도 종종 일어나고요.

국민의 생각을 십분 반영해줄 능력 있는 대표자를 뽑는 일은 우리의 행복을 결정하는 중요한 일입니다. 학급 대표나 아파트 입주민 대표 등을 뽑는 일도 엄청 중요한데, 하물며 우리가 사는 지역이나 나라를 대표할 사람을 뽑는 일이야 오죽하겠어요? 대표자를 잘못 뽑으면 정치가 엉망이 되고, 나라의 뿌리까지 흔들리게 됩니다. 우리가 대표자를 뽑을 때 정치적 능력이 부족하지 않은지, 도덕적으로 결함은 없는지, 국민을 사랑하는 마음이 있는지, 사리사욕을 채우려고 정치에 입문한 사람인지 아닌지, 인기 몰이에 급급한 사람인지, 진정성이 있는 사람인지 등을 꼼꼼히 살펴야 하는 이유입니다.

선거의 4대 원칙

"이번 총선 후보들은 다 괜찮아서 누굴 뽑아야 할지 걱정입니다!" 이렇게 배부른 고민을 하게 된 순간에도 반드시 기억해야 할 점이 있어요. 국민의 대표자로 나선 후보들이 아무리 훌륭하다 해도 공정하고 민주적인 절차에 따라 선거가 이루어지지 않으면 아무 소용이 없다는 것입니다. 민주주의의 꽃이라 불리는 선거를 제대로 치르려면 반드시 몇 가지 원칙을 지켜야 해요. 우리나라에는 '보통선거', '평등선거', '비밀선거', '직접선거'의 원칙이 있는데요. 선거관리위원회[19]에서 이 같은 원칙에 따라 각종 선거를 관리합니다.

선거의 원칙들을 살펴볼까요? 우선 선거권 부여에 따라 보통선거와 제한선거로 구분됩니다. 보통선거는 인간은 모두 평등하다는 민주주의 근본정신에 의해 일정한 연령이 되면 누구나 선거에 참여할 수 있는 원칙입니다. 이에 비해 제한선거는 보통선거와 반대되는 개념인데요. 즉 선거 참여에 일정한 조건을 두는 것입니다. 예를 들어 재산이나 납세액의 정도, 인종, 남성인가 여성인가에 따라 선거권을 구별하여 주는 거예요.

표의 가치에 따라서는 평등선거와 차등선거로 구분됩니다. 평등선거란 모든 유권자가 똑같이 한 표의 권리를 갖는다는 의미예요. 예를 들어 M 선거구의 유권자는 20만 명이고, K 선거구의 유권자는 5만 명인데 똑같이 대표 1명만 선출하는 건 비합리적이잖아요? 한 표의 가치를 완전히 똑같게 할 수는 없다 해도 지나치게 차이가 나는 것은 막아야 합니다. 차등선거는 평등선거와 반대되는 개념으로 특정 인물에게 다른 사람보다 더 많은 표를 행사할 수 있게 하거나, 한 표의 가치에 차이가 있는 것을 의미하지요.

또한 투표자에 따라서는 직접선거와 간접선거로 구분할 수 있어요. 직접선거란 후보자에게 선거권자가 직접 투표하는 것을 말합니다. 다른 사람의 투표권을 누군가 대신 행사해서는 안 되는 거죠. 간접선거는 직접선거와 반대되는 개념이에요. 선거권자가 선거인단을 선출하고, 그들을 통해 당선자를 결정하는 제도입니다. 미국의 대통령 선거를 예로 들 수 있겠네요. 미국은 면적

---

19 선거와 국민 투표, 정당 및 정치 자금에 관한 사무를 처리하기 위해 설치된 정치적으로 중립적인 헌법기관이다. 중앙 선거관리위원회와 각 시·도, 구·시·군, 읍·면·동 선거관리위원회가 있다. 선거관리위원회 위원은 총 9명으로 국회에서 선출한 3인, 대통령이 임명하는 3인, 대법원장이 지명하는 3인으로 구성되며, 임기는 6년이다. 선거관리위원회 위원은 특정 정당에 가입하거나 정치에 관여할 수 없으며, 헌법과 법률로서 임기와 신분을 확고히 보장하여 업무의 공정성을 최대한 확보한다.

이 넓어 간접선거를 채택하고 있답니다.

투표 내용의 공개 여부에 따라서는 비밀선거와 공개선거로 구분할 수 있습니다. 비밀선거는 투표할 때 기표소에 들어가서 투표의 내용을 투표자 이외에는 알 수 없도록 한 제도입니다. 비밀선거의 장점은 투표할 때 누구도 부담감을 느끼지 않을 수 있다는 거예요. 과거 독재시대의 부정 선거는 이 같은 비밀선거의 원칙을 훼손했습니다. 유권자 매수, 특정 후보나 정당에 투표 압력 행사 등 부조리한 관행들이 판을 쳤으니까요. 특히 군대 같은 강압적인 집단에서 이루어진 선거의 절차나 투표 결과는 목불인견이었답니다. 공개선거는 비밀선거와 반대되는 개념이에요. 투표의 내용을 제3자에게 공개하는 제도거든요. 북한의 흑백 투표제[20]를 예로 들 수 있겠네요.

선거의 4대 원칙엔 포함되지 않지만 선거 여부를 스스로 결정할 수 있는 자유선거의 원칙이 있습니다. 자유선거는 강제선거의 반대말로 선거인이 외부의 어떠한 간섭도 받지 않고 자신의 선거권을 행사할 수 있는 것을 말해요. 즉 선거에 참여하지 않았다 하여 법으로 처벌할 수 없다는 의미입니다.

이러한 선거 원칙을 지키지 않은 채 선거가 이루어지면 어떻게 될까요? 역사를 보면 권력자들이 부정 선거를 저지른 경우가 있잖아요. 1960년 대선 때 이승만 정부는 막걸리 사주고 표 부탁하기, 투표함 통째로 바뀌치기, 군인들의 몰표 독려 등 온갖 부정한 방법을 동원했다고 합니다. 이 사실이 밝혀지자 분노한 국민들은 일제히 들고 일어났고, 결국 이승만 정부의 독재를 막을 수 있었는데요. 부정한 방법으로 당선된 국회의원이나 대통령은 반드시 자리에서 물러나야 합니다. 선거 원칙은 피해 가라고 있는 게 아니라 꼭 지키라고

---

20 1948년 북한정권 수립 이후 1957년까지 실시된 북한의 투표 방식이다. 최고인민회의 대의원 및 지방인민회의 대의원을 뽑을 때 투표장에서 혼자서만 나온 후보자를 찬성하면 백색(白色) 투표함에, 반대하면 흑색(黑色) 투표함에 투표용지를 넣는 제도를 말한다.

있는 것이니까요.

선거구제 개념 극~복!

선거를 이해할 때 가장 골치 아픈 문제 중 하나가 선거구제입니다. 뉴스에서 종종 다루어지는데도 알 듯 모를 듯하죠? 이참에 알쏭달쏭한 개념을 완전히 극~복해봅시다. 먼저 '선거구'의 정확한 뜻을 알아볼까요?

선거를 하려면 대표자를 선출하는 지역 단위를 나누어야 하는데, 이를 선거구라 합니다. 사전적인 정의는 "의원을 선출하는 단위 구역으로 대선거구·중선거구·소선거구의 구별이 있다"라 합니다. 대개 인구수를 고려하여 지역이나 일정한 행정 단위를 하나의 선거구로 묶거나 나누어 설정하지요. 대표자 결정 방식으로는 다수대표제, 소수대표제, 비례대표제, 직능대표제 등이 있습니다.

◉ 선거구를 이해하면 총선 뉴스도 어렵지 않아!

선거구는 대표를 선출하는 기본적인 단위 구역이에요. 아래 박스처럼 빨간 테두리로 표시한 지역을 하나의 선거 지역이라 할 때, 이곳을 네 개로 분할하고 각 지역에서 대표자를 1명씩 뽑는 것을 소선거구제라 합니다. 또한 옆의 박스처럼 선거하는 구역을 두 개로 나누면 큰 네모의 반쪽이 하나의 선거구가 되는데요. 여기서 2명 이상의 대표자를 뽑는 것을 중·대선거구제라 하지요.[21]

1명	1명
1명	1명

2명 이상	2명 이상

먼저 소선거구제의 특징을 알아볼게요. 소선거구제는 한 선거구에서 대표자를 1명만 뽑기 때문에 가장 많은 표를 얻은 사람이 당선됩니다. 그런데 유

---

21 한 선거구에서 2~4명까지 뽑는 것을 중선거구제, 5명 이상을 뽑는 것을 대선거구제라 한다. 중선거구제와 대선거구제를 합쳐서 중·대선거구제라 한다. 중요한 것은 한 선거구에서 몇 명을 뽑는가 하는 점이다.

권자들에겐 '내 표가 사표(死票)[22]가 되지 않길' 바라는 심리가 있어요. 따라서 당선될 가능성이 있는 사람한테 표를 던질 가능성이 높으므로 소선거구제에선 의석을 많이 차지하는 다수당이 유리합니다. 다시 말해 국회에서 의석을 많이 차지하는 당의 공천을 받은 사람이 당선될 가능성이 높은 거죠. 소선거구제에서 나타나는 정당제도는 양당제일 가능성이 높습니다. 또한 소선거구제에선 선거구 하나의 크기가 작아 선거관리위원회의 관리가 쉽고, 후보자의 입장에서 볼 때엔 선거 비용이 적게 든다는 장점이 있어요. 선거구가 작으므로 유권자와 후보자 사이의 친밀도가 높고, 1등만 당선되는 선거구제다 보니 자신감 넘치는 사람만 출마하게 되어 후보자 수도 적지요. 따라서 유권자들의 후보자 파악이 쉬운 반면 사표가 많이 발생한다는 단점이 있답니다.[23] 마지막 특징은 출마한 후보 중에 지역적 인물과 전국적 인물이 있을 경우, 지역적 인물이 당선되기 쉽다는 것인데요. 이는 그 지역에서 오랫동안 터를 닦으면서 인지도를 굳힌 인물이 당선에 더 유리하다는 말입니다. 쉽게 말해 "우리 동네 출신이니까 뽑아주자!"는 현상이 만연할 수 있다는 거예요.

반면 중·대선거구제는 한 선거구에서 2명 이상의 대표자를 뽑는 제도입니다. 우리나라에서는 제4공화국과 제5공화국 당시 지역구 국회의원 선거에서 적용했는데요. 현재 기초의회 의원선거에서 이 제도를 사용하고 있어요. 중·

---

22 죽은 표, 즉 선거 결과에 반영이 안 되는 표란 뜻으로 자신이 찍은 사람이 떨어졌다는 뜻이다.

23 2000년에 실시된 제16대 국회의원 선거에서 경기도 광주는 1등과 2등이 단 세 표 차이로 당락이 결정되었다. 소선거구제는 1등만 당선되니까 당연히 2등부터의 표는 사표가 되는 것이다. 사표가 많이 발생한다는 것은 곧 표가 의석으로 연결되지 않았다는 뜻으로서 수치상 득표율과 의석율의 비율이 같지 않다는 문제가 생긴다. 즉 국민의 의사가 왜곡될 수 있다. 각자의 표 하나에 국민의 의사가 고스란히 담겨 있는데, 이것이 의석으로 반영되지 않으면 국민의 의사 역시 반영이 되지 않았다는 뜻이다. 또한 다수당 후보자의 당선 가능성이 높다는 것은 반대로 소수의견은 반영되기 어렵다는 뜻도 된다. 1등만 당선되다 보니 새누리당이나 더불어민주당처럼 힘 있는 정당들끼리 1등을 나누어 가지면서 거대 정당에게 상대적으로 유리해질 가능성이 있다. 힘 있는 두 정당만 의석을 배출하는 양당제 형성을 초래하게 된다.

대선거구제의 장단점을 살펴볼까요?

예를 들어 한 선거구에서 5명의 대표자를 뽑는다 하면 5등 안에만 들면 당선이 되는 거니까 후보가 많이 나오겠죠? 따라서 후보 난립이 예상됩니다. 당연히 선거관리위원회의 관리가 어렵고, 선거 비용도 많이 들겠지요. 선거구가 큰 만큼 전국적 후보의 당선에 유리하고, 후보가 많아 누가 나오는지 잘 모르게 되어 자칫 선거에 대한 관심 자체가 저조해질 우려도 있습니다. 하지만 국민의 뜻이 고루 반영될 수 있으므로 의사 전달의 왜곡을 막을 수 있고, 소수당의 국회 진출이 용이해져 다당제 형성에 기여하게 되지요. 특히 사표가 줄어든다는 장점이 있습니다.

자, 여러분이 난생 처음 투표장에 갔어요. 자신이 지지하는 후보 이름에 도장을 '꽉' 찍습니다. 몇 번이고 주의사항을 숙지한 후 조심조심 한 표를 행사한 거예요. 무효표[24]가 절대 아니겠지요? 그런데 안타깝게도 여러분이 뽑은 후보자가 떨어졌습니다. 이때 여러분의 표는 어떻게 되나요? 사표, 즉 죽은 표가 되겠죠? 생각해보세요. 소선거구제는 1등만 생각하는 세상이었잖아요. 따라서 1등이 아닌 2, 3, 4등의 표는 전부 사표가 됩니다. 하지만 중·대선거구제는 5명의 당선자가 나오게 되니 상대적으로 당선에 기여하지 못한 사표가 소선거구제에 비해 적을 수밖에 없습니다.

TIP

양당제 vs. 다당제

양당제란 두 개의 정당이 자유선거를 통해 정권을 획득하기 위해 경쟁하며 정당 간의 평화적, 수평적 정권 교체가 반복적으로 이루어지는 정당 체제이다. 영국·미국·캐나다·뉴질랜드 등의 국가에서 볼 수 있는 유형으로 양당제는 내각의 수명이 길고 정책의 일관성을 유지하기 쉬우며, 정국 안정에 유리하다는 장점이 있다. 또한 정치적 책임 소재가 명백하여 책임 정치가 확립될 수 있으며, 선거에 참여하는 정당의 정책이나 공

---

24 도장이 찍히지 않았다거나 칸을 벗어난 경우, 용지가 찢어졌거나 선거용 도장 말고 다른 도구를 가지고 용지에 표시한 경우를 무효표라 한다.

약을 비교하기 쉽기 때문에 유권자가 후보자를 비교·검토하여 선택하기 용이하다. 하지만 과반수 의석을 차지한 다수당의 횡포가 우려되며 정당 선택의 폭이 제한되어 국민의 다양한 의견이 반영되기 어려워 소수의 이익 보장이 어렵다는 단점이 있다. 다당제는 세 개 이상의 정당이 정책과 이념 대결을 하는 정당 체제로 어느 하나의 정당도 단독으로 정권을 획득할 수 있을 만큼 의석을 확보하지 못하는 게 일반적이다. 그래서 정권을 잡기 위해 정당 간에 연합하는 일이 많다. 이탈리아·스웨덴·네덜란드·일본 등이 대표적인 다당제 국가이다. 다당제는 국민이 자기의 정견에 가까운 정당을 선택할 수 있으므로 국민 각 계층의 의견이 정책에 반영될 수 있고, 소수의견을 보호할 수 있으며, 정당 간 대립시 중재가 용이하다. 한편, 정당 연합으로는 강력한 정책 실현이 어려우며 책임 소재가 불분명하다는 단점이 있다.

자, 소선거구제의 장점이 중·대선거구제의 단점이 되고, 소선거구제의 단점이 중·대선거구제의 장점으로 변한다는 사실을 알 수 있지요? 그런데 말입니다. 한 선거구 내에서 투표 가치의 차등 문제가 발생하기도 합니다. 이는 중·대선거구제의 단점 중 하나인데요. 예를 들어 살펴볼까요?

A부터 F까지 후보자가 있습니다. 이들의 선거 결과가 발표됐는데요. A는 35% 지지를 얻고, B는 27%, C는 17%, D는 15%, E는 4%, F는 2%의 지지를 얻었습니다. 이 선거는 한 선거구에서 3명씩 당선된다고 하면 1, 2, 3등을 차지한 A, B, C가 당선되겠죠? 그런데 A 후보자의 지지율과 C 후보자의 지지율을 보면 두 배 정도 차이 납니다. 그렇다고 국회에서 국회의원으로서 A가 C보다 강한 권한을 갖는 건 아니에요. A가 좀 억울할 수도 있겠죠? 자신이 훨씬 더 많은 지지를 얻고 당선되었으니까요. 이런 상황도 문제점이 될 수 있다는 겁니다.

앞에서 투표 가치의 차등 문제라고 했는데요. C와 A를 지지한 사람의 표 중에 누굴 지지한 사람의 표가 당선에 기여한 정도가 더 크겠어요? 당연히 C죠. 적은 수의 표를 얻고도 당선되었잖아요. 줄다리기에서 오른쪽은 5명이 당기고, 왼쪽은 10명이 당기는데도 양측이 팽팽하다면 오른쪽 사람들 개개인의 힘이 세다고 할 수 있겠지요? 5명의 힘이 10명의 힘과 맞먹으니까요. 마찬가지로 C를 지지한 유권자들의 표가 A를 지지한 유권자들의 표보다 가치가 크다는 뜻입니다. 이처럼 한 선거구 내에서 투표 가치의 차등 문제가 발생할 수 있다는 점도 기억해두세요.

◉ 대표자는 어떻게 결정할까?

대표자를 결정하는 방식에는 다수대표제와 소수대표제, 비례대표제, 직능대표제가 있습니다. 조금 까다로워 보이지만 뜻은 크게 복잡하지 않으니 천천히 따라가봅시다.

다수대표제는 문자 그대로 "최다 득표자 1인만 대표로 당선된다"는 뜻이에요. 당연히 소선거구제와 연결되겠지요? 다수대표제는 다시 두 가지로 나눕니다. 상대다수대표제(단순다수제)와 절대다수대표제입니다. 상대다수대표제 역시 가장 많은 표를 얻은 후보가 당선되는 방식이에요. 1등이 얻은 표가 2등보다 한 표라도 더 많으면 당선되는 거죠. 그런데 예를 들어 1등이 25%의 지지로 당선됐을 때 이 사람을 싫어하는 사람이 75%나 된다면 과연 당선자가 그 지역을 대표할 만한 사람인지 의문이 생깁니다.

이런 문제를 보완하기 위해 만든 것이 절대다수대표제예요. 후보자가 반드시 과반수의 표를 얻어야 당선으로 인정하는 제도이지요. 그런데 다수의 후보자가 나온 선거에서 과반수의 표를 얻기란 정말이지 하늘의 별따기처럼 힘든 일입니다. 따라서 1등의 표가 과반수가 안 될 때 1등과 2등 후보를 놓고 다시 투표하게 되는데요. 이를 결선투표라 합니다. 2명을 놓고 투표하니 1등은 당연히 과반의 표를 차지하겠죠? 이처럼 상대다수대표제는 당선자 결정이 쉽지만 사표 발생 가능성이 높고, 절대다수대표제는 당선자 결정은 어렵지만 당선자의 대표성이 높다는 장점을 가집니다.

소수대표제를 볼까요? 소수대표제는 소수의 표를 얻어도 대표가 될 수 있다는 말인데요. 득표순으로 일정 인원을 당선시키므로 중·대선거구제와 연결됩니다. 예를 들어 한 선거구에서 네 명을 뽑는다면 득표순으로 1등부터 4등까지 당선되겠죠. 즉, 1등이 아니어도 득표순에 따라 당선이 가능하다는 뜻입니다. 소수대표제는 최다 득표자뿐만 아니라 소수의 지지를 받은 후보자도 대표로 선출되므로 필연적으로 중·대선거구제와 연결될 수밖에 없습니다.

비례대표제는 각 정당이 얻은 득표율에 비례하여 당선자를 결정하는 제도로서 다수대표제와 소수대표제, 소선거구제, 중·대선거구제의 단점을 보완하기 위해 만든 것입니다. 소선거구제는 사표가 많이 발생한다고 했잖아요? 소선거구보다는 적지만 중·대선거구제에서도 사표가 발생합니다. 따라서 비례대표제는 선거에서 국민의 의사가 제대로 반영되도록 만든 제도라 볼 수 있습니다.

직능대표제는 직업별로 대표를 뽑는 방식입니다. 이 경우에 국회의원의 전문성을 높일 수 있지요. 그런데 직업군을 구분하는 게 어렵고, 사회 기여도가 높은 직업군이 다른 직업군과 같이 1명의 대표를 가지는 게 부당하다고 주장할 수 있어서 많이 쓰이지는 않아요.

● 투표용지로 알아보는 우리나라의 선거

선거는 대표자를 뽑는 방식입니다. 대통령 선거도 국회의원 선거도 정치할 대표자를 뽑는 것이지요. 나라를 다스리는 사람들은 직무에 따라 입법부, 행정부, 사법부에 속하게 됩니다. 그런데 사법부는 독립되어 있으므로 국민은 입법부와 행정부 소속 대표자만 뽑으면 됩니다. 이때 정치를 크게 국가적인 측면과 지방의 측면으로 나누어볼 수 있는데요. 국가를 통치하기 위해서는 입법부와 행정부가 필요하지요? 그래서 선거에서 행정부의 대표인 대통령, 입법부의 대표인 국회의원을 뽑는 것[25]입니다. 지방선거 역시 크게 두 가지로 나뉩니다. 광역지방자치와 기초지방자치로 나눌 수 있어요. 광역은 특별시, 광역시, 도가 있고 기초는 구, 시, 군이 있습니다. 광역은 말 그대로 더 크고 넓은 것이고, 기초는 그것을 구성하고 있는 좀 더 작은 것이라 생각하면 됩니다.

예를 들어볼게요. 특별시는 하나, 서울특별시가 있어요. 광역시는 인천광역시, 대구광역시, 부산광역시, 광주광역시, 대전광역시, 울산광역시로 총 6개입니다. 그럼 우리나라에는 몇 개의 도가 있나요? 우선 서울을 주변으로 한 경기도가 있고, 아래쪽으로 충청북도, 충청남도, 오른쪽으로 가면 강원도, 강원도 밑에 경상북도, 경상남도, 그리고 서쪽으로 가면 전라북도, 전라남도 이렇게 8개와 특별 자치도인 제주도가 있습니다. 기초자치단체는 이런 특별시, 광역시, 도내에 속해 있는 거예요. 예를 들어 서울특별시에 속해 있는 자치구는 강동구, 그 옆에 송파구, 광진구 등 25개가 있습니다. 그리고 특별시나 광역시가 아닌 일반시나 군도 있고요.

광역지방자치에서 행정부와 입법부에 해당하는 사람을 뽑고, 기초지방자치에서도 행정부와 입법부에 해당하는 사람을 뽑아요. 먼저 광역지방자치단체를 볼게요. 저는 서울 강동구의 주민이니까 서울특별시의 대표, 즉 광역자치단체장인 서울시장, 입법부는 광역의회 의원인 서울시의원을 뽑겠지요. 기초자치단체에서 행정부는 구청장을 뽑는 것인 만큼 강동구청장을, 입법부는 구의원을 뽑는 것이니 강동구의원을 뽑겠지요. 또 서울시의회 비례대표의원과 강동구의원 비례대표의원을 뽑게 됩니다.

서울시장, 서울시의원, 강동구청장은 한 선거구에서 1명씩 뽑는 소선거구제입니다. 강동구의원은 중·대선거구제니까 2명에서 4명을 뽑지요. 시의원과 구

---

25 대통령을 뽑는 선거는 대선, 국회의원을 뽑는 선거는 총선이라 한다.

의원은 비례대표제를 실시해요. 그러니까 지방선거는 4표에다 비례대표 2표까지 더해 총 6표를 행사하는 것입니다.

그런데 2015년 실시된 제6회 지방선거에서는 동시에 7개의 투표가 진행되었어요. 이유는 시·도교육감 선거를 같이 치렀기 때문인데요. 처음에 1차에 들어가서 투표용지 3장을 받아서 찍고, 2차에서는 4장을 받습니다. 시·도교육감 투표용지를 보면 정당은 나와 있지 않아요. 교육은 정치적으로 중립을 유지해야 하므로 정당의 공천을 받지 않습니다. 그래서 번호도, 정당도 없어요. 나머지 2장에는 시·도지사, 구·시·군 의장(구청장, 시장, 군수)이 나와 있지요.

2차 투표에서는 4장을 받는데요. 지역구 시·도의회의원, 지역구 구·시·군의회의원, 비례대표 시·도의회의원, 비례대표 구·시·군의회의원이 표시되어 있습니다. 비례대표 투표용지는 비례대표니까 당만 표시되어 있고요. 여기서 주의 깊게 볼 내용이 기초의회 의원선거인 강동구 의회의원 선거입니다. 기초의회 의원선거에서는 중선거구를 도입하고 있는데요. 번호가 1-가, 1-나, 2-가, 2-나로 되어 있어요. 선거할 때 의회에서 의석을 누가 많이 가지느냐에 따라 번호를 부여합니다. 우리나라는 새누리당이 1번이죠. 그런데 '가, 나'는 새누

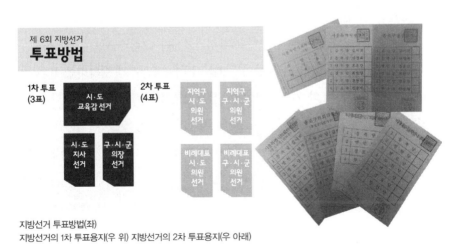

지방선거 투표방법(좌)
지방선거의 1차 투표용지(우 위) 지방선거의 2차 투표용지(우 아래)

리당에서도 후보를 2명 보냈다는 거예요. 기초 자치단체의 의원들의 선거는 중·대선거구제로 2명에서 4명을 뽑으니까 1-가, 1-나로 구분되는 겁니다.

선거의 공정성은 어떻게 확보하지?

선거로 대표자를 뽑으려면 어떤 단위별로 몇 명씩 뽑을 것인지 먼저 약속해야겠지요? 따라서 선거구는 지역적인 단위가 될 가능성이 있습니다. 예를 들어 대통령을 뽑는다고 하면 대한민국 전체를 하나의 선거구로 정할 것이고, 서울특별시장을 뽑는다면 서울특별시 전체를 하나의 선거구로 정하겠지요. 또한 국회의원 선거에서는 제가 살고 있는 서울특별시 강동구처럼 강동구 갑, 강동구 을로 지역을 나누어 각 선거구마다 대표자를 따로 뽑을 수도 있습니다. 즉, 선거구가 지리적인 범위가 될 가능성이 높다는 뜻인데요. 이처럼 선거구를 획정[26]하려면 기준이 있어야 합니다. 선거구를 자르고 정할 때 인구수에 비례하여 대표가 선출되도록 획정하는 것을 '인구 대표성의 원리'라 합니다. 지역이나 행정 단위를 고려해서 획정하는 것을 '지역 대표성'이라 하고요.

사례를 들어볼게요. A라는 선거구에 유권자(투표권을 가진 자)가 50만 명이고 B라는 선거구의 유권자는 10만 명이에요. 그런데 A, B선거구 모두 동일하게 국회의원을 각각 1명씩 뽑는다고 가정해봅시다. 그러면 A선거구의 유권자가 행사하는 표의 가치는 1/50만이고, B선거구의 유권자가 행사하는 표의 가치는 1/10만으로 표의 가치에 차등이 생겨 평등선거 원칙에 위반됩니다. 단순하게 생각해도 A지역의 유권자 1표의 가치가 B지역 유권자의 5분의 1밖에 안 되잖아요? 그러면 A선거구를 유권자 10만 명씩 5개로 나누어서 5명의 대표를 뽑아야 인구에 비례해서 대표를 뽑을 수 있겠지요. 이런 것을 인구 대

---

26 선거구의 경계를 구분하여 정하는 것을 이른다.

표성의 원리라 부르는 것입니다. 그런데 생각해보세요. 우리나라의 전체 인구를 5000만 명이라고 하면 5000만 명을 어떻게 정확히 10만 명으로 나누어 선거구를 획정할 수 있겠습니까? 그러니까 현실적으로 인구 대표성을 맞추기가 쉽지 않겠죠.

지역 대표성을 볼게요. B지역과 C지역을 묶어서 선거구를 획정하려고 했는데, B와 C지역 사이에 산맥이 있어요. 이런 경우 인구를 묶을 수는 있지만 B지역과 C지역 사이엔 엄연히 문화적·지리적 차이가 나타나겠지요? 만약, B지역이 전라도고 C지역이 경상도라 한다면 인구 대표성만 고려해 묶어버리기가 힘든 상황입니다. 이때 지역적·행정적 특성을 고려해서 선거구를 획정하는 것을 지역 대표성이라 불러요. 선거구를 자르고 정할 때는 인구 비례는 물론 지역에 관한 특수성도 인정해야 합니다.

그런데 선거구가 어떻게 조합되고 정해지는지에 따라 선거 양상이 완전히 달라진다는 점에 주목해야 합니다. 선거구에 따라 새누리당에 유리할 수도, 더불어민주당에 유리할 수도, 또는 힘 있는 후보에게 유리하거나 그 지역의 터줏대감 후보에게 유리하게 될 수도 있거든요. 예를 들어, 서울시 강남지역 선거구를 10개로 나누어 국회의원 10명을 뽑고, 강북지역 선거구는 2개로 나누어 국회의원 2명을 뽑는다고 하면 어느 정당이 유리할까요? 당연히 강남지역의 지지층이 많은 새누리당이 유리하겠지요? 선거구를 자의적으로, 즉 어떤 특정한 집단이 내키는 대로 선거 때마다 변경해서는 안 되는 이유입니다.[27] 여기서 알고 넘어가야 할 중요한 개념이 있어요. 바로 '게리맨더링(gerrymandering)'입니다. 이는 1812년 미국 매사추세츠 주지사인 게리가 자신

---

27 선거구를 어떻게 획정하느냐가 당사자들에게 대단히 중요한 문제이기 때문에 우리나라에서는 '선거구 법정주의'를 채택해서 선거구 획정을 법률로 정하고 있다. 즉 자의적인 선거구 획정을 막고 유권자의 의사를 공정하게 선거에 반영하기 위해 선거구를 법률에 따라서 자르고 결정지을 수 있도록 만들어주는 것이다.

의 소속 정당이었던 공화당에 유리하도록 선거구를 획정하여, 득표수로는 연방당이 공화당을 앞섰지만, 의석에 있어서는 연방당이 11석, 공화당이 29석으로 공화당이 압승한 것에서 유래한 말입니다. 아래 그림처럼 게리가 획정한 선거구가 전설 속의 괴물 샐러맨더와 비슷한 형태가 된 것을 본 기자가 주지사 게리의 이름을 따서 게리맨더(gerrymander)라 이름 지은 것인데요. 지금까지도 특정 정당이나 특정 인물에게 유리하도록 선거구를 획정하는 것을 가리키는 용어로 쓰이지요.

선거구 법정주의는 게리맨더링을 방지하기 위한 아주 중요한 제도입니다. 우리나라 국회의원 선거구는 어떤 정당 또는 특정한 후보의 이해관계가 반영되지 않도록 국회 내에 선거구 획정 위원회라는 조직을 만들어두었지요. 물론 선거구 법정주의를 실시하더라도 법률을 제정하는 주체가 국회의원들이므로 스스로의 밥줄이 달린 선거구 획정에 대해 완전히 순수할 수 없다는 문제 제기도 있고, 실제로 각 정당은 선거구를 획정할 때 자기 정당에 유리한 선거구를 만들기 위해 노력하며 경우에 따라서는 서로 한 선거구씩 나누어 갖는 경우가 발생한다는 한계[28]도 있습니다.

게리맨더링

---

28 이 같은 부작용이 있다고 해서 선거구 법정주의를 채택하지 않을 수는 없다. 헌법은 국가의 체제와 관련된 내용을 명시하는 최고법일 뿐만 아니라 개정 절차도 복잡하여, 수시로 조정해야 하는 선거구를 넣어둘 수가 없다. 게다가 명령은 대통령 이하 행정부에서 제정하는 법이므로, 선거구를 명령으로 정할 경우 대통령의 의지에 따라 국회의원의 당락이 결정될 수 있어 독재가 나타날 가능성이 높아진다. 그러므로 사심이 적은 사람들을 국회의원으로 뽑고, 그들에게 맡기는 방법 외에는 뾰족한 대안이 없는 것이다.

비례대표제 완전 정복

비례대표제, 그것이 알고 싶다!

2015년 겨울, 대한민국의 정계에 빨간불이 들어왔다. 비례대표제 때문에 문제가 생긴 것이다. 일각에서는 비례대표제를 아예 없애는 게 낫다고 언성을 높일 만큼 각 당마다 선거구 선점에 유리한 고지를 차지하기 위해 설전이 벌어졌다. 뉴스를 반복해 들어도 이해가 잘 안 되는 부분, 비례대표제. 예를 통해 짚어보자.

어떤 나라의 총 인구가 8만 명이고 선거구가 8개, 그리고 총 지역 대표의원은 8명, 한 선거구에서는 1명을 선출하고 투표율은 100%, 인구분포도는 균일하다고 가정해보자. 1에서 8선거구까지의 결과가 각 선거구 동일하게 A당의 K후보 4000표, B당의 L후보 3500표, C당의 M후보 1000표, D당의 N후보 1000표, 무소속의 O후보가 500표로 나타났다. 이제 비례대표 의원을 40명이라 하고, 정당 득표율에 따라 나누어보자. A당은 40%니까 16명을, B당은 35%로 14명을, C당과 D당은 10%이므로 각각 4명씩의 비례대표를 가지게 된다. 무소속 후보가 5% 득표를 해서 남은 의석 2석을 가질 것 같지만 정당 소속이 아니기 때문에 이는 불가능하다. 그러면 남은 2석은 어떻게 될까? 이럴 때 잔여 의석은 소수점 이하 수가 큰 순으로 각 정당에 1석씩 배분하되 그 수가 같은 때에는 정당 사이의 추첨을 통해 결정한다. 이 경우엔 소수가 나오지 않았기 때문에 A, B, C, D당끼리 추첨해서 의석을 가지고 간다.

현재 한국 국회는 19대이다. 2004년 치른 17대 총선부터 비례대표제로 바뀌었는데, 그 전 16대까지는 1인 1표 비례대표제였다.

어느 지역구의 선거에 A당, B당, C당, D당의 가, 나, 다, 라 후보자와 무소속의 마 후보자가 출마했다. 한 유권자가 2번 후보를 찍었다. 여기서 1인 1표씩의 비례대표제는 지역구 선거에 쓰였던 투표용지를 그대로 사용한다는 것이 포인

국회의원 선거투표(○○선거구)			
1	A당	가	
2	B당	나	☮
3	C당	다	
4	D당	라	
무소속		마	

트다. 그런데 이렇게 되면 지역구 선거에서 자신이 원하는 나 후보를 뽑을 때 동시에 그가 속해 있는 B당 역시 지지하는 것처럼 된다는 게 문제다. 유권자가 나 후보와 B당을 모두 좋아하면 문제가 없는데 나 후보를 지지하면서 C당을 좋아할 수도 있기 때문에 유권자들에게 불만이 생길 수 있다. 또한 B당은 이 사람이 직접 찍은 정당이 아니기에 직접선거에 어긋나는 간접선거의 우려도 발생한다. 그렇다면 무소속을 찍은 사람은 어떻게 될까? 이 경우엔 비례대표에 반영되지 않는다. 그러므로 지역대표와 비례대표 모두 반영되는 사람의 표에 비해 이 사람의 표의 가치는 떨어지는 것이다. 절반의 선택권을 박탈당한 셈이다. 즉, 투표가치의 차등이 생기므로 평등선거의 원칙이 깨질 우려가 있다. 이에 일부 사람들이 득표율에 따른 비례대표제가 헌법상에 보장된 직접선거와 평등선거의 원칙을 깬다며 헌법소원을 냈고, 그 선거가 헌법을 위반했다는 결과를 얻어 새로운 비례대표 방식이 등장하게 되는데 이것이 바로 1인 2표 정당명부식 비례대표제이다.

정당명부식 비례대표제

정당명부식 비례대표제는 간단하다. 지역대표와 비례대표에 투표할 때 각각 따로 투표하는 것이다. 국회의원 선거를 하러 투표장에 가면 투표용지를 2장씩 주는데, 1장은 지역구 의원을 뽑는 것이고, 나머지 1장은 비례대표를 뽑기 위해 당명에 투표하는 것이다. 이 경우 아래 그림처럼 지역구에서 나 후보를 뽑은 사람도 비례대표에 A당을 찍어 자신이 원하는 정당을 직접 선택할 수 있으므로 직접선거의 원칙에 위배되지 않는다. 지역구에서 무소속을 뽑은 사람의 표도 비례대표에 자신이 원하는 정당을 선택할 수 있으므로 평등선거의 원칙에도 위반되지 않는다. 따라서 우리나라에선 17대 총선부터 1인 2표 정당명부식 비례대표제로 바꾼 것이다. 앞에서 득표율로 비례해서 의석을 받았을 때 A당은 16명, B당은 14명, C당과 D당은 각각 4명씩 비례대표를 가지고 갔다. 이때 A당

국회의원 선거투표(○○선거구)			
1	A당	가	
2	B당	나	◑
3	C당	다	
4	D당	라	
무소속		마	

비례대표 국회의원 선거투표		
1	A당	◑
2	B당	
3	C당	
4	D당	
무소속	E당	

사회생활
&
범죄의 재구성

전체 비례대표 전국구 의석 54석에 각 정당의 득표율을 곱하여 정수 부분에 해당하는 의석을 먼저 배분한다. 그러면 시스타당이 22석, AOA당이 12석, 에이핑크당이 8석, 레드벨벳당이 5석, 오마이걸당이 3석을 가지게 된다. EXID당은 수치상으로는 1석을 얻었지만 전국구 득표율이 2%이고 지역구 의석수가 3석이므로 봉쇄조항에 의해 전국구 의석을 배정받지 못한다. 그 결과 정수 부분에 해당하는 의석은 총 50석이 되어 4석이 남는다. 이때 남은 4석은 소수점이 큰 순서대로 다시 배분하여 54석을 채우게 되는 것이다.

나의 목소리를 내는 방법

선거철이 되면 동네 게시판이나 거리에 포스터가 잔뜩 붙습니다. 출마 후보자들이 공들여 찍은 사진 아래엔 이름 외에 다양한 정보가 적혀 있는데요. 그중에서 특히 ○○당, □□당, 무소속이라는 단어가 눈에 띕니다. ○○당이나 □□당은 그 사람이 소속된 정당의 이름이고, 무소속이라는 건 후보자가 소속되어 활동하는 정당이 없다는 뜻이에요. 저는 아주 오래전 대선 때 보았던 포스터 하나를 기억합니다. 정당 이름이 어찌나 참신(?)했던지 포스터를 보면서 친구들과 깔깔거렸던 게 눈에 선한데요. 뭐였냐고요? 바로 '옥황상제당'이었답니다. "에이, 쌤! 장난하는 거죠?" 하실지 모르지만 실제로 있었어요. 그분은 이 나라를 유토피아적 국가로 만들고 싶었나 봅니다. 그래서 뜻을 같이하는 사람들을 모으고 그런 멋진 당명(黨名)을 붙인 거겠지요? 물론 우리는 정당 외의 단체를 통해서도 정치에 참여할 수 있습니다. 각종 이익집단이나 시민단체가 바로 그것인데요. 지금부터 그 성격과 특징들을 알아봅시다. 또한 국민으로서 우리는 어떻게 자신의 목소리를 낼 수 있는지, 이것을 정치에 반영할 수 있는지, 그 방법은 무엇인지, 이런 일들은 과연 어떤 의미를 갖는지 함께 고민하면서요.

정당은 어떤 기능을 하나?

한 사회를 이루는 구성원들의 생각은 매우 다양합니다. 비슷해 보이는가 싶어도 자세히 살피면 살필수록 어떤 식으로든 차이가 난다는 걸 알 수 있는데요. 세상에 존재하는 사람들의 수만큼 생각도 다양한 게 아닐까 싶습니다. 그중 정치에 대한 생각이 비슷한 사람들끼리 모여 만든 것을 '정당(政黨)'이라 합니다.

정치는 여럿이 함께할 때 더 큰 영향
력을 행사할 수 있습니다. 아무리 좋은 의
견을 가졌다 해도 이를 혼자의 힘으로 개진
해나가기란 어려운 일이지요. 이럴 때 생각과 목적의식

"내 의견을
가장 잘 반영해줄 길은
어느 쪽일까?"

이 비슷한 사람들이 모이면 뜻을 펼치기 쉬워집니다. 우
리가 정당을 만들고 참여하는 이유이죠. 물론 국회의원이나 정치인들만 정당
에 가입할 수 있는 건 아닙니다. 일반 국민들도 뜻이 맞는 정당을 찾아 가입
하고 활동할 수 있어요.

우리나라에는 정당이 몇 개나 있을까요? 현재 선거관리위원회에 등록된
정당은 모두 20개[29]입니다. 국회에 의석을 가진 정당은 새누리당, 더불어민주
당(구 새정치민주연합), 정의당이고요, 나머지 정당들은 국회의석이 없습니다.
그러면 국회에 진출하지 못한 17개 정당은 무얼 하는 건지 궁금하시죠? 차
근차근 생각해봅시다. 우리나라의 정부 형태는 대통령제입니다. 따라서 가장
강력한 권력을 가진 사람도 대통령이에요. 정당은 바로 대통령을 배출하기
위해 열심히 뛰는 조직입니다. 우리나라처럼 대통령제를 채택하고 있는 나라
에서는 정치권력을 대통령이 집행하거든요. 그러니까 정당의 존재 이유는…
예, 정권 획득입니다. 국회에서는 비록 의석을 차지하지 못했다 해도 많은 정
당들이 여전히 꼿꼿이 존재하는 이유죠.

정권을 획득하는 데 필요한 조건들을 알아봅시다. 먼저 각 정당마다 자신
만의 고유한 색깔을 가져야 합니다. 그래서 보수적인 성향, 진보적 성향, 개혁
적 성향, 종교적 성향 등 다양한 색깔이 나타나는 거예요. 또한 정권 획득 자

---

29 2016년 1월 27일 현재 20개이다.

체가 목적이므로 이익집단이나 시민단체와 성격이 다른데요. 정권 획득의 목적을 공개적으로 나타내고 활동한다는 점에서 여타 비밀결사조직과 구별됩니다. 한편 정당은 당파라 부르는 집단과도 구분됩니다. 정당은 국민의 뜻을 대표하고 이를 정치에 반영하는 단체이므로 개인의 감정, 선입관, 주관적 판단, 불공정한 태도 등을 개입시키지 않아야 하거든요. 따라서 정당은 사사로운 이익을 목적으로 하는 당파와 성질이 다릅니다.[30] 정당은 또한 정치적 책임을 져야 합니다. 지난 2014년 10월 1일, 새누리당은 단말기 유통구조 개선법을 만들어 시행했는데요. 국민의 통신요금 부담을 줄이기 위해 시행한 것이지만 도리어 여기저기서 부작용과 혼란이 나타나는 바람에 새누리당은 사태를 해결하고 책임지기 위해 동분서주하게 되었답니다.

정당의 기능을 살펴볼게요. 첫째, 정당은 대통령 선거, 시장 선거, 국회의원 선거, 지방의회의원 선거 등에 후보를 추천합니다. 정당의 후보가 대통령이나 국회의원이 되면 정책이나 법을 만들 때 더 유리하니까요. 그래서 각 정당은 선거에서 이기려고 온 힘을 다합니다. 이를 '대표자 배출 기능'이라 해요. 대표자를 배출하기 위해 후보자를 선거에 내는 과정을 '공천'이라 합니다. 둘째, 정당은 국민의 다양한 의견을 모아 국회나 정부에 전달하지요. 국민의 뜻인 여론은 민주정치에서 큰 몫을 담당합니다. 정당은 여론으로 나타나는 국민의 다양한 기대나 이익들을 모아 하나로 정리하고, 이를 정부의 정책에 반영하도록 애씁니다. 셋째, 정당은 정치사회화의 기능을 맡습니다. 곧 사회가 필요로 하는 행동양식이나 가치관 중 정치에 관련된 사회화를 도맡는다는 뜻인데요. 각종 선거나 교육, 캠페인이나 집회, 토론회 등에 참여하는 과정을 통해 국민이 정치에 관심을 가지고 참여할 수 있도록 돕는 것입니다. 넷째, 정당은 의

---

30 정당은 사사로운 당파가 아니라는 것을 국민에게 알리기 위해 정당의 방침인 정강을 만들어 공표하고 선거 때에는 국민에게 공약을 발표하여 정당에서 할 일을 약속한다.

회와 정부를 매개합니다. 예를 들어 새누리당은 현재 국회에서 과반수 의석을 확보하고 있고, 대통령도 새누리당 소속이기 때문에 그 둘 사이를 새누리당이 조정[31]할 수 있다는 뜻입니다.

여러 가지 정당제도

헌법에 명시된 정당의 자유

우리나라 헌법 제8조 1항에는 "정당의 설립은 자유이며 복수정당제는 보장된다"고 명시되어 있습니다. 자유롭게 정당을 만들 수 있다는 건 2개 이상의 정당이 활동할 수 있다는 뜻인데요. 이를 '복수정당제'라 합니다. 당연한 이야기지만 여러 정당들이 제 역할을 충실히 하며 자유롭게 경쟁할 때, 민주주의가 더욱 발전할 수 있겠지요? 복수정당제를 이해하려면 우선 정당제도의 유형을 알아야 합니다.

먼저 '일당제(一黨制)'를 볼게요. 일당제란 말 그대로 정권 획득을 목표로 한 정당이 하나만 있는 것입니다. 또는 정당은 여럿 있을 수 있지만 사실상 정권 교체가 불가능[32]하다는 뜻일 수도 있어요. 북한이나 중국처럼요. 우리나라는 헌법 8조에 나와 있듯 복수정당제를 채택하고 있습니다. 복수정당제에는 양당제와 다당제가 있는데, 양당제는 거대한 정당 둘이 사실상 번갈아 집권하는 체제로서 대표적인 국가는 미국과 영국입니다. 미국은 민주당과 공화당이, 영국은 보수당과 노동당이 번갈아 정권을 장악합니다. 반면 다당제는 정권

31　정당과 정부가 뭔가를 협의할 수 있는 창구로 '당정 협의회'라는 것이 있다. 여당의 주요 당직자와 정부 고위 관료들이 만나 정책을 협의하는 기구로서 당정 협의회를 통해 집권 여당은 정부 부처 간 활동을 상호 조정한다.

32　북한과 중국이 여기 해당한다. 북한의 노동당, 중국의 공산당 말고 다른 정당이 정권을 잡는다는 건 현실성이 없는 이야기다.

획득을 위해 경쟁할 수 있는 정당이 3개 이상 있다는 뜻이에요. A정당이나 B 정당의 집권으로 정치가 끝나는 게 아니라 C정당이나 D정당도 집권할 수 있다는 뜻입니다. 다당제의 경우, 어느 정당도 의회에서 과반수를 차지하지 못하는 경우가 일반적이어서 연립정권이 수립될 가능성도 있습니다.

양당제와 다당제의 장단점을 비교해볼게요. 양당제는 거대한 정당 둘이 사실상 정권 획득을 위해 경쟁하고 있으므로 힘없고 약한 정당들이 속속 등장해도 정치에 혼선이 빚어질 일은 별로 없습니다. 상대적으로 다당제보다 정국이 안정되는 거예요. 또한 누가 정치적 책임을 질 것인가를 밝히는 일도 수월합니다. 예를 들어 A당이 잘못하고 있으면 다음 선거에서 B당으로 정권을 교체하면 되고, B당이 잘못하면 다음 선거에서는 정권이 자연스레 A당으로 넘어갈 테니까요. 유권자의 입장에서도 여러 모로 편리합니다. 여러 정당이 대립하는 것보다 A당과 B당 중에서 하나만 고르면 되니까 정책을 선택하거나 방향을 판단하기도 쉬울 것입니다. 양당제의 장점은 곧 다당제의 단점이 되겠지요?

다당제의 장점을 봅시다. 다당제에서는 국민이 선택할 수 있는 폭이 넓어집니다. A정당이나 B정당 중 하나만 택하는 게 아니라 그 외 여러 정당 중에서 자신의 의사에 맞는 당을 선택함으로써 국민의 다양한 의견이 정책에 반영될 수 있고, 소수자의 이익도 반영될 가능성이 높아집니다. 또한 각 정당간에 대립 상황이 벌어질 때 중재가 용이해져요. 바로 여기서 '캐스팅 보트 (casting vote)'[33]라는 개념이 나오는데요.

먼저 양당제의 경우입니다. G국의 국회의석이 200석이고 의석을 차지하고 있는 정당이 5개라고 할 때, A당 100석, B당 90석, C당 5석, D당 4석, E당 1석

---

33 합의체의 의결에서 가부(可否) 동수인 경우에 의장이 가지는 결정권을 말한다. 또는 의회 등에서 양대 당파의 세력이 거의 비슷해서 제3당이 비록 소수일지라도 의결의 가부를 좌우할 경우에도 제3당이 캐스팅 보트를 쥐고 있다고 말한다.

이라 해봅시다. 이러면 A당과 B당이 번갈아 정권을 차지하겠지요? A당과 B당이 싸우면 나머지 정당들은 할 일이 별로 없습니다. 즉, A당과 B당의 힘겨루기에 나머지 군소정당이 전혀 영향을 주지 못한다는 뜻입니다.

이번엔 다당제의 경우를 생각해볼게요. K국의 국회의석 200석 중 A당은 70석, B당 60석, C당은 60석, D당은 10석을 가지고 있습니다. 세력이 비슷한 정당이 3개로군요. 만약 A당과 B당이 싸운다면 C당은 이 싸움에 영향을 미칠수 있을까요? 물론입니다. C당이 어디에 붙느냐에 따라 결론이 바뀔 테지요. 이때 우리는 "C당이 캐스팅 보트를 쥐고 있다"고 말합니다. 그러니까 다당제는 정당 간 대립이 발생할 때 제3의 정당이 중재할 수 있는 가능성이 커지는 것입니다.

정당 정치의 문제점과 개선 방안 톺아보기

우리나라에 등록된 정당 중 나이가 가장 많은 것은 새누리당입니다. 자그마치 1997년도에 태어났으니까요. 1997년도부터 2012년까지의 당명은 한나라당이었고, 2012년에 새누리당으로 이름을 바꿨지요. 미국의 경우 1820년경 이미 상당히 잘 조직된 정당이 활동하기 시작하여 현재까지 이어지고 있는데, 바로 공화당과 민주당입니다. 우리나라의 정당은 수명이 매우 짧다는 게 아쉬운 점인데요. 더불어 몇 가지 문제점과 개선 방안을 알아볼까 합니다.

● 문제점 하나, 인물 중심의 정당 정치

우리나라 정당의 역사는 대통령의 정치적 생명과 운명을 같이합니다. 매우 왜곡된 과거를 가진 셈이지요. 여당과 야당 모두 보스 중심의 위계 구조를 지닌 터라 필연적으로 중앙집권적 정당 운영으로 이어졌는데요. 이러한 전통은 지금도 예외가 아닙니다. 문제는 보스 중심으로 정당이 운영될 때 심한 경우

사당(私黨)으로 전락할 여지가 있다는 점입니다. 예를 하나 들어볼게요.

1997년 대통령 선거를 앞두고 정치권을 휩쓸었던 논쟁 중 단연 대표적인 것이 '3김 정치의 청산'이냐 '정권 교체'냐의 문제였습니다. 3김 중에서 김영삼은 이미 대통령이었고, 김종필이 대통령이 될 가능성이 거의 없었다는 점을 고려하면, 당시의 논쟁은 사실상 김대중 후보를 지지해야 하느냐 마느냐의 문제로 요약될 수 있었어요.

이 논쟁에서 '정권 교체'를 주장했던 사람들은 우리나라에서 야당 출신 대통령을 배출하는 평화적이고 민주적인 정권 교체가 단 한 번도 없었기 때문에 가장 당선 가능성이 높은 야당 후보 김대중을 밀어줘야 한다고 주장했습니다. 반면 '3김 청산'을 주장했던 사람들은 특정 인물 중심의 정당 구조가 우리 정치의 가장 큰 문제이므로 그 중심에 서 있는 3김을 정치판에서 퇴출시켜야 한다고 주장했지요. 결과적으로 국민들이 정권 교체의 주장을 받아들였지만, 그만큼 인물 중심의 정당 구조가 갖는 심각한 문제점을 확인할 수 있었던 사례입니다.

대한민국 정치계를 풍미했던 3김. 왼쪽부터 김대중, 김영삼, 김종필이다.

● 문제점 둘, 정당의 구조가 지역 중심이다

우리나라 정당에는 지역적인 색채가 남아 있다는 것을 부정하기 어렵습니다. 단순한 애향심 정도라면 문제될 게 없지만, 우리의 경우 지역주의가 감정적 측면을 넘어 갈등 양상으로까지 번졌다는 데 그 심각성이 있어요. 이러한 지역주의의 기원을 어떤 사람은 백제와 신라의 대립에서 찾기도 하지만, 사실 지역주의의 뿌리는 1971년 박정희와 김대중의 대통령 선거에서부터 출발합니다. 그 전까지만 하더라도 전라도 출신이 경상도에서 당선되고, 경상도에서 전라도 출신이 당선되는 데 아무런 문제가 없었거든요. 그런데 1971년 제7대 대통령 선거에서 경상도 출신의 박정희가 전라도 출신의 김대중에게 쫓기게 되자 갑자기 지역감정을 부추기는 선거 전략을 사용한 거예요. 경상도의 인구가 전라도 인구의 세 배가량 되니 경상도 출신에겐 지역감정을 부추기는 일이 손해 보는 장사가 아니었던 것입니다. 현재도 새누리당은 경상도, 더불어민주당은 전라도가 정치적 기반인데요. 과거 우리 정당은 좋은 정책을 만들 필요 없이 지역감정이나 지역주의를 자극함으로써 손쉽게 표를 얻을 수 있었어요. 요즘 들어 조금씩 지역적인 색채가 바뀌고 있는 부분은 다행이라 생각합니다.

● 문제점 셋, 권력자 중심의 흑역사

한국의 정당은 권력자들의 필요에 의해 만들어진 경우가 대다수였어요. 이처럼 권력자 중심으로 돌아가다 보니 비민주적이고 권위적으로 정당이 운영되어 정치자금도 음성화되는 경우가 많았습니다. 정치자금이 음성화된다는 것은 어려운 말이 아니에요. 정당을 제대로 운영하려면 당연히 정치자금이 필요합니다. 정당의 이념과 정책을 개발하고, 그것을 널리 알리는 데 사람들의 일손도 필요하고, 그에 대한 대가도 지불해야 하니까요. 선거운동에도 돈이 많이 들어가고요. 이러한 돈은 후원금을 비롯해 각종 모금 활동으로 투명하게 충당해야 하지만, 과거엔 대개 법을 어겨가며 정치자금을 모금하거나 사용했답니다. 불법 정치자금이 큰 문제가 되었던 것이지요.

● 그러면 이런 개선책은 어떨까?

권위주의적인 정당 운영에서 벗어나려면 무엇보다 당내에서 민주주의를 확립해야 합니다. 정당 조직이 일반 당원들의 의사를 적극적으로 받아들이고 채택해야 한다는 뜻이지요. 정당 내의 의사소통이 원활하게 이루어지고 당원들의 적극적인 참여가 있을 때 당내 민주주의는 비로소 실현될 수 있겠지요?

민주적인 정당 운영을 위해 필요한 것이 바로 크로스보팅(cross voting)입니다. 크로스보팅이란 의원들이 투표를 할 때 당론에 구애받지 않고 자유롭게 투표하는 제도로 자유투표제 혹은 교차투표제라고 부르기도 합니다. 그동안 우리나라의 정당에서는 구성원인 의원들의 토론과 타협을 통해 당론을 만드는 게 아니라 주요 간부 몇 명에 의해 당론이 정해지면 의원들은 대개 이를 묵묵히 따르는 식이었습니다. 당론과 상반된 입장을 지닌 의원들도 따르게 될 수밖에 없는 구조였어요. 뭔가 소신껏 투표할 수 있는 분위기가 아닌 것으로 보입니다. 이 같은 폐단을 막고, 당론과 다른 의견에 대해 투표할 수 있도록 실질적인 크로스보팅[34] 제도가 도입되어야 할 것입니다.

민주적으로 정당을 운영하려면 공천 방법도 바뀌어야 합니다. 과거에는 하향식 공천이 주를 이루었는데요. 위로부터 아래로 향하는 하향식 공천은 정당의 수뇌부가 공천권을 쥐고 임의적으로 행사하는 것입니다. 상당히 비민주적이지요. 상향식 공천 도입이 필요한 이유입니다. 아래로부터 위로 향하는 상향식 공천은 하부조직을 구성하는 일반 당원들이 직접 투표 등을 통해 공천 후보를 결정하는 방식입니다.

다양한 계층과 계급 사이에서 나타나는 갈등은 정당이 존재할 수 있는 필수조건이며, 정당은 이러한 갈등을 대변하고 풀어갈 수 있는 정책으로 서로 경쟁해야 합니다. 지역감정이나 몇몇 인물을 중심으로 기 싸움을 하는 게 아

---

34 크로스보팅이 가장 잘 정착한 나라인 미국은 몇몇 핵심적인 사안을 제외하고 특별한 당론을 정하지 않고 의원 개개인의 판단에 따라 자유롭게 투표하도록 되어 있다. 의원 한 명 한 명을 독립된 헌법기관으로 간주하여 의원들이 자신의 판단과 지역구 주민들의 뜻을 반영하는 것이다. 크로스보팅이 본격적으로 도입되면 당 중심에서 의원 중심 체제로 바뀌게 되어 의원들이 단순히 '거수기'로 전락하는 일도 사라질 것이다.

니라 말입니다. 복지, 교육, 노동, 주택, 외교, 일자리 등 우리사회에 산재해 있는 갈등을 풀기 위해 새누리당이나 더불어민주당, 혹은 여타 정당들은 앞으로 어떤 정책을 만들어낼까요? 정당이 국민을 위한 멋진 정책을 만들려면 많은 사람이 정당 개혁을 촉진해야 합니다. 그러기 위해서는 국민들이 이익집단이나 시민단체에 참여하여 적극적으로 활동하면서 기존 정당을 끊임없이 감시하고 비판해야겠지요?

이익을 따라 움직인다고?

이익집단이란 구성원 공동의 목표 또는 이익을 달성하기 위해 조직된 단체를 말합니다. 자신들의 이익 실현을 위해 국회 또는 정부 같은 국가 기관에 영향력을 행사하는 건데요. 대한변호사협회, 대한약사협회, 대한의사협회 같은 전문가 집단 역시 자신들의 이익을 관철하기 위해 노력하는 이익집단에 속합니다. 그래서 이들을 종종 '압력단체'라 부르기도 해요.

이익집단의 종류는 매우 다양합니다. 소비자단체는 소비자들이 상거래에서 불이익을 당하지 않도록 활동하고, 노인회는 노인들의 복지문제를 위해 일하고, 여성단체에서는 여성과 아동의 권익을 높이기 위해 힘쓰지요. 대부분의 나라에서는 노동조합과 자본가단체를 대표적인 이익집단으로 봅니다. 한국노총이나 민주노총 같은 노동조합은 노동자를 대표해 임금이나 근로조건을 개선하기 위해 노력하고, 전국경제인연합회(전경련)는 대기업의 자본가들이 모인 자본가단체입니다.

사회가 다원화되면서 요즘에는 경제, 직업, 문화 등 이해관계에 따라 새로운 이익집단이 생겨나는 추세입니다. 우리가 이용하는 식당이나 노래방 업주들도 자신들을 대표하는 단체에 소속되어 있는데요. 이익집단은 정당만으로 다양한 이해관계들을 아우를 수 없다는 판단 아래 생겨난 것입니다. 정당은 이해관계가 상이한 다양한 사람들의 요구를 모두 반영하려고 노력하는 반면, 이익집단은 구성원의 이익을 실현하기 위해 노력해요. 때로 공익적인 문제 해결을 제안하는 경우도 있지만, 그것은 대부분 자신들의 존재를 알리기 위한 것으로 일시적인 데 불과합니다. 이익집단은 이를 위해 선전활동이나 로비[35]를 벌이기도 하는데요. 순기능과 역기능을 살펴봅시다.

순기능은 정부나 의회가 정책을 잘 실현하고 있는지, 국민의 다양한 욕구를 지켜내고 있는지 감시하며 비판하고 견제함으로써 정치 발전에 기여한다는 점입니다. 특히 법률을 만들거나 개정할 때 이익집단의 역할이 중요한데요. 국회나 정부도 이익집단의 의견을 묻고 이해관계를 반영하려고 많이 노력합니다. 이익집단은 국가기관이 가만히 있어도 요즘 국민들의 관심이 무엇인지, 어떤 욕구들을 실현하고 싶어 하는지 등을 알려줍니다.

이익집단은 또한 정당의 기능을 보완하는 역할도 해요. 노동자단체라면 노동자, 변호사단체라면 변호사, 교사단체라면 교사들의 이익을 대변하면서 정당의 기능을 보완하는 것인데요. 미국에서는 단체의 이익을 위해 로비활동을 전문으로 하는 로비스트(lobbyist)를 합법적으로 인정하고 있답니다. 하지만 우리나라에서는 금품이나 대가를 주고받는 로비는 불법이에요.

이익집단의 활동이 공익과 조화를 이루지 못하고 사회 전체의 이익과 충돌할 때는 심각한 문제가 초래됩니다. 지난 1990년대 의사와 약사들 간에 불거졌던 의약분업 분쟁이 그 예인데요. 당시 병원들이 파업을 결의하고 진료를 거부한 일이 있었답니다. 결국 의약분업이 이루어지긴 했지만 국민이 부담해야

---

35 로비란 원래 대기실, 복도 등을 뜻하는 말이다. 이익집단이 자신의 특수 이익을 실현하기 위해 영향력을 행사하는 행위를 로비라 하는데, 이는 주로 입법과정에서 이루어진다. 로비 활동을 전문적으로 하는 사람을 로비스트라 한다. 그 유래는 1830년대 무렵 미국의 '연방의회나 주의회 로비에서 서성대는 사람'이라는 말에서 비롯되었다.

하는 전체 의료비가 증가했다는 평가도 있었어요.

음성적인 로비 활동으로 다소 불편한 진실이 드러나기도 합니다. 대규모 이익집단의 정치적 영향력이 커지면서 정부와 의회에서 누구의 손을 들어주어야 할지 고민하는 바람에 정책 결정에 혼선을 초래하기도 하지요. 로비가 심해지면서 부정부패한 이익집단과 정치권력이 손을 맞잡게 되어 부정부패가 더욱 심해질 수도 있으니까요.

정치비평가들은 흔히 로비스트를 '스트립쇼 하는 사람'들로 묘사한다. 정치가들을 마리오네트처럼 여기는 탓이다. 2005년 7월 홍콩 행정부의 수반인 도널드 창을 비꼬며 저항하는 시민의 모습이다 (CC BY-SA 3.0).

행동하는 시민이 아름답다

시민단체는 공익을 위해 존재합니다. 공공선(公共善)의 실현이 주목적이지요. 시민단체의 종류는 다양합니다. 환경단체, 소비자단체, 인권단체, 평화단체, 여상단체 등등 셀 수 없을 만큼 많아요. 우리 주변에서 자주 볼 수 있는 시민단체로는 환경운동연합, YMCA, 시민연대 등이 있습니다.

시민단체는 지역 생활의 문제점들을 해결하기 위해 활동합니다. 학교 근처에 유흥업소가 세워지는 것을 반대한다든지 마을 어린이놀이터 만들기 운동 등을 펼치지요. 또한 지역성을 초월하여 우리가 반드시 짚고 넘어가야 할 사회적 문제들을 이슈화하고 이를 해결하기 위해 활동합니다. 경제정의실천 운동이라든지 미군기지로 인한 환경오염 고발 등이 그 예이죠. 또한 국내뿐만 아니라 전 세계적인 차원에서 활동하기도 합니다. 그린피스(Greenpeace),[36]국제

---

36 핵무기 반대와 환경보호를 목표로 국제적 활동을 벌이고 있는 단체. 실력 행사를 중심으로 하는 급진적 방침을 취하고 있다. 본부는 암스테르담에 있다.

새로운 석탄화력발전소 건설을 반대하는
그린피스의 현수막(2007)

솔즈베리 대성당에 있는
엠네스티 캔들스틱 조형물

최초의 국제적 구호활동을 펼친 앙리 뒤낭

사면위원회(Amnesty International),[37] 국경없는의사회(Médecins Sans Frontières),[38] 국제적십자사(International Committee of the Red Cross)[39] 등의 활동이 그렇습니다. 공익 실현을 위한 단체들이 전 세계적 네트워크로 구성되어 있다고 보면 되지요.

시민단체는 민주주의의 발달과 시민의 공동체 의식이 성장함에 따라 자발적으로 생겨난 조직이라는 특징이 있는데요. 시민단체를 흔히 비정부기구

---

37 인권 옹호를 위한 국제적 민간 조직. 부당하게 체포되거나 투옥된 정치범의 석방 운동을 목적으로 1961년에 창설하였으며, 1977년에 노벨 평화상을 받았다

38 1971년 프랑스의 베르나르 쿠슈네르 등 청년 의사들이 주축이 되어 설립된 비정부기구(NGO)로, 나이지리아의 비아프라 전쟁에서 국제적십자사 활동을 하다가 분리되었다.

39 1864년에 결성한 적십자의 국제적 조직체. 국제적십자위원회, 적십자사연맹, 각국 적십자사로 구성되어 있다. 본부는 스위스의 제네바에 있다.

(NGO, Non-Governmental Organization)[40]라고도 합니다. 정부에서 지원을 받으면 독립성을 갖고 감시 활동을 하기 어렵기 때문에 시민단체는 기업이나 정부로부터 최소한의 지원만 받는 것을 원칙으로 합니다. 실제로 우리나라 대부분의 시민단체들은 정부로부터 최소한의 운영자금 정도만 보조를 받고 있지요.

시민단체와 NGO

시민단체의 개념과 명칭은 다양하다. 우리가 자주 쓰는 NGO라는 말은 '시민사회단체'와 거의 동의어로 쓰이는데, 기업이나 병원, 학교 등도 포함될 수 있다. 이윤을 추구하는 기업과 구분해야 한다는 주장에 따라 일본을 중심으로 한 일부 국가에서는 NPO(비영리 단체, Non-Profit Organization)라 부른다. 명칭은 다양하지만 여기에는 공익성, 비정부, 비당파, 비영리라는 모든 시민단체들이 갖는 공통의 기준이 담겨 있다.

시민단체는 이윤을 추구하는 기업과 달리 비영리단체입니다. 따라서 공익 실현을 위해서 필요한 자금도 대개 각종 바자회라든지 연예인 초청 사인회 등을 통해 모금하지요. 물론 이때도 돈이 목적이 아니라 공익 실현을 목적으로 합니다.

시민단체가 살기 좋은 사회를 만드는 데 이바지한 것은 사실이지만 과제도 많습니다. '시민 없는 시민운동'이란 말을 들어보셨나요? 시민운동을 하는데 시민이 없다는 뜻인데요. 우리나라의 상당수 시민단체가 시민들의 자발적인 참여로 이루어지는 게 아니라 일부 명망가나 엘리트 중심으로 이루어져서 정작 운동의 주체가 되어야 할 시민이 참여하지 않는 현상을 일컫는 말이랍니다. 열악한 재정도 문제지요. 회원들이 자발적으로 내는 회비만 가지고선 시민단체가 운영되지 못하므로 재정 일부를 외부에 의존하게 되면서 문제점이 발생하기도 해요. 그런데 시민단체가 재정 수입을 정부나 기업에 의지하게 되면 자금

40 비정부 간 국제기구

을 받는 집단에 대한 견제와 감시가 약화될 수밖에 없다는 단점이 생깁니다.

어떤 단체가 시민단체인지 이익집단인지 구분이 잘 안 되는 경우도 있습니다. 시민들의 의견보다 일부 지도층 인사들의 의견을 더 중시하거나 자신들만의 이해관계를 중시한다면 이는 시민단체로서의 기능을 다하지 못하는 거잖아요? 시민단체가 공익 실현이라는 본래의 목적을 잃지 않으려면 무엇보다 중립성을 유지하고, 뜻을 같이하는 시민들의 적극적이면서도 자발적인 참여를 유도해야 합니다. 또한 각 단체들이 받은 기부금을 어떻게 사용했는지 공개함으로써 재정의 투명성을 확보하는 것도 중요할 테지요.

정당, 이익집단, 시민단체… 공통점과 차이점을 밝혀라

정당, 이익집단, 시민단체는 집단적으로 정치에 참여한다는 공통점이 있습니다. 그렇기에 한 번에 끝나지 않고 지속적인 참여가 이루어지는 것인데요. 이들은 정치과정에 있어서 투입 기능[41]을 담당합니다. 또한 세 집단 모두 정치사회화의 기능을 가지고 있지요. 어떻게 하면 정치에 참여할 수 있는지, 그리고 내가 바라는 바를 국가기관에 어떻게 요청할 수 있는지 등 정치에 대한 교육하는 것을 정치사회화라 합니다. 정당, 이익집단, 시민단체에 참여함으로써 우리는 토론하는 방법, 대화와 설득의 방법, 민주주의의 주요 가치 등을 배우게 되는 것이지요. 그다음으로 중요한 것이 여론 형성·수렴·조직화 기능입니다. 특정 사안에 대해 국민 대다수가 갖는 일정한 감정을 여론이라 하는데요. 대중매체나 언론사처럼 정당과 이익집단, 시민단체도 여론을 만들어내는 데 큰 역할을 합니다.

이제 각 집단의 차이점들을 볼까요? 정당과 이익집단, 시민단체는 존립 목

---

41 이스턴의 '정치체계론'에서 국민이 정책 결정 기구인 정부에 대해 어떤 정책을 만들어달라고 요구하거나 지지를 보내는 것을 '투입 기능'이라 한다.

적이 다릅니다. 정당은 정권 획득을 위해, 이익집단은 특수한 이익이나 사익을 위해, 시민단체는 공익 추구를 위해 존재합니다. 또한 관심 영역도 다릅니다. 정당은 정치적 쟁점에 대해 상당히 포괄적인 관심을 갖지만, 이익집단의 경우엔 특수한 분야에 대해 제한적인 관심을 가집니다. 시민단체는 정당과 마찬가지로 포괄적인 사회적 쟁점에 관심을 가지고요. 그러나 정당이 사회적 쟁점에 대해 정치적 책임을 지는 반면 이익집단과 시민단체는 책임이 없습니다.

정치에도 '문화'가 있다

가정이나 학교, 회사, 더 나아가 국가에도 저마다 특별하고 고유한 문화가 있습니다. 문화란 어떤 조직이나 집단의 구성원들에게 공통적으로 나타나는 행동 양식이나 생활양식, 즉 의식주를 비롯하여 언어, 풍습, 종교, 학문, 예술, 제도 따위를 모두 포함하는 현상인데요. 문화 가운데서도 특히 한 사회의 구성원들이 공통으로 지니는 정치에 대한 일정한 성향,[42] 태도, 가치관 등을 '정치문화'라 부릅니다. 알몬드와 버바[43]는 이를 개인의 정향에 따라 '향리형(鄕吏形)', '신민형(臣民形)', '참여형(參與形)'으로 구분했어요. 이때 각 정치문화 유형의 주체는 국민이며, 정책을 결정하는 기구는 행정부입니다.[44]

　향리형이란 부족국가 시대처럼 정치적 역할이 분화되지 않았던 전근대적 사회에 나타나는 정치문화입니다. 정치나 체제 자체에 대한 개념과 인식이 없는 상태죠. 즉, 내가 누구에게 무엇을 요구할지, 어떤 결정을 지지할지, 뭔가

42　줄여서 '정향'이라고도 한다.

43　알몬드(G. A. Almond)와 버바(S. Verba)는 정치문화론의 지평을 개척한 미국의 정치학자들이다.

44　정치문화 유형을 이해하려면 이스턴의 정치체계론을 알고 있어야 한다. 즉, 우리가 정책 결정 기구에 필요한 것을 요구한다던지 지지하는 과정은 투입이고, 투입을 통해 정책 결정 기구가 특정한 정책을 만드는 것은 산출이며, 산출된 정책에 대해 새로운 요구를 한다던지 평가를 내리는 것은 환류임을 이해하고 있어야 할 것이다.

를 수정해달라고 요청할지에 대한 자각이 없는 상태를 말합니다. 그러므로 정부의 시책에 민감하게 반응하지 않을뿐더러 나라의 주인이 나 자신이라는 인식도 없지요. 정치 공동체에 대한 명확한 의식이 없는 만큼 정치 참여에도 소극적입니다.

신민형은 사회 구성원들이 왕의 신하처럼 반응하는 정치문화입니다. 중앙 집권적 권위주의 사회에서 두드러지는 특성이죠. 1970년대 우리나라를 예로 들어볼까요? 그 당시 우리나라 국민에겐 정치 체제에 대한 인식은 있었지만, "내가 국민으로서 정책 결정 기구에 요청하는 것이 가능한가?"에 대한 인식, 즉 정치 주체로서의 인식은 없었습니다. 정부에서 정책을 만들어 "이렇게 하시오!" 하면 "알았어요. 이제부터 그렇게 할게요"라고 신하의 입장에서 반응하는 것이지요.

참여형은 어떨까요? 여러분은 지금 참여형 정치문화가 강한 사회에서 살고 있습니다. 참여형은 민주사회의 대표적인 정치문화입니다. 예를 들어 대학입시정책이 있다고 칩시다. 우리는 국민으로서 현재의 대학등록금 정책 중 잘못되었다고 느끼는 점에 대해 정부에 의견을 전달하거나 이미 결정된 사안이 있다면 수정과 보완을 요청할 수 있어요. 즉 국가의 정책 결정에 능동적으로 참여한다는 뜻입니다.

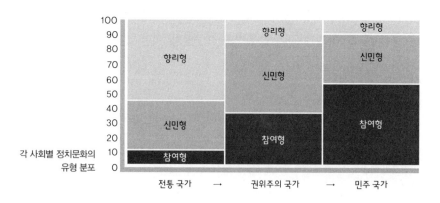

각 사회별 정치문화의 유형 분포

중요한 것은 어느 국가에나 세 가지 정치문화가 혼합하여 존재하며, 그 비율만 시대나 국가, 사회마다 다르다는 점입니다. 그러니까 지금 우리나라를 예로 들자면, 향리형과 신민형, 참여형이 섞여 있는 가운데 향리형보다는 신민형이, 신민형보다는 참여형의 모습이 더욱 뚜렷한 사회라는 것인데요. 즉 권위주의를 벗어나 민주주의적인 사회로 계속 나아가고 있다는 뜻입니다.

또한 정치적 의견의 동질성에 따라 정치문화 유형을 나눌 수도 있습니다. 합의적 정치문화는 정치적 지향점이 같은 사람들이 많이 공존하는 문화인 반면 다극적 정치문화는 정치적 지향점이 반대에 선 사람들이 많이 존재하는 정치문화라 볼 수 있어요. 합의적 정치문화는 국민의 의견 분포가 사회통합에 유리하고, 정책 결정시 여론 수렴이 유리하다는 장점을 지닙니다. 다극적 정치문화는 정책 결정을 둘러싼 대립의 소지가 많고 의식 차이가 커서 극단적인 정치문화가 나타나기 쉽지요.

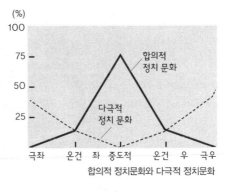

합의적 정치문화와 다극적 정치문화

그렇다면 바람직한 정치문화란 어떤 것일까요? 우선 국민이 부단하게 투입 과정에 참여할 수 있어야 합니다. 정당이나 이익집단 혹은 시민단체 가입, 각종 선거 참여, 언론에 자신의 의견 알리기 등 자신에게 맞는 다양한 방법을 통해 정치에 참여해야 하는데요. 이때 중요한 자세는 바로 관용입니다. 민주주의는 이해와 존중의 정치입니다. 생각이나 이해관계가 다른 집단이 있다고 해도 그들을 이해하고 존중하는 관용의 마음이 없으면 민주정치는 아예 불가능할지도 모르니까요.

헌법으로
지은 나라

하루아침에 자유를 잃고 노예가 된다면 어떨까요? 영화 「노예 12년」은 뉴욕에서 행복하게 살던 음악가 '솔로몬 노섭'이 사기꾼들의 모략에 걸려들어 노예로 팔려가 겪은 이야기를 영상에 담은 것입니다. 노섭은 '플랫'이란 이름으로—자그마치 12년 동안— 농장에서 가혹한 대우를 받으며 살아갑니다. 자신이 '글을 읽을 줄 아는 자유인이었다'는 사실을 밝히려 할수록 그는 더욱 극심한 억압을 받게 되지요. 그러던 어느 날 노섭은 캐나다에서 온 인부의 도움을 얻어 바깥세상으로 편지를 한 통 보내게 되고, 이로써 진실이 밝혀져 마침내 자유를 되찾습니다. 그런데 이 같은 이야기가 영화에만 있는 게 아니에요. 수년 전 우리나라의 전남 신안군에서도 비슷한 사건이 벌어졌습니다. 장애인이나 노숙인 같은 사회적 약자들을 염전에 가둬두고 노예처럼 부리며 착취한 일인데요. 온갖 폭행에 시달리며 인권을 유린당한 침혹한 사건이었습니다. 인간이 또 다른 인간을 매매하거나 누군가를 노예로 부리는 일이 과연 정당화될 수 있을까요? 인간은 누구나 평등하고 자유롭게 살 권리를 갖는다고 헌법에 버젓이 명시되어 있는데, 어째서 이런 일들이 자꾸 벌어지는 걸까요? 법은 정말로 우리의 자유와 권리를 지켜주는 건가요? 민주국가의 효시인 미국의 독립선언문에는 "모든 사람은 평등하게 태어났다"고 적혀 있고, 대한민국 헌법에도 "모든 국민은 법 앞에 평등하다… 모든 국민은 신체의 자유를 가지며… 법률과 적법한 절차에 의하지 아니하고는 처벌·보안처분 또는 강제노역을 받지 아니한다"고 쓰였는데 말입니다. 법의 얼굴은 어떤 걸까요, 우리는 법을 어떻게 이해하고 활용해야 할까요?

법 위의 법, 헌법

집을 제대로 지으려면 가장 먼저 터를 튼튼하게 다져야 합니다. 기초가 없으면 언젠가 무너질 테니까요. 국가도 마찬가지입니다. 어떤 나라든 안정적으로 운영되려면 국가를 구성하는 기본적인 법과 원칙을 건강하게 다져놓아야 합니다. 이런 역할을 하는 법 중에서 가장 근본이 되는 법이 바로 헌법인데요. 교통법규나 근로기준법 같은 법들이 우리의 일상생활을 규제하고 보호해준다면 헌법은 법의 전체적인 질서를 나타낸다고 볼 수 있습니다. 그러니까 '법 위의 법'이라 할 수 있지요. 우리나라에서는 1949년 7월 17일에 '제헌절'¹을 공표함으로써 대한민국 역사 최초로 '헌법에 의한 통치'라는 민주공화정의 이념을 부각했습니다.

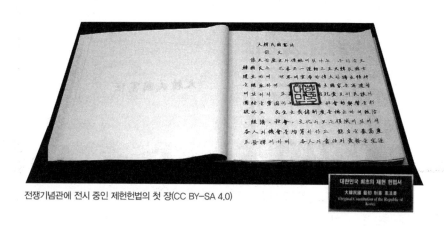

전쟁기념관에 전시 중인 제헌헌법의 첫 장(CC BY-SA 4.0)

---

1 조선왕조 건국일이 7월 17일이어서 과거 역사와의 연속성을 염두에 두고 1948년 7월 17일에 제헌헌법을 공포했다고 한다. 그 후 나라의 최고법인 헌법은 국민이 직접 결정해야 한다는 의견에 따라 제5차 개정 헌법에서부터 국회에서 먼저 의결한 후 국민 투표를 통해 헌법 조항들을 정했다. 지금의 헌법은 1987년에 개정한 제9차 개정 헌법이다.

헌법의 내용과 성격

헌법에는 크게 두 가지 내용이 담겨 있어요. 국가의 통치조직과 통치작용의 원리를 정하는 것, 그리고 국민의 기본권을 보장하는 것입니다. 우리나라 헌법은 전문(前文)과 본문 10장[2] 130조 및 부칙 6조로 구성되어 있어요. 전문은 우리나라 헌법의 기본 정신을 선언하는 것으로 일반 서적의 프롤로그 같은 안내 글입니다. 본문은 나무의 몸통 같은 건데요. 국호와 국가 형태 등 대한민국의 구성과 기본 성격을 규정한 제1장 총강부터 헌법 개정의 절차에 관한 규정을 다룬 제10장까지로 구성되어 있습니다. 그러면 대한민국 헌법 제1조 제1항은 무엇일까요? 예, 맞습니다. 삼척동자도 아는 문장, 바로 "대한민국은 민주공화국이다"죠. 여기서 국가의 공식 명칭과 성격을 규정[3]하고 있답니다.

헌법은 다른 법과 국가기관들의 원칙이 잘 자리 잡을 수 있도록 해줍니다. 예를 들어 대통령의 강력한 권한은 헌법에 의해 주어진 것이며, 마찬가지로 다른 법들 역시 헌법의 원칙 아래 구체화된 것이지요. 집을 지을 때 터가 마음에 든다고 해도 내 소유의 땅 밖에다 기둥을 박을 수 없는 것처럼 국가 운영과 모든 법의 제정은 헌법의 테두리 안에서 이루어집니다. 이처럼 헌법은 다른 법에 대해 판단의 기준이 된다는 점에서 '최상위법'으로 불리기도 합니다. 그렇다면 법의 체계나 단계는 어떻게 구성되는 걸까요?

---

2 제1장 총강은 국호, 국가 형태 등을 비롯한 대한민국의 구성과 기본 성격을 규정하고 있고, 제2장 국민의 권리와 의무에는 기본권과 의무의 종류가 자세히 규정되어 있다. 제3장에는 국회, 제4장에는 정부, 제5장에는 법원, 제6장에는 헌법재판소에 관한 규정들을 두고 있다. 제7장과 제8장에는 선거관리와 지방자치에 관하여 규정하고 있다. 제9장 경제에는 대한민국의 경제 질서에 관한 규정, 그리고 제10장에는 헌법 개정의 절차에 관한 규정이 있다.

3 '대한민국'은 우리나라를 공식적으로 일컫는 이름, 즉 국호이다. 일제강점기에 독립운동을 이끌던 상하이 임시정부가 붙인 공식 명칭을 따른 것으로, '민국'이라는 표현에는 이미 우리나라가 군주국가(곧 왕국)가 아니라 주권이 국민에게 있는 나라라는 뜻이 들어 있다. 즉, 영어 'Republic(공화국 또는 민국)'의 한자식 표현인 셈이다. 따라서 대한민국이라는 이름 안에 이미 민주주의를 지향하는 공화국이라는 의미가 들어 있다고 보아야 한다.

헌법의 개념과 구성

법에도 위아래가 있다

독일의 법학자 켈젠[4]은 "법에는 단계가 있다"고 주장합니다. 이를 '켈젠의 법 단계설'이라 하는데요. 그는 "법은 5단계로 되어 있고, 법에도 하나의 질서가 있으므로 위아래가 존재한다"고 말합니다. 그중 가장 위에 있는 것이 헌법이고, 그 밑으로 법률이 있다는 거지요. 먼저 법률은 국회의 의결을 통해 제정되고, 명령은 행정부에서 만듭니다. 행

빈 대학교에 있는
한스 켈젠의 흉상

정부의 수반인 대통령과 각 부처의 장관, 국무총리 등이 명령을 만들어 내린다고 이해하면 됩니다. 또한 명령 아래엔 조례가 있고, 그 밑에 규칙이 있어요. 조례는 지방의회가 만들고, 규칙은 지방자치단체의 장이 만듭니다.

우리나라 헌법은 국민투표에 의해 최종 확정됩니다. 결론적으로 국민이 제일 위에 서 있다는 뜻이지요. 왜냐고요? 국민이 동의하지 않으면 헌법을 고칠 수 없으니까요. 이것이 바로 국민주권의 원리를 실현하는 아주 중요한 장치가 됩니다.

우리가 꼭 기억해야 할 개념 중에 '상위법 우선의 원칙'이 있습니다. 어떤 특정한 사안에 대해 상위법과 하위법이 충돌하면 상위법을 우선 적용한다는 원리인데요. 헌법에 가까울수록 상위법이 되고 규칙에 가까울수록 하위법이 됩니다. 즉 법률은 헌법을 위반하지 못하고, 명령은 법률을 거역하지 못해요. 국가가 헌법재판소를 두어서 법률이 헌법에 위배되는지의 여부를

헌법의 구조와 단계

4 한스 켈젠(Hans Kelsen, 1881~1973)은 오스트리아계 미국인 법학자이다.

판단하는 이유도 법률이 헌법을 위배할 수 없다는 상위법 우선의 원칙을 준수하기 때문입니다.

다양한 기준에 따라 구분되는 헌법

헌법은 여러 가지 형태로 분류할 수 있습니다. 존재 형태, 제정 주체, 개정 절차 등 다양한 기준이 있는데요. 그중 가장 대표적인 것은 존재 형태에 따른 분류입니다. 즉 성문화된 헌법을 가지고 있는지 아닌지를 기준으로 성문(成文憲法)헌법과 불문헌법(不文憲法)으로 구분하는 거예요. 성문헌법은 '이룰 성(成)'에 '문자 문(文)'을 써서 "문서화하여 법전의 형태를 가지고 있는 헌법"을 이릅니다. 우리나라, 미국, 독일, 프랑스 등 대부분의 국가에서는 성문헌법을 채택하지요. 여러분이 잘 아는 함무라비 법전은 현재 존재하는 가장 오래된 성문화한 법전입니다.

반면 불문헌법은 "문서화한 형태가 아닌 것"을 말합니다. 이것은 여러 가지 법률 또는 문서와 역사를 통해 축적된 헌법의 성격을 가진 관습을 국가의 통치 질서로 삼는 헌법인데요. 영국, 뉴질랜드, 캐나다 같은 일부 국가는 성문헌법이 따로 없어서 다른 법률이나 역사적 문헌 등을 토대로 국민의 기본권을 정하고 있습니다.

함무라비 법전이 새겨진 돌기둥

법 중의 법 헌법의 가치

헌법은 최고 규범입니다. 모든 법률이나 정책이 만들어지는 근거가 된다는 뜻인데요. 상위법 우선의 원칙에서 설명했듯 상위법인 헌법에 어긋나는 하위법 규정들은 효력을 인정받지 못합니다. 하위 법률과 명령은 헌법의 내용을 만족시켜야만 정당하다고 평가할 수 있지요. 헌법은 또한 국회, 사법부, 헌법재판소 같은 조직에 권한을 부여합니다. 즉, 헌법이 존재함으로써 국회의 권한, 대통령의 권한이 비로소 생기는 거예요. 그러니까 헌법에는 한 국가의 통치조직에 일정한 힘을 부여하기 위한 내용이 들어 있는 것입니다. 반대로 생각해보면 "대통령! 너는 헌법에 따라 이런 권한을 가지니까 여기서 벗어나는 일은 하면 안 돼!"라는 뜻이 되겠죠? 권한을 주는 동시에 헌법에 정해진 것 이상으로 권력을 행사할 수 없도록 제한하는 규범으로서의 의의도 가집니다.

지켜줄게, 기본권! 고마워요, 헌법!

「밀리언 달러 베이비」(2004)를 아시나요? 2005년 아카데미 시상식에서 최우수작품상, 감독상, 여우주연상, 남우조연상을 석권한 「밀리언 달러 베이비」는 한 여성의 꿈과 열정을 다룬 드라마인 동시에 인간과의 관계, 그리고 인간됨의 조건에 대해서 깊이 사유하게 해준 영화였는데요. 주인공 매기는 복서의 꿈을 이루고 행복의 절정을 달리던 어느 날 상대편 선수의 반칙으로 전신마비가 됩니다. 하지만 가족들의 관심사는 오직 매기가 벌어놓은 돈뿐이었어요. 그들은 매기가 어떻게 될지 모르니 재산을 양도하라며 억지를 부립니다. 결국 매기는 트레이너이자 최고의 스승이었던 프랭키에게 안락사를 요구해요. 자신이 경험한 행복의 느낌이 사라지기 전에 생을 마감하고 싶어서요. 영화가 끝난 뒤에도 마음이 오래도록 착잡했습니다. 인간에게 과연 자신의 생사를 결정할 권리가 있는지에 대해, 서로를 위하고 인격적으로 대해야 하는 가정이 물질 때문에 무너지는 현상에 대해, 그리고 개인의 행복에 대해 생각하느라고요. 우리 현대인들은 가장 기본적인 것, 지극히 상식적인 가치들을 저버렸기 때문에 외롭고 고단한 존재가 된 게 아닐까요?

나는 인간이다, 고로 권리가 있다

인간의 존엄과 가치, 행복추구권 등을 담고 있는 권리를 '기본권'이라 합니다. '인권[5]'과 비슷한 의미인데요. 인권이 인간이 태어나면서 갖는 자연적 권리라

5 '천부인권'이라는 말에서 알 수 있듯 인권은 우리가 단지 인간이라는 이유만으로 누릴 수 있는 자연적이고 양도 불가능하며 신성불가침한 권리이다.

면, 기본권은 국민으로서 누릴 수 있는 헌법적 권리라 이해할 수 있겠습니다. 헌법 제10조에는 "모든 국민은 인간으로서의 존엄과 가치를 가지며, 행복을 추구할 권리를 가진다. 국가는 개인이 가지는 불가침의 기본적 인권을 확인하고 이를 보장할 의무를 진다"고 규정되어 있는데요. 이는 인간의 존엄과 가치가 헌법이 지향하는 최고의 가치이자 모든 기본권에 적용되는 기본권의 이념이라는 뜻을 천명한 것입니다.

기본권의 전제는 생명권입니다. 한번 생각해봅시다. 앞서 살펴본 「밀리언 달러 베이비」의 매기처럼 회복 가능성을 상실한 사람이 사망 단계에 이르렀을 때 의학적인 연명 치료를 계속 제공하는 게 좋을까요, 환자의 의견을 존중하는 게 옳을까요? 선뜻 답하기 어려운 질문인데요. 이미 오래 전부터 무의미한 연명 치료를 강요하는 것이 오히려 인간의 존엄과 가치를 해한다는 주장이 제기되고 있답니다. 생명권 역시 인간의 존엄성이라는 인간 존재의 근원적인 가치에 부합하는 방식으로 보호되어야 한다는 의견이지요. 물론 생명권은 헌법에 규정된 모든 기본권의 전제이므로 생명과 직결되는 진료 행위를 중단할 것인지의 여부는 극히 제한적으로, 그리고 신중하게 판단해야 할 것입니다.

앞에서 헌법의 기초적인 내용을 이해했으니 이제 우리나라 헌법 제2장에 왜 국민의 권리와 의무를 넣어놓았는지, 그 권리가 얼마큼 소중하고 중요한 것인지 알아보겠습니다.

헌법으로 제도화된 인권, 기본권!

기본권은 말 그대로 '인간으로서 누릴 수 있는 기본적인 권리'라는 뜻입니다. 권리는 어떤 일을 하거나 누릴 수 있는 힘이나 자격으로 쉽게 설명할 수 있지만 기본권은 시대에 따라 본질이 달라졌기 때문에 그리 간단하지 않습니다.

기본권의 '천부인권성(天賦人權性)'이라는 말을 들어보았나요? 천부인권은

"하늘이 인간의 권리를 부여했다"는 뜻입니다. 그러니까 기본권은 국가가 부여했다기보다 인간이 태어날 때부터 갖고 태어나는 권리라는 뜻이에요. 즉 인간은 태어날 때부터 남에게 양도할 수 없는 권리[6]를 가진다는 겁니다. 그런데 처음부터 국가에서 기본권을 보장해준 건 아니었어요. 여기엔 각국 시민들의 피땀 어린 노력이 있었습니다.

먼저 영국으로 가볼게요. 기본권 보장에 대한 최초의 선언은 1215년, 존 왕의 횡포에 대항하여 제정한 대헌장에서 신체의 자유를 보장한 것입니다. 여기엔 "자유인은 적법한 재판 또는 법에 의하지 아니하고는 체포, 구금, 추방되거나 또는 재산을 침해당하거나 권리를 박탈당하지 아니한다"라고 규정되어 있어요. 이는 오늘날 기본권 발달에 영향을 주었다는 점에서 기본권 보호 선언의 효시가 되었습니다. 이를 계승하여 1628년 권리청원,[7] 1679년 인신보호법[8] 등을 통해 신체의 자유 및 양심의 자유, 재산권 등을 규정했지요. 1689년에는 명예혁명의 결과로 권리장전이 선포되었고, 권리장전은 이후 청원권, 언론의 자유 등을 규정하여 기본권 보장을 한 걸음 더 발전시켰습니다. 영국의 이러한 기본권 보장 내용은 미국의 독립선언에 지대한 영향을 미칩니다.

미국으로 가봅시다. 1776년 버지니아 주 권리장전은 생명권, 행복추구권, 자유권, 재산권, 저항권을 규정했는데요. 저항권 보장은 특히 국민주권주의 실현으로 큰 의미를 지닙니다. 1776년 미국독립선언은 자유, 평등, 행복추구

---

6 인간의 자유와 권리는 국가 성립 이전부터 존재하는 것으로서 당연히 국가를 뛰어넘는다. 사회계약설에 따르면 국가는 국민들의 합의 또는 계약에 의해서 만들어지는데 권리는 국가가 만들어지고 난 후 국가가 부여해준 것이 아니다. 우리는 권리를 가지고 태어났고 그 다음에 천부인권의 보장을 위해서 국가가 헌법을 만든 것이기 때문이다.

7 1628년에 영국 의회가 찰스 1세에게 제출하여 승인을 얻은 청원서. 불법적인 체포 및 구금, 의회의 동의 없는 과세 따위를 금지하도록 규정하고 있으며, 청교도 혁명의 직접적인 원인이 되었다.

8 1679년 영국 의회가 찰스 2세의 전제정치에 맞서서, 불법적인 체포와 재판을 금지하고 인권 보장의 확립을 위하여 규정한 법률이다.

1628년의 권리청원

1640년 찰스 1세가 소집한 장기의회는 공공관계 법률안으로서 권리청원을 통과시켰다. 장기의회는 청교도 혁명을 이끈 크롬웰에 의해 1653년에 해산된다.

권 등을 천부인권으로 보장했고, 1791년 수정 헌법에서는 종교의 자유, 언론·출판·집회·결사의 자유, 신체의 자유, 주거의 자유 등 인권 보장 조항을 구체적으로 규정했어요.

　프랑스로 떠나볼게요. 볼테르, 몽테스키외, 루소 등의 계몽주의 철학자들의 영향으로 인권사상이 확산되면서 프랑스혁명이 발생하고, 그 결과 인권보장이 선언됩니다. 1789년 '인간과 시민의 권리선언'은 "인간은 자유롭고 평등한 권리를 지니고 태어나 생존한다. 사회적 차별은 공동의 이익을 위해서만 가능하다"고 말합니다. 인권선언은 자연인으로서 평등권, 신체의 자유, 종교의 자유 등을 규정했고, 특히 소유권을 신성불가침의 권리로 보장했어요. 또한 독일의 바이마르헌법[9]은 사

바이마르헌법 표지

9　1919년 8월 11일에 공포된 독일 공화국의 헌법. 독일 최초로 대통령제를 채택하였으며, 통일적 경향이 강한 연방제 국가 조직과 사회민주주의에 바탕을 둔 기본적 인권에 대하여 규정하고 있다. 1933년 나치스 정권에 의하여 폐지되었으나 현대 헌법에 많은 영향을 끼쳤으며, 근대적 헌법의 전형이 되었다.

| 대헌장
(영국, 1215)

국왕의 과세권
및 체포권 제한 | 권리청원
(영국, 1628)

불법적인
체포 및 구금 등
을 금지 | 권리장전
(영국, 1689)

국왕의 자의적인
과세 금지 | 독립선언서
(미국, 1776)

국민의 천부인권
선언 | 인권선언
(프랑스, 1789)

개인의 자유 및 평등,
사상과 표현의 자유,
재산권의 자유 | 바이마르헌법
(독일, 1919)

복지국가 헌법의
기틀 마련 |

기본권 발달의 역사

회권적 기본권 조항을 처음으로 헌법에 넣어 '복지국가'의 법적 근거를 마련했습니다.

기본권이 시기별로 어떻게 발달했는지 흐름이 보이지요? 주요 국가의 역사를 토대로 차근차근 분석해봅시다.

18세기, 근대 시민혁명이 일어나고 연이어 산업혁명 같은 대대적인 사회 변화가 이루어지던 때엔 '자유권과 평등권'이 강조되었어요. 기본권에 대한 인식이 막 싹트던 때였기에 기본권의 가장 기본적이고 원초적인 가치를 중시한 것입니다. 그런데 문제가 생겨요. 이런 원칙을 주장하던 사람들 대부분이 유산계급(有産階級)[10]들 즉, 부르주아였거든요. 부르주아들은 신분제 철폐를 주장하며 모든 사람의 자유와 평등을 부르짖었습니다. 하지만 이들이 외친 '모든'이라는 개념은 현실 속에서 철저하게 부정당합니다. 재산의 많고 적음을 기준으로 선거권을 부여한데다가 사실상 귀족들이 떠난 자리를 부르주아 계급이 대체하고 있었거든요.

사정이 이렇다 보니 19세기에는 자연스럽게 주된 관심사가 '참정권'으로 이동합니다. 정치에 참여할 수 있는 권리를 재산의 많고 적음으로 제한하는 데 문제를 제기한 거죠. 이 흐름의 주도자는 당시 인구의 대다수를 차지했던 공장 노동자들이었습니다. 그들은 "성인 남자에게는 재산 유무와 상관없이 정

---

10 사회에서 지주·자본가 등 재산이 많은 사회 계급을 이르는 말이다.

치에 참여할 권리가 있다. 이것은 기본적인 인간의 권리다. 그러니 모든 남성에게 참정권을 보장하라"고 외쳤습니다. 예, 이것이 1838년에서 1848년까지 노동자층이 주체가 되어 전개한 영국의 민중운동인 차티스트운동입니다. 차티스트운동을 시발점으로 참정권은 '보통선거'라는 제도를 통해 기본권의 한 영역으로 굳게 자리 잡습니다.

20세기에 들어오면 방향이 살짝 경제적인 영역으로 바뀝니다. 우리가 자주 듣는 '복지국가' 혹은 '사회복지'라는 개념이 '사회권'이라는 용어를 통해 인간의 기본적 권리로 편입되거든요. 한 국가의 모든 국민이 인간답게 생활할 수 있는 권리, 단순한 생계유지를 넘어 모두가 문화적인 욕구까지 충족할 수 있는 행복한 사회… 이런 개념들이 헌법으로 보장되고, 사회보장제도와 복지국가라는 형태로 역사의 전면에 등장하는 거예요.

기본권에는 어떤 것들이 있을까?

종교, 양심, 사상, 출판, 신체, 언론의 자유 등 기본권은 인류 발전의 출발점입니다. 19세기 영국의 자유주의자였던 존 스튜어트 밀[11]은 자유로운 비판과 토론만이 인간의 불완전성을 극복할 수 있는 유일한 출구라고 보았어요. 역으로 말하면 사상의 자유, 출판의 자유, 종교의 자유를 막는 사회는 발전할 수 없다는 뜻이지요. 밀의 주장대로 기본권을 제약했던 수많은 독재정권은 사회를 퇴보시키다가 결국 불행한 종말을 맞습니다. 많은 독재자들은 "기본권이 밥 먹여주냐, 자유가 밥 먹여주냐"면서 독재를 정당화하고 민주주의를 박

---

11 밀(John Stuart Mill, 1806~1873)은 영국의 경제학자·철학자·사회사상가로서 자연주의 경제학 최후의 대표자로 경험주의를 바탕으로 귀납법을 체계화하고 실증적인 사회과학 이론의 확립에 노력했다. 철학, 경제, 정치, 여성문제, 종교, 사회주의 등에 대한 폭넓은 저작 활동을 전개했다. 『경제학 원리』, 『자유론』, 『공리론』, 『자서전』 등의 저서가 있다.

해했어요. 이에 대해 민주주의를 옹호하는 사람들은 "빵만으로는 살 수 없다, 배부른 돼지로 사느니 배고픈 소크라테스로 살겠다"고 외치면서 민주주의와 자유의 소중함을 주장했습니다. 민주주의와 자유는 먹고사는 문제와 별개인 것처럼 보이는데 왜 자유 이야기를 하면서 밥을 들먹이는 걸까요? 이에 대해 인간의 역사는 "자유 혹은 민주주의는 먹고사는 문제와 관계가 매우 깊다"고 대답합니다. 인간의 생산 능력을 획기적으로 발전시킨 16~17세기 과학혁명과 17~18세기 산업혁명은 실제로 인간의 자유로운 사상 덕분에 가능했거든요.

민주주의가 성숙하지 않은 나라 중에 선진국으로 발전한 나라가 어디 한 군데라도 있나요? 프랑

존 스튜어트 밀(위) 프랑스와 영국 상황을 비교하여 풍자한 길레이의 캐리커처 '프랑스의 자유, 영국의 노예'(1792)(아래)

스, 영국, 독일, 미국 등 민주주의가 성숙한 나라들은 세계 경제를 주도하고 있으며 국민의 기본권 보장 역시 소홀히 하지 않습니다. 민주주의 발전과 기본권의 실현은 경제 발전의 전제 조건이라 할 수 있지요. 현재 우리나라가 누리고 있는 21세기 정보화 시대의 풍요로움 역시 1970~1980년대에 있었던 민주화운동을 통한 기본권 쟁취가 있었기에 가능한 것 아닐까요?

헌법에 보장된 국민의 기본권은 '인간의 존엄과 가치 및 행복추구권', '평등권', '자유권', '사회권', '참정권', '청구권'으로 구성되어 있습니다. 대한민국 헌법도 마찬가지입니다. 우선 헌법 전문에는 '불의에 항거한 4·19 민주이념을 계승하고'라는 말을 통해서 간접적으로나마 저항권 사상을 드러냅니다. 헌법 제1조는 "대한민국은 민주공화국이다. 대한민국의 주권은 국민에게 있고 모든 권력은 국민들로부터 나온다"이며, 제9조는 "국가는 전통문화의 계승·발전과 민족 문화의 창달에 노력하여야 한다"입니다. 국민주권주의로 시작해서 문화국가주의로 마무리되는 거죠.

대한민국 헌법 제2장은 국민의 권리와 의무에 대한 조항입니다. 국민의 권리가 헌법 제10조부터 제37조, 의무가 제38조, 제39조에서 다뤄집니다.

헌법 제10조가 인간의 존엄과 가치 및 행복추구권, 제11조는 평등권에 대해 말하고 있고요. 제12조부터 제23조까지가 자유권에 해당하고, 제24조와 제25조는 참정권에 대한 것입니다. 제26조부터 제30조까지는 청구권, 제31조부터 제36조까지가 사회권을 설명하지요.

존중받으며 행복하게 살 권리

헌법에 의해 보장된 기본권의 종류는 다양합니다. 그중 '인간으로서의 존엄과 가치 및 행복추구권'은 모든 기본권의 목적이자 이념이며, 기본권 중의 기본권이라고 할 수 있을 만큼 중요한 원칙이에요. 이에 대해 우리 헌법 제10조는 "모든 국민은 인간으로서의 존엄과 가치를 가지며, 행복을 추구할 권리를 가진다. 국가는 개인이 가지는 불가침의 기본적 인권을 확인하고 이를 보장할 의무를 진다"고 하여 기본권의 대원칙을 명시하고 있습니다. 헌법이 기본권을 보호하고, 법률이 사회를 규율하는 것은 결국 인간으로서의 존엄과 가치를 존중하기 위해서인데요. 각자가 자유로운 의지에 따라 최대한 행복하게 살 수 있도록 법으로 보장하는 겁니다.

행복추구권이란 인간이 안락하고 만족스러운 삶을 추구할 수 있는 권리를 말합니다. 지극히 당연한 거라 굳이 법으로 규정할 필요가 있을까 하는 생각도 드는데요. 역사를 돌이켜보면 이처럼 당연한 권리를 누리지 못했던 시절이 있었답니다. 사실 행복추구권은 근대적인 개념이에요. 자유와 민주, 개인이라는 개념과 함께 더 확실해진 권리니까요. 행복추구권에는 행동의 자유권, 신체 불훼손권, 평화적 생존권, 휴식권, 수면권, 일조권, 스포츠권 등이 있습니다. 자신의 설계에 따라 살아가고, 자기가 추구하는 행복의 개념과 가치에 따라 생활하는 것을 말하죠.

한 가지 기억해야 할 것은 인간으로서의 존엄과 가치 및 행복추구권은 포괄적 권리라는 점입니다. 포괄적 권리란 헌법에 나와 있지 않더라도 보장되는 권리를 말해요.[12] 행복추구권은 추상적인 개념이라 이를 구체화하려면 개별적인 기본권들을 명시해야 합니다.

차별에 저항한다

우리나라의 헌법 제11조 1항은 "모든 국민은 법 앞에 평등하다. 누구든지 성별·종교 또는 사회적 신분에 의하여 정치적·경제적·문화적 생활의 모든 영

---

12 포괄적 권리의 반대말은 열거적 권리인데 헌법에 나와 있어야만 보장되는 권리를 말한다.

역에 있어서 차별을 받지 아니한다"라고 규정함으로써 모든 국민이 법 앞에 평등함을 인정하고 있습니다. 바로 '평등권'에 대한 이야기인데요. 다 같은 인간인 이상 누가 누구를 차별한다는 것은 있을 수 없는 일이잖아요?

이 점을 특히 강조하는 이유는 역사적으로 무수히 많은 차별이 있었고, 앞으로도 그럴 가능성이 있기 때문입니다. 혹시 "여자가 뭘 알아?", "공부 못하면 저 아저씨처럼 돼"라는 말을 들어본 적 있나요? 이런 이야기들이 바로 평등권을 부정하는 차별의 사례입니다. 우리는 누군가를 차별하는 순간 자신도 누군가로부터 부당한 대우를 받을 수 있다는 것을 명심해야 하는데요. 차별은 매우 상대적인 행위이기 때문입니다. 언젠가 경기도의 모 지역을 방문했다가 이주노동자를 돕는 모임에 참여한 어린 학생들이 "외국에선 우리도 이주민"이라 적힌 피켓을 들고 행진하는 걸 보았어요. "다른 것은 틀린 게 아니다"는 의식의 전환이 우리 모두에게 필요합니다.

평등권에서 중요한 포인트는 법 앞의 평등이 과연 모든 사람을 다 똑같이 대하는가 하는 것입니다. 헌법 제11조가 규정하는 평등이란 모든 사람에게 평등한 양을 부여하는 절대적 평등이라기보다 정당하고 합리적인 이유가 있는 경우에는 차별을 허용하는 상대적 평등을 의미한다고 봐야 해요. 이는 즉 국가에 대해 합리적 이유 없이 불평등한 대우를 받지 않는다는 것으로, 합리적인 차별이 가능하다는 뜻입니다. 그렇다면 어떠한 경우를 합리적인 차별로 볼 수 있을까요? 노동관계에서 여성이나 연소자를 더 우대하는 정책을 마련하는 것, 지하철에 면적이 훨

"우리 모두는 법 앞에서 평등해요!"

썬 넓은 장애인 화장실을 설치하는 것, 주차시설에 장애인 우선 주차구역을 마련하는 것 등이 합리적 차별이자 평등권을 보장해주는 장치들입니다.

우리에겐 자유할 권리가 있다

'자유권'은 개인이 국가 권력의 간섭이나 침해를 받지 않을 권리로서 '국가로부터의 자유'를 추구하는 소극적이고 방어적인 권리입니다. 천부인권성이 강해 국가가 우선적으로 보장해야 하는 권리죠. 역사적으로 절대군주에 대항하여 최초로 획득한 권리가 자유권이라는 사실이 이를 입증합니다.

우리나라 헌법에서는 신체의 자유, 정신적 자유, 사회·경제적 자유 등을 규정하고 있는데요. 물론 이런 종류의 자유만 보장되는 건 아닙니다. 헌법 제37조 1항에 "국민의 자유와 권리는 헌법에 열거되지 아니한 이유로 경시되지 아니한다"라 규정되어 있듯이 기본권의 보장 범위는 포괄적이거든요. 즉 자유권도 인간의 존엄과 가치 및 행복추구권과 더불어 포괄적 권리에 해당한다는 뜻입니다.

◉ 신체의 자유

신체의 자유란 "자신의 신체가 외부의 물리적 힘이나 정신적 위협으로부터 침해당하지 아니하며, 자신의 뜻대로 자기 몸을 다스릴 수 있는 자유"를 말합니다. 헌법에서는 이러한 신체의 자유를 실질적으로 보호하기 위해 '죄형 법정주의와 적법 절차의 원리', '고문의 금지와 묵비권', '영장 제도', '변호인의 조력을 받을 권리', '체포·구속의 이유와 변호인의 조력을 받을 권리를 통지받을 권리', '구속 적부 심사제', '자백의 증거 능력과 증명력의 제한', '형벌 불소급의 원칙과 일사부재리 원칙', '연좌제 금지' 등 세부적 규정을 두고 있어요. 각 조항들을 살펴볼까요?

제12조 1항은 "모든 국민은 신체의 자유를 가진다. 누구든지 법률에 의하지 아니하고는 체포, 구속, 압수, 수색 또는 심문을 받지 아니하며, 법률과 적법한 절차에 의하지 아니하고는 처벌, 보안 처분, 또는 강제 노역을 받지 아니한다" 입니다. 이는 죄형 법정주의와 적법 절차의 원리에 해당합니다. 어떠한 행위가 범죄이며 얼마나 형벌을 받을 것인가는 법률을 통해서만 결정할 수 있다는 것이 죄형 법정주의예요. 또한, 범죄라고 규정하고 형벌을 부과하는 과정은 적법한 절차에 의해서만 이루어져야 한다는 게 적법절차의 원리입니다.

제12조 2항은 "모든 국민은 고문을 받지 아니하며, 형사상 자기에게 불리한 진술을 강요당하지 아니한다"인데요. 인권 존중 차원에서 범죄자라 할지라도 고문을 가하지 못하도록 규정한 조항입니다. 또한 형사상 자기에게 불리한 진술을 강요당하지 않을 권리인 '묵비권(黙秘權)'도 인정하고 있어요. 드라마에서 형사들이 용의자를 체포할 때 "…묵비권을 행사할 권리가 있고…"라고 말하는 것, 많이 보셨지요?

제12조 3항은 "체포·구속·압수 또는 수색을 할 때에는 적법한 절차에 따라 검사의 신청에 의하여 법관이 발부한 영장을 제시하여야 한다. 다만, 현행범인인 경우와 장기 3년 이상의 형에 해당하는 죄를 범하고 도피 또는 증거 인멸의 우려가 있을 때에는 사후에 영장을 청구할 수 있다"입니다. 수사기관의 자의적인 수사로 인권이 침해될 우려가 있기 때문에 체포, 구속, 압수, 수색은 반드시 영장이 있어야 가능하도록 규정하고 있어요. 역시 TV 드라마에 자주 나오는 장면인데요. 경찰이 살인 혐의가 있는 피의자를 체포하려 들면 꼭 "영장 가지고 왔습니까?" 하고 되묻잖아요. 그런데 이때, 헌법 조항에 나와 있듯이, 특수한 상황에서는 예외를 허용합니다.

제12조 4항은 "누구든지 체포 또는 구속을 당한 때에는 즉시 변호인의 조력을 받을 권리를 가진다. 다만, 형사 피고인이 스스로 변호인을 구할 수 없

을 때에는 법률이 정하는 바에 의하여 국가가 변호인을 붙인다"예요. 전문적인 법률 지식이 없는 대부분의 시민들은 자신에게 불리한 처분을 받지 않도록 변호인에게 도움을 의뢰할 수 있고, 변호인을 고용할 비용이 없는 이는 국선 변호인의 조력을 받을 수 있습니다.

제12조 5항은 "누구든지 체포 또는 구속의 이유와 변호인의 조력을 받을 권리가 있음을 고지 받지 아니하고는 체포 또는 구속을 당하지 아니한다. 체포 또는 구속을 당한 자의 가족 등 법률이 정하는 자에게는 그 이유와 일시, 장소가 지체 없이 통지되어야 한다"입니다. 경찰이나 검찰이 범죄 용의자를 연행할 때 그 이유와 변호인의 도움을 받을 수 있는 권리, 진술을 거부할 수 있는 권리(묵비권) 등이 있음을 미리 알려주어야 한다는 '미란다 원칙'[13]의 내용이죠.

미국의 국경 순찰 요원이 용의자에게 미란다 원칙을 읽어주고 있다.

---

13 수사기관이 수사과정에서 피의자가 갖는 권리를 알려주어야 한다는 원칙이다. 피의자는 변호사를 선임할 권리가 있으며, 묵비권을 행사할 수 있고, 모든 발언이 법정에서 불리하게 작용할 수 있다는 것을 충분히 고지 받아야 한다. 이것이 충분히 고지되지 않은 상태에서 이루어진 자백은 어떠한것이든 법정에서 증거로 채택되지 않는다.

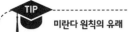
제12조 6항은 "누구든지 체포 또는 구속을 당한 때에는 적부의 심사를 법원에 청구할 권리를 가진다"인데요. 구속을 당한 사람이 구속의 적절성 여부를 가려달라고 법원에 청구할 수 있는 권리입니다. 이는 수사기관의 그릇된 수사로 인해 신체의 자유가 침해되었다고 생각될 때에 이를 구제하기 위하여 행사할 수 있는 권리죠. 구속이 적법하지 않으면 법관이 직권으로 구속된 피의자를 석방하여 피의자의 인권을 보호합니다.

제12조 7항은 "피고인의 자백이 고문, 폭행, 협박, 구속의 부당한 장기화 또는 기망, 기타의 방법에 의하여 자의로 진술된 것이 아니라고 인정될 때 또는 정식 재판에 있어서 피고인의 자백이 그에게 불리한 유일한 증거일 때는 이를 유죄의 증거로 삼거나 이를 이유로 처벌할 수 없다"입니다. 자백이 피고인의 분명한 의지로 나온 것이 아니거나, 피고인이 유죄라고 추정될 증거가 자백 이외에는 없을 경우 자백은 증거 능력과 증명력을 상실하게 됩니다. 예를 들어 피고인의 살인을 현장에서 본 사람도 없고, CCTV도 없고, DNA를 발견할 수 있는 증거가 아무것도 없는 상황인데 피고인이 자기가 죽였다고 말하는 자백만 있다면 이것을 증거로서 인정하지 않겠다는 것입니다.

제13조 1항 "모든 국민은 행위시의 법률에 의하여 범죄를 구성하지 아니하는 행위로 소추되지 아니하며,[14] 동일한 범죄에 대하여 거듭 처벌받지 아니한

---

14 내가 어떤 행위를 할 당시에 존재하는 법률로만 처벌을 받을 수 있다는 뜻이다. 어떤 행위를 할 때는 법이 없었다가 나중에 법을 만들어서 과거의 행위에 적용시키는 것. 즉 소급하지 말라는 뜻이다.

다"와 2항 "모든 국민은 소급 입법에 의하여 참정권의 제한을 받거나 재산권을 박탈당하지 아니한다"를 봅시다. 1, 2항은 어떤 사건에 대하여 일단 판결이 내려지고 그것이 확정되면 그 사건을 다시 소송으로 심리, 재판하지 않는다는 '일사부재리의 원칙'과 모든 법률은 당사자가 어떤 행위를 할 당시의 법률을 적용하고, 나중에 새로 만든 법률을 적용하여 형벌을 부과해서는 안 된다는 '형벌 불소급의 원칙'에 대한 설명입니다.

제13조 3항은 "모든 국민은 자기의 행위가 아닌 친족의 행위로 인하여 불이익한 처우를 받지 아니한다"인데요. 연좌제를 금지한 조항입니다. 말 그대로 자기의 행위가 아닌 친족 등 타인의 행위로 불리한 처우를 받지 않도록 하는 것입니다. 연좌제는 한 사람의 죄에 대하여 특정 범위의 사람이 연대책임을 지고 처벌되는 제도로 전근대 사회의 왕조국가에서 주로 시행되었죠.[15]

● 정신적 자유

헌법에서 규정하고 있는 정신적 자유에는 '양심의 자유', '종교의 자유', '언론·출판의 자유', '집회·결사의 자유', '학문과 예술의 자유' 등이 있습니다. 헌법 조항을 한번 살펴볼까요?

제19조는 "모든 국민은 양심의 자유를 가진다"입니다. 양심의 자유란 개인이 형성한 양심이나 사상을 외부에 발표하도록 강제당하지 않거나, 개인의 사상 및 양심에 반하여 어떤 행위를 강제당하지 아니할 자유를 말해요. '사상의 자유'는 우리 헌법에는 규정되어 있지 않은데, 이는 양심의 자유가 사상

---

15 대역죄나 국가에 대한 반역 행위, 정부나 왕, 귀족 등에 도전한 자들을 대부분 연좌제로 사형에 처했는데, 그 죄를 본인의 부모, 형제, 사촌, 육촌, 팔촌에까지 전가해 연결시키기도 했다. 심한 경우 범죄자와 가깝게 지낸 친지와 동리 주민들에게도 연좌제가 적용되었다. 연좌제가 시행되면서 보통 가까운 근친들을 함께 처벌했는데 그때 쓰였던 용어인 삼족(三族)이란 본인의 친가, 외가, 혹은 배우자의 집안을 가리킨다. 범죄자의 일족에게도 죄를 연결시켜 사형 내지 당사자에 준하는 처벌을 내렸다.

의 자유까지 포괄한다고 보기 때문입니다.

제20조 1항은 "모든 국민은 종교의 자유를 가진다"인데요. 종교의 자유는 자기가 원하는 종교를 자기가 원하는 방법으로 신앙할 자유를 뜻합니다. 신앙의 자유, 종교의 선전, 종교의식 등 종교 행위의 자유, 종교단체 결성, 집회의 자유 등을 포함하는 개념이에요. 또 제20조 2항에서 "국교는 인정되지 아니하며, 종교와 정치는 분리된다"라고 규정하고 있어, 국교를 인정함으로써 종교의 자유가 침해되는 일을 미연에 방지하고 있습니다.

제21조 1항은 "모든 국민은 언론·출판의 자유와 집회·결사의 자유를 가진다"예요. 먼저 언론·출판의 자유를 봅시다. 이것은 자기의 사상이나 지식을 언어나 문자 등으로 외부에 표현하는 자유를 의미합니다. 양심의 자유 등이 인간 내면과 관련된다면, 언론·출판의 자유는 이를 밖으로 표현하는 자유를 말하지요. 둘은 결국 동전의 양면 같은 관계라 할 수 있어요. 이러한 언론·출판의 자유는 개인이 자유롭게 인격을 발전시킬 수 있도록 하고 인간의 존엄과 가치를 유지하며 민주국가에서 국민 여론을 형성하게 하는 기본적인 제도라고 평가되죠. 언론·출판의 자유는 민주주의 사회에서는 없어서는 안 될 권리이지만, 잘못 행사됐을 때에는 타인의 명예나 권리, 공중도덕, 사회윤리에 피해를 줄 수도 있기 때문에 특히 유의해야 합니다. 한편 집회·결사의 자유는 공동의 목적을 가진 다수인이 자발적으로 모임을 가지거나, 계속적으로 단체를 조직하여 집단적인 의사 표현을 하는 것을 말해요. 여기엔 언론·출판의 자유와 공통점이 있습니다. 민주정치의 바탕이 되는 건전한 여론 형성의 수단이 되고, 표현의 자유에 속한다는 점인데요. 표현의 자유라 하여 꼭 외부로 소리를 내야 하는 것은 아닙니다. 글을 쓰거나 토론하지 않아도, 길에서 구호를 외치지 않아도 문자, 그림, 형상 등 다양한 상징을 통해 자신의 의견을 자유롭게 표현할 수 있으니까요.

제21조 2항에서는 "언론·출판에 대한 허가나 검열과 집회·결사에 대한 허가는 인정되지 아니한다"라고 규정하여 이 같은 자유들이 자의적으로 제한되는 것을 방지합니다. 물론, 표현의 자유에도 분명한 한계가 있습니다. 자신이 표현의 자유를 누리는 것이 다른 사람에게 큰 피해를 주는 경우엔 표현의 자유가 제한되어야겠죠? 또한 학문과 예술의 자유[16]란 국가 권력으로부터 학문·예술에 대한 불법이나 부당한 제한 또는 간섭을 받지 아니할 국민의 기본권을 말합니다.

◉ 사회·경제적 자유

사회·경제적 자유에는 '거주·이전의 자유', '직업 선택의 자유', '주거의 자유', '사생활의 비밀과 자유', '통신의 자유', '재산권의 자유' 등이 있습니다. 헌법 조항을 같이 볼게요.

제14조는 "모든 국민은 거주·이전의 자유를 가진다"입니다. 인간은 누구나 자기가 원하는 곳에 거처를 정하고, 마음대로 이전할 수 있다는 뜻인데요. 구체적으로 대한민국 영토 안에서 자유롭게 주소를 정하고 이사할 자유, 관광의 자유, 해외이주의 자유(국경 변경의 자유), 해외여행의 자유 등을 포함합니다.

> **TIP**
> 거주·이전의 자유는 근대사회로 넘어오면서 정착된 기본권이다. 전근대 사회에서는 대부분의 사람이 농업에 종사했는데, 이때 농업은 백성들의 삶은 물론이고 국가 재정의 기초가 되었으므로 국가는 세금의 원천인 농업을 엄격하게 감시했다. 가장 효과적인 감시 방법은 농민들을 한 곳에 정착하도록 강제하는 것이었다. 다른 곳으로 이사 가면 그만큼 세금이 줄어들었기 때문이다. 따라서 봉건시대에는 거주·이전의 자유가 절대 인정되지 않았다.

제15조는 "모든 국민은 직업 선택의 자유를 가진다"인데요. 우리가 여전히

---

16 학문의 자유에는 학문 연구의 자유, 연구 발표의 자유가 있고, 예술의 자유에는 미(美) 추구의 자유, 예술 창작의 자유, 예술 표현의 자유, 예술적 단체 결성의 자유가 있다.

한 곳에서만 살아야 했다면 직업 선택의 자유도 없을지 모릅니다. 거주·이전의 자유가 직업 선택의 자유와 긴밀히 연결되는 이유지요. 직업 선택의 자유란 자기 뜻대로 직업을 선택해서 영위하거나 바꿀 수 있는 자유를 말해요. 하지만 아무리 자기가 원하는 직업이 있다 해도 그것을 수행하는 데 필요한 전문성이 부족하다면 곤란하겠지요? 따라서 국가에서는 특정 직업 선택에 있어 일정한 제한을 둡니다. 이를 테면 법조인이나 의료인에겐 국가시험을 통과해야만 일할 수 있는 자격을 주지요.

제16조는 "모든 국민은 주거의 자유를 침해받지 아니한다. 주거에 대한 압수나 수색을 할 때에는 검사의 신청에 의하여 법관이 발부한 영장을 제시하여야 한다"입니다. 이는 자신의 주거를 공권력이나 제3자로부터 침해당하지 않을 권리를 의미하는데요. 여기서 주거란 거주하기 위하여 사용하고 있는 공간적 생활 영역으로서 회사, 사무실, 연구실 등을 포함합니다.

제17조는 "모든 국민은 사생활의 비밀과 자유를 침해받지 아니한다"입니다. 요즘처럼 기술이 고도로 발달한 시대에 더욱 중요시되는 권리인데요. 사생활의 비밀이란 개인의 사적인 생활 내용을 부당히 공개당하지 않을 권리를 의미하고, 사생활의 자유란 사생활의 자유로운 형성과 전개를 방해받지 않을 권리를 의미합니다. 구체적으로 사생활의 비밀과 자유가 보호하는 것은 개인의 내밀한 내용의 비밀을 유지할 권리, 개인이 자신의 사생활의 불가침을 보장받을 수 있는 권리, 개인의 양심영역이나 성적영역과 같은 내밀한 영역에 대한 보호, 인격적인 감정세계를 존중 받을 권리, 정신적인 내면생활이 침해당하지 않을 권리 등입니다.

제18조는 "모든 국민은 통신의 비밀을 침해받지 아니한다"입니다. 통신 역시 개인의 사생활 영역에서 중요한 부분을 차지하지요. 통신의 자유는 개인이 그들의 의사나 정보를 자유롭게 전달·교환하며, 그 내용이 본인의 의사에 반하

여 공개되지 않을 권리를 뜻합니다. 통신 업무에 종사하는 공무원이나 여타 직업인이 업무 중 알게 된 정보를 남에게 알리는 것, 타인의 통신 내용을 정보활동에 제공하는 행위 등은 당연히 금지 사항이죠. 최근 도청이나 감청에 관련된 사건이 언론에 보도되면서 통신의 자유에 대한 관심도 높아지고 있습니다.

제23조는 "모든 국민의 재산권은 보장된다. 그 내용과 한계는 법률로 정한다" 인데요. 경제생활 영역에서의 자유로 먼저 재산권의 자유를 들 수 있습니다. 이는 사유재산제도 아래에서 개인의 재산을 원하는 분야에 원하는 양만큼 사용할 수 있는 자유를 의미해요. 그러나 이러한 자유가 무제한적으로 허용되는 것은 아닙니다. 제23조 2항에서는 "재산권의 행사는 공공복리에 적합하도록 하여야 한다"라 규정하여 경우에 따라 재산권을 제한할 수 있음을 밝히고 있지요. 또한 제23조 3항엔 "공공의 필요에 의한 재산권의 수용·사용 또는 제한 및 그에 대한 보상은 법률로써 하되, 정당한 보상을 지급하여야 한다"라는 규정이 있는데, 이는 공공복리와 사유재산제도를 조화시키기 위한 것입니다.

정책 결정에 참여할 권리

인권을 보장 받으려면 권력을 민주적으로 통제해야 합니다. 우리 헌법은 국민을 나라의 주인이라 천명한 국민주권주의를 채택하고 있어요. 하지만 국민 모두가 나서서 나라를 다스린다는 건 불가능한 일이므로 행정부와 입법부의 대표를 뽑아 나라를 통치하게 합니다. 이를 대의민주주의라 하죠. 한편 국민들은 자신의 권한을 국가에 위임한 만큼 끊임없이 권력을 감시하고 견제해야 하는데요. 국가기관의 형성과 국가의 정치적 의사 형성 과정에 능동적으로 참여하는 것은 곧 국민의 권리이기도 합니다. 이를 '참정권'[17]이라 해요. 참

---

17 참정권=정치권=정치적 기본권

정권은 민주국가에서 국민이 나라의 주인이라는 사실을 가장 잘 나타내주는 권리입니다. 참정권에는 '선거권', '공무담임권', '국민투표권' 등이 있는데, 헌법 조항을 따라 각 내용을 살펴볼게요.

투표는 국민의 권리다.

제24조는 "모든 국민은 법률이 정하는 바에 의하여 선거권을 가진다"고 되어 있습니다. 선거는 국민이 정치에 참여하는 가장 기본적인 형태인데요. 이를 통해 국민은 대표자를 뽑고, 대의민주주의를 실현할 수 있습니다. 선거권은 국가기관의 구성원을 선출할 수 있는 권리예요. 학급 임원이나 전교학생회 임원을 선출할 때도 선거를 통해 회장, 부회장(또는 반장, 부반장)을 선출하잖아요? 선거권을 가진 학생은 후보 학생들의 선거 유세와 정책을 비교하면서 내 의견을 적극적으로 반영해줄 수 있는 후보에게 소중한 한 표를 행사하고요. 헌법에서 말하는 선거권도 비슷합니다. 다만 대표자 선출이 학교보다 훨씬 크고 중요한 국가 운영에 관한 일이다 보니 공직 선거법에서 선거 연령을 만 19세 이상으로 정하고 있는 것이죠.

제25조는 "모든 국민은 법률이 정하는 바에 의하여 공무담임권을 가진다"입니다. 공무담임권은 각종 선거에 입후보하여 당선될 수 있는 피선거권과 공직에 임명될 수 있는 공직 취임권을 포함한 개념이에요. 즉 공무담임권을 가진 국민은 공무원 시험을 통과하거나, 선거에 뽑히는 등의 경로를 거쳐 공무원이 될 수 있습니다. 이때 공무원은 행정부나 지방자치단체 소속 공무원만 가리키는 게 아니라, 국회의원, 사법부의 판사 등을 포함하는 넓은 의미입니다. 공직 선거법에서는 국회의원, 지방의회의원, 지방자치단체장의 피선거권

은 대한민국 국민으로서 25세 이상이어야 한다고 규정하며, 대통령 피선거권은 선거일 현재 40세 이상이어야 한다고 정하고 있어요. 피선거권의 연령 제한은 국가 업무를 합리적으로 처리할 수 있는 능력이 갖춰졌다고 보는 최소한의 객관적 기준입니다. 따라서 형사 처분을 받은 경우, 연령에 미달되거나 외국인인 경우엔 피선거권을 갖지 못합니다.[18]

제72조는 "대통령은 필요하다고 인정할 때에는 외교·국방·통일, 기타 국가안위에 대한 중요 정책을 국민투표에 부칠 수 있다"는 내용입니다. 직접민주주의적인 참정권으로 국민투표권이 있는데요. 이는 국회의원 같은 대표자를 통하지 않고 국민이 투표에 참여하여 직접 정책 결정에 참여할 수 있는 권리입니다. 헌법을 개정할 때는 물론이고, 외교·국방·통일 등 국가안위에 관한 중요 정책도 국민투표에 부칠 수 있지요.

나는 국민이다, 그러므로 요구한다

조선시대의 신문고는 백성이 억울한 일을 당하거나 나라에 할 말이 있을 때 두드리라고 설치한 북입니다. 비록 원래 의도와 달리 일반 백성에게는 혜택이 별로 돌아가지 못했지만, 백성의 목소리를 듣고자 했던 시도만큼은 높이 평가할 수 있는데요. 과거 봉건사회에서는 왕이 백성보다 월등한 신분이었으므로 왕이 백성의 어려움을 살피는 데엔 시혜의 성격이 강했습니다. 그러나 근대 시민계급이 부상함에 따라 계급에 따른 신분이 철폐되고, 다양한 혁명을 거쳐 시민의 민주의식이 성장하면서 국민주권주의가 확립되자 국민의 고충을 살피는 것 역시 국가의 시혜가 아닌 국민의 정당한 요구사항이 되었지요.

---

18 참정권은 국민에게 주는 권리이므로 외국인에게는 주어지지 않는다. 따라서 참정권은 천부인권이 아니라 국가 내적인 권리이다. 반면 자유권과 평등권은 천부인권이자 초국가적 권리이다. 대한민국 국민만 자유롭고 평등한 게 아니라 미국 사람도 저 멀리 아프리카 주민들도 자유롭고 평등하기 때문이다.

'청구권'은 이처럼 국민이 국가에 대해 일정한 행위를 청구할 수 있는 권리를 말합니다. '일정한 행위'란 국민의 기본권을 보호하기 위해 국가가 당연히 해야 할 일들을 말하므로 청구권을 '기본권을 위한 기본권', '기본권 보장을 위한 기본권'이라 표현하기도 해요. 그러니까 청구권은 적극적이고, 수단적인 성격의 기본권입니다. 그 자체로서 목적이 아니라 수단으로 쓰이는 것이지요. 만약 우리가 자유권을 침해당했으면 청구권을 통해 자유권을 더 크게 보장받을 수 있고, 평등권을 침해당하면 청구권으로서 더 크게 보장받을 수 있습니다. 즉 앞에서 언급한 여러 기본권을 실현하기 위한 행동을 국가에게 요구할 수 있는 가장 기본적인 권리입니다. 청구권은 헌법 제26조부터 제30조까지 나오는데요. '청원권', '재판 청구권', '형사 보상 청구권', '국가 배상 청구권', '범죄 피해자 구조 청구권'이 있답니다. 조항들을 한번 살펴볼까요?

나의 목소리를 들어줘!

제26조 1항은 '청원권'으로서 "모든 국민은 법률이 정하는 바에 의하여 국가기관에 문서로 청원할 권리를 가진다"는 내용을 담고 있습니다. 이는 국민이 국가기관에 의견이나 희망을 전할 수 있는 권리, 즉 국민이 공공기관의 권한에 속하는 사항에 대해 국가를 대상으로 여러 가지 의견 등을 문서로 전달하면 국가는 그 의견을 받아서 성실하고 신속하게 심사해야 한다는 뜻이랍니다. 또한 국가는 그 결과를 청원인에게 통지할 의무를 가지고요. 여러분, 입법 청원이란 말을 들어보셨나요? 우리나라는 국회에서 법률을 만드는데요. 학생을 포함하여 국민 모두는 자신이 원하는 법률을 만들도록 국회에 청원할 수 있습니다. 지금도 많은 사람들이 자신의 이해가 반영된 법을 만들기

위해 청원하고 있지요. 그런데 신청된 청원들이 전부 받아들여진다면 어떻게 될까요? 지켜야 할 법이 너무 많아지거나 법이 자주 바뀌어 혼란스러워질 테죠? 그래서 국회가 있는 것입니다. 전문성을 가지고 신중히 판단하려고요.

제27조 1항은 "모든 국민은 헌법과 법률이 정한 법관에 의하여 법률에 의한 재판을 받을 권리를 가진다"입니다. 옛말에 "재판 좋아하면 집안 망한다"는 말이 있어요. 누가 "법대로 하자"고 하면 왠지 꽉 막힌 사람 취급을 당하기도 합니다. 예전에 우리나라 사람들은 법과 원칙을 따져 행동하기보다 '좋게 좋게' 웬만하면 서로 한 발씩 물러서서 적당히 해결하는 것을 선호했는데요. 이웃과 사이좋게 지내는 데엔 이런 태도가 유리할지도 모르지만 내 권리를 침해당했을 때엔 바람직한 해결 방법이 아니겠지요? 그래서 최근에는 내 권리를 침해당했을 때 재판이라는 적절한 수단을 통해 이를 바로잡는 경우가 많아졌습니다. 이처럼 재판은 기본권 보장을 위한 실질적 수단이며, 국민은 누구나 재판을 통해 자신의 정당한 권리를 보장받을 권리가 있어요. 이를 '재판 청구권'이라 합니다.

제28조는 "형사 피의자 또는 형사 피고인으로서 구금되었던 자가 법률이 정하는 불기소 처분을 받거나 무죄 판결을 받은 때에는 법률이 정하는 바에 의하여 국가에 정당한 보상을 청구할 수 있다"는 내용입니다. 이것은 형사 피의자[19] 또는 형사 피고인[20]으로서 구금되었다가 불기소 처분을 받거나 무죄 판결을 받은 경우 그 손실의 보상을 국가에 청구할 수 있는 권리입니다. 형사 피의자란 수사기관에 의해 수사를 받고 있는 사람을 말하는데요. 이때 검사가 "이 사람은 범죄 혐의가 없으니 풀어주세요"라고 한다면 '불기소 처분'이 됩니다. 반면 범죄 혐의가 인정되어 검사가 공소 제기(기소)를 해서 재판에 들

---

19 형법상 죄를 범했다고 의심받는 자.
20 형법상 죄를 범했다고 검사에 의해 기소된 자.

어가면 피의자는 피고인이 되지요. 그런데 재판이 계속 진행되어 대법원까지 갔는데 최종 판결이 "이 사람은 유죄라고 인정할 만한 증거가 불충분하므로 무죄를 선언한다"는 판결이 내려지면 피고인은 풀려납니다. 이렇게 형사 피의자가 불기소 처분을 받거나 형사 피고인이 무죄 판결을 받게 되었을 때, 이들은 붙잡혀 있었던 날들에 대한 보상을 국가에 요구할 수 있는데요. 이 권리를 '형사 보상 청구권'이라 합니다.

제29조 1항은 "공무원의 직무상 불법행위로 손해를 받은 국민은 법률이 정하는 바에 의하여 국가 또는 공공단체에 정당한 배상을 청구할 수 있다. 이 경우 공무원 자신의 책임은 면책되지 아니한다"입니다. 바로 '국가 배상 청구권'을 말하지요. 이것은 국가가 국민에게 불법으로 손해를 끼쳤을 때 국민이 국가를 상대로 배상을 청구할 수 있는 권리입니다. 개인이 개인에게 손해를 입힐 경우에도 당연히 손해 배상을 하잖아요? 마찬가지로 공무원이 잘못했든지, 국가가 설치하고 관리해야 할 시설물이 잘못되어 그것 때문에 손해가 발생하면 당연히 국가가 책임져야 합니다. 구체적인 예를 들어볼게요. 국가기관의 시설을 운영하는 공무원이 시설 내 폐기물을 잘못 다루어 주변 환경을 오염시켰다면, 피해를 입은 주민들은 국가를 상대로 손해 배상을 요구할 수 있습니다.

제30조는 "타인의 범죄행위로 인하여 생명·신체에 대한 피해를 받은 국민은 법률이 정하는 바에 의하여 국가로부터 구조를 받을 수 있다"인데요. 이 조항을 '범죄 피해자 구조 청구권'이라 합니다. 국민에겐 누구나 국가의 보호를 받으며 안전하게 살 권리가 있어요. 만약 국민이 범죄에 노출되었다면 예방하지 못한 국가에도 책임이 있습니다. 그래서 헌법에서 범죄 피해자 구조 청구권을 보장하는 건데요. 어떤 회사원이 길을 가다가 강도를 만나 칼에 찔려 큰 부상을 입고 의식 불명 상태에 빠졌다고 합시다. 그 회사원은 가

족의 생계를 책임지는 가장이에요. 그런데 강도는 도주하여 잡히지 않았습니다. 이 사건으로 회사원의 가족은 생계에 큰 곤란을 겪게 되었어요. 이때 그 가족의 최소한의 생계는 누가 책임져야 할까요? 그렇죠. 국가가 책임져야 합니다. 이런 경우 회사원의 가족은 범죄 피해자 구조 청구권에 의해 국가에게 구조를 요청할 수 있어요. 하지만, 피해자와 가해자 간에 친족관계가 있다든지, 범죄 피해의 발생에 관하여 피해자에게 책임져야 할 사유가 있다든지, 사회 통념상 구조금을 지급하지 않는 것이 적절하다고 인정된다든지 하는 경우엔 국가가 구조금의 전부 또는 일부를 지급하지 않을 수 있습니다.

적극적으로, 능동적으로 권리를 주장하라

18세기가 인간의 자유를 위해 투쟁했던 시기라면, 19~20세기는 국민의 정치적 권리와 인간답게 살 권리를 위해 노력하던 시기였어요. 자유권이 국가권력으로부터 벗어난 자유(국가로부터의 자유)를 추구하는 소극적인 권리라면, 참정권은 국가에의 자유, 사회권은 국가에 의한 자유를 추구하는 적극적이고 능동적인 권리입니다. 즉 '사회권'은 최소한의 인간다운 생활을 보장받고 실질적 평등을 누릴 수 있는 권리를 말해요.[21]

"권리 위에서 잠자는 자의 인권은 보호받지 못한다"는 말이 있습니다. '권리 위에서 잠자는 자'란 자신의 권리를 지키겠다는 인식과 실천 없이 수동적이고 무관심하게 사는 사람을 뜻하는데요. 내 손으로 얻은 권리를 주장하려면 먼저 우리의 권리가 무엇인지 확실히 알고 이를 지켜나가야겠죠?

---

21 사회권은 열거적 권리라고 부른다. 다른 말로 개별적 권리라고도 한다. 이 말의 반대말은 인간의 존엄과 가치 및 행복추구권에서 살펴본 포괄적 권리이다. 즉 인간의 존엄과 가치 및 행복추구권은 헌법에 열거되어 있지 않아도 보장되지만, 사회권은 헌법에 열거되어 있어야만 보장된다는 차이점이 있다. 즉 사회권은 개별적으로 보장되는 권리라는 뜻이다.

● 인간다운 삶이란 인간의 존엄성을 보장받는 삶이다

1919년 바이마르 공화국에서 제정한 바이마르헌법은 자유민주주의를 기본으로 하면서 사회주의국가 이념을 취하여 근대 헌법상 처음으로 소유권의 사회성, 재산권 행사의 공공복리 적합성을 규정하고, 인간다운 생존을 보장한 것으로 유명합니다. 마찬가지로 우리 헌법도 복지국가의 원리를 기본 원리로 삼고 있는데요. 헌법 전문에서 이미 '국민 생활의 균등한 향상'을 선언했고, 헌법 제34조 1항에서 이를 구체화하고 있거든요. 헌법 제34조 1항은 "모든 국민은 인간다운 생활을 할 권리를 가진다"고 명시하고 있는데요. 인간다운 생활을 한다는 건 어떤 것일까요? 가족 수에 걸맞은 집과 자동차를 소유하고, 가족 모두 적절한 교육과 문화 혜택을 누리면 인간답게 사는 걸까요? 법에서 말하는 '인간다운 삶'이란 인간의 존엄성을 보장받을 수 있는 환경에서 건강하고 문화적인 생활을 유지하며 사는 것입니다. 국가는 이런 권리를 보장하기 위해 직업 안정법, 국민 기초생활 보장법, 재해 구호법, 장애인 고용 촉진 및 직업 재활법, 노인 복지법 등의 법률을 만든 것이죠.

● 교육 받을 권리

인간다운 생활을 영위하는 데 초석이 되는 것은 교육입니다. 교육이 제대로 이루어지지 않으면 국민이 국가의 권력에 좌지우지하게 되거든요. 독재정권에서 흔히 국민을 제 맘대로 복종시킬 수 있는 '우민정책(愚民政策)'을 활용하는 이유입니다. 국민 스스로 명철하게 상황을 판단하지 못하거나 자신이 어떤 상황에 놓여 있는지 자각하지 못하면 종속적인 태도를 가질 수밖에 없게 되니까요.

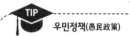

근대 계몽주의자들은 소수를 위한 지식에 반대하며 시민의 교육에 관심을 가졌습니다. 루소는 교육론 『에밀』을 지었고, 로크는 가정교사에 의한 시민의 교육을 장려했지요. 이러한 시도는 교육이 소수 지배계급의 전유물이 되는 것을 막고 시민에게 확대되는 데 큰 영향을 끼쳤지만, 그 대상인 시민이 부르주아 층이었다는 한계를 지닙니다. 프랑스혁명 당시 교육 개혁자였던 콩도르세[22]는 이러한 한계를 극복하기 위해 공교육이라는 개념을 도입합니다. 이 같은 시민교육과 공교육의 개념은 프랑스혁명 헌법에 반영되었고, 우리나라 헌법에도 영향을 끼쳤는데요. 헌법 제31조는 교육 받을 권리, 즉 교육권을 명시하고 있습니다.

콩도르세

1항은 "모든 국민은 능력에 따라 균등하게 교육을 받을 권리를 가진다"인데요. 능력에 따라 교육을 받는다는 것은 능력 외의 요소로 인해 교육에서 불합리한 차별을 받지 않아야 한다는 뜻이에요. 우리 사회에도 장애를 가졌다는 이유만으로 교육의 기회를 박탈당하는 차별 행위가 끊임없이 발생하고 있습니다. A대학교에 다녔던 시각장애인 S씨는 교재를 읽을 수가 없어 학교

---

22 콩도르세(Marquis de Condorcet, 1743~1794)는 프랑스의 철학자·수학자·정치가이다. 사회 수학을 수립하고자 하였으며, 역사를 정신의 기구적(機構的) 운동으로 생각하는 사관(史觀)을 전개하였다. 공포 정치에 반대하다가 투옥되어 자살했다. 저서로 『인간 정신의 진보에 관한 역사적 개관』이 있다.

측에 텍스트파일을 요청했으나 저작권 문제가 걸려 있다는 이유로 거절당한 사례도 있지요. 성별·종교·사회적 신분과 상관없이 교육의 기회를 누려야 하지만, 모든 사람이 동등하게 교육 받을 수 있는 건 아닙니다. 대학입학시험처럼 능력에 따른 차별은 가능하거든요.

2항과 3항은 의무 교육에 대한 조항으로 2항은 "모든 국민은 그 보호하는 자녀에게 적어도 초등 교육과 법률이 정하는 교육을 받게 할 의무를 진다"이고, 3항의 내용은 "의무 교육은 무상으로 한다"입니다. 교육의 기회를 넓히기 위해 국가가 무상으로 시행하는 의무 교육은 현재 중학교까지 확대되었는데요. 이 말은 즉 "대한민국 국민이라면 누구나 최소한 9년간 무상으로 교육 받을 수 있다"는 뜻입니다. 도시에 살든 시골에 살든, 경제적으로 여유가 많든 그렇지 않든 말입니다.

4항은 "교육의 자주성·전문성·정치적 중립성 및 대학의 자율성은 법률이 정하는 바에 의하여 보장된다"이며, 5항은 "국가는 평생 교육을 진흥하여야 한다"이고, 6항은 "학교 교육 및 평생 교육을 포함한 교육 제도와 그 운영, 교육 재정 및 교원의 지위에 관한 기본적인 사항은 법률로 정한다"입니다. 4항에서 말하는 교육의 자주성과 정치적 중립성, 대학의 자율성은 학문의 자유와 밀접한 관련이 있습니다. 5항과 6항은 재사회화에 방점을 찍은 내용인데요. 급속히 변화하는 현대사회에서 구성원으로서의 역할을 제대로 수행하려면 재사회화가 필수적입니다. 요즘 각 지자체별로 평생교육진흥원이나 평생학습센터 등을 건립하여 주민 재교육에 최선을 다하는 것도 이 같은 맥락에서죠.

TIP 어떤 사회의 구성원으로서 필요한 가치관과 규칙 등을 습득하는 것을 사회화라고 하는데, 이러한 사회화는 보통 청소년 시기에 이르러 완성된다. 재사회화는 성인이 된 이후에도 사회의 급격한 변화에 적응하기 위해 새로운 지식과 기능을 익히는 것을 말한다.

● 근로의 권리, 근로자의 권리

우리나라에서 근로의 권리를 이야기할 때 빠트 릴 수 없는 인물이 있습니다. 바로 전태일 열사 인데요. 청계천 피복 공장 재단사였던 그는 열 악한 노동 환경으로 고통 받는 동료들의 모습 에 가슴 아파하다 22살 꽃다운 나이에 분신자 살을 택합니다. 그때 전태일이 마지막으로 외친 구호는 "근로기준법을 준수하라! 우리는 기계 가 아니다!"였어요. 참으로 가슴 아픈 구호입니 다. 그가 자살한 후 평화시장에는 청계피복노

전태일 다리에 있는 전태일 흉상
(CC BY-SA 3.0)

동조합이 결성되었고, 연이어 다른 공장에도 노동조합이 결성됩니다. 전태일 의 분신 사건이 본격적인 노동운동의 서막을 연 것이지요.

노동은 가장 기본적인 생존 수단입니다. 인간으로서 누려야 할 기본적인 생활은 노동을 통해 비로소 가능해지니까요. 이처럼 육체적·정신적 노동을 할 수 있도록 국가에 적극적인 뒷받침을 요구하는 권리가 바로 근로의 권리, 즉 '노동권'입니다. 헌법 제32조는 국민의 근로[23] 기회의 제공과 인간다운 근 로 조건의 확보를 목적으로 하는데요. 내용을 한번 볼게요.

먼저 1항은 "모든 국민은 근로의 권리를 가진다. 국가는 사회적·경제적 방 법으로 근로자의 고용의 증진과 적정 임금 보장에 노력하여야 하며, 법률이 정하는 바에 의하여 최저 임금제를 시행하여야 한다"고 되어 있고, 3항은 "모 든 국민은 근로의 의무를 진다. 국가는 근로와 의무의 내용과 조건을 민주주 의 원칙에 따라 법률로 정한다"입니다. 4항은 "근로 조건의 기준은 인간의 존

---

23 헌법에서는 노동을 근로라 표현한다.

엄성을 보장하도록 법률로 정한다"이며, 5항은 "여자의 근로는 특별한 보호를 받으며, 고용·임금 및 근로 조건에 있어서 부당한 차별을 받지 아니한다"입니다. 6항은 "국가 유공자·상이군경 및 전몰군경의 유가족은 법률이 정하는 바에 의하여 우선적으로 근로의 기회를 부여받는다"이고요.

근로의 권리란 인간이 생활에 필요한 기본적 수요를 충족시키기 위한 육체적·정신적 활동을 할 수 있는 권리를 말해요. 여기서 중요한 부분은 근로 조건과 환경이 인간의 존엄성을 보장해야 한다는 점인데요. 우리가 최저임금제를 법률로 정하고, 여성이나 연소자들이 부당한 차별을 받지 않도록 법률로 특별히 보호하는 이유입니다. 그러나 근로자는 사용자에 비해 상대적 약자의 위치에 있게 마련이어서 열악한 근로 조건이나 환경에 대해서 쉽게 개선을 요구하지 못하는데요. 이런 현실을 바꾸고 모두가 인간답게 살려면 서로를 배려하는 마음이 필요합니다.

미성년자도 보호자의 동의 아래 아르바이트를 할 수 있어요. 단 근로기준법에 의하면 고용주는 미성년자에게 당사자의 동의와 노동부 인가 없이는 밤 10시 이후엔 일을 시킬 수 없습니다. 그러나 상당수의 미성년자들이 야간 근무 동의 절차를 모르는 채 10시 이후에도 일을 해요. 법률이 정한 최저임금보다 더 낮은 액수를 받는 청소년도 많고, 법률상의 휴가나 여가 시간을 제대로 챙기지 못하는 청소년도 많지요. 헌법 제32조에 의하면 명백히 불법인데도, 눈을 감고 못 본 척하는 어른들이 많다는 것은 매우 부끄러운 일입니다.

최저임금제

최저임금제는 임금과 관련된 규칙 가운데 하나로 "임금은 아무리 적어도 이만큼은 되어야 한다"는 기준이다. 설령 급하게 일자리를 구하는 사람이 스스로 몸값을 낮춘다 해도 최저임금 이하로 사람을 고용해서는 안 된다. 헌법에서는 노동자의 권리를 위해 '노동3권(단결권, 단체 교섭권, 단체 행동권)'을 보장하고 있다.

헌법 제33조 1항을 볼까요? 내용은 "근로자는 근로 조건의 향상을 위하여 자주적인 단결권·단체 교섭권 및 단체 행동권을 가진다"인데요. '단결권'이란 근로자가 근로 조건의 유지·개선 등을 위해 노동조합 같은 단체를 만들 수 있는 권리를 말합니다. 근로자는 단결권을 통해 사용자와 실질적으로 평등한 위치에서 자유롭게 교섭할 수 있지요. '단체 교섭권'은 노동조합 등의 단체가 사용자와 근로 조건의 유지·개선에 관하여 교섭할 수 있는 권리이고, '단체 행동권'은 근로자들이 근로 조건의 유지·개선을 위해 정상적인 업무의 운영을 저해하는 각종 쟁의행위[24]를 할 수 있는 권리를 말합니다.

TIP

노동조합이 자신의 요구를 관철하기 위해 사용자를 압박하는 수단은 여러 가지가 있다. 태업은 노동자들이 조업은 계속하되 의도적으로 생산량을 감소시켜 사용자를 압박하여 양보를 얻어내는 행위이다. 이때 노동자들은 생산에 종사하고 있으므로 임금은 계속 지급된다. 불매운동은 보이콧이라고도 하는데, 조합원이나 일반 시민에게 직접 쟁의의 상대가 되어 있는 사용자나 그와 거래 관계에 있는 제3자의 상품구매를 거부하도록 호소하는 행위다. 피케팅은 파업·보이콧 등의 쟁의행위를 효과적으로 수행하기 위해 파업에 참가하지 않은 근로희망자들의 사업장 또는 공장 출입을 저지하고 파업에 참여할 것을 요구하는 행위이다. 파업은 노동조합이 사용자의 양보를 얻어내기 위한 목적에서 작업을 아예 중단하는 행위로 사용자에게 큰 타격을 주는 강력한 무기이지만 노동자 자신에게도 임금상실이라는 큰 비용이 수반된다. 반면 사용자가 취할 수 있는 쟁의행위로는 직장 폐쇄가 있다. 직장 폐쇄는 작업이 중지된다는 점에서 노동조합의 파업에 준하는 사용자의 극단적인 압박 수단이다. 실제로 사용자가 사업장을 영구히 폐쇄하고 저임금 국가나 노동조합의 힘이 취약한 지역에서는 사용자가 사업장을 영구히 폐쇄한다면 노동자에게 상당한 압력으로 작용할 것이다.

● 국가는 나의 사회권을 보장할 의무가 있다

헌법 제34조 2항부터 6항은 인간다운 생활을 보장하려면 국가가 무엇을 해야 하는지 명시하고 있습니다. 2항은 "국가는 사회보장·사회복지의 증진에

---

24 노사 간의 분쟁상태를 의미하는 노동쟁의와 근로시간 후의 집회 등 일반적 단체행동과 구별되는 개념으로 단체 교섭의 결렬 결과 노동조합 또는 사용자가 행하는 실력 행사이다. 쟁의행위에는 근로자 측의 파업·태업·불매운동(boycott)·피케팅(picketing) 등이 있고, 사용자 측의 직장폐쇄가 있다.

노력할 의무를 진다"고 되어 있는데요. 국가는 이처럼 국민의 사회권을 보장하기 위해 사회보장제도를 시행하고, 사회복지의 증진을 위해 노력해야 합니다. 우리나라의 사회보장제도는 크게 세 가지 유형으로 구분됩니다. 바로 '공공부조(공적 부조)'와 '사회보험', '사회복지 서비스'죠.

사회보험은 현재의 가난만이 아니라 빈곤, 질병, 실업, 재해 등으로 생길 수 있는 미래의 불안에 대처하고자 하는 것으로, 부담 능력이 있는 개인과 정부가 일정액을 분담하여 비용을 대는 상호 부조적 성격을 갖습니다. 취업하게 되면 내 월급에서 일정액을 내고, 정부에서도 일정액을 보조하는 산재보험, 고용보험, 국민연금, 건강보험 같은 것이 그 예이죠. 이런 보험들은 강제적 성격을 띱니다.

산재보험은 '산업재해 보상보험'의 약자입니다. 일을 하다 보면 다치게 되는 일이 종종 발생합니다. 가벼운 상처라면 별 문제 없겠지만 운이 나빠 큰 해를 입는다면 생계에 위협을 받을 수 있어요. 근로기준법은 이처럼 일하는 도중에 다칠 경우—고의로 스스로에게 상처를 입히거나 안전 규정을 고의로 어기는 등 중대한 과실이 아니라면— 이를 '업무상 재해'로 처리하여 그 손해를 사업주가 보상하게끔 합니다.

그런데 다니던 직장을 갑자기 잃게 되면 어떨까요? 매우 당황스럽겠죠. 우리에게도 아픈 기억이 있습니다. 1997년 대한민국은 국가부도 위기 사태에 직면하여 구제 금융을 신청하게 되었는데요. 이때 너무도 많은 직장인들이 일자리를 잃었습니다. 그 후 대한민국은 완전히 다른 나라가 되었지요. 요즘도 실업 문제는 가장 뜨거운 이슈입니다. 취업도 어렵고 재취업은 더욱더 어렵잖아요? 엉겁결에 직장을 잃은 사람들은 고민이 이만저만 아닙니다. 언제 재취업하게 될지 장담할 수 없는데다가 일자리를 구하는 와중에도 생계비가 계속 들어가기 때문이지요. 이런 어려움을 당한 사람들에게 조금이나마 도움을 주기 위한 제도가 바로 '고용보험'입니다.

고용보험은, 일부 예외를 제외한 모든 사업자가 의무적으로 가입하여 평소 사업주와 근로자가 임금 총액의 일정 비율을 내면, 실직을 당했을 때 여러 가지 혜택을 받을 수 있도록 조처한 것입니다. 혜택의 내용을 볼까요? 실직자에게 실업 급여를 지급하여 생계 돕기, 재취업에 필요한 직업능력 개발에 비용 지원하기, 구직 시 이주에 드는 비용 지원하기, 기업에 직업훈련을 위한 장려금을 보조하기, 육아 문제로 휴직을 신청했을 때 일정 급여 지원하기 등이 있습니다.

'건강보험'과 '국민연금'은 국민 전체의 복지와 행복을 지켜주는 중요한 사회보험제도입니다. 건강보험은 언제 닥칠지 모르는 질병이나 부상에 대비하여 평소에 조금씩 보험료를 내서 공동으로 돈을 모아두었다가 아픈 사람이 사용할 수 있도록 한 것인데요. 개인의 불행에 사회가 공동으로 대처하는 멋진 제도입니다. 이때 보험료는 개인의 능력에 따라 소득이 많은 사람은 더 많이, 소득이 적은 사람은 상대

건강보험은 사회 만족도 향상에 기여한다.

적으로 적게 내는데요. 결과적으로는 같은 혜택을 받도록 함으로써 빈부 격차를 줄이고 사회적 통합을 높여주는 역할을 합니다.

국민연금도 돈을 모으는 방식은 건강보험과 비슷하지만 목적이 조금 다릅니다. 나이가 들어 일을 할 수 없게 되거나 불의의 사고 혹은 질병으로 장애를 입는 경우, 또는 사망할 경우에 본인이나 유족에게 매달 연금을 지급하여 안정된 생활을 할 수 있도록 돕는 제도거든요. 국민연금은 고령화 사회가 되

면서 그 중요성이 더 커지고 있습니다. 현재 일하는 장년층의 돈을 모아서 일하지 않는 고령층의 노후를 일정 부분 책임지도록 하는 것이니, 세대 간 부조라는 성격이 강합니다.

사회보험과 달리 경제적 능력이 부족하여 최저 생활을 유지하기조차 힘든 사람들을 국가가 책임지고 경제적으로 지원하는 것을 '공공부조(공적 부조)'라 합니다. 대표적으로 기초생활보장 수급제도나 의료보호 등이 있어요. 공공부조는 빈곤층만 지원하는 것이어서 소득의 재분배 효과가 사회보험에 비해 훨씬 크고, 빈곤층을 대상으로 하는 최소한의 생계비 보장이 가능하다는 장점이 있습니다. 그러나 국가가 전액을 부담한다는 측면에서 재정 부담이 큰 편이며, 공공부조를 받는 사람들이 근로 의욕을 상실할 가능성도 있지요. 그래서 스스로 가난에서 벗어나려 노력하는 자활을 어렵게 할 수 있다는 문제점도 지적됩니다.

이외에도 직접적인 경제적 지원 형태가 아니라 비금전적인 형태로 이루어지는 사회보장제도가 있는데요. 이를 '사회복지 서비스'라 합니다. 말 그대로 복지 수혜 대상자에게 금전과 같은 경제적인 혜택을 제공하는 것이 아니라, 다른 사람을 통해 서비스를 받게 하거나 제도적인 복지 혜택을 제공하는 것이지요. 실업자를 대상으로 국고에서 무료로 지원하는 직업훈련이 대표적 사례이고, 빈곤층 학생들에게 무상으로 급식을 제공하는 것도 사회복지 서비스의 일종이랍니다.

헌법 제34조 3항은 여성의 복지와 권익을 향상하기 위한 노력, 4항은 노인과 청소년 복지 향상의 노력, 5항은 생활 무능력자의 보호, 6항은 재해 예방의 노력 등을 정하고 있습니다.

헌법 제35조는 국민의 쾌적한 생활과 환경을 보호하는 내용이 주를 이룹니다. 이를 '환경권'이라 하는데요. 산업화가 진행되면서 심각해진 환경오염 문제로 환경권의 중요성은 나날이 증대하고 있답니다.

헌법 제36조는 가족생활을 보호하는 내용입니다. 주로 모성[25] 보호와 국민 보건에 관한 사안이 쟁점인데요. 가족은 가장 기본적인 사회 구성단위입니다. 사람은 태어날 때부터 가족의 영향을 가장 많이 받잖아요? 그런 만큼 가정 안에서 인간의 존엄을 보장받고, 평등한 관계를 쌓아갈 수 있도록 각 가정을 보호하는 것이 무엇보다 중요하다는 것을 인지한 결과입니다.

권리가 있는 곳에 의무도 있다

이제 헌법에 열거된 국민의 의무를 알아볼게요. 부모님께서 "~해라, ~해야만 한다"고 말씀하실 때 여러분은 대개 잔소리로 느끼지요? 그런데 만약 국가에서 "~해라, ~해야만 한다"고 한다면 어떨까요? 국가에서 국민에게 요구하는 의무 사항들은 부모님의 잔소리처럼 하기 싫고 귀찮게 들릴지도 모릅니다. 하지만, 국가가 국민에게 일방적으로 권리만 보장해줄 수는 없어요. 권리가 있는 곳에는 책임과 의무도 따르게 마련이니까요. 헌법에 규정된 국민의 6대 의무는 '국방', '납세', '교육', '근로', '재산권 행사', '환경보전'입니다. 일반적으로 '국민의 4대 의무'라 하면 '국방의 의무, 근로의 의무, 교육의 의무, 납세의 의무'를 말하며, '국민의 6대 의무'라 하면 여기에 '환경보전의 의무, 재산권 행사의 공공복리 적합 의무'가 더해집니다. 그중 국방의 의무, 납세의 의무를 제외하고는 권리인 동시에 의무에 해당됩니다. 헌법 조항을 따라 그 내용을 살펴볼게요.

---

25 모성이란 여성으로서 자녀를 출산하고 양육하는 사람을 말한다. 최근 심각한 사회적 이슈로 떠오르는 것이 근로 모성의 보호인데, 이는 우리나라의 저출산 문제와 깊은 관계가 있다.

먼저 제39조 1항은 '국방의 의무'에 관한 것인데요. "모든 국민은 법률이 정하는 바에 의하여 국방의 의무를 진다"고 나와 있습니다. 우리가 경제활동을 하거나 학교에 다니고, 여가를 즐기고, 가족생활을 유지할 수 있는 것은 정치적으로 독립적이고 완전한 영토를 가진 평화로운 국가가 존재하는 덕분입니다. 하지만 국가는 저절로 지켜지는 게 아니에요. 지금도 세계 여러 나라에서는 영토 분쟁이 일어나고 있는데요. 분단국인 우리나라 또한 결코 안전하다고 할 수 없습니다. 이러한 이유로 국민들은 국가 안에서 평화롭게 생활할 수 있는 대신 국가를 지키는 의무를 부담하게 되는데요. 이를 '국방의 의무'라 합니다. 대한민국의 모든 국민에게 부과되는 의무지요.

TIP 여성들은 왜 국방의 의무를 이행하지 않을까? 요즘 이 문제 때문에 서로 대립하는 경우를 종종 볼 수 있다. 우리나라는 징병제를 실시하고 있어서 일정 연령 이상 되면 대한민국의 남성들은 군에 복무할 의무를 지게 된다. 이를 '병역의 의무'라 한다. 이는 병역법 제3조 1항에 나오는 것으로서 "대한민국 국민인 남자는 헌법과 이 법이 정하는 바에 따라 병역의무를 성실히 수행하여야 한다. 여자는 지원에 의하여 현역에 한하여 복무할 수 있다"고 규정하고 있다. 헌법에서 "성별에 따른 합리적인 차별을 허용한다"고 했던 부분이 바로 여기 적용되는 것이다. 여성과 남성을 다르게 다뤄야 할 때 여성과 남성을 같게 다룬다면 이게 오히려 평등권 침해가 되는 것이다. 따라서 성별에 따른 합리적인 차별을 두고 있는 병역법 제3조 1항은 평등권 침해 조항이 아니다.

'납세의 의무'는 헌법 제38조 "모든 국민은 법률이 정하는 바에 의하여 납세의 의무를 진다"는 내용에서 확인할 수 있어요. 국민에게 세금을 내도록 하는 의무 조항인데요. 국민으로부터 거둔 세금은 치안, 국방, 교육, 환경, 복지 등에 쓰입니다. 봉급생활자들의 세금은 급여에서 원천 징수되므로 '유리지갑'이라 불리는 반면 "세금 제대로 내고 사업하는 사람 어디 있느냐"는 말이 돌 만큼 전문직이나 자영업 종사자들의 세금은 불투명하게 처리된다는 문제점도 있습니다. 바로 납세 의무의 형평성 문제죠. 이에 따라 국가에서는 성실하게 세금을 내는 사람을 보호하기 위해 세금을 내지 않는 사람에게는 일정한 제재를 가하는데요. '가산금'이나 '가산세'라는 처벌로 금전적인 부담을 추가하거나 해외 출국을 금지하기도 합니다. 상습적으로 세금을 내지 않을 경우, 명단을 공개하기도 하고요.

제31조는 '교육의 의무' 조항입니다. 2항을 보면 "모든 국민은 그 보호하는 자녀에게 적어도 초등 교육과 법률이 정하는 교육을 받게 할 의무를 진다"고 되어 있는데요. 교육의 의무는 모든 국민이 최소한의 교양을 익히고 능력을 함양하여 사회에 적응하여 살아갈 수 있도록 사회권을 보장하는 국민의 의무이자 권리 사항입니다. 헌법 제31조 1항에 의하면 모든 국민은 능력에 따라 균등하게 교육을 받을 권리가 있고, 제31조 1항과 2항에는 보호하는 자녀에게 초등 교육과 법률이 정하는 교육을 받게 할 의무가 있다고 나와 있지요. 제31조 3항과 5항에는 국가가 수업료와 교과서 등을 무료로 주는 의무교육을 실시하고, 학교 교육을 마치더라도 평생 교육 기회를 가질 수 있도록 격려할 의무가 있다고 적혀 있습니다.

'근로의 의무'는 제32조 1항에 의해 "모든 국민은 근로의 권리를 가지는" 동시에 제32조 2항에 의거 "근로의 의무를 진다"는 조항으로 명시되어 있습니다. 모든 국민은 더 나은 생활을 위해 직업에 종사할 권리를 가지며, 근로를 통해 국가의 부를 크게 만드는 데 기여할 의무를 집니다.

이상이 국민의 4대 의무입니다. 여기에 2대 의무인 '재산권 행사의 공공복리 적합 의무'와 '환경보전의 의무'가 더해져요. 재산권 행사의 공공복리 적합 의무는 현대 복지국가에서 개인의 재산은 사회가 개인에게 맡긴 것이라는 사회신탁사상을 반영하여 재산권의 절대성을 제한한 것입니다. 만약 개인 소유의 토지가 있는데 국가에서 그 토지에 고속도로를 건설하려고 한다면, 개인은 토지를 팔고 싶지 않더라도 정당한 보상을 받고 국가에 땅을 팔아야 한다는 것이지요. 이를 헌법 제23조 2항은 "재산권의 행사는 공공복리에 적합하도록 하여야 한다"고 표현합니다.

환경보전의 의무는 제35조 1항 "모든 국민은 건강하고 쾌적한 환경에서 생활할 권리를 가지며 국가와 국민은 환경보전을 위하여 노력하여야 한다"는 조항으로 설명됩니다. 이는 사실 세계인이 모두 실천해야 하는 것인데요. 환경은 우리가 후손들에게 물려주는 것이 아니라 우리가 후손들의 것을 빌려 쓰는 것입니다. 미래 세대가 쓸 환경을 우리가 먼저 쓰는 셈이지요. 환경보전을 위한 정화시설을 가동하느니 그냥 오폐수를 불법 무단 방류하다 재수 없이 걸리면 벌금 몇 푼 내면 된다고 생각하는 기업주들도 있는데요. 이런 사람들이 존재하는 한 우리나라는 선진국이 될 수 없습니다. 환경을 아끼고 잘 관리해 더 좋은 환경으로 보전해 후손에 물려주는 것은 우리 세대의 가장 중요한 의무이자 책임입니다. 이를 위해 모든 국민은 환경을 오염시키지 않고 국가는 공해를 막는 시설을 설치하여 깨끗한 환경을 보전하기 위해 노력해야 하지요.

기본권의 제한과 한계

국가는 여러 사람들로 구성된 집합체이므로 개인의 자유와 권리는 물론 사회 전체의 이익도 고려해야 합니다. 따라서 개인의 권리를 제한할 필요성도 있지요. 여기서 유념해야 할 것이 '기본권의 제한'이라는 개념입니다. 국가는 국민의 기본적 권리와 보장에 대해 충분히 인지하고 있지만, 일정 부분, 즉 국가의 목적을 달성하기 위해 국민의 기본권을 다소 제한해야 할 경우도 있는데요. 이를 기본권의 제한이라 합니다. 국민 모두의 권리를 보장하기 위해 불가피하게 개인의 기본권을 제한하는 경우인데요. 이때 일정한 기준과 절차를 따라야 합니다. 관련 헌법 조항을 통해 살펴봅시다.

먼저 제37조 2항은 "국민의 모든 자유와 권리는 국가 안전 보장, 질서 유지 또는 공공복리를 위해 필요한 경우에 한하여 법률로써 제한할 수 있으며, 제한하는 경우에도 자유와 권리의 본질적인 내용은 침해할 수 없다"고 말합니다. 일단 "국민의 모든 자유와 권리는 국가 안전 보장, 질서 유지 또는 공공복리를 위해 필요한 경우에 한하여 법률로써 제한할 수 있으며"까지 살펴봅시다. 이 부분을 보면 국민의 기본권을 제한할 수 있을뿐더러 기본권을 실정권[26]적으로 바라본다는 사실이 드러나는데요. 바로 뒤에 "제한하는 경우에도 자유와 권리의 본질적인 내용은 침해할 수 없다"는 문장이 나옵니다. 기본권을 자연권적으로 바라보고 있죠? 자연권이란 천부인권사상과 같은 말, 즉 태어날 때부터 남에게 뺏길 수 없는 일정한 권리를 뜻한다고 했습니다. 국가권력으로 침해할 수 없는 초국가적 권리죠. 실제 법률에 규정되어 있지 않아도 국가 이전에 자연적으로 당연히 인정된다는 의미입니다. 그러므로 헌법 제37조 2항은 실정권사상과 자연권사상이 조화를 이룬 항목이라 할 수 있습니다.

국가 안전 보장, 질서 유지, 공공복리를 위해 개인의 권리가 제한되는 경우란 어떤 것일까요? 예를 들어볼게요. 북한의 도발로 국가가 매우 혼란스러운 상황입니다. 물가가 폭등하면서 생필품의 사재기가 극성을 이루자 순식간에 물량이 부족해졌어요. 강도와 약탈도 성행합니다. 그러면 국가에선 질서 유지를 위해 밤 12시 이후로 통행을 제한할 수 있겠죠? 상황이 더욱 심각해져 북한과 전쟁이 벌어질 것 같다면 국민의 안전을 보장하기 위해 국민의 기본권을 제한할 테고요. 공공복리를 위해 개인의 재산권을 제한할 수도 있습니다. 만일 A씨 소유의 땅이 있는데 이것을 국가가 원자력 발전소 부지로 지정했다고 합시다. A씨는 "왜 내 재산권을 국가가 제한하죠?"라 물을 수 있어요. 이때 국가는 "선생님의 재산이 희생되는 것은 죄송하지만, 모든 국민이 행복하고 안전하게 사는 길을 모색한 결과입니다. 공공복리를 위해 땅을 파셨으면 합니다"라

---

26 실제 법률에서 규정되어 있고 실제 재판 등을 할 때 심판에서 적용하는 권리를 말한다.

기본권의 보장과 제한

고 말하겠지요. 바로 공공복리를 위해 국민의 기본권을 제한하는 경우입니다.

하지만 무작정 기본권을 제한할 수는 없습니다. 여기서 정말 중요한 개념, 바로 '과잉 금지의 원칙'[27]이 나오는데요. 국민의 기본권을 제한할 때 국가 작용의 한계를 명시한 것으로서 쉽게 말해 선을 지나치게 넘지 말라는 뜻입니다. 헌법 제37조 2항에 국가 안전 보장, 질서 유지, 공공복리를 위해 기본권을 제한할 수 있는 근거를 만들어놓았으니 선을 넘어서는 기본권 제한은 인정될 수 없다는 것이죠. 과잉 금지의 원칙에 따라 공공복리를 위한 정당한 목적이 있어야 하고, 방법도 적절해야 하고, 기본권 제한에 따른 국민의 피해도 최소한에 그쳐야 하고, 국가가 얻어낼 수 있는 이익과 국민의 피해 사이에서 법익의 균형도 맞추어야 한다는 뜻입니다.

27 "제한하는 경우에도 자유와 권리의 본질적인 내용은 침해할 수 없다"는 조항이 과잉 금지의 원칙이다.

법의 정신을 구현하라

헌법에는 국민의 기본권과 의무 등만 나와 있는 게 아닙니다. 국가의 구성 및 통치기구의 기능과 권한에 대해서도 명시되어 있는데요. 우리나라의 대표적인 국가기관은 입법부, 행정부, 사법부[28]입니다. 삼권분립을 지켜내는 당당한 주역으로서 법의 정신을 구현해주는 기관입니다.

입법부는 국회를 가리켜요. 여의도에 가면 지붕이 둥근 큰 건물이 있잖아요? 그 건물이 바로 우리나라의 국회의사당입니다. 국민에 의해 선출된 국회의원과 국회의 활동을 돕는 공무원들이 일하는 곳이지요. 국회에서는 법을 만드는 일, 나라의 살림살이에 필요한 예산을 정하는 일 등 국가의 정책을 결정하는 데 필요한 여러 가지 일을 합니다.

삼권분립의 세 주체는 입법부, 행정부, 사법부이다.

28 대한민국에서는 헌법 제3장에 국회, 제4장에 행정부, 제5장에 법원에 관해 규정하고 있다. 입법권을 담당하는 '국회', 행정권을 담당하는 '정부', 사법권을 담당하는 '법원'은 국가의 가장 중요한 통치기관으로서 삼권분립의 세 주체이다. 특히 사법부를 담당하는 법원의 독립은 권력 분립의 요체이다.

행정부는 정부를 가리키는 말이에요. 정부는 국회에서 만든 법률에 따라 국가 살림을 하는 곳입니다. 국가를 발전시키고 국민의 생활을 편리하게 하기 위해 여러 가지 정책을 개발하고 실천하지요. 우리나라에서 가장 높은 위치에 있는 지도자가 누구죠? 예, 대통령입니다. 대통령은 우리나라를 대표하는 동시에 나라의 살림을 맡고 있는 정부의 우두머리예요. 정부는 대통령과 국무총리, 행정 각부(各部)로 구성되어 있어요.

사법부는 법원을 가리키는 말입니다. 여러 사람이 어울려 사는 사회에 모두가 꼭 지켜야 하는 약속인 규범이 있는 것처럼 한 나라에는 국민들이 지켜야 할 규범인 법이 있어요. 법원은 재판을 통해 사람들 사이의 갈등을 해결해줍니다. 한편 법령의 위헌 여부를 일정한 소송 절차에 따라 심판하는 특별 재판소로 헌법재판소[29]도 있어요. 헌법재판소는 법원이 아니어서 사법부에 속하지는 않지만, 또 다른 사법기관으로서 헌법의 해석과 관련된 분쟁을 사법적 절차에 따라 심판하는 곳입니다.

입법부를 상징하는 국회

'국회'는 국민의 의사를 표현하는 기관이자 국가의 의사를 결정하는 기관입니다. 그런데 국회와 의회라는 말이 종종 헷갈려요. 이 둘은 어떻게 다를까요? 헌법 제40조에는 "입법권은 국회에 속한다"라고 나와 있는데요. 국회는 법을 만드는 게 본래의 임무이므로 입법부라고도 부릅니다. 이때 국가기관의 의회를 국회, 지방자치단체기관의 의회를 지방의회라 해요. 다른 나라에서는 국회[30]라는 표현은 잘 쓰지 않습니다.

---

29 법원의 제청에 의해 법률의 위헌 여부를 살피거나 탄핵 및 정당의 해산, 혹은 국가기관 상호 간 또는 국가기관과 지방자치단체 간 및 지방자치단체 상호 간의 권한 쟁의, 헌법 소원에 관한 것을 심판한다.

30 '대한민국 의회'를 줄여서 국회라 부른다.

로버트 태권브이, 대한민국 국회로 귀환하다.

2011년 1월 11일 저녁, 국회의사당에서 있었던 '로버트 태권브이 전설의 돔 오픈이벤트'를 기억하세요? 로버트 태권브이 제작업체가 특수빔을 국회의사당에 쏘아 국회의 지붕이 열리면서 태권브이가 나오는 장면을 연출했는데요. 이들은 어떻게 국회의사당을 매체로 쓸 생각을 했을까요? 실제로 국가에 비상사태가 발생했을 때 정말 태권브이가 나타날지 아닐지는 아무도 모르는 일이지만 국회가 그만큼 강력한 힘을 가졌기 때문에 그곳을 택한 게 아닐까요?

국회의 지위부터 볼게요. 국회는 국민이 직접 선출한 사람들로 구성된 국민의 대표 기관으로 법률을 제정하는 곳이자 국가의 재정에 관련된 일을 담당하고, 권력 분립 원칙에 따라 행정부를 통제하거나 견제하는 역할을 합니다. 예를 들어 행정부가 '내년'에 '어디'에 돈을 얼마 쓰겠다는 예산안을 국회에 제출하면 국회에서는 이를 꼼꼼히 검토해서 심의 및 확정을 해줍니다. 즉 정부가 국가 운영을 위해 돈을 쓰려면 국회의 허락을 받아야 하는 거예요.

국회는 '누가, 어떻게, 어떤 권한을 가지고' 운영할까?

국회에 들어가 일하는 사람을 국회의원이라 부르는데요. 이들은 국민의 선거로 뽑습니다. '총선'이란 이처럼 국회의원을 뽑는 대규모 선거를 가리키는 말로, 4년마다 한 번씩 실시되지요. 가장 최근에 실시된 총선은 2012년 4월에 있었던 19대 총선이며, 2016년 4월 13일에는 20대 총선이 치러집니다.

국회의원은 연임 및 중임이 가능합니다. 둘 다 역사책이나 언론매체에 자주 등장하는 단어들인데요. 연임(連任)은 직책이나 임무를 연이어 맡는 것이고, 중임(重任)[31]은 직책이나 임무를 거듭하여 맡는 것입니다. 우리나라 대통령은 5년 단임제라서 임기가 한 번에 끝나지만, 국회의원은 능력에 따라 오래 할 수 있어요. 우리나라에서는 아홉 번 당선된 9선 국회의원이 가장 오랫동안 국회의원을 하신 분입니다. 누구냐고요? 궁금하신 분들은 인터넷을 검색해보세요.

대한민국의 국회의원[32]은 총 300명이에요. 이전에는 299명이었는데 19대 국회의원 선거를 앞두고 공직선거법이 개정되면서 300석으로 1석이 늘었어요. 지역구 의원은 246명, 전국구 비례대표 의원은 54명입니다. 지역구는 소선거구제로 246개 지역구에서 246명을 뽑고, 전국구인 비례대표제는 정당투표를 별도로 해서 54명을 뽑잖아요?

국회의원은 국민 전체의 대표자로서 국회의 의사 형성에 적극적으로 참여할 책무를 가집니다. 그래서 직책을 효과적으로 수행하기 위해 헌법상 일정한 특권을 허락하는데요. 관련 조문을 한번 읽어볼까요?

먼저 제44조 1항은 "국회의원은 현행범인 경우를 제외하고는 회기 중 국회의 동의 없이 체포 또는 구금되지 아니한다"는 '불체포 특권'이고요. 2항은 "국회의원이 회기 전에 체포 또는 구금된 때에는 현행범인이 아닌 한 국회의

---

31 중임은 어떤 직위를 2회 이상 재임하는 것이다. 이때 반드시 연속하여 재임할 필요는 없다(이러한 경우 연임이라 하며, 말 그대로 직책을 연속하여 맡는다는 뜻이다). 중임은 한 번만 맡을 수 있다는 뜻의 단임(單任)의 반대말이므로, 특별한 단서 조항이 없는 한 두 번이든 여러 번이든 제한을 두지 않는다는 뜻이기도 하다.

32 국회 전체의석 300석에서 2016년 1월 6일 현재 여당인 새누리당이 156석, 더불어민주당이 118석을 차지한다. 나머지 정당과 무소속의원을 합쳐 19석이다. 300석에서 비는 7석은 통합진보당의 해산과 관련있다. 소속 비례대표 의원 2명이 의원직을 상실했고, 실형이 확정되어 지역구 의원직을 상실한 사람이 4명, 지역구 의원직을 사직한 사람이 1명이므로 7석이 비는 것이다. 이들을 다시 뽑지 않는 이유는 통합진보당 2명은 정당이 해산되었기 때문에 의원직을 승계할 수 없고, 나머지 5명은 공직선거법 201조에 의해 임기가 1년 미만으로 남았기 때문에 보궐선거를 실시하지 않는 탓이다. 2016년 4월 13일에 20대 국회의원 선거가 끝나면 다시 300석이 채워지게 된다.

요구가 있으면 회기 중 석방된다"이며, 제45조는 "국회의원은 국회에서 직무상 행한 발언과 표결에 관하여 국회 외에서 책임을 지지 아니한다"로서 '면책특권'에 관한 조항입니다.

"뭐야 뭐! 왜 이런 특권을 주는 거야?" 예, 그 이유는 국회의원이 행정부로부터 독립되고 자주성을 부여받아야만 우리를 대표하는 기관으로서 제 역할을 충분히 할 수 있기 때문이지요. 즉 권력 분립을 통한 국민 기본권 보장이라는 대의를 실현하기 위해서입니다. 특히 1항의 불체포 특권은 국회의원의 신분을 보장하는 대표적인 제도로서 국회의원은 회기[33] 중 현행범인[34]이 아닌 경우 체포되지 않는다는 뜻이에요. 예를 들어 국회의원 장발장 씨가 편의점에서 단팥빵을 훔치다 딱 걸렸습니다. 이런 경우 그는 현행범으로 회의가 열리는 기간 여부에 관계없이 국회의 동의 여부를 묻지 않고 체포되거나 구금될 수 있다는 거예요. 반면 현행범인이 아닌데 회의가 열리는 기간이라면 국회의 동의 없이 체포되거나 구금될 수 없다는 뜻이죠. 2항을 볼까요? 현행범인이 아닌 국회의원 M씨가 회의가 열리는 시기 전에 체포 또는 구금되었다고 합시다. 이때 국회에서 "비록 회기 전에 체포 또는 구금되었지만 지금은 회기 중이니까 보내주세요"라고 요청할 경우 M씨는 국회에 회의하러 올 수 있다는 뜻입니다. 석방될 수 있다는 얘기지요. 그럼 회기가 끝나면 어떻게 될까요? 예, 다시 체포 또는 구금 상태로 돌아가겠지요. 그래서 이것을 상대적인 특권이라 일컫습니다. 죽을 때까지 체포되지 않는 것이 아니라 회기 중에만 보장해주는 특권이라는 뜻으로요.

---

33 회의가 열리는 기간을 뜻한다. 국회의 회의에는 임시회와 정기회가 있다. 정기회는 법률이 정하는 바에 의하여 매년 9월 1일에 1회 열리고 회기는 100일 이내다. 임시회는 대통령 또는 국회재적의원 4분의 1이상의 요구에 의하여 열리며 회기는 30일을 넘을 수 없지만, 횟수 제한은 없다. 국회의원이 300명이니까 75명 이상이 요구한다면 임시회가 열릴 수 있다.

34 헌법 제44조 1항의 '현행범인'이라는 말은 범죄를 저지르는 상태에서 수사기관에 딱 걸린 사람을 말한다.

헌법 제45조 면책 특권을 봅시다. 국회의원 K씨가 국회 내에서 직무와 관련된 이야기를 하던 중 그만 누군가의 명예를 훼손하고 말았습니다. 이럴 경우 국회 안에서는 징계를 받을 수 있지만, 국회 밖에서 법의 심판대에 올라가지는 않는다는 뜻이에요. 즉 국회 밖에서는 민·형사상의 책임을 추궁당하지 않는 것입니다. 만약 국회의원 A씨가 대정부 질문에서 "현 정부는 좌파 정부이고 대통령의 사상도 사회주의의 사상이 있는 인물이다"라고 발언했다 해도 그는 면책 특권에 따라 아무런 법적 처벌을 받지 않습니다. 국회의원 임기가 끝나도 법의 심판을 받지 않고요. 한 번 면책되면? 끝까지 면책이랍니다. 그런데 같은 발언을 국회 밖에서 했을 경우엔? 예, 당장 명예훼손으로 고소당할 수 있어요. 당연히 법적인 책임도 지게 되고요.

불체포 특권이나 면책 특권은 국회의원의 신분을 엄격하게 보장해서 올바른 정치활동을 할 수 있도록 만든 제도입니다. 하지만 이를 악용하는 사례도 종종 있어요. 예를 들어 면책 특권을 이용해 국회의원들이 본회의장에서 유언비어성 발언을 하거나 자기들이 소속된 정당의 국회의원이 범죄를 저질렀을 경우 체포를 면하게 해주려고 일부러 임시국회를 여는 경우 등입니다. 이런 일들은 별로 떳떳하지 못해 보여요.

국회의 구성

국회의 사전적인 뜻은 "국민의 대표로 구성한 입법 기관으로서 민의(民意)를 받들어 법치 정치의 기초인 법률을 제정하며 행정부와 사법부를 감시하고, 그 책임을 추궁하는 따위의 여러 가지 국가의 중요 사항을 의결하는 권한을 가진다. 단원제와 양원제가 있는데 우리나라는 현재 단원제를 택하고 있다"입니다. '단원제'는 국회라는 합의체가 하나 있다는 것이고, '양원제'는 합의체가 두 개 있다는 거예요. 양원제는 연방제를 실시하는 국가나 정치 세력

간의 균형이 필요한 국가에서 주로 쓰는데, 미국과 영국이 유명하죠. 상원의원이니 하원의원이니 하는 말 많이 들어보셨지요? 우리나라에서도 한때 제2공화국 시절 양원제를 채택한 적이 있답니다. 단원제란 국회를 상원, 하원으로 구분하지 않고 한 개만 두는 제도예요. 현재 우리나라, 대만 등에서 채택하고 있지요.

TIP

단원제와 양원제의 장단점

단원제에서는 하나의 합의체만 통과하면 국회 전체의 의사가 결정된다. 즉 의사 결정 과정이 비교적 신속하며, 책임 소재 역시 명확하고 뚜렷하다. 하지만 성급하거나 편파적인 결정이 나올 수 있다. 또한 다수당의 횡포가 발생하면 법안이 한 번에 통과될 수도 있다. 즉 한 개의 정당이 의회를 장악하는 경우 국가 이익보다 당파적 이해관계가 의사 결정에 반영될 가능성이 높다는 뜻이다. 반면 양원제에서는 신중한 의사 결정이 가능하다. 예를 들어 하원과 대통령이 대립하는 상황일 때, 상원의원들이 가운데서 중재할 수 있다. 하지만 국회가 둘이다 보니 결정이 신속하지 못하고, 책임 소재가 불분명하다는 단점이 발생한다.

국회에는 국회의장 1명, 부의장 2명으로 구성된 의장단이 있습니다. 국회의장은 입법부의 수장으로서 국회를 대표하는데요. 국회의장은 어떻게 선출될까요? 혹시 대통령이 뽑을 거라고 생각하는 분은 없겠지요? 대통령이 국회의장을 뽑는다면 권력 분립의 원리가 완전히 훼손된 독재국가라 볼 수 있답니다. 국회의장의 임기는 2년이며 국회 본회의에서 선출해요. 국회의장은 법률안 개정안 본회의 직권 상정권[35]과 본회의 사회권을 가지고 있습니다. 본회의 사회권은 매우 중요해요. 국회에서 어떤 법률안이 통과되려면 국회의장이 사회를 보는 것을 말하는데, 아무래도 국회의장이 사회를 보면 법률안 처리에 큰 영향력을 행사할 수 있겠지요. 또 환부 거부된 법률안을 대통령이 공포하지 않을 경우 대통령을 대신하여 국회의장이 이를 공포할 수 있답니다. 의장단의 나머지 2

---

35 토의할 안건을 회의석상에 내어놓을 권리.

명, 즉 부의장 2명은 통상적으로 집권여당 1명, 제1야당 1명으로 구성합니다.

국회 회의에도 원칙이 있다

국회의 회의에는 정기회와 임시회가 있습니다. 정기회는 100일 이내이고 임시회는 30일을 초과할 수 없어요. 그런데 회기 내 시간이 부족해서 어떤 안건을 처리하지 못했을 때 다음 회기에 자동적으로 다시 심의하는 경우도 생기겠죠? 이를 '회기 계속의 원칙'이라 부릅니다. 단, 국회의원 임기 내에서만 적용되지요. 예를 들어 18대 국회에서 다 처리하지 못한 법률안이 있을지라도 구성원이 바뀐 19대에서는 이것을 다시 문제 삼아 처리하지 못합니다.

국회의 회의는 원칙적으로 공개되어야 하는데요. 이를 '회의 공개의 원칙'이라 합니다. 국민의 대표 기관인 국회에서 어떤 법률안을 어떤 과정에 의해 민주적으로 통과시키는지를 알릴 필요가 있기 때문입니다. 여러분도 뉴스에서 국회가 법률안을 통과시키는 장면을 본 적 있을 거예요. 물론 모든 회의 내용을 반드시 공개할 필요가 있는 건 아닙니다. 국가안전에 관련된 사항이라든지 특별한 보안을 요구하는 회의는 비공개 처리도 가능합니다.

이때 '일사부재의의 원칙'도 중요해요. 기본권에 나오는 '일사부재리의 원칙'과 한 글자 차이인데 의미는 완전히 다릅니다. 일사부재리의 원칙은 확정 판결이 난 사건에 대해 검사가 다시 기소할 수 없다는 뜻인 반면, 일사부재의의 원칙은 국회에서 일단 부결된 안건은 같은 회기 중에 다시 제출하지 못한다는 원칙이거든요. 이는 의사 진행을 원활하게 하고 소수파의 의사 진행 방해(필리버스터)를 방지하기 위해 필요한데요. 예를 들어 여러분이 소수당 의원이라고 칩시다. 어렵게 법률안을 만들어서 제출했는데 다수당의 힘에 밀려 부결된 거예요. 정말 열 받겠죠? 그래서 다음날 또 제출해요. 그랬더니 다수당에서 똑같은 안을 또 제출했다면서 다시 부결 처리합니다. 화가 난 여러분은 깡으로 다시 제출해요. 국회가 회기 안에 처리해야 할 법률안이 산더미처럼 많은데 소수파가 이런 행동을 계속 한다면 법률안을 제대로 처리하지 못하겠지요? 그래서 한 번 부결된 안건은 같은 회기 내에 다시 심의하지 않겠다는 규정을 둔 것입니다. 그래야만 쌓여 있는 법률안이 바로 통과되면서 국회가 능률적으로 운영될 테니까요. 버려지는 법률안 중에 우리에게 정말 필요한 게 있을지도 모른다 생각하면 정말 안타깝지만요!

필리버스터(filibuster)
의회 안에서의 합법적·계획적인 의사 진행 방해 행위를 뜻하는 말이다. 주로 소수파가 다수파의 독주를 막거나 기타 필요에 따라 의사 진행을 견제하기 위하여 합법적인 수단을 동원해 의사 진행을 고의적으로 방해하는 것이다. 장시간 연설, 의사 진행 또는 신상 발언의 남발, 각종 동의안과 수정안의 연속적인 제의 및 장시간의 설명, 총퇴장 같은 방법이 대표인데, 이는 모두 합법적이라는 점에서 폭력 등에 의거한 방해와 다르다. 그러나 폐단도 있으므로 많은 국가에서는 의원의 발언 시간을 제한하거나 토론 종결제 등을 써서 이를 보완한다. 우리나라는 2012년 제정된 국회선진화법에서 재적의원 3분의 1 이상 요구가 있는 경우 본회의 심의 안건에 대한 무제한 토론을 할 수 있는 필리버스터 제도를 도입했다.

국회가 하는 일

국회의 권한에 대해 살펴볼게요. 국회의 기능은 크게 '입법', '헌법기관 구성', '국정감시 및 통제', '재정에 관한 권한' 등입니다. 조금 까다롭지만 하나씩 살펴봅시다.

첫째, 입법권은 가장 본질적인 기능입니다. 국회는 법률을 만들거나 고칠 수 있는 '법률 제정 및 개정권'을 가져요. 없던 것을 만들거나 있던 법의 내용을 바꾸거나 폐지할 수 있는 권한이죠. 헌법개정안은 최종적으로 국민투표를 통해 결정하지만 그 전에 헌법개정안을 의결할 수도 있습니다. 법률과 똑같은 효력을 갖는 조약도 있는데요. 조약을 체결하고 비준하는 것은 대통령이지만, 그 전에 반드시 국회의 동의를 받아야 합니다. 국회가 잘 돌아가기 위한 각종 규칙을 만들 수 있는 것도 입법권에 포함되니까요.

둘째, '헌법기관 구성권'입니다. 대통령이 국무총리, 감사원장, 대법원장, 헌법재판소장을 임명하기 전에 국회의 동의를 얻어야 한다는 것인데요. 헌법재판소 재판관 9명 중에 3명, 그리고 중앙선거 관리위원회 위원 3명도 국회에서 뽑습니다.

셋째, '국정감시 및 통제권'입니다. 이것은 삼권분립을 떠올리면 이해가 쉬워요. 국정감사 및 국정 조사권은 국회가 행정부를 견제하는 중요한 수단입니다. 국정감사는 매년 정기 국회가 시작되면 20일 동안 상임위원회별로 소관 행정기관의 업무에 대해 전반적인 감사 활동을 하는 것을 말해요. 국정조사는 검찰에 의한 공정한 수사가 어려운 사건에 대해 국회 차원에서 특별 조사를 실시하는 것입니다. 비슷한 것 같지만 국정감사는 정기회에서 국정 전반이 어떻게 돌아가고 있는지를 물어보는 것이고, 국정조사는 특정한 사안에 대해서만 임시회를 열어서 행정부를 견제하는 거예요. 다음으로 '국무총리 및 국무위원 해임 건의권'이 있습니다. 이것은 의원내각제적인 요소였지요. '탄핵 소추권'도 중요한 권한입니다. 일반 사법 절차에 의해 징계가 곤란한 고위 공직자들이 있잖아요? 예를 들어 대통령이 임기 중 헌법과 법률에 위반된 행위를 했다면 국회가 탄핵의 소추를 의결하고, 헌법재판소가 탄핵 심판을 하게 됩니다. 그러면서 행정부를 견제하는 것이지요. '계엄해제 요구권'도 매우 중요합니다. 대통령의 권한 중에 계엄 선포권이 있는데, 대통령이 계엄을 선포하면 국회에 즉시 보고하고, 국회는 계엄 선포 후 계엄 사유가 없어졌다고 생각될 때 대통령에게 이를 해제하라고 요구할 수 있다는 거죠.

넷째, '재정권', 즉 돈 문제에 관련된 것도 국회가 담당합니다. 세금은 누가 내지요? 예, 국민들이 냅니다. 그렇게 모인 세금은 행정부에서 교육, 국방, 환경, 복지, 문화 등에 씁니다. 행정부가 예산이 필요하다고 해서 맘대로 돈을 쓸 수 없어요. 국민의 대표 기관인 국회에 먼저 물어봐야 해요. 국회가 내년에 쓸 돈이 얼마나 될지, 어디에 어떻게 쓸지 심의하고 의결해주는 '예산안 심의·의결권'을 가지는 이유입니다. 그 밖에도 국회는 '결산 심사권'을 가집니다. 결산 심사권이란 한 해 동안 국가에 들어온 돈과 쓴 돈을 심사하여 정부의 예산 집행에 대한 정치적 책임을 밝히는 권한이에요. 주의할 점은 결산은 감사원의 권한이라는 점입니다. 즉 결산은 감사원이 하는데, 감사원이 결산한 것을 다시 국회가 심사한다는 뜻이지요.

입법 테이블에선 어떤 일들이 벌어질까?

통치기구는 권력분립과 맞물려서 이해해야 합니다. 삼권분립의 틀 안에서 견제와 균형의 원리에 따른 입법부, 행정부, 사법부 간의 견제 방법도 이해해야 하고요. 먼저 헌법 개정의 절차부터 알아볼까요?

　헌법 개정은 국회 재적의원 과반수의 동의나 대통령의 제안으로 이루어지는데요. 대통령이 제안할 때 반드시 국무회의의 심의를 거쳐 20일 이상 대통령이 공고해야 합니다. 헌법 개정안을 국민에게 알리고 생각할 시간을 주기 위해서죠. 그러고 나서 국회의 의결(의사 결정)이 필요한데요. 이 경우 국회 재적의원 2/3 이상이 찬성해야 합니다. 중요한 점은 국회에서 의결할 때 헌법 개정안을 수정해서 의결할 수 없으며, 원안 그대로 가부투표(可否投票, 찬성과 반대투표)를 해야 한다는 것입니다. 이렇게 국회의 의결을 거친 헌법 개정안은 국민투표에 부쳐지게 되는데요. 결과는 전체 유효 투표권자 과반수 투표 및

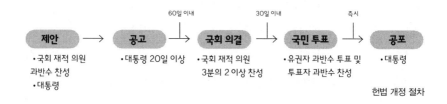

헌법 개정 절차

투표자 과반수 찬성에 달려 있습니다. 개정안이 확정되면 대통령은 즉시 이를 공포해야 하는데요. 헌법 개정안은 공포 즉시 효력이 발생됩니다.

법률 제정과 개정 절차도 알아볼까요? 먼저 법률안 제출은 국회의원 10명 이상의 발의와 정부가 하도록 되어 있습니다(정부의 법률안 제출은 의원내각제 요소예요). 이제 법률안은 국회의장에게 넘어갑니다. 그러면 국회의장은 제출된 법률안을 일반적으로는 소관 상임위원회에 넘기지만 천재지변, 전시·사변 또는 이에 준하는 국가 비상사태, 각 교섭단체 대표의원과 합의한 사항은 즉시 본회의에 상정하는 직권 상정권을 발휘하지요.

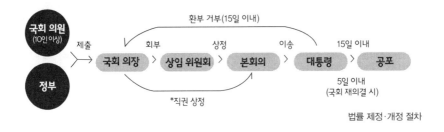

법률 제정·개정 절차

소관 상임위원회는 심의를 거쳐 그 안건을 본회의에 상정하거나 폐기할 수 있습니다. 즉 법률안이 현실에 맞지 않거나, 다른 법과 충돌될 여지가 있거나, 국민 전체의 동의와 지지를 얻지 못할 것 같다는 생각이 들면 상임위원회 차원에서 폐기시킬 수 있는 것이죠(이것도 효율적 국회 운영에 도움이 됩니다). 그런데 이를 통과했다고 하여 안건이 본회의에 바로 올라가는 게 아니에요. 먼저 법제사법위원회에서 문구를 조정합니다. 법제사법위원회도 상임위원회인데요. 여기서는 형식적인 문제를 살핍니다. 즉 법률안의 체계가 잘 되어 있는지, 형식적인 오류는 없는지 점검하지요. 법제사법위원회의 위원들 중 법조인 출신 국회의원이 많은 이유랍니다. 법제사법위원회에서 문구를 조정한 뒤 오류가 없다고 판단되면, 법률안은 드디어 본회의로 넘어갑니다. 그러면 본회의에서는 재적의원 과반수의 찬성과 출석의원 과반수의 찬성으로 법률안을 의결하게 되지요. 자, 이제 안건은 국회의 손을 떠나 대통령의 손에 들어가게 되고, 대통령은 법률안이 맘에 들면[36] 공포를 하게 되는데요. 이 경우 공포한다고 해서 바로 효력이 발생하지는 않습니다. 공포 후 20일이 경과해야 비로소 효력이 발생하지요.

여기서 질문 하나! 헌법 개정 절차와 법률 제정·개정 절차 중 어느 것이 더 엄격하고 까다로운가요? 예, 헌법입니다. 법률은 국회의원 10명 또는 정부가 제출할 수 있지만, 헌법은 그 정도로는 어림도 없거든요. 무조건 재적의원 과반수의 동의를 얻어야 해요. 즉 150명 이상의 국회의원 또는 대통령이 발의해야 제출할 수 있다는 뜻입니다. 어때요? 요건이 훨씬 더 엄격하죠? 헌법은 국민 전체의 삶을 바꿀 수 있을 정도로 파급력이 크기 때문에 이처럼 강력한 요건을 부여하는 것입니다.

현대사회와 의회주의의 위기

민주주의 국가에서는 국회가 정책 결정의 중심이 되는 의회주의를 지향합니다. 그런데 오늘날에는 국민의 대표기관인 의회가 제대로 기능하지 못하는 상황이 속속 연출되고 있어요. 복지국가를 추구하는 과정에서 행정부의 역

---

36 대통령으로서 법률안이 맘에 들지 않을 때 행사할 수 있는 권리가 법률안 거부권이다. 법률안 거부권은 미국처럼 전형적인 대통령제에서 등장하는 대통령의 권한이다. 대통령은 본회의에서 넘어온 법률안을 공포할지 말지를 15일 이내에 결정해야 하는데, 국민 대다수의 합의가 없다든지, 법이 통과되면 국가 재정 부담이 너무 커져서 국민 경제에 악영향을 준다고 생각하면 대통령은 이를 거부할 수 있다. 이 경우, 15일 이내에 이러이러한 이유로 거부한다는 이의서를 붙여 국회에 환부(돌려보낸다는 뜻)할 수 있다. 그러면 국회의장은 이걸 받아서 상임위원회를 거치지 않고 본회의에 다시 상정해서 재의결을 요청한다. 대통령이 이 법률안을 환부했으니 다시 의결해달라고 요청하는 것이다. 이에 따라 국회에서는 다시 법률안에 대한 표결을 하게 되고, 여기서 국회 재적의원 과반수의 출석과 출석의원 2/3 이상의 찬성으로 재의결하게 된다. 재의결된 법률안은 대통령이 또 거부할 수 없기 때문에 비로소 법률로 확정된다. 대통령은 재의결된 법률안을 5일 이내에 공포해야 하지만, 대통령이 "나는 공포하지 않겠다"고 끝까지 거부한다면, 대통령 대신 국회의장이 이를 공포하게 된다.

할이 지나치게 비대해진 까닭입니다. 복지정책은 기본적으로 전문가가 다뤄야 하는데요. 국회의원 모두가 이 분야 전문가는 아니잖아요? 전문가는 아무래도 행정부에 많이 배치되어 있으므로 복지국가의 등장은 행정부의 강화를 가져올 수밖에 없게 되고 따라서 상대적으로 의회의 기능이 약화된 것입니다. 우리나라의 경우엔 의원내각제 요소로 정부도 법률안을 제출할 수 있잖아요? 그러다 보니 국회의원보다 정부의 법률안 제출 건수가 많아지게 되고, 그게 국회를 통과하는 비율인 가결 비율에서 정부의 힘이 높아지게 된 이유로 작용하는 거죠. 그러니까 "국회는 도대체 뭐하는 곳이냐? 행정부가 제출한 법률안을 통과시켜주는 것밖에 하지 못하는 '통법부' 아니냐?"라는 비판도 나오는 거고요.

특히 정당정치의 과두화는 의회주의의 위기를 가속화했습니다. 정당이 민주적으로 운영되어야 하는데 현대사회로 올수록 정당이 점점 더 커지면서 이에 따라 정당에 관료제가 정착되었기 때문이죠. 즉 관료제의 정점에 있는 몇 명의 보스에게 권력이 집중되어 이들이 결정하는 당론에 따라 활동하게 되니 각 의원들이 자주적으로 국민을 대표하지 못하게 되어버린 겁니다.

사회의 다원화와 전문화도 의회주의의 위기를 가져온 중요한 원인이에요. 현대사회는 전문성과 기술이 필요한 입법 비중이 증가하면서 법 자체가 점점 디테일해지고 전문성도 더 많이 요구되는 상황인데요. 이런 경우 전문가가 아닌 국회의원이 법을 만든다면 어떻겠습니까? 국민생활과 동떨어진 법이 되어 국민에게 불신을 받게 될 수밖에 없어요.

이 같은 의회주의의 위기는 어떻게 극복할 수 있을까요? 먼저 정당의 과두화는 정당의 민주화로 해결해야 합니다. 제도 개혁을 통해 정당 운영의 폐쇄성을 탈피하고, 이성적 토론에 따른 상향식 의사 결정 구조가 자리 잡도록 노력할 필요가 있어요. 소속 정당의 당론과 상관없이 유권자의 의사와 국회의원 자신의 양심에 따라 자유롭게 투표하는 '교차투표제(cross-voting)[37]'를 정착시키는 것도 효과적인 방안이고요. 또한 국회의 기능 약화는 국회의원의 입법 활동 지원과 전문성을 높이는 방안에 대한 연구 선행으로 해결할 수 있습니다. 이때 부분적으로 직능 대표제를 도입하여 각 분야의 전문가를 직접 국회로 스카우트하는 것도 하나의 대안이 될 수 있겠죠? 그러나 무엇보다 중요한 점은 국회의원을 뽑을 때부터 능력 있고 검증된 유능한 사람을 선출해야 한다는 것입니다. 그러려면 우리 모두 정치에 관심을 가지고, 그 과정에 적극적으로 참여해야겠지요.

행정부의 조직과 기능

한 집안의 살림은 누가 맡나요? 대개 부모님이 맡으시죠. 그럼 나라의 살림살이는 누가 할까요? 행정부입니다. 행정은 법에 따라 나라의 살림살이를 맡아 하는 걸 말해요. 여러분은 이미 '정부'라는 말에 익숙할 것입니다. 컴퓨터를 딱 켜고 주요 뉴스를 클릭하면 눈에 가장 많이 보이는 것도 이 단어잖아요. "정부에서는…", "정부 부처는 오늘…" 등등처럼요. 넓은 의미의 정부에는 입법부, 행정부, 사법부 외에도 헌법기관들이 다 포함되지만 좁은 의미의 정부는 행정기관만을 가리킵니다. 우리나라에서도 그렇고요. 근대사회의 행정이 법을 집행하는 개념이었다면, 현대사회의 행정은 공공복리를 실현하기 위한 적극적인 국가작용이라 볼 수 있습니다. 이를 테면 법원에서는 다툼이 생기지 않을 경우 적극적으로 나서서 재판을 열지 않아요. 누군가 고소하든지 검사가 기소해야만 재판이 열립니다. 그만큼 사법은 상당히 수동적이고 소극적이라는 뜻이에요. 반면 행정은 국민에게 필요한 게 뭔지 파악하여 찾아가는 서비스를

---

37 각 의원이 소속 정당의 당론과는 상관없이 유권자의 태도나 자신의 소신에 따라 투표하는 것.

제공합니다. 즉 복지, 교육, 의료 등 공익을 실현하기 위해 국가가 적극적으로 나서는 것이지요. 간단한 그림으로 우리나라 행정부의 구성을 훑어볼까요?

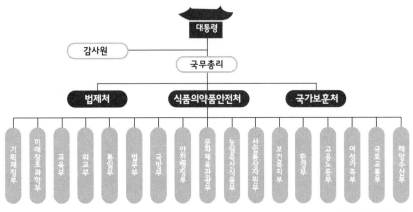

우리나라 정부 조직도

국가원수이자 행정부의 수반인 대통령의 권한들

위 그림에서 볼 수 있듯 행정부의 수반은 대통령입니다. 임기는 5년이고, 중임은 불가능하죠. 앞서 정부 형태에서 살펴보았듯이 "대통령은 나라를 대표하는 국가원수이자 행정부의 수반"입니다. 의원내각제엔 국가원수와 왕이 따로 있잖아요? 예를 들어 영국에는 여왕과 행정부(내각)를 이끌어가는 총리가 따로 있는 것처럼요. 하지만 우리나라는 이 두 가지 역할을 모두 대통령이 담당합니다. 따라서 대통령의 권한 역시 국가원수로서의 권한과 행정부 수반으로서의 권한으로 구분할 수 있어요.

먼저 '행정부 수반으로서의 권한'을 살펴볼게요. 몇 가지 권한을 제외한 나머지는 다 국가원수로서의 권한에 속하니까요. 행정부의 수반이란 '행정부의 우두머리'라는 뜻입니다. 즉 대통령은 '행정부를 지휘하고 감독할 권한'을 가진다는 의미예요. 또한 행정부 식구들인 공무원을 임명하고 파면할 수 있는 '공무원 임면권(任免權)'도 가집니다. '국군통수권'도 행정부 수반으로서의 권한에 포함돼요. 왜 그러냐고요? 행정부 조직 내에 국방부가 따로 있기 때문입니다. 그리고 군대는 국방부 소속이므로 대통령이 국방부를 지휘·감독하면서 국군을 통수할 수 있는 거지요. 행정부 수반으로서의 마지막 권한은 '대통령령 발포권'입니다. 이는 "대통령의 이름으로 법률 밑에 있는 명령을 발동하면서 공포할 수 있다"는 말이에요. 입법부는 법률을 만들 수 있는 권한을 가지고 있잖아요? 그런데 이 법률의 범위 내에서 행정부가 행정 관련 명령을 독자적으로 만들 수 있다는 뜻입니다. 대통령이 이를 발포하면 대통령령, 총리가 발포하면 총리령, 외교부 장관이 발포하면 외교부령이 되는 거죠.

이제 '국가원수로서의 권한'을 볼게요. 대통령은 우선 대외적으로 국가를 대표합니다. 여기에는 '조약의 체결·비준권', '외교 사절의 신임·접수·파견권', '선전 포고 및 강화권', '외국 승인권' 등이 있어요. '조약'은 국가들끼리 여러 가지 사항에 대한 합의점을 찾아 문서로 정해둔 것을 뜻해요. 조약을 최종적으로 확인하고 동의하는 절차로 서명이 필요한데 그것을 '비준'이라 합니다. '외교 사절의 신임·접수·파견권'은 외교관을 뽑고 외교관을 등록하고 외교관을 다른 나라에 파견하는 권한을 말해요. 전쟁이 끝난 후 전후처리를 하는 조약을 강화조약이라 하는데요. '선전 포고 및 강화권'은 다른 나라에 전쟁을 공식적으로 선언하고 전후처리 조약을 맺을 수 있는 권한을 말합니다. '외국 승인권'은 쉽게 말하면 국가 인정권이에요. 하나의 독립국가가 생기면 국가로 인정할 것인지, 아닌지에 대한 판단권이 대통령에게 있다는 뜻입니다. 국가라는 것은 자기들이 국가라고 주장한다고 해서 바로 인정되는 게 아니라 다른 나라에서 독립적인 주권국가라고 승인할 때 비로소 국가로서의 의미를 획득하게 되는 거니까요.

그다음으로 '국가와 헌법 수호권'이 있습니다. '긴급 명령권', '긴급 재정·경제 처분 및 명령권', '계엄 선포권', '위헌 정당 해산 제소권' 등이 여기 속합니다. '긴급 명령권'은 대통령이 국가 비상사태에 직면했는데 국회의 소집이 불가능한 경우 이를 극복하기 위해 법률의 효력을 가지는 명령을 발하고 사후에 국회의 승인을 얻는 제도예요. '긴급 재정·경제 처분 및 명령권'은 비상사태나 위기가 발생한 경우 대통령이 이를 극복하기 위해 국회의 의결 사항이나 승인 사항인 재정 행위를 국회의 승인을 얻지 않고 할 수 있는 긴급 처분 및 명령 권한입니다. 1993년 도입된 금융실명제[38]가 대표적인 예죠.

'계엄 선포권'은 내란, 반란, 전쟁, 폭동, 국가적 재난 등 비상사태로 인해 국가의 일상적인 치안 유지와 사법권 유지가 불가하다고 판단될 경우 대통령이 입법부의 동의 아래 군대를 동원하여 치안 및 사법권을 유지하는 조치(계엄령)를 선포할 수 있는 권한입니다. 우리나라는 1948년에 여수·순천 사건으로 발효된 계엄령이 최초이고, 독재정권에 의해 정권 장악 및 유지의 수단으로 악용된 아픈 역사가 있답니다. 특히 광주민주화운동 기간에 내려진 계엄령은 전두환을 중심으로 한 신군부의 내란 행위를 통한 정권 탈취에 반대하는 세력을 탄압하기 위해 악용되었지요. 긴급 명령권, 긴급 재정·경제 처분 및 명령권, 계엄 선포권의 공통점이 뭘까요? 예, 바로 우리나라의 존립을 지키기 위해서 필요한 권한들입니다. 이 셋을 묶어 '국가긴급권'이라 하지요. 그러니까 "대통령은 국가긴급권을 발동해서 국가와 헌법을 지켜낼 수 있다"고 이해하면 됩니다.

헌법 제8조 1항에는 '정당의 설립은 자유'라고 나와 있어요. 그렇다고 해서 아무 정당이나 인정하면 될까요? 어떤 정당의 목적이 공산정권을 들어서게 만드는 것이고 대한민국의 자유민주적 질서를 파괴한다면 인정할 수 없겠지요? 그래서 대통령은 헌법정신에 위반되는 정당을 해산시켜달라고 헌법재판소에 제소할 수 있는데요. 이것이 '위헌 정당 해산 제소권'이랍니다.

---

38 금융회사와 거래할 때 실제 명의인 실명을 사용하도록 의무화하고 실명 거래에 의한 금융거래정보에 대해서는 금융회사가 철저히 비밀을 보장하는 제도이다.

또한 대통령에겐 '각종 헌법기관들을 구성할 수 있는 권한'이 있어요. 대법원장, 국무총리, 감사원장, 헌법재판소장, 대법관, 헌법재판소 재판관, 중앙선거 관리위원회 위원(3명)에 대한 임명권이 있답니다.

그 밖에 대통령은 '국정 조정권'도 가집니다. 여기엔 국회 임시회를 소집해 달라고 요구할 수 있는 '임시회 소집 요구권', '법률안 공포·거부권', '사면·감형·복권 명령권',[39] '헌법 개정안 제안권', '국민투표 부의권'[40]이 있습니다.

권력 남용을 막아라

와우! 대통령의 권한은 정말 막강하군요. 얼핏 전제왕권이나 다름없어 보입니다. 그런데 대통령에겐 또 신분상의 특권도 있어요. 이를 테면 대통령은 살인을 해도 처벌받지 않는 거예요. 물론 그렇다고 해서 영원히 처벌받지 않는 건 아닙니다. 임기가 끝날 때까지만 처벌받지 않는 거죠. 즉 대통령은 내란 또는 외환(外患)[41]의 죄를 범한 경우를 제외하고는 재직 중 형사상의 소추(訴追)[42]를 받지 않습니다. 하지만 민사상의 책임은 재직 중이라도 져야 합니다. 다른 사람에게 돈을 빌렸다면 당연히 갚아야 한다는 뜻이지요.

자, 권한이 이토록 많으니 대통령에게 "전권을 마구 휘두르세요" 하면 큰일

---

39 사면은 국가 형벌권 자체의 전부 또는 일부를 없애거나 형선고를 받지 않은 자의 공소권(법원에 공소를 제기할 수 있는 검사의 권리)을 없애는 행위를 의미하는 것으로서, 세부적으로 사면·감형·복권이 있고, 이들은 다시 일반사면과 특별사면으로 나누어진다. 이때 일반사면은 국회의 동의를 얻어야 한다. 사면이 형선고의 효력을 상실시키는 것이라면, 감형은 형의 집행을 줄이는 것이고, 복권은 자격을 회복시키는 것이다. 대개 일반사면은 일반적 죄에 근거해서 사면하는 것이고, 특별사면은 특정의 범죄인에 대하여 형의 집행을 면제하거나 유죄선고의 효력을 상실시키는 대통령의 조치를 말한다.

40 헌법 제72조를 보면 "대통령은 필요하다고 인정할 때에는 외교·국방·통일, 기타 국가 안위에 관한 중요 정책을 국민투표에 부칠 수 있다"고 규정되어 있는데, 이것이 바로 국민투표 부의권이다.

41 외적의 침입으로 인한 재앙.

42 고급 공무원이 직무를 집행할 때 헌법이나 법률을 위배하였을 경우 국가가 탄핵을 결의하는 일.

날 것 같습니다. 뭔가 견제할 방법이 필요하겠죠? 그래서 우리나라는 몇 가지 통제 장치를 만들어두었답니다. 예를 들어볼게요. 우선 대통령이라 해서 국가의 중요한 일을 자기 마음대로 처리하지 못하게 했답니다. 반드시 국무회의의 심의를 거쳐야 하죠.

또한 국가의 중요한 일이나 국민의 기본권을 제한하는 권한을 행사하는 경우 국회의 동의나 승인을 받도록 했습니다. 동의는 사전적으로 허락을 받는 건데요. 조약을 체결하고 비준(서명)하기 전에 국회의 동의를 얻어야 한다는 뜻입니다. 승인은 사후에 허락받는 거고요. 예를 들어 친구와 여행가기 전에 "엄마, 나 여행 갔다 와도 돼?"라고 묻는 것은 동의를 구하는 거고, 일단 떠나고 본 다음 "엄마, 나 여행 왔어. 잘했지?"라고 말하는 것은 승인을 구하는 것입니다. 결과는⋯ 완전히 다르겠죠?

대통령의 국가행위, 즉 국법상의 행위는 말로 하는 게 아니라 문서로 명확하게 남겨야 하는데요. 이것을 '문서주의'라 합니다. 이 문서에는 국무총리 및 관계 국무위원, 쉽게 말해 국무총리와 해당하는 업무를 담당하는 장관이 함께 서명해야 해요. 이렇게 해야만 책임의 소재가 뚜렷해지고 서명할 때 다시 한 번 신중한 의사 판단을 할 수 있으니까요. 이것을 '부서제도'라 합니다. 그리고 대통령은 국정의 중요한 사항에 대해서 국무회의의 심의에 앞서 각종 자문기관의 조언을 받을 수 있어요. 국가원로 자문회의, 민주평화통일 자문회의 등은 대통령의 정책 결정에 조언하는 기관입니다. 그 밖에 선거 결과나 여론을 통해 대통령의 권한을 통제할 수 있고, 국회가 탄핵 소추권을 행사할 수도 있습니다.

국무총리는 어떤 일을 하나?

이제 국무총리를 살펴봅시다. 여러분, 혹시 우리나라 역대 국무총리 가운데 떠오르는 이름이 있나요? 생각이 잘 나지 않는다는 건 자주 바뀐다는 뜻이고, 이는 곧 '임기가 없다'는 사실과 연결됩니다. 의원내각제의 총리는 임기가 정해져 있지만 이를 보장받지 못하는 반면 우리나라의 총리에겐 임기가 아예 없지요.

먼저 헌법에 명기된 국무총리 관련 조항을 볼게요. 제86조 1항은 "국무총리는 국회의 동의를 얻어 대통령이 임명한다"이며, 2항은 "국무총리는 대통령을 보좌하며, 행정에 관하여 대통령의 명을 받아 행정 각부를 통할한다"입니다. 또 제87조 1항은 "국무위원은 국무총리의 제청으로 대통령이 임명한다"고 되어 있고, 2항은 "국무총리는 국무위원의 해임을 대통령에게 건의할 수 있다"로 되어 있답니다. 제88조 3항은 "대통령은 국무회의의 의장이 되고, 국무총리는 부의장이 된다"이고요.

국무총리는 행정부의 2인자로 대통령을 보좌하고 대통령의 명을 받아서 행정 각부를 총괄하는 사람입니다. 대통령 자리가 공석일 때는 권한을 대행하고, 국무회의에서는 부의장을 맡지요.

TIP

대한민국의 국무총리와 미국의 부통령은 존재감이 다르다. 원래 전형적인 대통령제에는 부통령이 있다. 미국의 경우엔 대통령이 4년 중임제로서 대선을 치를 때 대통령 후보와 부통령 후보가 함께 나온다. 이를 러닝메이트라 부른다. 즉 부통령도 국민의 선택을 받는 것이다. 그러나 우리나라의 국무총리는 국민의 선택으로 뽑히는 게 아니라 대통령이 국회의 동의를 받아 임명한다. 미국의 부통령은 대통령의 자리가 비었을 경우 행정부를 총괄하지만(예를 들어 사고로 인해 대통령이 사망한다면 대통령의 남은 임기를 부통령이 다 채운다), 우리나라는 대통령 자리가 비게 될 경우 임시로 총리가 권한을 대행할 뿐 빠른 시일 내에 대통령을 뽑아야 한다. 미국의 부통령과 우리나라 국무총리는 지위 자체가 다른 것이다.

국무총리에겐 '각료(국무위원) 임명 제청권'도 있습니다. 대통령이 행정 각부의 장관을 임명할 때 국무총리가 적합한 인물을 추천할 수 있다는 뜻입니다. "대통령님, 교육부 장관으로 이 사람 괜찮은 것 같은데 어떻게 생각하세요?"라고 말이죠. 즉 "이 사람을 교육부 장관 시켜달라"고 하는 건데요. 이를 제청한다고 합니다. 그러면 대통령이 심사숙고 하여 그 후보자를 임명하게 되지요. 국무총리는 또한 소관 사무에 관하여 법률, 대통령령의 위임 또는 직권으로 법규명령인 '총리령'을 발할 수 있습니다.

호랑이보다 무서운 감사원

공무원에겐 감사원이 제일 무서운 존재랍니다. 정부 조직도를 보면 대통령 바로 밑에 감사원이 있잖아요? 대통령 직속기관이라는 뜻이죠. 하지만 주의할 게 있습니다. 감사원은 업무상 대통령의 지휘를 전혀 받지 않는 독립적인 헌법기관이라는 점인데요. 특정 부서 소속이 아닌 만큼 대통령을 제외한 공무원 전반을 두루 감찰하면서 독립적으로 감시·감독 활동을 펼칩니다. 즉 공무원의 직무 감찰을 통해 부정부패를 막는 거예요. 더 나아가 국가 및 법률이 정한 각종 단체의 회계 검사도 하고요. 회계 검사란 "장부 좀 가지고 오세요!" 하면서 어떤 부서가 업무를 제대로 수행하고 있는지 살피는 것입니다. 심지어 1년 동안 국가가 거두어들이고 쓴 돈에 대한 장부도 검사해요. 이것을 '세입·세출 결산권'이라 합니다. 세입과 세출 결산을 감사원이 해주어야 대통령은 행정부에 대한 감독을 철저히 할 수 있겠지요? 즉 국가 예산을 결산하는 것을 감사원이 하고, 결산된 결과물은 다시 국회가 심사하게 되는 것입니다.

법질서의 수호천사 사법부

법을 제정하는 입법부, 법의 집행을 담당하는 행정부와 달리 사법부는 "무엇이 법인가를 해석, 판단, 선언하는 역할을 담당"합니다. 헌법 제101조는 "사법권은 법관으로 구성된 법원에 속한다"라고 규정함으로써 법원이 사법권을 가진다고 알려주지요. 또한 헌법 제27조 1항에 "모든 국민은 헌법과 법률이 정한 법관에 의하여 재판을 받을 권리를 가진다"고 명시하고, 3항에는 "모든 국민은 신속한 재판을 권리를 가진다"고 규정하여 일정한 자격을 갖춘 법관에 의하여 법원으로부터 정당한 재판을 받을 권리[43]가 국민의 기본권임을 천명합니다.

앞에서 행정은 국민들이 필요한 게 뭔지 파악해서 찾아가는 서비스를 할 수 있다고 했던 것, 기억나시죠? 행정부는 법에 담긴 내용을 적극적으로 실현하지만, 사법부는 누군가 고소하든지 검사가 기소해야만 재판이 열리므로 사실 상당히 수동적이고 소극적이라 볼 수 있습니다. 하지만 법질서에 대한 침해가 있거나 법률문제가 발생할 경우 법이 무엇인지를 선언함으로써 법질서를 수호하는 역할을 하는 매우 중요한 기관입니다.

사법권이 독립해야 하는 이유

우리나라 헌법 제103조는 "법관은 헌법과 법률에 의하여 그 양심에 따라 독립하여 재판한다"입니다. 학생이나 교사, 혹은 상인의 독립에 대해서는 언급하지 않으면서 유독 법관의 독립을 헌법으로 규정한 이유는 무엇일까요? 이는 법관의 활동 영역이라고 할 수 있는 사법부가 행정부 및 입법부와 같이 국가 권력의 핵심을 이루는 3대 기둥 중 하나이기 때문입니다. 만약, 법관이 자신의 소신과 양심에 바탕을 두어 자유롭게 판결하지 못한다면 사법부는 국가와 개인의 충돌 문제를 판단하는 데 큰 어려움을 겪게 될 것입니다. 결과적

---

43 재판을 받을 권리는 기본권 중 '청구권'에 해당한다.

으로 근대 법치주의 국가의 기초인 삼권분립을 와해시킬 수도 있고요. 그러므로 사법권의 독립은 법치주의를 실현하고 기본권을 보호하기 위한 필수적인 조치라 할 수 있습니다.

재판에도 원칙이 있다

법관은 재판이라는 과정을 통해 법의 이념인 정의를 실현하고, 기본권을 보장하며, 사회질서를 유지합니다. 또한 재판을 통하여 개인 간에 발생하는 법률상의 분쟁과 이해관계를 조절해주고, 국가나 사회에 해를 끼친 자에게 법적인 심판을 내리기도 하지요. 그런데 재판을 할 때엔 반드시 지켜야 하는 두 가지 기본 원칙이 있습니다. 바로 '공개 재판주의'와 '증거 재판주의'예요.

'공개 재판주의'는 헌법 제109조에 드러납니다. 즉 "재판의 심리와 판결은 공개한다. 다만, 심리는 국가의 안전 보장 또는 안녕 질서를 방해하거나 선량한 풍속을 해할 염려가 있을 때에는 법원의 결정으로 공개하지 아니할 수도 있다"고 규정하여 재판 공개의 원칙을 선언하고 있어요. 헌법 제27조 3항도 "형사 피고인은 상당한 이유가 없는 한 지체 없이 공개 재판을 받을 권리를 가진다"고 하여 형사 피고인의 공개 재판 권리를 보장하고 있고요. 중세에서 근대에 이르는 동안 역사에 횡행했던 비밀 재판이나 즉결 처형과 비교하면 정말이지 혁명적인 인권 성장입니다. 하지만 재판의 모든 것을 공개해야 하는 건 아니에요. 재판은 심리[44]와 판결[45]로 나누어볼 수 있는데요. 심리의 경우 판사가 필요하다고 생각하면, 즉 인권 침해나 국가안보에 결부되는 경우 비공개로

---

44 재판의 기초가 되는 사실 및 법률관계를 명확히 하기 위해 법원이 조사하는 행위.

45 법원이 변론을 거쳐 소송 사건에 대하여 판단하고 결정하는 재판. 민사소송에서는 법정의 형식에 의한 원본을 작성하고 당사자에게 선고하며, 형사소송에서는 법원이 구두 변론에 기초를 두고 피고인에게 유죄, 무죄, 면소 따위를 선고한다.

할 수 있습니다. 그러나 판결은 무조건 공개해야 합니다.

이제 '증거 재판주의'를 알아볼까요? 우리는 판사가 무죄를 선포하더라도 그 사람이 결백하다고 생각해서는 안 됩니다. 이런 판결은 어떤 사람이 실제로 결백하다는 것이 아니라 유죄를 줄 만한 증거가 없다는 뜻이기도 하거든요. 법정 드라마나 「크리미널 마인드」 같은 미드를 보면 "심증은 뚜렷하나 물증이 없다"는 이유 때문에 천인공노할 범죄자가 웃으며 법원을 빠져나오는 장면이 많잖아요? 게다가 자백만이 유일한 증거일 때에도 무죄 추정을 합니다. 이것을 '자백의 증거 능력 제한 원칙'이라 해요. 하나 더 기억할 것은 '일사부재리의 원칙'입니다. 어떤 사건에 대해 일단 판결이 확정되면 다시 재판을 요구할 수 없다는 원칙이었지요? 2013년 인기를 끌었던 「너의 목소리가 들려」에서도 일사부재리의 원칙에 대한 내용이 나왔고, 1999년 개봉한 영화 「더블 크라임」에서도 이 부분을 확인할 수 있답니다.

법관의 임기와 신분 보장

헌법 제101조 3항의 내용은 "법관의 자격은 법률로 정한다"입니다. 일반적으로 법원은 대법원과 고등법원, 그리고 지방법원과 지원으로 나누어지는데요. 대법원의 판사를 대법관이라 하고, 대법원의 우두머리를 대법원장이라 합니다. 물론 대법원에도 대법관이 아닌 법관이 있습니다. 이러한 사람들은 대법원장이 임명하지요. 그러면 대법원장은 누가 임명할까요? 예, 국회의 동의를 얻어 대통령이 임명합니다. 대법관도 대법원장의 요청으로 국회의 동의를 얻어 대통령이 임명하고요. 대법원장의 임기는 6년이며 중임할 수 없고, 대법관은 임기 6년에 연임이 가능합니다. 일반 법관은 대법관 회의의 의결을 거쳐 대법관이 임명하는데요. 임기는 10년입니다. 참고로 대법원에 속해 있는 대법관의 수는 대법원장을 포함하여 14명입니다.

법관의 신분은 법적으로 보장되며, 파면을 하려면 탄핵 또는 금고 이상의 형선고 같은 엄격한 절차를 거쳐야 합니다. 독립된 재판을 진행하는 법관에 대한 부당한 압력을 막아 공정한 재판을 진행함으로써 결과적으로 국민의 기본권을 보장하기 위함이죠.

법원은 어떻게 구성되나?

우리나라 법원은 대법원과 각급 법원으로 조직되어 있습니다. '각급 법원'이라는 말은 "법원에도 급(級)이 있다"는 뜻이에요. 대학생 형에게 중학생 동생이 같이 PC방 가자고 하면 형이 "야! 너랑 나는 노는 급이 달라! 어디 중학생이 감히!" 하잖아요. 마찬가지로 법원에도 급이 있어서 지방법원, 고등법원, 대법원으로 나눕니다. 대법원[46]이 제일 위에 있고, 그다음이 고등법원, 그 아래 지방법원, 그리고 맨 아래 지방법원 지원이 있어요. 지방법원과 동급으로는 가정법원과 행정법원이 있고요. 또한 특허 소송을 전담하는 특허법원과 군인과 군무원에 대한 재판을 관할하는 특별 법원으로서 군사법원도 있습니다.

최고 법원은 당연히 대법원이고, 고등법원 아래로 지방법원과 지원이 설치됩니다. 그럼 '지원(支院)'은 뭘까요? 법원이 전국의 행정구역에 모두 있는 건 아닙니다. 경기도 일산은 대표적인 신도시로 인구가 무지 많잖아요? 그런데 지방법원이라는 게 따로 없어요. 그러면 일산에 사는 사람에게 법적 문제가 발생하면 어디 가서 해결해야 하나요? 가까운 서울로 가서 판결을 받아야 할까요?

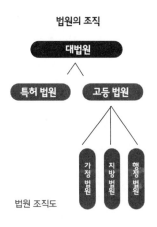

법원의 조직

대법원

특허 법원 　　 고등 법원

가정법원 　 지방법원 　 행정법원

법원 조직도

---

46 최고 법원은 대법원이다. 헌법재판소가 대법원보다 더 위에 있다고 생각하는 사람도 있을 테지만, 헌법재판소는 독립된 기관이므로 법원이라 부르지 않는다.

이 문제는 다음과 같이 생각하면 이해가 쉬워집니다. 즉 지방법원을 전국 방방곡곡에 설치할 수 없으니 출장소 같은 개념의 지원을 두어 이곳에서 법 문제를 해결하도록 하는 거라고 말입니다. 그러니까 일산을 관할하는 지방법 원이 독립적으로 설치되어 있지 않더라도 의정부 지방법원의 고양지원을 이 용하면 되는 거죠. 즉, 지원은 지방법원에서 하나의 지점 형태로 나가 있는 거 라고 이해하면 됩니다.

여러 가지 재판

재판은 다루는 사건의 성격에 따라 민사재판, 형사재판, 행정재판으로 구분 합니다. '민사재판'은 개인 간에 발생하는 일들, 즉 재산이나 가족 관련 다툼 을 해결하는 재판이에요. 여러분이 잘 아는 '솔로몬의 재판'은 역사상 가장 유명한 민사재판 중 하나랍니다. '형사재판'은 검사가 원고가 되어서 피해자 의 법적 이익을 침해한 피고를 고발[47]하여 법원의 심판을 받게 하고, 법원은 각종 증거를 바탕으로 피고인의 유무죄 및 형량을 결정하는 재판이고요. '행 정재판'은 법원이 국민과 행정기관의 처분이나 행정 법규 적용과 관련된 분쟁 을 판단하기 위해 실행하는 재판입니다. 그 외 재판 제도로는 선거의 효력이 나 당선의 유무효를 결정하는 '선거재판', 군인이나 군에서 공무원 역할을 담 당하는 군무원의 범죄를 다루는 '군사재판', 특허 관련 사건을 다루는 '특허 재판' 등이 있습니다.

---

47 고소와 고발은 누군가의 잘못을 수사기관에 알린다는 점에서 똑같지만, 누가 알리느냐에 따라 고소와 고발로 구별된다. 고소(告訴)는 범죄의 피해자가 범죄 사실을 수사기관에 신고하여 수사와 범인의 기소를 요 구하는 일이고, 고발(告發)은 제3자가 수사기관에 범죄 사실을 신고하여 수사 및 범인의 기소를 요구하는 것이다.

심급제도, 어렵지 않아요

재판의 종류를 잘 이해해야만 세 번까지 재판받을 수 있는 것과 그렇지 않은 것에 대해 제대로 접근할 수 있습니다. 여기서 꼭 알아두어야 할 게 '심급제도'인데요. 재판의 결과에 당사자들이 불복하거나 판사의 잘못된 재판을 시정하기 위해 급이 다른 법원에서 여러 번 재판할 수 있도록 하여 재판의 공정성과 정확성을 확보함으로써 궁극적으로 국민의 자유와 권리를 보장하는 제도를 심급제도라 합니다. 우리나라는 '3심제'가 원칙이서 민사, 형사, 행정재판 모두 3심제로 진행하는데요. 중요한 것은 3심제에도 예외가 있다는 점입니다.

재판을 세 번까지 받을 수 있다는 것은 이런 거예요. L씨는 첫 번째 재판 결과를 도무지 받아들일 수 없어요. 그래서 결과에 불복하여 두 번째 재판으로 넘어갑니다. 그런데 두 번째 재판 결과에 대해서도 불복하게 되어 결국 세 번째 재판으로 넘어갔습니다. 이때 세 번째 재판을 담당하는 기관이 대법원입니다. 여기서 우리가 꼭 알아두어야 할 게 있으니 바로 '상소제도'랍니다. 상소라는 건 상급 법원으로 뭔가를 넘긴다는 뜻이잖아요? 그러니까 첫 번째 재판에 불복해서 넘기는 것, 두 번째 재판에 불복해서 넘기는 것, 이 모두를 포함한 개념이 바로 상소제도[48]예요.

그럼 3심제의 예외 사항을 정리해볼까요? 선거재판은 단심[49]일 수도 있고, 2심일 수도 있습니다. 선거재판은 대통령, 국회의원, 특별시장 및 광역시장, 시·도 비례대표의원의 선거 소송, 당선 소송은 대법원에서 단심제로 하고요. 지역구 시·도 의원, 자치구 시·군 의원, 자치구 시·군의 장 선거 소송, 당선 소송은 고등법원에서 1심을 담당하며, 2심은 대법원에서 담당합니다. 각 선거 소송은 선거 자체의 효력을 다투는 소송이고, 당선 소송은 당선인 결정에 불

---

48 항소, 상고, 항고, 재항고 등이 상소제도에 포함된다.

49 재판이 한 번에 끝나는 것은 1심이라고 부르지 않고 단심이라 한다.

복하여 제기되는 소송입니다.

군사재판 중 비상 계엄하의 군사재판인 경우는 단심으로 끝납니다. 비상 계엄하 군부에서 상급자의 명령에 불복종한다든지, 군인이 간첩 활동을 하는 일이 발생했을 때엔 재판을 한 번만 한다는 뜻인데요. 이런 재판은 가장 급이 높은 대법원에서 담당합니다. 그런데 사형선고가 나올 경우엔 세 번까지 재판받게 해줍니다.

특허재판의 경우를 봅시다. M양이 아주 기발한 상품을 만들어서 특허를 얻었어요. 그런데 얼마 후 M양은 누군가 자신이 개발한 것과 똑같은 상품을 만들어 판매하고 있는 걸 알게 됩니다. 자, 이럴 때 어떻게 해결할까요? 그렇죠. 특허재판으로 해결해야죠. 특허재판은 두 번으로 끝나는데요. 1심은 특허법원에서, 2심은 대법원에서 담당합니다.

법원의 최고 법원은 대법원이며, 대법원장과 대법관으로 구성되어 있습니다. 대법원이 사법부의 최고기관이고, 여기의 우두머리가 대법원장이라는 뜻이지요. 대법원은 명령·규칙·처분의 헌법·법률 위반 여부를 심사하는 권한을 가지고 있습니다. 명령은 행정부가 발동하고 규칙은 지방행정부가 발동하죠. 처분은 행정부가 국민에 대해 법규를 적용하는 행위를 말하고요. 즉 행정부의 명령·규칙·처분이 법에 위반된다든지 헌법에 위반되는지를 심사할 수 있는 것이 법원의 대법원 권한이라는 것인데요. 굳이 대법원만 할 수 있는 건 아니고 법원에서 할 수 있다고 기억하면 됩니다. 또한 대법원은 대법원 규칙을 만들 수 있는 권한도 가지고 있어요. 대법원을 운영하는 데 적용되는 규칙을 입법부인 국회가 만들어서 "이렇게 운영하세요"라고 주는 게 아니라 대법원 스스로 결정하여 만든다는 뜻입니다.

대법원 밑의 급이 고등법원입니다. 2심 판결을 담당하죠. 특허법원은 고등법원과 같은 급입니다. 따라서 특허재판에서는 1심을 담당한 특허법원의 판결에 불복할 경우 2심은 대법원으로 넘어가지요. 그러니까 대법원도 3심만 담당하는 게 아니라 2심으로 끝나는 사건은 2심까지만 담당하게 되는 거예요. 즉 "모든 사건의 마지막을 담당하는 것이 대법원이다"라고 기억하면 되겠습니다. 지방법원은 합의부와 단독부로 구성됩니다. 이것은 나중에 따로 설명할게요. 가정법원은 지방법원 급의 특수법원으로서 주로 가사사건과 소년[50] 보호사건을 담당합니다. 소년이 잘못을 저질렀을 때 소년원에 보낼지, 보호관찰을 해야 할지 등을 정하는 곳이지요. 행정법원도 지방법원과 동급인데, 서울에만 설치되어 있습니다.

아래 심급제도 그림을 보세요. 지방법원에 합의부란 말이 있고, 단독 판사라는 말도 있죠? 일단 가상의 민사사건이나 형사사건을 하나 떠올려봅시다. 우리나라에서는 재판을 총 세 번까지 받을 수 있다고 했죠. 예, 3심제입니다. 그런데 그림을 잘 보면 화살표 방향이 두 가지로 되어 있어요. 지방법원 단독 판사 → 지방법원 본원 합의부 → 대법원, 지방법원 합의부 → 고등법원 → 대법원 이렇게 말이에요. 이걸 보면서 "아, 하나는 민사재판이고, 다른 하나는 형사재판이구나" 하고 생각하면 안 됩니다. 이것은 민사냐 형사냐에 따른 게 아니고, 사건의 경중(輕重)에 따른 것이니까요.

그렇다면 뭐가 가벼운 사건일까요? 민사재판의 경우, 소송 금액 자체가 얼마 안 된다면 가벼운 사건이고요. 형사재판의 경우엔 범죄는 맞는데 그 범죄가 단순절도나 단순상해처럼 경미한 범죄라면 가벼운 사건이라 할 수 있습니다. 이

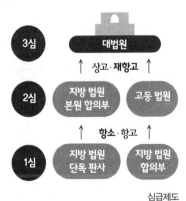

심급제도

50 소년법 규정에 따라 19세 미만을 소년으로 본다.

215

렇듯 가벼운 재판이 시작되면 민사나 형사사건의 1심은 지방법원의 단독 판사, 즉 판사 한 분이 담당합니다. 가벼운 사건이니까요. 그런데 민사재판에서 소송 금액이 1억 원을 넘기거나 형사에서 형량이 사형 혹은 무기, 또는 단기 1년 이상의 징역이나 금고에 해당하는 중범죄를 다룰 때는 판사 3명으로 구성되는 합의부가 이를 담당합니다. 무거운 사건, 즉 합의사건의 1심을 담당하는 것은 지방법원 합의부이므로 재판에 3명의 판사가 한꺼번에 들어가는 거죠. 그러니까 '가벼운 사건은 단독, 무거운 사건은 합의'라고 기억해두세요.

좋아요! 그럼 단독사건부터 갑시다. 형사재판 1심에서 징역 6개월이 선고되었다고 해보지요. 검사도 동의하고 피고인도 동의하면, 즉 누구도 이의를 제기하지 않으면, 바로 1심에서 재판이 끝납니다. 그런데 검사가 피고인의 죄질에 비해 징역 6개월은 말도 안 된다고 판결에 불복한다고 칩시다. 피고인은 피고인대로 지은 죄에 비해 징역 6개월이 너무 길다고 하면서 이에 불복하겠다고 합니다(민사재판에서도 마찬가지예요). 이렇게 1심 판결에 불복해서 2심 재판을 청구하는 것을 '항소(抗訴)'라 하지요. 단독사건이어서 1심은 지방법원 단독 판사가 담당했으니, 2심에서는 판사 3명이 모인 지방법원 본원 합의부에서 다루게 됩니다. 그런데 형사재판 2심에서 또 유죄 판결이 떨어졌다면 피고인은 인정할 수 없다고 나올 수도 있어요(민사재판 2심에서도 원고 또는 피고가 판결을 받아들이지 못할 수 있고요). 그래서 2심 판결에 불복하여 대법원에 재판을 청구하게 되는데, 이를 '상고(上告)'라 합니다.

중한 사건, 즉 합의사건도 마찬가지예요. 지방법원 합의부에서 1심 판결을 내렸는데 불복하면 2심, 즉 항소심은 고등법원이 담당합니다. 고등법원의 판결에 불복해서 대법원까지 넘어가면 상고라 하여 마지막까지 가는 거죠.

그런데 '항소'나 '상고'라는 말 외에 '항고(抗告)' 혹은 '재항고(再抗告)'라는 말도 있습니다. 법원이 내릴 수 있는 판결은 대개 유죄, 무죄, 원고 승소라는 형태이지만, 또 다른 것도 있어요. 결정이나 명령을 내리기도 하니까요. '결정' 은 사실의 존재 유무를 확인하는 것으로 보석 허가 결정, 증거 신청에 대한 결정 등을 이릅니다. '명령'은 일정한 행위를 하도록 명하는 것으로 구속, 압류, 가처분 명령 같은 게 있고요. 1심의 결정 또는 명령에 불복해서 2심을 신청하는 것을 '항고', 2심의 결정 또는 명령에 불복해서 3심을 신청하는 것을 '재항고'라 부릅니다.

　행정 사건의 1심은 행정법원이 담당하지만, 행정법원이 설치되어 있지 않은 지방에서는 지방법원에서 행정재판의 1심을 담당해요. 만일 여기에 불복해서 2심으로 넘기면 누가 기다리고 있을까요? 예, 고등법원이 대기하고 있겠죠. 여기에 또 불복하면 대법원까지 가는 거고요. 즉 행정 소송도 3심이 원칙이라는 것, 기억하세요.

법 정신을 살리려면 서로 견제하라

입법부, 행정부, 사법부를 다 돌아보았으니 삼권분립에 따라 서로를 어떻게 견제하는지 살펴볼게요. 오른쪽 그림을 보세요.

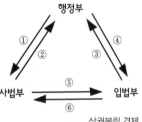

삼권분립 견제

　①은 행정부가 사법부를 견제하는 권한이에요. 가장 대표적인 것으로 사면권을 들 수 있지요. 이건 아주 대단한 권한이랍니다. 사법부의 재판 결과를 완전히 뒤엎을 수 있으니까요. 사면에는 일반사면과 특별사면이 있는데, 일반사면은 국회의 동의를 얻어야 합니다. ②는 사법부가 행정부를 견제하는 권한이에요. 행정부가 만들 수 있는 법은 명령과 규칙이잖아요. 그러니까 사법부가 행정부를 견제하려면 이런 명령을 함부로 내리지 못하게 해야겠죠? 이것이 바로 앞에서 살펴본 위헌·위법 명령과 규칙 및 처분에 대한 심사권이랍니다. 즉 명령, 규칙, 처분이 헌법과 법률에 위반되었는지 여부를 심판하여 무

효화할 수 있는 권리이지요. ③은 법률안 거부권이고, ④는 탄핵 소추권, ⑤는 위헌 법률 심사 제청권입니다(헌법재판소를 다룰 때 나올 거예요). ⑥은 대법원장 및 대법관 임명 동의권이고요.

또 다른 사법기관 '헌법재판소'

헌법재판소를 법원이라 알고 있는 사람이 있는데요. 땡! 틀린 생각입니다. 헌법재판을 담당하는 기관이 독립되어 있는 국가가 있고, 법원 내의 조직으로 들어가 있는 국가도 있는데요. 우리나라는 헌법재판소를 독립적인 기관으로 간주합니다. 하지만 미국은 연방대법원에서 헌법재판도 함께 담당해요. 그러니까 미국의 헌법재판을 담당하는 기관은 법원이고, 우리나라는 그렇지 않은 거죠.

● 헌법재판소의 정체가 뭐지?

헌법재판소는 헌법에 보장된 국민의 기본권이 침해되는 '정치적 사건'을 '사법적 절차'에 따라 재판하는 기관입니다. 즉 헌법 해석과 관련된 국가기관의 기본권 침해 여부를 다루고, 이로 인해 국민의 기본권을 보호하는 사법기관이죠. 여기서 사법기관은 사법부란 뜻이 아니랍니다. 사법부는 법원이잖아요. 헌법재판소는 법원과 다른 별개의 조직입니다.

헌법재판소는 최고의 헌법수호기관, 즉 입법권에 대한 통제기관으로 1988년 만들어졌어요. 1987년 6월 항쟁 이후 국민의 기본권을 보장받기 위해 만든 정치적 사법기관입니다. 헌법재판소는 법관의 자격을 가진 9인의 재판관으로 구성되는데요. 삼권분립의 원칙에 따라 3명은 국회에서 선출하고, 3명은 대법원장이 지명하며, 3명은 대통령이 지명하는데 이들은 모두 대통령이 임명합니다. 또한 헌법재판소의 장은 국회의 동의를 얻어 재판관 중에서 대통령이 임명하지요. 그러니까 국회에서 인사청문회를 거쳐서 후보자가 적합한지 여부를 따진 다음 국회의원 다수의 의사를 묻고, 재적의원의 과반수 출석과 출석의원의 과반수 찬성의 조건으로 국회가 동의해주는 것입니다. 재판관의 임기는 6년이고, 탄핵 또는 금고 이상의 형에 의하지 아니하고 파면되지 않도록 신분을 보장받습니다.

재판이란 우리가 살아가면서 발생하는 법률관계의 내용에 대해 당사자 사이에 다툼이 생길 경우 국가가 개입하여 법률관계의 내용을 확정해주는 절차입니다. 한편 헌법재판은 헌법을 해석, 적용하는 과정에서 헌법 규정의 올바른 뜻에 관한 다툼이 발생한 경우에 국가의 재판기관이 과연 무엇이 헌법에 합치하는 것이고 무엇이 헌법에 위반되는 것인지를 가려주고, 경우에 따라 헌법에 위반되는 행위와 그로 인하여 나타난 상황을 바로잡기 위한 재판입니다.

헌법에 의해 조직된 모든 국가기관은 그들의 일을 처리함에 있어 당연히 헌법을 준수해야 합니다. 그런데 헌법은 매우 추상적이기 때문에 구체적인 문제

법 취지는 이해하지만 민주주의의 기본 이념에 반하고, 국민의 기본권을 과도하게 침해하므로 ○○법은 무효라고 생각합니다.

그래도 의회에서 적법한 절차를 거쳐 제정되었으니 그대로 집행하고 그 법을 준수하는 것이 옳다고 생각합니다.

갑

을

법은 기본적으로 정치권력에 대한 국민의 동의와 합의가 문서로 형식화된 것입니다. 이번에 의회에서 통과된 ○○법에 대해 어떻게 생각하세요?

다툼을 해결하고 의견을 통일하기 위한 토론의 장

에서는 어떻게 하는 것이 헌법이 정한 바에 알맞은 것인지에 관해 국가기관 사이, 또는 국가기관과 국민 사이에 서로 의견이 달라 다툼이 일어날 수 있어요. 이럴 때 국가는 헌법재판을 통해 다툼을 해결하고 국가의 의견을 통일합니다.

● 헌법재판소의 권한

헌법재판소는 위헌 법률 심판권, 헌법 소원 심판권, 탄핵 심판권, 위헌 정당 해산 심판권, 기관(권한) 쟁의 심판권 등 다섯 가지의 매우 중요한 권한을 가지고 있습니다. 헌법은 최고의 법이므로, 그 밑에 있는 법률·명령·조례·규칙 등의 내용이 헌법에 위반되어서는 안 됩니다.[51]

'위헌 법률 심판권'은 법원의 제청에 의해 법률이 헌법에 위배되는지의 여부를 심판하는 거예요. 위헌 법률 심판은 청구권자가 법원입니다. 법원에서 재판 진행 중인 당사자는 그 사건에 적용될 법률이 헌법에 위반된다고 생각할 때 법원에 위헌 제청 신청을 할 수 있는데요. 제청 신청을 받은 법원은 합리적인 위헌의 의심이 있다고 판단되면 헌법재판소에 위헌 심사 제청[52]을 하게 됩니다. 위헌 법률 심판에서 중요한 것은 현재 재판이 진행 중이라는 게 전제되어야 하며, 재판과 관련이 없는 법률 조항에 대해서는 위헌 법률 심판 제청을 신청할 수 없다는 점입니다. 또한 재판 당사자의 위헌 법률 심판 제청 신청으로 제청할 수도 있고, 법원의 직권으로 신청할 수도 있습니다. 이를 그림으로 나타내면 다음과 같아요.

---

51 법률은 국회가, 명령은 정부가, 조례는 지방의회가, 규칙은 지방자치단체의 장이 만든다. 규칙에서 헌법으로 갈수록 상위법, 헌법에서 규칙으로 갈수록 하위법이다. 상위법에 위반되는 하위법은 효력을 잃게 되는데, 하위법인 법률이 국가의 최고법인 헌법에 위반되는지 결정해주는 곳이 바로 헌법재판소이다.

52 제청은 기관이 기관에 요청하는 것이다.

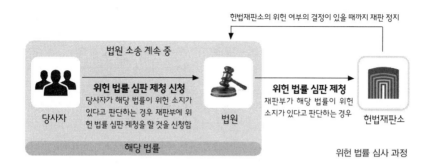

위헌 법률 심사 과정

위헌 법률 심사 제청이 있을 때 헌법재판소는 재판관 9명 중 3분의 2인 6명 이상이 찬성하면 위헌으로 결정하고, 이때 그 법률은 효력을 잃게 됩니다. 사례를 살펴볼게요.

2009년 2월 경기 연천군의 대전차방벽을 무단으로 철거해 군사시설물 손괴를 이유로 군사법원에 기소되었던 A씨가 1, 2심 군사재판에서 유죄를 선고받은 후 대법원에 상고하면서 위헌 제청 신청을 했고, 대법원이 이를 받아들여 헌법재판소에 위헌 법률 심판 제청을 하게 되었습니다.

헌법재판소는 구 군형법 69조가 헌법상 법관으로부터 재판을 받을 권리를 침해했기 때문에 위헌이라고 결정했는데요. 이는 헌법 제27조 2항의 내용을 위반했다고 판단, 재판관 7대 2의 의견으로 위헌이라고 결정했기 때문입니다. 문제가 되었던 헌법 제27조 2항의 내용은 "군인 또는 군무원이 아닌 국민은 대한민국의 영역 안에서는 중대한 군사상 기밀·초병·초소·유독음식물공급·포로·군용물에 관한 죄 중 법률이 정한 경우와 비상계엄이 선포된 경우를 제외하고는 군사법원의 재판을 받지 아니한다"입니다. 그중 문제가 된 것은 제2항으로, 헌법재판소는 '군용물'에 군사시설이 포함되지 않는다고 판단하여 위헌 판결을 내렸던 것이지요.

위헌 결정과 관련해 잘 알고 있어야 하는 것이 바로 헌법재판소의 합헌 결정입니다. 헌법재판소가 기각을 내린다면 당연히 법률이 헌법에 합치된다는 합헌 결정이잖아요? 하지만 헌법재판소의 합헌 결정은 재판관 9명의 합헌 찬성이 필요하지 않습니다. 즉 재판관 9명 중에 6명의 찬성에 미달하면 그 자체가 합헌이 되는 거예요.

그런데 위헌 결정이 나면 해당 법률의 효력이 즉시 없어지니까 공백이 있지 않을까요? 해당 사항을 규율하던 법이 하루아침에 사라져버린다면 큰 혼란이 생길 수도 있겠죠? 그래서 헌법재판소에서는 '헌법 불합치' 판정도 내립니다. 비록 이 법률은 헌법에 어긋나고, 헌법 정신에 맞지 않지만 당장 효력을 없애버리면 법률의 공백이 엄청나다는 것을 인지하기 때문인데요. 재판관 9명 중에 위헌과 불합치 의견을 낸 사람 수가 6명 이상인 경우 헌법 불합치 결정을 내리고, 일정기간 동안 법의 효력을 유지시키는 거죠. 그러니까 이 결정이 내려지면 국회는 어서 빨리 법을 바꾸거나 없애거나 새로운 법을 만들어야겠지요?

헌법재판소의 두 번째 권한은 '헌법 소원 심판권'입니다. 헌법 소원은 공권력의 행사 또는 불행사로 인하여 헌법상 보장된 기본권이 침해되는 경우에 국민이 헌법재판소에 자신의 기본권을 구제해줄 것을 청구하는 제도예요. 즉 헌법 소원 심판은 공권력에 의한 국민 기본권 침해 구제를 위한 심판입니다. 국민이 직접 국가 권력을 상대로 다툴 수 있다는 점에서 기본권 보장을 위한 가장 근본적이면서 효과적인 장치라고 할 수 있지요. 다만, 헌법 소원은 최후의 구제 수단으로서 다른 법률에 구제 절차가 있는 경우에는 그 절차를 모두 거친 후가 아니면 청구할 수 없고, 법원의 판결에 대해서도 청구할 수 없습니다.

헌법 소원은 '권리 구제형 헌법 소원'과 '위헌 심사형 헌법 소원'으로 구분됩니다. 권리 구제형 헌법 소원은 국가의 공권력 행사 또는 불행사로 인해 기본권을 침해당한 국민이 헌법재판소에 구제를 청구하는 헌법재판을 말해요. 본래 의미의 헌법 소원은 권리 구제형 헌법 소원이라 할 수 있죠. '위헌 심사형 헌법 소원'은 법원에 위헌 법률 심판의 제청 신청을 하였으나 기각된 경우에 제청 당사자가 직접 제기하는 헌법 소원을 말합니다. 본질적으로 위헌 법률 심판과 다르지 않지요. 사례를 통해 알아볼게요.

먼저 권리 구제형 헌법 소원입니다. 2011년에 청소년보호법 개정안에 따라 밤 12시부터 6시까지 만 16세 미만 청소년의 게임 이용을 금지하는 조항, 일명 '강제적 셧다운제' 법안이 통과되었잖아요? 그래서 청소년들은 이 시간에 게임을 할 수 없게 되었는데요. 그 후 몇몇 단체와 개인들이 청소년보호법 제23조의3 제1항, 제51조가 헌법에 보장된 평등권, 부모의 교육권을 침해했다고 헌법 소원을 제기했어요. 2014년 4월에 헌법재판소는 '셧다운제'를 합헌 7 vs. 위헌 2 의견으로 합헌으로 결정합니다. 과연 청소년들은 앞으로도 이 시간대에 게임을 할 수 없게 될까요? 조금 더 상황을 지켜봅시다.

또 다른 예도 있어요. '제대 군인 지원에 관한 법률'이 군필자에게 공무원

채용시험과 교원 임용고사 등에서 가산점을 주는 것은 군대를 가지 않은 사람들에게 공무원이나 교원이 되는 기회를 상당 부분 제한하는 결과를 가져오는데요. 이것은 헌법 소원 심판으로 위헌 결정이 난 경우입니다. 이 결정으로 저도 임용고사에서 떨어진 적이 있어요. 임용고사 1차 시험 후 합격자 발표가 나기 일주일 전이었어요. 9시 뉴스를 보고 있는데 앵커가 "헌법재판소가 군가산점 폐지 결정을 내렸습니다"고 말하는 겁니다. 헌법재판소의 결정은 바로 당락에 영향을 미쳤지요. 제 점수에서 군가산점 5점이 빠져버렸으니까요. 0.1점 가지고도 당락이 좌우되는 판에 5점이라니요! 발표 날, 떨리는 마음으로 인터넷에 수험번호를 입력해보니 '역시!' 떨어졌더라고요. 그런데 군가산점 5점을 더하니 커트라인보다 3점이 많은 거예요. 헌법재판소의 결정이 없었다면 합격할 수 있었을 텐데 말입니다.

이제 위헌 심사형 헌법 소원 사례를 볼게요. 서울 명동 한복판에서 북한의 김정은을 찬양하여 국가보안법상의 고무 찬양죄를 위반한 A가 있습니다. A는 형사재판에서 국가보안법상의 이적 고무 찬양죄로 4년 징역을 선고받을 상황이에요. A가 생각해보니 헌법에는 모든 국민은 양심의 자유를 가진다는 조항이 있는 겁니다. 그래서 A는 판사에게 국가보안법상의 이적 고무 찬양죄가 헌법에 위반되는지 여부를 헌법재판소에 물어달라고 요청했어요. 그런데 판사는 헌법재판소에 위헌 법률 신청을 하지 않고 그냥 재판하려 합니다. 이런 경우 A는 직접 국가보안법상의 이적 고무 찬양죄의 헌법 위반 여부를 심판해달라고 헌법 소원을 걸 수 있어요. 이런 것을 위헌 심사형 헌법 소원이라 합니다.

헌법재판소의 세 번째 권한은 '탄핵 심판권'입니다. 형벌 또는 보통의 징계 절차로는 처벌이 곤란한 고위 공무원이 있잖아요? 대통령, 국무총리, 행정 각부의 장, 헌법재판소 재판관, 감사원장 등의 고위 공무원이 직무와 관련하여 헌법이나 법률에 어긋나는 행위를 했을 경우 국회가 헌법재판소에 탄핵을 요청하면, 헌법재판소가 그 공무원을 임기 만료 전 탄핵할 것인지 여부를 재판하는 것입니다. 사례를 볼게요.

2004년 3월에 국회는 찬성 193표, 반대 2표로 고(故) 노무현 대통령의 탄핵소추안을 통과시켰어요. 그 결과 고 노무현 대통령의 직무는 정지되고 고건 국무총리가 대통령 권한을 대행했지요. 이것은 대한민국에서 최초로 이뤄진 탄핵소추안 가결이었습니다. 탄핵소추안 통과는 그 타당성에 대한 전국적인 논쟁을 불러일으켰고, 탄핵에 반대하는 시민들이 모여 서울 광화문 일대에서 '탄핵 반대' 촛불 집회를 열었지요. 결국 2004년 5월 헌법재판소가 탄핵 심판에서 기각 결정을 내림으로써 고 노무현 대통령은 직무에 복귀했습니다.

헌법재판소의 네 번째 권한은 '위헌 정당 해산 심판권'입니다. 위헌 정당 해산 심판은 정당의 목적이나 활동이 민주적 기본 질서에 위배될 때 정부가 그 정당의 해산을 요구하면, 헌법재판소가 그 정당을 해산할 것인지 여부를 결정하는 심판이에요. 위헌 정당 해산 심판은 의회민주주의를 위하여 정당을 보호하는 동시에 자유민주주의 체제를 파괴하는 정당으로부터 자유민주주의를 지키기 위해 정당을 오직 헌법재판에 의해서만 해산시킬 수 있도록 규정한 것입니다. 역시 사례를 통해 이해해볼게요.

2013년 11월에 얼린 국무회의에서 법무부가 긴급 안건으로 상정한 '위헌정당 해산 심판 청구의 건'을 심의·의결했고, 바로 법무부가 헌법재판소에 통합진보당에 대한 정당 해산 심판을 청구합니다. 이른바 '통합진보당 해산 청구 사건'이지요. 정부가 위헌 정당 해산 제도에 따라 정당에 대한 해산 심판을 헌법재판소에 청구한 것은 대한민국 헌정 사상 최초였어요. 그리고 2014년 12월 19일 헌법재판소는 법무부의 청구를 받아들여 통합진보당을 해산하고 통합진보당 소속 의원 5명의 의원직도 모두 박탈했습니다. 9명의 재판관 중 정당 해산에 찬성한 8명의 재판관이 통합진보당의 목적과 활동이 대한민국의

민주적 기본질서를 위배한다고 판단한 것인데요. 헌재 결정이 나오자 중앙선거 관리위원회는 통합진보당의 정당 등록을 말소했습니다.

헌법재판소의 마지막 권한인 '권한(기관) 쟁의 심판권'을 봅시다. 권한 쟁의 심판은 국가기관 상호간이나 지방자치단체 상호간 또는 국가기관과 지방자치단체 사이에 권한이 누구에게 있는지 또는 권한이 어디까지 미치는지에 관해 다툼이 생기는 경우, 어떤 권한이 누구에게 있고 어디까지 미치는지를 명백히 밝힘으로써 국가의 기능이 원활하게 수행되도록 하는 것입니다.

기관들끼리도 싸울 수 있어요. 서울특별시와 경기도 사이에 권한이 어디까지 있는지 다툼이 발생할 경우 헌법재판소를 찾아올 수 있습니다. 국회의원이 국회의장의 국회 운영 권한 남용에 대해 잘못된 것이라고 헌법재판소에 청구할 수 있는 거예요. 이때 국회의원은 개인이라 생각하면 안 됩니다. 걸어다니는 입법기관으로 간주해야 해요. 이럴 경우 헌법재판소는 권한 쟁의 심판을 통해 여기까지는 서울특별시 권한이고 저기서부터는 경기도의 권한이라고 밝히고, 국회의장의 권한은 여기까지라고 밝혀주는 것입니다. 앞에서도 말했지만 권한 쟁의 심판에서 주의할 것은 이것만 재판관 7인 이상 참석, 과반수 찬성에 의해 결정되고, 나머지 위헌 법률 심판, 헌법 소원 심판, 탄핵 심판, 위헌 정당 해산 심판은 6인 이상의 찬성에 의해서 결정된다는 점입니다.

이 정도는 알아야 국회 운영을 이해할 수 있지!

국회 본회의

우리는 종종 방송이나 신문에서 "A법률안이 국회를 통과했다"거나 "B법률안의 국회통과를 두고 여야 간에 갈등이 불거졌다" 같은 말을 듣게 된다. 국회를 통과했다는 게 무슨 뜻일까? 이 말은 곧 국회의원 전원이 모인 합의체에서 찬성과 반대를 물어본 후 어떤 안건이 통과되었다는 것이다. '본회의'란 바로 이런 일 처리 과정에 필요한 것으로 '국회의원 전원으로 구성된 회의'를 뜻한다.

상임위원회

우리나라 국회의원은 300명이다. 그런데 300명의 의원들은 살아온 과정, 즉 과거의 직업이나 전문 영역이 모두 다르고, 지역구에서 뽑힌 사람도 있고, 전국구에서 뽑힌 사람도 있을 것이다. 그만큼 어떤 일이 벌어졌을 사안에 해당되는 전문적인 의견을 수렴하여 결론을 도출하기가 쉽지 않다. 따라서 300명의 국회의원들 중 나름대로 어떤 분야의 전문가로 간주되는 사람들을 모아 위원회를 만들게 되었다. 국회의원 중에는 외교 전문가도 있을 것이고, 국방 전문가도 있고, 농업이나 수산업 전문가도 있을 테며, 양성 평등이나 가족 문제 전문가도 있을 것이다. 생각해보자. 국회의원의 가장 큰 임무는 법률안을 검토하고 제정하는 일이다. 그런데 이 모든 안건을 국회 본회의에서 토론하고 표결한다면 얼마나 많은 시간과 노력이 들겠는가? 그래서 본회의에서의 법안 심사를 원활하게 할 목적으로 일정한 사항에 관해 전문적인 지식을 가진 소수의원들이 법안을 예비적으로 심사하고 검토하는 장치를 만들었는데, 이것이 바로 '상임위원회'이다.

상임위원회는 정부 각 부서의 성격에 맞추어 구성된다. 정부에 교육부가 있다면 국회에는 교육문화체육관광위원회가 있고, 보건복지부가 있다면 보건복지위원회가 있는 것이다. 예를 들어 정부가 외교에 관한 법이 필요하다면 전체 국회의원에게 의견을 묻기 전에 전문가로 구성된 외교통일위원회를 통해 먼저 심의를 받는다. 상임위원회는 국정

조사 및 국정감사도 수행하는데, 이것이 곧 우리가 이따금 장관을 불러서 국회의원들이 호통 치는 모습을 볼 수 있는 배경이다.

특별위원회

'상임'이 '항상'이란 뜻인 만큼 이와 별도로 특별한 순간에 특별한 안건을 의논하고 처리할 기관도 있어야 할 것이다. 그래서 구성된 것이 '특별위원회'다. 특별위원회는 상임위원회에서 다루기 어려운 안건이 생겼을 경우 일시적이고 한정적으로 만들어 설치한 위원회로 일반적으로 상임위원회보다 훨씬 큰 규모로 형성되어 활동한다. 특별위원회에는 예산안·기금운용계획안 및 결산을 심사하기 위한 예산결산특별위원회, 국회의원의 자격심사·징계에 관한 사항을 심사하기 위한 윤리특별위원회 등이 있다.

교섭단체

국회는 정기회만 수행하는 데도 일정이 매우 빠듯하다. 종종 "이번 국회에서는 어떤 법률안을 빨리 처리하고 먼저 다루어야 하는지"에 대해 미리 결정해야 하는 순간이 찾아오게 마련이다. 가장 좋은 방법은 모든 의원이 모여서 협의하는 것이지만, 이는 실질적으로 불가능하다. 그래서 우리나라는 국회의원 20인 이상이 모여 그들의 대표를 선출하고, 그들끼리 이러한 안건을 토론하도록 만들었다. 이렇게 선출된 20인 이상이 모인 단체를 '교섭단체'라 하고, 그 대표를 '원내대표'라 부른다. 일반적으로는 정당별로 교섭단체를 만드는 것이 보통인데, 교섭단체는 국회의 회기 및 일정을 결정하고 회기 중 논의할 중요 안건을 결정하는 기관이다. 교섭단체를 운영하는 이유는 효율적인 국회 운영을 위해서이며, 이는 상임·특별위원회를 운영하는 이유와 같다.

나, 민법 좀 아는 사람이야

우리는 흔히 '법'이라 하면 뉴스를 도배하는 '범법자'나 '범죄자', 혹은 재미나게 보는 법정 드라마를 떠올릴 뿐 자신과 별로 상관없는 영역이라 생각하기 일쑤입니다. 그런데 일상을 잘 들여다보면 사실 법이 아닌 게 없답니다. 크고 작은 약속이나 규칙에서부터 딱 문서화된 각종 법령에 이르기까지 말이에요. 우리 모두 알게 모르게 법의 영역 안에서, 법을 지키며 살아가는 것입니다. 따라서 날이 갈수록 복잡해지는 사회에서 남에게 피해를 주지 않는 동시에 나 역시 피해를 입지 않고 살아가려면 법을 제대로 알고, 법 개념을 정확하게 숙지하고, 이를 논리적으로 적용할 줄 알아야 합니다. 그래야만 어느 날 "우리는 법 없이도 살 수 있어!"라고 말하게 되는 게 아닐까요? 우리나라의 법을 생각해봅시다. 대한민국의 법은 굉장히 체계적이에요. 특히 민법은 세부적인 사항을 '편-장-절-관-조'로 나누어 넓은 영역에서 세부적인 영역으로 전개되지요. 민법이란 사람이 살아가면서 겪게 되는 일상적인 사항을 다루는 법입니다. 쉽게 말해 돈이나 가족관계에서 나타나는 보편적인 문제에 대한 규율이라 볼 수 있어요. 그런데 사람살이에서 발생하는 많은 일들을 모두 규율하다 보니 민법도 그만큼 방대하고 복잡해졌답니다. 예전에는 말로만 해도 지켜졌던 것들이 점점 강제력을 지니게 되었고요. '법 좀 아는 사람'이 되려면 무엇을 어떻게 공부해야 할까요? 우리의 일상을 스마트하게 만들어줄 민법의 세계로 떠나봅시다.

'민법' 없인 못 살아!

홍길동 씨가 친구 B에게 1억을 빌려 써놓고 나 몰라라 하고 있습니다. 돌려줘야 할 시기가 한참 지났는데 말입니다. B는 이미 화가 머리끝까지 난 상태예요. 생각 같아서는 당장이라도 찾아가 때려주고 싶지만 그럴 수 없습니다. 이런 행동이 허용된다면 세상은 곧 무법천지가 될 테니까요. B는 정말 억울합니다. "그럼 어떻게 받으라고! 두 달 뒤에 우리 딸 결혼시켜야 하는데!" 이때, 한숨을 푹푹 쉬는 B에게 '짜잔!' 하고 요술 램프의 지니가 나타나 민법 이야기를 들려줍니다. "당신은 홍길동에게 돈을 갚으라고 당당하게 요구할 수 있어요. 그가 돈을 갚지 않아 생긴 손해배상을 청구할 수도 있고요!"

오오, 이런 법이 다 있었군요. B씨의 얼굴에 생기가 돌기 시작합니다. '주먹보다 힘 센 법'을 활용하게 되었으니까요. 이처럼 개인 간의 법적 관계를 규율해주는 민법이나 상법 등을 사법(私法)[1]이라 하는데요. 그중 민법은 개인과 개인의 관계를 다루는 가장 대표적인 법입니다. 반면 사회질서를 유지하기 위해 국가와 같은 공적기관이 개입할 때 적용하는 것은 '공법'이라 합니다. 헌법이나 형법, 행정법이 여기 속하지요.

걱정하지 말아요,
우리에겐 '민법'이 있다오!

---

1 사법의 '사(私)' 자는 '사사롭다'는 뜻으로서 돈을 빌려주고 빌리는 것, 집을 빌리고 빌려주는 것, 물건을 사고파는 것, 상속, 친권, 부양 등이 모두 사사로운 영역에 속한다. 즉, 공적인 질서와 관련된 문제가 아닌 개인들 간의 다툼을 해결할 때는 사법인 민법을 적용한다.

제1편 총칙
민법 전반에 관한 원칙적 규정들이 있습니다.

제2편 물권, 제3편 채권
재산권, 계약관계, 불법행위 등에 대해 나와 있습니다.

제4편 친족, 제5편 상속
친자, 부부 등의 가족을 중심으로 하는 가족관계에 대해 나와 있습니다.

민법의 구조

알아두자, 민법의 기본 원리!

민법 역시 매우 근대적인 개념입니다. 사인(私人)들 간의 권리관계 문제는 개인주의, 자유주의에 따라 국가나 다른 사람의 간섭 없이 자유롭게 이루어져야 하는 것이므로 개인에 대한 인식이 없다면 논의 자체가 불가능하잖아요. 민법의 기본 정신은 각 개인의 자유와 평등 보장입니다. 모든 사람은 자유롭고 평등하게 태어났으므로 자기가 원하는 대로 권리관계를 형성할 수 있어야 한다는 뜻이지요. 즉 내가 사고 싶은 것을 사고, 먹고 싶은 것을 먹고, 결혼하고 싶은 사람과 결혼하고, 살고 싶은 집에서 살 수 있어야 한다는 거예요. 민법은 이런 문제들을 해결할 때 어떤 원칙에 따라야 할지를 법으로 정한 것입니다. 근대 민법에 '사유재산권 존중의 원칙', '사적자치의 원칙', '과실 책임의 원칙'이 중요한 원칙으로 자리 잡게 된 배경을 이해하시겠지요?

● 사유재산권 존중의 원칙

개인이 자신의 재화(財貨)[2]를 자유롭게 사용하거나 처분할 권리를 존중해주는 것이 '사유재산권 존중의 원칙'입니다. 중세의 농노들은 계약에 따라 영주에게 일정한 몫을 바치는 것 외에, 오직 신분이 낮다는 이유만으로 대부분의

---

2 개인 소유의 돈이나 값나가는 물건을 총칭한다.

재산을 빼앗기기 일쑤였지요. 영주들은 "우리가 너희를 안전하게 지켜주니까 이 정도는 내야 되는 거 아니겠어?" 하고 거드름을 피웠고요. 하지만 근대사회를 탄생시킨 사람들의 생각은 전혀 다릅니다. 개인의 안전은 개인이 책임져야 하는 사회인만큼 각자가 의지할 수 있는 것은 재화뿐이라 판단했거든요. 그러니 신분제 같은 외부 조건 때문에 개개인이 애써 일해 모은 재산을 빼앗기는 건 말도 안 되는 일이라 생각한 거예요. 따라서 근대사회는 사유재산권 존중을 최우선의 가치로 둡니다.

사유재산권 가운데 가장 기본이 되는 권리는 '소유권'[3]이에요. 소유권은 자신의 재산을 직접적, 배타적으로 지배하는 권리를 말합니다. 어떤 물건에 대해 소유권을 가지고 있으면 자신의 의사에 따라 그것을 가지고 있거나 처분할 수 있으며, 이때 사용·처분에 대해 다른 사람의 간섭을 받지 않을 수 있다는 뜻이에요. 만약 컴퓨터가 형 소유라면 동생에게 "나 두 시간 더 게임하고 나서 비켜줄게"라고 말할 수 있겠지요? 예쁜 신상 원피스를 사온 언니도 여동생에게 "나 몰래 입고 나가지마!"라고 경고할 수 있고요.

● 사적자치의 원칙

법률관계란 사람 사이의 다양한 관계 중에서 법에 의해 규율되는 생활관계를 뜻합니다. 권리와 의무로 나타나기 때문에 권리·의무 관계라 부르기도 하죠. 어느 날 둘리가 마이콜에게 "맛있는 볶음밥 해줄게!"라고 약속했어요. 그런데 나가 노는 데 정신이 팔린 둘리가 이를 깜빡했습니다. 집에 와서 보니 마이콜이 쪼르륵 소리를 내며 기다리고 있어요. 약속을 어긴 둘리, 과연 법에 의해 처벌될까요? 만약 그렇게 된다면 기본적인 생활마저 법으로 제한되

---

3 '사유재산권 존중의 원칙'을 '소유권 절대의 원칙'이라고도 한다.

는 삭막한 세상일 테지요. 다른 경우를 가정해봅시다. 정도전 씨가 이번에 멋진 책을 한 권 썼다면서 후배 이방원에게 돈을 받고 팔기로 약속했어요. 그러면 이 약속은 법으로 규율됩니다. 정도전은 책을 줄 의무와 돈을 받을 권리가 있고, 방원에겐 책 받을 권리와 돈을 줄 의무가 생기는 거죠. 만약 정도전이 방원에게 돈만 먼저 받고 책을 주지 않았다면 채무불이행으로 손해배상을 해야 합니다. 그런데 이처럼 법적 책임이 뒤따르는 법률관계를 자신의 의사에 따라 결정하지 못한다면 자유라는 말은 껍데기에 불과하겠지요?

중세에도 여러 가지 법률관계가 존재했지만, 상당수가 개인의 자유의사에 반하는 것이었습니다. 이후 근대에 들어서면서 개인의 자유나 권리문제와 결부된 법률관계는 스스로 형성할 수 있어야 한다는 필요성을 자각하게 되고 마침내 법적 토대를 마련하게 되는데요. 이러한 맥락에서 나온 것이 '사적자치의 원칙'[4]입니다. 개인이 자기의 법률관계를 자유로운 의사[5]에 따라 형성할 수 있도록 인정하자는 것이죠. 물론 여기에는 '법률에 위반되지 않는 한'이라는 전제가 붙습니다.

사적자치의 원칙은 법률관계에서 개인의 자유의지 외에 어떠한 외부 영향도 허용하지 않아요. 사적자치의 원칙이 제일 처음 기본 원리로 받아들여진 때는 자유방임주의 시대입니다. 애덤 스미스[6]는 '보이지 않는 손'이라는 개념을

4 '사적자치의 원칙'은 '법률행위 자유의 원칙'이라고도 한다.

5 이 같은 자유의지를 의사능력이라 부르며, 의사능력에서 나오는 합법적 행위를 법률행위라 한다. 여기서 가장 중요한 것은 계약이다. 계약이란 당사자들의 의사 표시의 합치로서 이루어지는 법률행위로서 '갑이 빵을 주면 을이 돈을 준다'는 계약은 갑과 을이 서로 필요한 것을 주고받는 합의에서 비롯된 것이다. 개인은 사회적 공동생활을 영위하므로 각 개인의 의사는 개인 간의 의사 합치를 필요로 하는 계약에 많이 나타날 수밖에 없다. 따라서 법률행위 자유의 원칙을 '계약 자유의 원칙'이라고도 한다. 계약 체결 여부의 자유, 상대방 선택의 자유, 내용 결정의 자유, 계약 방식의 자유 등이 여기 포함된다.

6 애덤 스미스(Adam Smith, 1723~1790)는 영국의 경제학자이자 철학자다. 고전파 경제학의 창시자로서 중상주의적 보호정책을 비판하고 자유경쟁이 사회진보의 요건임을 주장하면서 산업혁명의 이론적 기초를 다졌다. 저서에 『국부론』, 『도덕 정조론』 등이 있다.

들어 "국가의 개입이 없어야 시장은 스스로 적절하게 조절된다"고 주장했는데요. 나라에서는 이러한 의견을 적극 반영하여 근대 말에 이르기까지 작은 정부[7]의 형태를 유지합니다. 그 결과 사람들은 억압에서 벗어나—특히 경제 활동에 있어서— 자신의 의사를 자유롭게 실현할 수 있게 되었고, 덕분에 자본주의도 급속히 발달하게 됩니다.

고전파 경제학의 창시자
애덤 스미스

● 과실 책임의 원칙(자기 책임의 원칙)

개인이 타인에게 끼친 손해에 대해서는 고의[8] 또는 과실[9]이 있을 때만 책임지며, 고의나 과실이 없는 행위에 대해서는 책임지지 않는 것이 '과실 책임의 원칙'입니다. 고의나 과실에 의한 경우에만 책임진다는 것은 반대로 자기에게 과실이나 고의가 없다면 책임지지 않아도 된다는 뜻인데요. 중세에는 자신이 저지르지 않은 일에도 처벌받는 경우가 많았답니다. 우리나라 사극에서 "삼족을 멸하라!"는 말, 많이 들어보셨을 텐데요. 이 같은 연좌제가 대표적인 예입니다. 그러나 근대 민법에서는 무엇보다 개인의 의사를 중요시합니다. 자신의 의사로 행한 일에 대해서만 책임을 지게 되면서 사람들은 보다 안심하고 행동할 수 있게 되었지요.

---

7 국가의 최소 개입.

8 자기의 행위로부터 생기게 될 결과를 예상하면서 행위 하는 경우를 이른다. 횡단보도 근처에서 자동차 속도를 줄이지 않고 운전하면 보행자가 위험하리라는 것을 알면서도 속도를 줄이지 않았다면 고의성이 있었던 것으로 간주한다.

9 일반적으로 자기의 행위로부터 일정한 결과가 생길 것을 예상할 수 있었는데, 부주의로 인해 예상치 못하고 그 행위를 하는 경우이다. 횡단보도를 확인하고 운전해야 했는데 부주의로 확인하지 못하고 속도를 늦추지 못했다면 과실로 본다.

현대 민법, 근대 민법의 기본 원리를 수정하다

자본주의는 근대 민법의 기본 원리[10]에 힘입어 급격히 발달합니다. 그러나 자본주의의 화려한 무대 뒤에는 빈부격차, 환경오염, 노동자와 사용자 간의 대립 등 수많은 불청객이 도사리고 있었어요. 게다가 기존의 기본 원리만 가지고선 불청객을 쫓아내기 어려웠습니다. 사유재산권 존중을 강조한 나머지 이 권리가 가지지 못한 자를 지배하는 수단으로 악용되었고, 계약의 자유로움만 추구하다 보니 노동자가 자기 의지와는 상관없이 열악한 환경에서 일할 수밖에 없게 되었거든요. 또한 과실 책임의 원칙은 경제적 강자의 책임을 면하게 해주는 구실도 되었고요. 이러한 문제점을 경험한 뒤에야 비로소 사람들은 사회적 형평의 원칙을 강조하는 '평등과 약자 보호'에 대해 관심을 갖게 됩니다. 즉 경제적 약자들의 실질적인 자유와 평등을 보호하기 위한 근대 민법의 기본 원리를 수정하고 보완할 필요성을 절감하게 된 거예요. 하지만 근대 민법의 기본 원리를 완전히 뒤엎지는 못합니다.

● 소유권 공공의 원칙

소유권 절대의 원칙(사유재산권 존중의 원칙)은 재산권을 강하게 보호했습니다 (물론 약간의 제한도 있었지만 매우 예외적이었죠). 그런데 자본주의가 발전하면서 이와 관련해 다양한 문제가 생기는 거예요. 예를 들어봅시다. A마을의 갑부 이십억 씨가 3,000평정도 땅을 사서 공장을 세웠습니다. 전후좌우를 살피지 않은 탓에 그 공장에서는 폐수와 매연이 쏟아져 나왔고, 이제 마을 주민들은 더 이상 농사를 지을 수 없게 되었어요. 건강도 나빠졌습니다. 하지만 소유권 절대의 원칙 아래서는 이십억 씨의 공장 소유를 제재할 길이 없어요.

---

10 '사유재산권 존중의 원칙', '사적자치의 원칙', '과실 책임의 원칙'을 말한다.

결국 소유권의 사회성과 공공성을 인정해야 한다는 목소리가 높아졌고, 1919년 제정된 바이마르헌법 제153조는 "소유권은 의무를 수반한다. 그 행사는 공공복리를 위하여야 한다"고 규정하게 됩니다.

우리나라 헌법 제23조를 살펴봅시다. 먼저 1항은 "모든 국민의 재산권은 보장된다. 그 내용과 한계는 법률로 정한다"이며, 2항은 "재산권의 행사는 공공복리에 적합해야 한다"입니다. 소유권 절대의 원칙이 "개인의 소유권은 법에 의해 보장되지만 사회 전체의 이익을 위해서는 그 권리의 행사가 제한될 수 있다"는 '소유권 공공복리의 원칙'으로 수정된 것인데요. 개인의 권리가 무제한적이거나 절대적이지 않고 상대성과 사회성을 가진다는 뜻입니다. 사회는 모두가 함께 살아가는 곳이므로 권리도 공공성을 지녀야 한다는 것이지요.

● 계약 공정의 원칙

사회질서에 반하는 계약뿐만 아니라 공정성을 잃은 계약은 법의 보호를 받을 수 없다는 것이 '계약 공정의 원칙'입니다. '계약 자유의 원칙'은 두 사람이 의사 표시에 한해서는 평등하다는 전제가 있었지만, 실제로 계약을 맺은 두 사람은 평등하지 않은 경우가 더 많았답니다. 고용되는 입장인 노동자는 사용자(사장)의 부당한 조건을 감수할 수밖에 없잖아요. 그러니 계약 자유의 원칙 아래서는 사용자와 노동자 사이의 계약 대부분이 사용자의 일방적 의사에 따라 정해지기 일쑤였습니다. 이러한 폐단을 고치기 위해 우리나라는 '근로 기준법', '주택 임대차 보호법' 등을 만들어 계약 자유의 원칙을 제한하고 있어요. 또한 민법 제104조에서는 "당사자의 궁박,[11] 경솔,[12] 또는 무경험[13]으로

11 경제적, 정신적, 정치적으로 처지가 매우 절박한 상태.
12 의사 결정에 있어서 평균적인 사람들의 주의 의무를 하지 않는 경우.
13 평균적인 사람들이 갖는 식견이나 경험이 없는 것.

인하여 현저하게 공정을 잃은 법률행위는 무효로 한다"는 규정을 두어 불공정한 법률행위를 제한하고 있답니다.

● 무과실 책임의 원칙

자본주의가 발달하면서 직업이 다양해지고, 기업체의 사업도 확장되었습니다. 사회 규모도 급속히 커졌고요. 복잡해진 현대사회에서는 과실 또는 고의가 없는데도 타인에게 피해를 주는 경우가 많아졌는데요. 집에서 TV를 본 중 갑자기 TV가 폭발해서 가족이 다쳤어요. 그런데 제조사인 대기업은 TV 폭발사고의 책임을 고객에게 전가하며 배상을 거부합니다. 이때 과실 책임의 원칙을 따른다면 "우리는 고의로 불량품을 만들지 않았다. 제조과정에 그 어떤 과실도 발견되지 않았다"면서 기업체는 손해배상을 하지 않아도 될 텐데요. 물론 TV가 폭발한 것은 제조사의 직접적인 잘못이 아닙니다. 일부러 그러지도 않았을 거고요. 하지만 이런 상황에서는 제조사에게 책임을 묻는 무과실 책임의 원칙을 적용할 수 있습니다. 제조물 책임법, 환경정책 기본법 등은 타인의 생명과 건강에 직결되는 문제이므로 고의나 과실이 없다고 판명되어도 결과를 책임지게 할 수 있는 거예요.

> **TIP**
>
> 제조물 책임법 제3조 1항 : "제조업자는 제조물의 결함으로 인하여 생명·신체 또는 재산의 손해를 입은 자에게 그 손해를 배상하여야 한다."
>
> 환경정책 기본법 제31조 1항 : "사업장 등에서 발생되는 환경 오염 또는 환경 훼손으로 인하여 피해가 발생한 때에는 당해 사업자는 그 피해를 배상하여야 한다."

현대 민법의 원리는 근대 민법의 3대 원리가 변했다기보다 보완되었다는 표현이 더욱 정확합니다. 현대 민법에서도 사유재산권은 존중되고, 사적자치의 원칙과 과실 책임의 원칙이 기본으로 작용하기 때문입니다. 근대 민법의 원리만으로 해결이 안 되는 영역에 현대 민법의 원리를 적용했다고 보면 되겠지요?

계약이 무엇이냐 물으신다면

법률관계는 권리와 의무로 이루어집니다. 권리와 의무는 동전의 양면 같아서 권리가 있는 곳엔 자연히 의무도 따릅니다. 앞의 장에서 우리는 자유권, 평등권, 참정권, 사회권, 청구권 등 국가를 상대로 각종 기본권을 주장할 수 있는 권리들을 배웠는데요. 민법이 말하는 권리는 '사적인 권리'입니다. 줄여서 '사권'이라 하는데, 가장 대표적인 게 '재산권'이에요. 재산권은 크게 '물권', '채권', '지적재산권'으로 구분합니다.

'물권'은 물건을 대상으로 가지는 권리입니다. 물건에는 움직일 수 있는 것이 있고, 움직일 수 없는 것이 있는데요. 움직일 수 있는 재산을 동산(動産), 움직일 수 없는 재산을 부동산(不動産)이라 합니다. 물건에 대해 가지는 물권은 법에 엄격하게 정해져 있으며, 이를 '물권 법정주의'라 합니다. 여기서 꼭 알아두어야 할 개념이 있어요. 바로 '채권(債權)'입니다. 채권자가 채무자에게 일정한 행위(급부)를 요구할 수 있는 권리를 말하는데요. 채권은 사적자치의 원칙에 따라서 사람과 사람 사이에 일정한 행위를 할 수 있도록 만드는 계약의 형태로 가장 많이 나타납니다.[14]

● 계약은 어떻게 성립될까?

계약의 종류는 정말 많아요. 물건을 사고파는 매매계약이 대표적이고, 주택을 소유한 임대인이 임차인에게 주택을 사용할 수 있게 빌려주고 그 대가로 돈을 받는 주택 임대차 계약도 있습니다. 근로자가 사용자에게 근로를 제공

---

14 채권이 발생하는 원인 중 가장 대표적인 것으로 '계약'과 '불법행위'를 들 수 있다. 계약을 통해서 청구한 일정한 행위를 행하지 않았을 때는 강제적으로 이를 행하게 만드는 제재조치가 필요하다.

하고 사용자는 이에 대하여 임금을 지급하는 근로 계약도 있고요.

TIP

채무, 채권, 변제

A라는 사람이 안경점에 가서 선글라스를 산다. 단순히 사고파는 행위로 보이지만 이 역시 매매 계약을 맺는 일이다. A가 마음에 드는 것을 골라 "이거 파는 거죠?"라고 묻자 안경점 주인은 "예, 그럼요" 하고 대답했다. 그러면 이때 A는 일정한 행위를 해야 한다. 즉 안경점 주인에게 돈을 줘야 하는 것이다. 돈을 받은 안경점 주인은 A가 요구한 선글라스를 넘겨주어야 한다. 여기서 일정한 행위를 요구할 수 있는 것을 '채권'이라 하고, 일정한 행위를 해야만 하는 의무를 '채무'라 한다. 사용자가 근로자와 고용 계약을 맺고 일정 기간 동안 일해 달라고 했다고 치자. 근로자가 그 기간 동안 일을 다 했다면 근로자는 계약에서 발생한 의무를 지킨 것이다. 즉 채무를 이행한 것인데, 이처럼 채무를 이행하는 것을 '변제'라 한다. 채무를 이행하지 않으면 '채무 불이행'이라 하여 채무를 이행하도록 강제하거나 계약을 해제시킬 수 있으며 상대방에게 손해배상을 요구할 수도 있다.

자, 이제 계약이 어떻게 성립되는지, 계약이 성립되기 위한 요건은 무엇인지 알아봅시다. 계약이 성립되면 누구한테 무언가를 요구할 수 있는 채권이 생기는 동시에 상대방에겐 채무가 발생하는데요. 보통 계약이라 하면 공식적이고 대단한 것처럼 생각되지만, 우리는 소비자로서 일상적인 삶 속에서 다양한 계약을 맺고, 이를 실행하면서 살고 있답니다.

시우는 오늘 아침 등굣길에 600원을 내고 마을버스를 탔어요. 쉬는 시간에는 학교 매점에서 1,000원짜리 빵을 사 먹고, 휴대폰으로 5,000원짜리 영어사전 어플을 다운받습니다. 여기에 계약이 있을까요? 자세히 살펴보세요. 시우는 먼저 600원을 지급하고 버스를 이용하는 일종의 서비스 계약을 맺었습니다. 또한 1,000원을 내고 빵이라는 제품을 소비할 수 있는 계약을 맺었고요. 게다가 영어사전 어플을 이용하기 위해 5,000원을 지급하는 계약도 맺었네요. 즉 물품과 서비스에 일정한 대금을 지급하고 사용하는 계약이 체결된 것입니다. 이렇듯 일상생활 안에서도 많은 부분 서비스 이용 계약이나 매매계약이 이루어져요.

계약이 성립되려면 몇 가지 조건이 필요합니다. 첫째, 나 이외에 상대방이

계약 체결의 과정

있어야 해요. 나를 포함하여 2인 이상이면 계약의 성립 조건을 갖추게 됩니다. 하지만 상대방이 있다고 해서 곧바로 계약이 성립되는 건 아니에요. 나의 청약을 다른 사람이 받아들이거나 다른 사람의 청약을 내가 받아들여야 계약이 성립됩니다. 따라서 계약이 성립하려면 당사자 간에 합의가 있어야 해요. 이것이 둘째 조건이죠. 합의는 계약을 체결하고 싶다는 의사 표시인 청약과 이를 받아들이겠다는 의사 표시인 승낙을 통해 이루어집니다. 즉, 청약과 승낙의 내용이 일치하면 비로소 계약이 성립되는 거예요.

이런 조건들이 갖추어지기만 하면 자동적으로 계약이 맺어지는 걸까요? 여기엔 또 다른 조건이 필요합니다. 예를 들어 패스트푸드 전문점에 들어가 햄버거를 주문한다고 칩시다. 메뉴판을 보고 3,000원짜리 불고기버거를 한 개 주문했다면, 나는 언제 계약을 맺은 것일까요? 패스트푸드 전문점의 메뉴판에 적힌 가격은 예상되는 미래의 고객에게 제시되는 것입니다. 메뉴를 보고 버거를 주문할 때, 그는 불고기버거 하나를 3,000원에 구매하겠다는 계약 의사를 밝힌 것이고, 패스트푸드점 직원이 3,000원을 받은 그때에 계약은 비로소 성립되어 효력을 가지게 되는 거예요.

이때 패스트푸드점의 메뉴는 '계약서' 역할을 합니다.

계약 당사자들 간에 합의한 내용을 계약서로 작성하는 것은 매우 중요해요. 물론 계약서를 작성하지 않고 말로 풀어서, 즉 구두로 계약을 체결하기도 하지만, 계약대로 이행되지 않아 나중에 분쟁이 발생할 경우에는 원래 계약 내용이 어떤 것이었는지 확인할 객관적인 근거가 없어 피해를 입을 수 있거든요. 계약서는 계약 내용을 객관적으로 명시하는 것입니다. 따라서 분쟁이 발생했을 경우 재판에서 증거로 사용되지요. 이때 계약서의 내용이 사실과 다르지 않는 한 계약서는 유효합니다. 따라서 내가 계약서와 다른 계약을 했다고 주장하더라도, 그러한 사실을 증명하지 못하면 소용이 없어요. 물론 계약서를 작성하지 않아도 계약은 성립될 수 있습니다. 예를 들어, 친구 사이에 돈을 빌려주면서 계약서를 작성하지 않았다고 해서 빌린 사람의 갚을 의무가 사라지는 건 아니잖아요? 다만, 돈을 빌려 간 사람이 나중에 그 사실을 부정할 경우 문제가 생기겠지만요.

● 계약 성립의 조건들

계약이 성립되려면 다음 조건을 갖추어야 합니다. 먼저 합의한 내용이 무엇인지 확정할 수 있어야 해요. 부동산을 사고파는 계약이라면 어떤 건물을 매매할 것인지가 명확해야 합니다. 지번이 어떻고, 소재지가 어딘지, 면적이 얼마인지, 몇 층인지 등을 정확하게 내용에 넣어야 하는 거죠. 둘째, 계약 행위가 현실적으로 실현 가능해야 합니다. "유람선을 타다 바다에 빠뜨린 머리핀을 찾아주면 100만 원을 주겠다"고 한다면 과연 계약으로 성립될 수 있을까요? 현실적으로 불가능한 일입니다. 그럼 이런 계약은 어떤가요? 어머님이 "이번 대학수학능력시험에서 만점을 받으면 우주여행을 보내주마"고 말씀하셨습니다. 그런데 문제가 있어요. 만점을 받는다 해도 우주여행을 보내줄 여행사가 없거든요. 혹시 나사(NASA)의 우주비행사나 승무원으로 취직한다면 몰라도 말입니다. 셋째, 계약 내용이 적법해야 합니다. 합의 내용 안에 법규를 위반하는 것을 담으면 안 된다는 것이죠. 어떤 사람이 A를 너무 싫어한 나머지 암흑세계의 조직원에게 살인을 청부합니다. "이 일만 깨끗이 마무리해주면 2억을 주겠소" 하고요. 영화나 드라마에 종종 나오는 장면이지만, 이 경우 계약 자체가 성립되지 않습니다. 살인은 명백한 범죄니까요. 넷째, 계약 내용이 사회적으로 타당한 것이어야 합니다. 장기매매, 노예계약, 대리모 계약 등등처럼 상식에 어긋나거나 사회질서를 무너뜨리는 것은 효력을 갖지 못합니다. 다섯째, 계약 당사자에게 '의사능력(意思能力)'[15]과 '행위능력(行爲能力)'[16]이 있어야 합니다. 이에 대해서는 잠시 후 자세히 설명할게요.

● 계약이 무효로 간주되거나 취소되는 경우

계약 내용이 반사회적이거나 계약 체결 과정에 문제가 있는 경우, 계약 자체를 무효화하거나 취소해야 하는 상황이 발생하기도 합니다. '무효(無效)'[17]는 처음부터 효력이 없다는 뜻이고, '취소(取消)'[18]는 처음에는 효력이 있었지만 취소할 수 있는 법적 권리를 가진 사람이 취소한다고 하면 갑자기 시간이 쭉 되돌아가면서 처음부터 다시 효력이 없는 것으로 되는 거예요. 둘 다 결국은 법적인 효력이나 의무를 없애는 것 아니냐고 생각할 수 있지만, 무효와 취소는 여러 면에서 다릅니다.

---

15 자기 행위의 의미나 결과를 정상적으로 판단할 수 있는 정신적 능력.
16 사법에서, 법률행위를 단독으로 할 수 있는 능력. 의사능력이 없는 자연인은 행위능력을 갖지 못하며, 민법에서는 일률적으로 미성년자·피한정후견인·피성년후견인을 제한능력자로 규정하여 그 행위를 취소할 수 있도록 규정했다.
17 사법(私法)에서 어떤 원인 때문에 법률행위의 내용에 따른 법률 효과가 당연히 생기지 않는 것.
18 일단 유효하게 성립한 법률행위의 효력을 소급하여 소멸하는 의사 표시.

무효나 취소는 법률행위의 효과를 소멸시킨다는 점에서 같습니다. 우리나라 사법제도는 법률이 규정하는 대로 효력이 발생하기 때문에 무효나 취소가되는 것은 예외적인 현상이죠. 그러나 무효는 "이 법률행위는 무효예요"라고말이나 서면으로 표현하지 않더라도 언제든지 주장할 수 있습니다. 반면, 취소는 취소권자가 상대방에게 "이 법률행위를 취소하겠습니다"라고 취소기간이 지나기 전에 명확하게 의사표시[19]를 해야만 성립됩니다.

우리 민법은 선량한 풍속 및 사회질서에 반하는 내용의 계약이나 당사자간의 지나치게 불공정한 계약을 무효로 규정해요. 도박 빚을 부동산으로 갚기로 한 약속, 1년에 수백 퍼센트의 이자를 내기로 하는 금전거래 등은 애초부터 무효입니다. 그리고 미성년자와 같은 제한능력자의 법률행위, 착오에 의한 법률행위, 사기나 강박에 의한 법률행위 등은 취소가 가능한 법률행위로규정하지요.

예를 들어 볼게요. 고등학생 A군이 학원비를 낼 돈으로 게임기를 샀습니다. 전자상가 주인은 아무것도 묻지 않고 A군에게 게임기를 팔았어요. 이 사실을알게 된 A군의 부모가 전자상가 주인을 찾아갑니다. A군의 부모는 법적으로돈을 돌려받을 수 있을까요?

이때 A군의 부모는 전자상가 주인에게 취소권을 행사할 수 있습니다. 민법에 따르면 미성년자가 법정대리인의 동의를 얻지 않고 법률행위를 할 때는취소할 수 있거든요. 그러면 A군의 부모는 게임기를 돌려주고 돈을 받을 수있고, A군은 애초에 게임기를 사지 않은 것처럼 됩니다. 하지만 A군의 부모가아들에게 게임기를 선물한 셈치고 그냥 놔둘 수도 있어요. A군의 부모가 취

---

19 법률행위의 효력을 없애고 싶다면 그 법률행위가 무효사유인지 취소사유인지를 확인하여, 무효인 법률행위일 때는 아무런 조치를 취하지 않아도 되지만 취소할 수 있는 법률행위인 경우에는 반드시 그 상대에게취소의사를 통보해주어야 한다.

소권을 행사하지 않고 유효한 거래로 인정해주는 것인데요. 이를 '추인(追認)'이라 합니다. 추인을 통해 게임기 거래는 유효한 거래가 되는 거예요. 애초부터 효과가 없느냐(무효), 당사자가 효력이 없다는 의사표시를 할 때까지는 유효한 것으로 보느냐(취소), 이 점이 무효와 취소의 다른 점입니다.

● 의사능력과 행위능력 구별하기

'의사능력'은 자신의 행위가 어떤 의미를 가지는지 판단할 수 있는 정신적 능력이에요. 즉 자신이 한 행위의 의미나 결과를 판단해서 정상적인 의사결정을 스스로 할 수 있는 능력을 뜻합니다. 우리 법에는 의사능력의 유무가 획일적으로 딱 정해져 있는 게 아니에요. 행위자의 그 당시 의사능력, 즉 어떤 일이 발생할 당시 그가 온전한 판단능력을 가지고 있었는지를 구체적이고 개별적인 상황 아래 판사가 따지는 것입니다. 따라서 의사능력이 없는 사람이 한 계약은 무효, 즉 법률상 아무런 효과를 지니지 못하는 것으로 인정됩니다.

의사능력이 없는 사람의 행위를 없던 것으로 한다는 건 그 사람을 보호해주는 장치가 됩니다. 하지만 실질적으로는 어떤 사람에게 의사능력이 있는지 없는지 분별해내기가 쉽지 않아요. 정신적으로 취약한 사람인지, 병자인지, 술에 만취한 사람인지 제3자의 입장에서 확인하는 작업은 정말 애매하거든요. 사리 판단이 안 된다고 말할 수 있는 기준이나 만취의 정도를 칼로 베듯 정확하게 구별하기란 결코 만만한 일이 아닙니다. 그래서 이런 것들은 개별적이고 구체적인 상황을 고려하여 법정에서 증명해낼 수밖에 없는데요. 만일 법정에서 의사능력이 없는 것으로 증명되면 이들의 법률행위는 무효가 됩니다.

'행위능력'은 단독으로, 즉 혼자 힘으로 유효한 법률행위를 할 수 있는 능력을 말합니다. 그런데 법률행위를 할 때마다 행위자의 의사능력 유무를 입증하는 것이 애매하고 어려우므로 민법에서는 법률행위를 혼자서 하기에 부족한 사람들을 객관적으로 유형화하여 '제한 능력자'라 부릅니다. 제한 능력자는 스스로 법률행위를 하기에 미흡하다고 보아 법정대리인의 도움을 받도록 하는데요. 미성년자, 피한정후견인, 피성년후견인 등이 여기 속합니다.

'미성년자(未成年者)'는 만 19세 미만인 사람을 일컬어요. 원칙적으로 미성년자가 법률행위를 하려면 반드시 법정대리인[20]의 동의를 얻어야 합니다. 만일 미성년자가 부모의 동의를 얻지 않은 법률행위를 해버렸다면 부모가 이를 취소할 수 있습니다. 앞에서 설명한 A군의 경우처럼요.

'피한정후견인(被限定後見人)'은 정신적 제약으로 사무를 처리할 능력이 부족하다고 판단되어 가정법원으로부터 '한정후견 개시선고'를 받은 사람을 말합니다. '피성년후견인(被成年後見人)'은 정신적 제약으로 사무를 처리할 능력이 지속적으로 결여되어 가정법원으로부터 '성년후견 개시선고'를 받은 사람을 말하는데요. 피한정후견인과 피성년후견인의 차이는 사무를 처리할 능력이 '부족'한 것과 사무를 처리할 능력이 '지속적으로 결여'된 데 있습니다. 이에 대한 판단은 가정법원이 담당하고요. 즉, 피한정후견인은 사무 처리 능력이 부족하기 때문에 법률행위를 할 때 한정적으로만 법정대리인에게 동의를 구하면 일을 처리할 수 있는 반면, 피성년후견인은 사무를 처리할 능력이 앞으로도 없다고 보기 때문에 법정대리인이 직접 법률행위를 대신해주어야 합니다.

아이고, 머리 아프죠? 예를 들어볼게요. 피한정후견인 K는 살 집이 필요합니다. 그래서 법정대리인에게 "살고 싶은 아파트가 있어요. 매입해도 될까요?"

---

20 보통 친권을 가진 부모가 법정대리인이 된다. 친권은 미성년인 자녀에 대해 부모가 갖는 각종 권리와 의무를 총칭하므로 미성년자의 1차적 법정대리인은 친권자이다. 민법에서는 만 19세에 이르지 못한 사람은 정신적인 성숙도가 떨어진다고 보기 때문에 미성년자는 부모의 동의를 얻어야만 재산상의 법률행위를 할 수 있다.

라고 묻습니다. 만일 법정대리인이 "예, 그렇게 하세요" 한다면 그는 집을 살 수 있어요. 즉 피한정후견인은 온전한 행위능력을 인정받을 수는 있지만 중요한 법률행위—주택 매매, 고가의 물건을 사고팔기—를 할 때엔 법정대리인인 후견인[21]의 동의를 얻어야 하는 것입니다. 그러면 피한정후견인이나 피성년후견인은 혼자서 시원한 음료수나 맛있는 빵 하나조차 마음대로 사먹을 수 없는 건가요? 아니에요. 그렇지 않습니다. 일용품을 구입하는 것 같은 일상적 거래는 독자적으로 가능하답니다.

◉ 미성년자도 계약을 진행할 수 있을까?

미성년자는 제한 능력자이므로 단독으로 법적 계약을 맺을 수 없어요. 반드시 법정대리인의 동의가 있어야 합니다. 따라서 미성년자가 법정대리인의 동의 없이 혼자서 계약을 맺은 경우 본인은 물론 법정대리인(친권자인 부모)도 이를 취소할 수 있는데요. 그러면 미성년자와 거래하는 상대방의 입지는 매우 불안해지겠죠? 미성년자라는 이유로 계약을 마음대로 취소하면 거래 상대방에겐 손해가 발생하잖아요. 그래서 민법에서는 미성년자와 거래한 상대방을 보호하기 위해 '확답을 촉구할 권리',[22] '철회권과 거절권', '취소권 행사의 제한' 같은 세 가지 조항을 규정해놓았답니다.

먼저 '확답을 촉구할 권리'를 볼게요. "당신이 한 이 법률행위가 정말 제대로 된 행위인지 알려주시오. 만약 제대로 된 행위가 아니라면 하루 빨리 이것을 보는 법정대리인이나 당신 자신이 행위를 취소하겠다고 알려주시오. 1개월 안에 당신의 의사를 알려주지 않으면 추인, 즉 나중에 인정한 것으로 효과가 발생하게 되면서 거래가 확정된다는 사실을 명심하시오!" 하는 내용입

---

21 뒤를 봐주는 사람이다. 피한정후견인이나 피성년후견인에게는 법정대리인이 곧 후견인이다.
22 이전에는 '최고권'이라고 불렀다.

니다. 적절한 기간을 정함으로써 미성년자와 거래한 상대방의 불안정한 거래 상태를 확정시키는 것이지요.

'철회권과 거절권'은 뭘까요? 예를 들어 "아까 자제분이 휴대폰을 사 가셨는데 혹시 미성년자인가요? 미성년자이면 제가 판매를 철회하겠습니다" 하는 겁니다. 계약 당시 미성년자임을 몰랐던 상대방이 미성년자 측의 추인이 있기 전에, 즉 "내가 살게요!" 하기 전에 자신의 판매 의사를 적극적으로 철회할 수 있다는 뜻이에요. 그러면 거래가 없었던 것으로 됩니다.

'취소권 행사의 제한' 조항인데요. 다음 대화를 봅시다.

점포주인 : "어려 보이는데 혹시 미성년자 아니에요?"

유진이 : "무슨 말씀이세요. 저 미성년자 아니거든요!"

점포주인 : "그러면 죄송하지만 신분증 좀 확인할게요."

유진이 : "여기요."

점포주인 : (주민번호 보고 21세인 것 확인) "정말 동안이시네요!"

이런 대화 후에 휴대폰 가게 주인이 물건을 팔았습니다. 그런데 나중에 보니 주민등록증이 위조된 거예요. 이런 경우를 바로 상대방을 속인 행위, 즉 '사술행위(詐術行爲)'라 부릅니다. 이때 맺은 계약은 취소할 수 없어요. 즉 취소권이 배제[23]되는 거죠.

미성년자가 법정대리인의 동의를 얻어야 하는 사항이 왜 이렇게 많은지 의문이 생길 수 있는데요. 미성년자가 하는 모든 행동에 법정대리인의 동의가 필요한 건 아닙니다. 법정 대리인의 동의 없이도 유효한 미성년자의 법률행위

---

23 미성년자가 변조한 가족관계증명서, 위조된 법정대리인 동의서 등을 제시하여 사업자를 속인 경우 미성년자와 법정대리인은 취소권을 행사할 수 없다.

도 많거든요.

우선 부담 없는 증여의 승낙처럼 단순히 권리만을 얻거나 의무만 면하는 행위는 미성년자 단독으로 진행할 수 있습니다. 예를 들어 이모가 "내가 쓰던 태블릿 PC 줄게"라고 하면 내 입장에선 부담이 전혀 없는 거잖아요. 그냥 받기만 하면 되니까요. 굳이 엄마한테 "이모가 나한테 태블릿 PC 주신다는데 받아도 돼?"라고 물을 이유가 없다는 겁니다. 반면 의무만을 면하는 행위는 이런 거예요. 삼촌한테 10만 원을 빌렸다가 나중에 갚으러 갔더니 "자식, 안 갚아도 돼!" 하십니다. 이때 여러분은 엄마한테 가서 "삼촌이 내가 빌렸던 10만 원 안 갚아도 된다는데, 정말 그래도 되는 거예요?"라고 물을 필요가 없다는 거죠. 또한, 법정대리인이 범위를 정해 그 처분을 허락한 재산[24]에 대해서는 법정대리인의 동의 없이 법률행위를 할 수 있어요. 쉽게 말하면 용돈은 마음대로 써도 된다는 거죠. 그다음, 영업이 허락된 미성년자의 영업 행위는 법정대리인의 동의가 없어도 진행할 수 있습니다. 이를 테면 미성년자도 인터넷 쇼핑몰 같은 사업체를 운영할 수 있는데요. 이때 사업을 하면서 고객과 계약을 맺을 때마다 부모의 동의를 얻을 필요는 없다는 뜻입니다. 즉 영업 자체가 전반적으로 허락된 거라면 영업에 관한 한 부모의 동의를 일일이 구할 필요가 없는 거예요. 또 하나, 임금 청구도 단독으로 가능합니다. 근로계약을 맺을 때 18세 미만의 연소근로자에겐 부모의 동의가 필요하지만, 임금을 받을 때는 단독으로 청구할 수 있다는 뜻입니다. 마지막으로 유언도 단독으로 할 수 있어요. 만 17세 이상이면 가능하답니다.

24 범위를 정하여 처분이 허락된 재산에는 용돈, 세뱃돈 등이 있다. 받은 용돈으로 옷을 사거나 책을 사는 데엔 부모 동의가 필요하지 않다는 뜻이다.

알아두면 요긴해! 불법행위와 권리구제

「에린 브로코비치」는 실화를 바탕으로 한 영화입니다. 주인공 에린은 이혼 후 직장도 없이 아이 세 명을 홀로 키우는 여성이에요. 직장에서 해고당하고 엎친 데 덮친 격으로 교통사고까지 당해 파산선고를 받은 그녀는 자신의 교통사고를 담당했던 변호사가 속한 법률회사의 말단 직원으로 어렵게 취직합니다. 어느 날 에린은 서류를 정리하던 중 우연히 의문의 의료기록을 발견해요. 그리고 끈질기게 추적한 결과, 그 지역에서 전력사업을 하는 대기업 PG&E사의 공장이 크롬 성분이 포함된 오염 물질을 대량 방출하여 수질오염은 물론 주민들을 아프게 했다는 것을 알게 되지요. 처음엔 피해를 입은 마을 주민들조차 에린을 불신하지만 그녀는 이에 굴하지 않고 사람들을 한 명 한 명 설득합니다. 진실에 대한 집념 하나로요. 결국 에린은 주민 대부분의 동의를 받아 소송을 진행하고, 4년여 시간이 지난 뒤 PG&E 회사는 미국 법정 사상 최고 배상액인 3억 3,300만 달러를 지불하게 됩니다.

영화 「에린 브로코비치」 포스터

위 사례처럼 가해자의 고의나 과실에 의해 일정한 손해가 발생한 경우, 이에 대해 가해자에게 손해배상 책임을 지우는 것을 '불법행위 책임'이라 하는데요. 불법행위는 어떤 걸 말하는지, 이로 인해 권리가 침해되었을 때 구제받는 방법으로 어떤 것들이 있는지 살펴봅시다.

불법행위는 어떻게 성립되나?

형법으로 규율되는 범죄는 우리에게 막심한 손해를 끼칩니다. 강도나 상해, 살인 등이 그렇지요. 그런데 형법적인 범죄가 아니어도 우리에게 손해를 끼치는 경우가 있습니다. 친구에게 20만 원을 빌려주었는데, 친구가 약속 날짜를 어기고 돈을 갚지 않아요. 반액 세일하는 점퍼를 사려고 모아둔 돈인데 그만 세일 기간이 지나버렸습니다. 결국 제 값을 다 주고 사야 하는데요. 이 경우 우리는 20만 원을 손해 보는 셈입니다. 이처럼 돈을 갚지 않아 발생하는 손해는 형법적인 범죄에 의해 발생하는 손해와 양상이 다르긴 해도 '손해가 발생한다'는 점에서는 동일합니다.

위 사례처럼 어떤 사람이 다른 사람에게 손해를 끼치는 경우는 수없이 많은데요. 이러한 손해를 피해자 쪽이 무조건 감수해야 한다면 사회는 정상적으로 유지될 수 없습니다. 따라서 민법에서는 타인이 누군가에게 손해를 끼치는 경우—정확하게는 일정한 요건을 갖추어 손해를 끼치는 경우— 이를 '불법행위'로 규정하여 그로 인한 손해를 배상하도록 민법 제750조에 규정하고 있습니다. "고의 또는 과실로 인한 위법 행위로 타인에게 손해를 가한 자는 그 손해를 배상할 책임이 있다"고 말이에요. 불법행위는 다음과 같은 여섯 가지 조건에 모두 들어맞아야 성립합니다.

첫째, 가해자 자신이 피해자에게 직접적인 손해를 야기하는 행위, 즉 가해 행위를 해야 합니다. 길을 가던 중 어떤 사람이 음식점 입간판을 부수는 걸 보았어요. 이때 가게 주인이 뛰어나와 목격자에게 "당신이 파손 행위를 보았으니 책임지시오"라고 요구할 수 있을까요? 아니오, 그럴 수 없습니다. 근대 민법에 나오는 '과실 책임의 원칙'에 의해 타인이 손해를 끼친 부분에 대해서는 자신이 책임을 질 필요가 없는 것과 같은 맥락이에요.

둘째, 가해행위가 위법성[25]을 가져야 합니다. 즉 남의 물건을 훔치거나 허락 없이 부동산을 점유하여 사용을 방해하는 행위, 인간의 자유와 명예, 생명이나 신체의 건강 같은 비재산적 이익을 침해하는 것 등이지요.

셋째, 가해행위가 행위자(가해자)의 고의 또는 과실에 의한 것이어야 합니다. 누군가가 뒤에서 미는 바람에 한비광이 도자기를 깨뜨렸다면, 도자기를 직접적으로 깨뜨린 게 한비광이라 할지라도 법적인 책임을 물을 수 없어요. 고의성도 과실도 없으니까요. 만약, 도자기 옆에서 공놀이를 하다가 실수로 공을 잘못 던져 깨뜨렸다면, 이는 공놀이 도중 도자기를 깨뜨릴 수 있다는 가능성을 인식하지 못했다고 보아 과실로 간주할 수 있겠지만 말입니다.

넷째, 가해행위 결과 피해자에게 일정한 손해가 발생해야 합니다. 친구 집에서 컵라면을 먹다가 다 쓴 나무젓가락을 부러뜨렸어요. 이를 불법행위로 보아야 할까요? 아닙니다. 쓰고 난 나무젓가락은 가치가 없다고 보아 손해[26]를 인정하지 않는 거죠.

다섯째, 가해자의 가해행위와 피해자의 손해 발생 간에 인과관계가 존재해야 합니다. 가해자가 피해자에게 배상하는 손해는 가해행위로 인해 피해자에게 준 손해이므로 가해행위와 손해가 발생했다고 해서 무조건 배상을 요구할 수 없습니다. 따라서 민법에서는 원인과 결과의 관계가 상당할 정도로 밀접해야 손해를 배상하도록 규정하고 있어요. 이러한 인과관계를 '상당인과관계(相當因果關係)'[27]라 합니다.

---

25 어떠한 법률행위가 사회 전체의 법질서에 위반되는 것을 말한다. 예를 들어 재산권은 민법이나 형법에서 널리 보호하고 있는 권리이므로 이를 침해하는 행위는 원칙적으로 위법한 행위로 간주된다.

26 손해는 일반적으로 재산적 손해와 정신적 손해로 분류한다. 이 중에서 정신적 손해에 대한 배상금을 통상적으로 위자료라 한다.

27 어떤 원인이 있으면 그러한 결과가 발생하리라고 보통 인정되는 관계.

여섯째, 가해자에게 책임 능력이 있어야 합니다. 책임 능력이 없는 사람은 '책임 무능력자'라 하는데요. 책임 무능력자는 손해배상의 책임을 지지 않습니다.

손해배상을 청구합니다

먼저 '손해'에 대해 알아봅시다. 손해에는 적극적 손해, 소극적 손해, 정신적 손해가 있습니다. 피해자가 "당신이 교통사고를 내는 바람에 내가 크게 다쳤다. 병원비, 치료비, 간병비, 입원비, 수술비 등이 엄청 들었다"고 한다면 가해자는 이 같은 손해(적극적 손해)에 따른 비용을 모두 배상해줘야 합니다. 그리고 "당신 때문에 일을 못해서 돈을 못 벌었다"고 하면 이 손해(소극적 손해)에 대해서도 배상해줘야 하지요. 더 나아가 "당신 때문에 나는 이제 차가 너무 두려워져서 길거리에 나갈 수도 없다. 공황장애까지 생겼다"라고 한다면 가해자는 이것(정신적 손해)에 대해서도 배상해야 합니다.

TIP

후발손해(後發損害)

손해가 발생한 뒤에 또다시 손해가 발생하는 것을 '후발손해'라 한다. 가장 대표적인 것으로 교통사고 후유증이 있다. 교통사고가 발생하면 종종 "피해자와 합의를 보았다"는 말을 듣게 되는데, 이때 '합의'는 피해자가 가해자를 형사상으로 처벌하기를 원하지 않는다는 뜻이지만, 정확하게 말하면 '교통사고라는 불법행위로 인해 손해를 입은 피해자와의 손해배상금에 대한 합의'라 할 수 있다. 그런데 배상금을 합의한 후 심각한 후유증이 나타날 경우 문제가 불거진다. 처음 합의했을 때와 달리 후유증이 현저하게 커지면 피해자 쪽에서는 상당한 손해를 감수할 수밖에 없는데, 이를 "당시에 합의했다"는 이유만으로 손해배상액을 확정해버리면 피해자 입장에서는 그 손해를 감당하기 힘들 것이다. 따라서 우리나라의 판례에서는 합의 당시에 예측할 수 없던 손해가 나중에 발생하고, 합의된 액수와 현실적으로 발생한 손해 사이에 현저한 차이가 생겼을 때에는 후발손해에 대한 배상을 제한적으로 인정한다.

'손해배상(損害賠償)'이란 이처럼 일정한 행위나 사실로 타인에게 손해를 입힌 경우, 그 손해를 가해자 혹은 가해자와 일정한 관계에 있는 자가 도로 메위주는 것을 말하는데요. 불법행위 때문에 발생하는 손해의 종류는 매우 다양하지만, 배상의 기준은 단 한 가지입니다. 바로 금전[28]이죠. 신체에 대해 발생한 손해든, 재산권을 침해하여 발생한 손해든 모두 금전으로 배상해야 한다는 뜻입니다. 정신적 고통을 받았을 때 청구하는 '위자료'도 금전으로 배상하는 손해배상의 일종이고요. 특히 '명예훼손'으로 발생하는 손해에 대해서 민법은 제764조의 규정을 두어 피해자의 청구에 의하여 손해배상뿐 아니라 명예회복에 적당한 처분을 내릴 수 있도록 하는데요. 신문사가 보도를 잘못하여 어떤 사람의 명예를 실추시켰다면 물질적이고 정신적인 손해에 대해서 금전만이 아니라 정정 보도까지 해줘야 한다는 뜻입니다. "○월 ○일 기사 내용 중 일부가 잘못 보도되어 ○○○의 명예를 훼손했기에 이를 바로 잡습니다"라고 말이에요.

TIP

과실상계(過失相計)

사고 발생에 있어서나 피해의 정도에 있어서 피해자에게도 잘못이 있는 경우, 피해자가 피해의 전부를 배상 받도록 하는 것은 공정하지 못하므로 피해자가 잘못한 정도만큼 배상액을 감하는 것을 과실상계라 한다. 어떤 사람이 오토바이를 타고 지나가다 사람을 치었다. 그런데 피해자가 무단으로 횡단하다 사고가 난 경우라면 피해자에게도 일정 부분 잘못이 인정되어 손해배상액이 2,000만 원이면 다친 사람의 잘못을 30%로 계산해서 오토바이로 친 사람이 손해배상액의 70%인 1,400만 원까지만 배상하면 되는 것이다. 얼마의 비율로 잘못을 인정할 것인가는 법원이 정한다.

불법행위에도 특수한 게 있다고?

민법에서는 일반적인 불법행위에 대한 특칙으로 '특수한 불법행위의 책임'에 대해 규정하고 있습니다. 일반적인 불법행위에 비해 책임의 성립 요건이 경감되어 더 쉽게 불법행위 책임을 물을 수 있는 경우, 심지어 자신이 아닌 타인

---

28 민법 제763조는 채무 불이행으로 인한 손해를 원칙적으로 금전에 의해 배상하도록 하는 민법 제394조를 준용하여, 불법행위로 인한 손해 또한 마찬가지로 원칙적으로 금전으로 배상하도록 규정하고 있다.

의 가해행위에 대해서 책임을 지는 경우가 있는 반면, 일정한 경우에 한해서는 아예 불법행위에 대한 책임을 묻지 않는 경우도 있어요. 다섯 가지 유형의 특수 불법행위를 알아봅시다.

● 책임 무능력자의 감독자 책임

우리나라 민법은 타인에게 손해를 끼친 사람에게 그 행위에 대한 불법행위 책임을 묻지 않는 경우를 두 가지로 나눕니다. 가해자가 미성년자이거나 심신상실자인 경우죠. 이들은 책임 무능력자로 분류되어 불법행위의 책임을 지지 않습니다. 민법 제753조는 "미성년자가 타인에게 손해를 가한 경우에 그 행위의 책임을 변식할 지능이 없는 때에는 배상의 책임이 없다"고 하고(미성년자의 책임능력), 제754조는 "심신상실 중에 타인에게 손해를 가한 자는 배상의 책임이 없다. 그러나 고의 또는 과실로 인하여 심신상실을 초래한 때에는 그러하지 아니한다"고 되어 있습니다(심신상실자의 책임능력).

16살인 고등학생이 친구가 심하게 놀린다며 돌을 던졌어요. 친구는 크게 다쳤지요. 이 학생은 자기가 돌을 던지면 친구가 다칠 거라는 걸 알 만한 나이고, 사람에게 돌을 던지는 게 잘못이라는 걸 분명히 변식(인식)할 능력이 있습니다. 이때 문제를 일으킨 학생은 다친 친구에게 손해배상을 해줘야 합니다. 책임능력이 있으니까 일반 불법행위가 적용되는 거예요. 그런데 여기서 숫자가 바뀌면 이야기는 완전히 달라집니다. 6살 아이가 돌을 던져 친구를 크게 다치게 했어요. 이 경우 6살 아이는 친구를 다치게 할 목적으로 돈을 던졌으므로 고의성이 인정되어 불법행위 책임을 져야 하지만, 6살 아이는 일반적으로 자신의 행위에 대한 책임을 변식할 수 없다고 보기 때문에 민법 제753조에 의해 불법행위 책임을 지지 않습니다. 정신병을 앓고 있어 심신상실 상태에 있는 사람이 다른 사람을 다치게 한 경우도 마찬가지고요(민법 제754조).

미성년자 중에서 몇 살 이상이 책임을 변식할 수 있는지에 대해서는 구체적으로 민법에 나와 있지 않은데요. 결국 구체적으로 사실 관계를 판단하는 것은 법원의 몫입니다(판례에는 중학생 정도 연령이면 책임능력이 있는 것으로 봅니다). 다만 심신상실 상태를 이용할 목적으로 약물을 복용하여 다른 사람에게 손해를 가하면 이때는 민법 제754조에 의해 책임을 져야 합니다. 고의 또는 과실이 인정되기 때문이죠. 그런데 피해자 입장에서는 매우 억울합니다. 손해를 입었는데 보상 받을 장치가 없으니까요. 따라서 민법은 피해자를 안배하는 차원에서 책임 무능력자 대신 책임 무능력자를 감독하는 사람에게 불법행위에 대한 책임을 지웁니다. 미성년자에게는 법정대리인인 친권자를, 심신상실자에겐 후견인을 감독자로 지목하는 건데요. 이러한 감독자는 자신이 책임 무능력자를 주의 깊게 감독해야 하는 의무를 다하지 못한 것으로 판단되어 대신 불법행위 책임을 지는 것입니다. 물론 감독자가 의무를 다했다는 사실을 증명하면 불법행위 책임에서 벗어날 수 있어요.

사용자 배상 책임

고용인이 업무를 수행하던 중 타인에게 손해를 끼치면 고용인 본인이 일반 불법행위의 책임을 져야 합니다. 그런데 고용인 외에도 사용자인 회사 또한 불법행위 책임을 지게 되는데요. 표현이 좀 딱딱하니까 사용인은 사장님으로, 고용인은 피용자로 불러볼게요. 먼저 민법을 봅시다. 제756조는 '사용자의 배상책임'을 나타낸 것으로 1항은 "타인을 사용하여 어느 사무에 종사하게 한 자는 피용자가 그 사무집행에 관하여 제삼자에게 가한 손해를 배상할 책임이 있다. 그러나 사용자가 피용자의 선임 및 그 사무감독에 상당한 주의를 한 때 또는 상당한 주의를 하여도 손해가 있을 경우에는 그러하지 아니한다"고 되어 있습니다. 2항은 "사용자에 가름하여 그 사무를 감독하는 자도 전항의 책임이 있다"이고, 3항은 "전2항의 경우에 사용자 또는 감독자는 피용자에 대하여 구상권을 행사할 수 있다"입니다.

사용자는 근로자를 고용함으로써 자신의 활동 영역을 넓히게 되고, 따라서 사용자는 업무 중에 근로자가 불법행위를 저지르지 않도록 감독할 의무가 생깁니다. 근로자의 업무상 행위는 바로 자신의 행위와 다름없기 때문이죠. 따라서 근로자가 업무상 불법행위를 저질렀다면, 사용자는 직접적으로 손해를 끼친 게 아니더라도 주의 의무를 다하지 않은 책임 때문에 피해자에게 손해를 배상해야 합니다.

만 20세인 A군이 오토바이를 타고 가다가 B를 치었어요. 놀러가다 사고를 낸 게 아니라 피자를 배달하다가 사고를 낸 경우입니다. 이것도 불법행위 맞죠? 가해행위가 있고, 사람을 쳤으니까 위법하잖아요. 고의 또는 과실도 있었고, 손해가 발생한데다, '쳤으니까 다쳤다'는 인과관계도 있습니다. 게다가 만 20세니까 책임능력도 있군요. 그런데 여기에 사장님 C가 있습니다. C와 A 사이는 '고용 관계'라는 특수 관계에 놓여 있어요. 이 경우 오토바이에 치인 B는 당연히 A에게 일반 불법행위에 따른 손해배상을 청구할 수 있는데요. 이때 B는 C를 찾아가서 손해배상을 청구할 수도 있습니다. 이 경우, 사장인 C가 지는 책임이 바로 특수 불법행위 중 사용자 배상 책임이랍니다. 즉 B는 A와 C 모두에게 손해배상을 청구할 수 있는 거예요.

하지만 B가 2,000만 원의 손해를 입었을 때 A에게도 2,000만 원, C에게도 2,000만 원을 보상받을 수 있는 건 아닙니다. 상식적으로 생각해도 피자 배달원인 A에게 2,000만 원을 청구할 수는 없잖아요? 아무래도 사장에게 청구해야겠지요? 만일 이때 사장이 2,000만 원을 B에게 배상해주었다면 사장은 민법 제756조 제3항에 따라 '구상권(求償權)'을 행사할 수 있습니다. 구상권이란 타인에 갈음하여 채무를 변제한 사람이 그 타인에 대해서 갖는 상환 청구권입니다. 즉 "내가 일단 물어주겠지만, 그 액수만큼 네 월급에서 차감하겠다"는 내용이지요.

● 공작물 등의 점유자·소유자 책임

공작물이란 인공적 작업에 의해 제작된 물건인데요. 사람의 손으로 만든 물건이라는 뜻입니다. 공작물에 대한 책임은 공작물의 설치 또는 보존의 하자로 인해 타인에게 손해가 발생한 경우에 발생해요. 이때 1차적인 손해배상의 책임은 점유자[29]가 져야 합니다. 만일 점유자가 주의를 다했는데도 사고가 발생했다면 이때엔 소유자에게 배상의 책임이 있어요. 이 경우 소유자가 지는 책임이 바로 '무과실 책임'입니다.

빌딩이 하나 있습니다. 주인인 소유주를 갑이라 부릅시다. 이 빌딩 1층에는

---

29 공작물을 관리하고 있으면서 사실상 쓰고 있는 사람.

옆집 나무가 태풍에 쓰러져서 우리집 담이 무너졌어요. 옆집 사람은 자기가 집주인이 아니라며 수리비를 줄 수 없다고 해요. 어쩌죠?

음식점이 하나 있는데, 이곳 사장은 을입니다. 그럼 1층 주인은 을인가요? 아니죠. 빌딩 소유자와 빌딩을 점유한 사람(얻어 쓰고 있는 사람)은 다르므로 을은 다만 1층 음식점의 점유자일 뿐입니다. 그런데 빌딩 벽에 붙어 있던 음식점 간판이 떨어져 지나가던 행인을 다치게 만든 사고가 벌어졌어요. 이 간판은 5년 전에 빌딩 주인인 갑이 직접 설치하고 관리했던 것으로 1년 전부터 음식점 사장 을이 1층 전체와 이 간판까지 빌려 쓰고 있었지요. 이 경우, 공작물을 설치하고 관리하는 책임은 1차적으로 누구한테 있나요? 예, 점유자인 을에게 1차적 책임이 있습니다. 그러니까 다친 사람은 음식점 사장인 을에게 찾아가 "간판 관리를 어떻게 하셨기에 갑자기 떨어집니까?"라고 항의하면서 손해배상을 청구할 수 있어요. 그런데 사장 을이 "왜 그러세요? 간판이 헐렁거려 떨어질 수도 있어서 어제도 계속 나사를 몇 번씩 조였는지 몰라요. 그리고 이게 자꾸 헐렁거리니까 바꿔달라고 주인에게 계속 말했는데 주인이 아무 조치를 안 했다고요! 저는 간판이 떨어지는 걸 방지하려고 할 수 있는 만큼 다 했습니다"라고 대답하면서 사실을 입증해줍니다. 책임 소재를 물을 수 없네요. 그러면 행인은 두 번째로 빌딩 소유주인 갑을 찾아가 "당신이 책임지세요" 하고 요구할 수 있습니다. 이 경우 소유주는 고의나 과실 여부와 상관없이 책임을 져야 합니다.

다른 사례를 들어볼게요. 골목길을 지나던 H가 갑자기 하늘에서 떨어진 유리에 부딪쳐 팔이 부러졌습니다. 나중에 알아보니 P씨 소유의 연립주택에서 창유리가 거센 바람에 흔들려 떨어지게 된 것이었죠. P씨는 당시 집에서 잠을 자고 있었다면서 유리가 떨어진 것은 바람 때문이지 자신이 의도한 게 아니라고 항변했습니다. 하지만 P씨는 민법 제758조[30]에 의하여 공작물의 소유자가 지닌 불법행위 책임을 져야 하는데요. 책임이 뭐냐고요? 손해 발생의 위험성을 지닌 하자 있는 공작물을 방치했기 때문입니다.

저는 지금 5년 전 완공된 개인 건물에서 간판이 떨어져 지나가던 행인이 크게 다친 현장에 나와 있습니다. 피해자는 현재 OO대학병원 응급실에서 치료를 받는 중인데요. 경찰은 건물 주인과 당시 공사를 담당했던 건설회사 직원을 소환하여...

● 동물 점유자의 책임

요즘은 애완동물이라는 표현 대신에 반려동물이라는 표현을 많이 씁니다. 동물이 즐거움을 주는 도구가 아니라 생활을 같이하는 동반자라는 의미인데요. 개든 고양이든 그냥 옆에만 있어도 마음이 따뜻해지고 즐겁잖아요? 그런데 이런 동물들이 어떻게 타인에게 손해를 가한다는 걸까요?

어느 화창한 봄날입니다. 집에 있는 유은에게 경수가 전화를 걸었어요. "유은아, 나 호수공원으로 산책 갈 건데 너네 나나랑 같이 가면 안 될까?" 하고요. 유은이가 흔쾌히 승낙하여 경수는 나나랑 산책을 즐기게 되었습니다. 그런데 나나가 갑자기 지나가던 누나를 물지 뭐예요? 누가 이 일을 책임져야 할까요? 예, 이때엔 소유자가 아니라 점유자인 경수가 책임을 져야 합니다. 민법 제759조 1항은 "동물의 점유자는 그 동물이 타인에게 가한 손해를 배상할

---

30 민법 제758조(공작물 등의 점유자, 소유자의 책임) 1항 : 공작물의 설치 또는 보존의 하자로 인하여 타인에게 손해를 가한 때에는 공작물점유자가 손해를 배상할 책임이 있다. 그러나 점유자가 손해의 방지에 필요한 주의를 해태하지 아니한 때에는 그 소유자가 손해를 배상할 책임이 있다.

개한테 물렸는데, 저 사람은 친구 개를 산책시키던 중이라고 발뺌합니다.

책임이 있다. 그러나 동물의 종류와 성질에 따라 그 보관에 상당한 주의를 해태하지 아니한 때에는 그러하지 아니하다"고 되어 있는데요. 바로 '동물의 점유자의 책임'을 나타낸 것입니다.

다른 사례를 들어볼게요. L은 반려견 토토의 병세가 악화되자 토토를 J가 운영하는 동물병원에 맡겼습니다. 그런데 J가 잠시 자리를 비운 사이 손님으로 온 Y의 강아지를 토토가 꽉 물어버렸어요. 토토는 덩치가 큰 성견이고 Y의 강아지는 3개월도 안 된 어린놈입니다. 이럴 경우 누가 책임을 져야 합니까? 예, 점유자인 병원장 J의 책임입니다. 그런데 이 경우에도 점유자가 자신의 무과실을 입증하면 책임을 지지 않습니다. 병원장 J가 토토를 적절하게 우리에 넣어두었는데, 다른 사람이 무리하게 우리에 손을 집어넣어 상처를 입은 경우라면 점유자는 면책됩니다.

● 공동 불법행위 책임

민법 제760조는 공동 불법행위의 책임 소재를 밝히는 조항인데요. 여러 사람이 공동의 불법행위로 인해 타인에게 손해를 끼쳤을 경우에는 연대하여 배상하여야 한다는 내용입니다. 여기서 포인트는 여러 사람이 한꺼번에 때려서 누가 가해자인지 밝혀내기 어려운 경우, 가해자 전체를 대상으로 손해배상을 청구할 수 있지만 가해자 중 한 사람에게 몰아서 손해배상을 청구할 수도 있다는 거예요.

중학생 A가 같은 학교에 재학 중인 선배 C와 D에게 집단폭행을 당하고 전치 8주의 상해를 입었습니다. 사건 당시 A의 친구 B는 망을 보고 있었고, C 와 D가 폭행을 한 건데요. A는 충격으로 인해 그들 중 누가 얼마나 폭행했는 지 기억하지 못합니다. 이 경우 폭행에 가담한 B, C, D 모두 연대하여 배상책 임을 져야 하는데요. B의 경우 A를 자기 손으로 직접 때린 건 아니지만 사람 이 오는지 안 오는지 망을 보았으므로 단순 교사자[31] 혹은 방조자[32]로서 공 동 불법행위에 따른 배상책임을 지게 되지요.

민법에서는 교사자 및 방조자도 배상 책임을 지도록 함으로써 피해자가 배상 을 요구할 수 있는 상대의 범위를 최대 한 넓게 보장하고 있습니다. A의 치료비 가 1,200만 원 나왔다고 합시다. 이때 A 는 B에게 300만 원, C에게 500만 원, D에 게 400만 원을 각각 청구할 수도 있지만, 한 사람에게 1,200만 원 모두를 청구할 수도 있어요. 두 사람에게 청구하거나 세 사람 모두에게 청구해도 되는 것이지요.

우리 애가 집단 폭행을 당했어요. 그런데 서로 책임이 없다면서 손해배상을 하지 않아요!

징벌적 손해배상 제도란 무엇일까?

'징벌적 손해배상 제도'란 가해자의 행위가 악의적이고 반사회적일 경우 실제 손해액보다 훨씬 더 많은 손해배상을 하게 하는 제도입니다. 대표적인 사례 로 '맥도날드 소송 사건'을 들 수 있어요. "흠, 햄버거 가게가 무슨 대단한 잘 못을 저지른 걸까?" 궁금한 분들은 아래 기사를 같이 읽어봅시다.

---

31 타인을 시켜 불법행위를 부추긴 자.
32 타인의 불법행위가 좀 더 용이하게 실행될 수 있도록 도와준 자.

미국 뉴멕시코 주에 살던 81세의 한 할머니가 운전 도중 화상을 입었다. 차가 급정거하면서 맥도날드의 커피가 쏟아진 탓이다. 다리 등에 3도 화상을 입은 할머니는 맥도날드를 상대로 소송을 냈다. 일반 커피 온도보다 훨씬 높은 82~88도의 '지나치게 뜨거운' 커피 탓에 지난 10여 년간 화상 사고가 700여 건이나 있었지만, 맥도날드가 이를 알고도 같은 온도를 계속 고수한 탓에 화상을 입었다는 주장이었다. 배심원들은 할머니의 손을 들어주며 "맥도날드는 286만 달러를 지급하라"고 판결을 내렸다. 그중 16만 달러는 치료비였지만, 나머지 270만 달러는 처벌 성격의 손해배상금이었다.

맥도날드가 뭘 잘못했다는 건지 이해가 잘 안 되죠? 잠시 부연 설명을 할게요. 미국 레스토랑 협회는 테이크아웃 커피를 판매할 때 적용되는 온도 규정을 가지고 있어요. 그런데 맥도날드가 이 규정을 무시하고 더 높은 온도의 커피를 판매한 겁니다. 온도가 높아야 커피가 따뜻한 상태로 더 오래 유지되고, 그래야만 장거리 운전자들에게 인기가 많으니까요. 규정을 좀 위반하더라도, 혹은 화상치료비 몇 푼 물어주고라도 커피를 많이 팔아서 매출을 올리는 게 낫다고 판단한 것입니다. 따라서 미국 법원은 맥도날드가 뜨거운 커피에 대한 위험성을 알면서도 이를 감수한 것에 대해 징벌적 손해 배상의 취지에

앗, 왜 이렇게 뜨거운 거야!

서 피해자의 손을 들어준 거예요. 기업의 고의성이나 악의성을 예방하기 위해 법원이 일부러 벌금을 세게 매긴 것입니다.

징벌적 손해배상 제도는 이처럼 처벌적 성격이 강한 제도랍니다. 가해자의 비도덕적·반사회적 행위에 대하여 일반적 손해배상을 넘어서는 제재를 가함으로써 형벌적 성격을 띠는 거예요. 피해에 상응하는 액수만을 보상하게 하면 예방적 효과가 충분하지 않다고 판단되어 고액을 배상하게 함으로써 다른 사람이나 기업 및 단체가 유사한 부당행위를 저지르지 못하도록 예방하는 것이 주된 목적입니다.

나의 권리를 구제하라

여러 사람이 함께 생활하다 보면 다양한 문제와 부딪치게 마련인데요. 그중엔 쉽게 풀어갈 수 있는 것도 있지만 반드시 법으로 해결해야 하는 것도 있습니다. 자신에게 닥친 문제가 법적으로 부딪칠 경우, 어떻게 현명하게 처리할 것인지 알아볼게요.

1994년 6월 12일 밤, 로스앤젤레스의 한 주택에서 살인사건이 발생했습니다. 피살자는 미식축구 영웅이자 영화배우였던 심슨의 전처 니콜 브라운과 그녀의 남자 친구였어요. 사건 이후 심슨은 현장에서 발견된 혈흔과 발자국, 장갑 등이 증거로 제시되면서 범인으로 지목되었고 곧 체포됩니다. 유명한 변호사들로 변호인단을 구성한 심슨은 장갑이 손에 맞지 않으며, 담당 형사가 인종 차별주의자였다는 사실 등을 부각하여 형사재판에서 무죄를 끌어냅니다. 하지만 피해자 가족들이 제기한 민사재판에서는 책임이 인정되어 거액의 손해 배상금을 물게 되고, 이 때문에 결국 거의 모든 재산을 잃게 되었지요.

형사재판에서 무죄를 받았는데 왜 손해배상을 해야 할까요? 그 이유를 알려면 형사소송과 민사소송의 개념을 먼저 이해해야 합니다.

민사소송[33]은 개인과 개인 간의 사적인 관계를 다루는 것이고, 형사소송[34]은 범죄를 저지른 개인과 형벌권을 가지고 있는 국가 사이의 관계를 다루는 것입니다. 즉 전혀 별개의 문제를 다루는 거죠. 형사재판에서 범죄 사실을 입증하려면 누구도 의심할 여지가 없는 강력한 증거를 찾아내어 구형(求刑)[35]해야 하는데, 심슨 사건의 경우 증거가 충분하지 않다고 판단되어 무죄 판결을 내린 거예요. 하지만 민사소송에서는 인과관계가 있는 손해일 경우 형사적으로 유죄인지 무죄인지를 떠나 피해자는 손해배상을 청구할 수 있고, 가해자는 이에 응해야 합니다.

● 민사분쟁을 간편하게 해결하는 방법들

돈에 얽힌 다툼, 교통사고, 노동조건을 둘러싼 갈등 등 개인과 개인 사이에 분쟁이 생기는 이유는 다양한데요. 이쪽에서 한 발 양보하고 저쪽에서도 한 발 양보하면 분쟁은 한결 수월하게 해결될 것입니다. 하지만 당사자 간 자유로운 의사 조정이 실패하는 경우엔 분쟁 주체들 사이에 누군가가 끼어들어 무엇이 잘되었는지 어떤 게 잘못되었는지 밝혀줄 필요가 있어요. 그 작용을 '사법'이라 부르는데, 법원이 여기에 개입하여 재판을 열고, 판결을 내리는 것을 민사재판이라 합니다. 문제는 민사재판이 시간도 오래 걸리고, 비용도 엄청나게 많이 든다는 점입니다. 그래서 분쟁을 보다 간편하게 해결할 수 있는 다른 방법을 강구하게 되었는데요. 대표적인 것으로 '내용증명우편', '민사조정제도', '지급명령제도'를 알아보겠습니다.

---

33 사법기관이 개인의 요구에 따라 사법적인 권리관계의 다툼을 해결하고 조정하기 위하여 행하는 재판 절차.

34 형벌 법규를 위반한 사람에게 형벌을 부과하기 위한 재판 절차. 유죄 판결을 요구하는 검사와 방어하는 입장의 피고인이 대립하고, 제3자인 법원이 판단한다.

35 형사재판에서 피고인에게 어떤 형벌을 줄 것을 검사가 판사에게 요구하는 일.

'내용증명우편(內容證明郵便)'은 발송인이 언제, 누구에게, 어떤 내용의 문서를 발송했는지 우체국에서 증명해주는 우편제도입니다. 날짜와 내용을 증거로 남겨놓을 수 있는 것인데요. 어느 날 민지가 길거리 판매를 통해 화장품을 구입했습니다. 사용해보니 피부에 트러블이 생겼고, 설상가상으로 처음 이야기했던 비용보다 훨씬 많은 대금을 내라는 고지서가 날아와 반품을 결심합니다. 그래서 화장품 회사에 전화를 하지만 영 연결이 안 됩니다. 아무래도 불법업체인 것 같아요. 몇 번이나 시도한 끝에 간신히 통화에 성공하여 반품을 요청했는데, 이게 웬일이죠? 차일피일 미루면서 제품을 회수하지 않는 겁니다. 민지는 어떻게 해야 할까요? 예, 이럴 때 활용하는 방법이 바로 내용증명우편입니다. 정해진 양식이 있는 건 아니지만, 일반적으로 발신인의 성명, 주소, 수신인의 성명, 주소와 최종 의사표시 내용이 들어가요. 내용증명우편을 보낼 때는 추상적으로 표현하지 말고 "누가, 누구에게, 무엇을, 언제, 어디서"처럼 사실관계를 구체적이고 정확하게 표현해야 합니다(300쪽 참조). 그다음 원본과 복사본 2통을 가지고 우체국에 가서 "내용증명우편으로 보내주세요"고 하면 1통은 발송인(본인)이 보관하고, 1통은 우체국에서 보관[36]하고, 1통은 받는 사람인 화장품 회사에게 전달됩니다. 나중에 이것 때문에 법적인 분쟁이 생길 경우 우체국은 "☆☆☆가 이 날짜에 우편을 보냈다"는 것을 증명헤주는 것이지요.

내용증명우편을 사용하는 이유

전화나 일반 편지로 상대방에게 의사표현을 하는 경우에는 이후에 문제가 발생했을 때, 그 증거를 제시하기 어렵다. 하지만 내용증명우편을 이용하게 되면 상대방에게 전한 내용이 그 날짜까지 문서로 남기 때문에 증거로 사용할 수 있다. 또한 상대방이 약속을 이행하지 않아 소송을 해야 하는 경우에도 내용증명우편을 미리 보내서 해결할 여지를 만들 수 있다. 또한 내용증명은 상대방을 심리적으로 압박하는 효과를 발생시킬 수도 있다.

---

36 우체국 보관은 3년이 원칙이므로 그 기간 동안은 사본복사 및 열람이 가능하지만, 그 이상의 기간은 본인이 잘 보관해두어야 한다.

'민사조정제도'는 소송[37] 이전에 법관이나 조정위원회에서 타협안을 제시하여 당사자들이 받아들이게 하는 제도입니다. 통상의 소송 절차와 달리 엄격한 제한이 없으므로 융통성이 많고, 법률지식이 없는 사람도 쉽게 이용할 수 있다는 장점을 지닙니다. 또한 조정을 신청하면 즉시 조정기일이 정해지고, 단 한 번의 출석으로 절차가 끝나는 것이 보통이므로 분쟁이 단기간 내에 해결될 수 있으며, 신청 수수료도 소송사건의 5분의 1밖에 되지 않아 부담이 적어요. 자유로운 분위기의 조정실에서 당사자는 자기가 하고 싶은 말을 충분히 할 수 있고, 절차도 비공개로 진행할 수 있으므로 비밀유지도 가능하지요. 사회각계의 전문가가 조정위원으로 참여하므로 그들의 경험과 전문적 지식을 적극 활용할 수 있고, 무조건 이행을 명하는 판결에 비해 채무자의 경제적 사정 등을 고려한 원만하고 융통성 있는 조정도 가능합니다.

마지막으로 '지급명령제도'가 있어요. 상대방이 채무를 전부 인정하긴 하는데 갚지 않습니다. 이 경우 법원을 통해 돈 받을 권리가 있다는 사실을 확인하는 독촉절차[38]를 밟을 수 있는데요. 이때 지급명령제도를 활용하면 소송보다 신속하게 분쟁을 해결할 수 있습니다. 하지만 상대방이 채무를 인정하지 않거나 상대방의 소재를 정확하게 모를 때엔 지급명령신청이 적당하지 않으며, 상대방이 서류를 아예 받지 않거나 받았더라도 2주 이내에 이의신청을 하

---

37 민사소송은 시간·노력·비용이 많이 들어서 쉽게 이용하기 어렵다. 게다가 법률적인 증거에 입각하여 분쟁을 해결하므로 경우에 따라서는 상식에 맞지 않거나 당사자 어느 한쪽에 너무 가혹한 결과를 초래하기도 한다. 소송비용이 많이 발생하여 배보다 배꼽이 커지는 경우도 있다. 따라서 이웃이나 친척 간에 분쟁이 발생하면 가급적 법을 적용하는 소송방식보다 상호양보에 의한 해결책을 모색하는 편이 좋을 것이다.

38 채권자가 지급명령 신청서를 제출하면 법원은 채무자에게 채권자가 청구한 돈을 갚으라는 명령, 즉 지급명령을 내리게 되는데, 이때 채무자가 명령문을 받고도 이의를 제기하지 않으면 이 명령은 판결과 같은 효력을 갖게 된다. 독촉절차는 법정에 나갈 필요가 없고, 인지 비용이 일반소송의 10분의 1에 불과할 만큼 소송비용이 적게 든다는 이점이 있다.

게 되면 소송절차[39]로 넘어가게 됩니다. 이 밖에 간편하고 신속한 소송절차도 있어요. 바로 '소액사건 심판제도[40]'입니다. 소액사건은 한 번의 재판으로 끝나는 것이 원칙이고, 변론종결[41]후 따로 선고기일을 정하는 통상의 민사사건과 달리 변론기일에 즉시 판결을 선고할 수도 있습니다. 따라서 피고가 재판에 한 번 불출석한 것으로 곧바로 패소판결을 받을 수도 있지요. 그렇지만 소액 재판이라 해서 반드시 만만한 것은 아닙니다. 소액이라도 복잡한 금전관계가 얽혀 있는 사건은 일반 민사사건과 별 차이가 없고 때로는 1년 넘게 재판이 진행되기도 하거든요.

소장에 대한 법원의 판단! 민사소송

일상생활을 하다 보면 크고 작은 분쟁에 휘말리는 경우가 많은데요. 이 같은 분쟁을 해결하기 위한 일반적인 절차가 민사소송입니다. 다른 사람의 잘못으로 손해가 발생하거나 다른 사람이 빌린 돈을 갚지 않아 분쟁이 발생하였을 때 당사자 사이의 물리적 실력 행사를 통한 분쟁해결을 금지하는 대신 법원이 법을 기준으로 당사자 사이의 잘잘못을 가려내는 것인데요. 함께 민사소송의 절차를 확인해보겠습니다.

---

39 소송의 제기로부터 판결에 이르기까지 법원과 소송 당사자가 행하는 여러 가지 법정 절차. 당사자가 하는 변론·거증(擧證)·기피와, 법원이 행하는 증거 조사·판결·결정·명령 등이 있다.

40 받을 돈이 2,000만 원 이하인 소액채무사건에서 신속하고 간편하게 재판받을 수 있도록 한 제도이다.

41 재판에서 당사자가 변론하거나 증거를 제출하는 절차를 모두 마쳤다는 뜻. 법원은 원고와 피고가 서로 주장과 증거를 주고받을 수 있는 기회를 주고 더 이상 제출할 사항이 없다고 판단되는 시점에 변론을 종결한다. 변론 종결 후 보통 2주 후에 선고기일을 정하게 되는데 이 기간 동안 법원은 기록을 검토하여 판결문을 작성한다. 따라서 모든 증거와 자료는 변론 종결 전에 제출해야 한다.

● 가압류와 가처분으로 재판을 준비한다

A와 B가 돈을 빌리고 빌려주는 계약을 맺습니다. 돈을 빌려준 A는 채권자, 돈을 빌린 B는 채무자죠. B가 약속한 날짜까지 돈을 갚지 못했다면 채무 불이행이 됩니다. A와 B가 친구 사이라면 나중에 갚아도 된다든지 안 갚아도 된다고 할 수도 있지만, 보통 경우엔 갚아달라고 계속 독촉하겠지요. 그런데 A가 보니, B는 해외여행도 자주 가고 최고급 자동차를 타고 다니는데도 빌린 돈은 갚지 않아요. 아무리 독촉해도 돈이 없다면서 기다려달라고 합니다. 화가 난 A가 드디어 소송을 제기해요. 이때 A는 재판 준비의 절차로서 먼저 '가압류'[42]와 '가처분'[43]을 신청해야 합니다. 왜냐하면 A가 소송을 제기한다는 이야기를 듣고 B가 얼른 자기 차는 형에게 줘버리고, 살던 집은 동생 이름으로 바꿔놓을 수도 있으니까요. 이렇게 B가 소송 중에 재산을 다 빼돌리면 A가 소송에서 이기더라도 아무 소용이 없습니다. 남은 재산이 없다면 승소판결문은 휴지 조각일 뿐이잖아요? 이를 미연에 방지하고자 B가 몰래 재산을 처분하지 못하도록 소송 전에 B의 재산 정도를 확인하고 묶어두는 조치를 하는 것입니다. 그런데 가압류는 말 그대로 임시적인 것이므로 소송에서 이긴 후에는 압류로 바꾸어야 강제집행을 할 수 있답니다.

가압류는 돈을 받아내기 위한 것이 목적이지만, 가처분은 돈 이외의 채권[44]을 확보하기 위한 제도입니다. 예를 들어볼게요. A의 집 소유권 등기를 B가 마음대로 이전해간 경우, A는 B를 상대로 소유권 이전등기 말소 청구소송을

42 민사소송법에서 법원이 채권자를 위하여 나중에 강제집행을 할 목적으로 채무자의 재산을 임시로 확보하는 일. 채무자가 강제집행을 하기 전에 재산을 숨기거나 팔아버릴 우려가 있을 경우에 한다. 가압류를 해두면 상대방이 책임을 회피하려고 재산을 감추는 행위를 막을 수 있는데, 이것이 바로 재판의 준비 절차가 된다.

43 민사소송법에서 금전 채권이 아닌 청구권에 대한 집행을 보전하거나 권리 관계의 다툼에 대하여 임시적인 지위를 정하기 위하여 법원이 행하는 일시적인 명령.

44 재산권의 하나. 특정인이 다른 특정인에게 어떤 행위를 청구할 수 있는 권리이다

제기할 수 있습니다. 그런데 이때 소송 제기와 동시에 B가 그 집을 제3자에게 처분하지 못하도록 묶어두는 부동산 처분금지 가처분 신청을 해두지 않으면 소송에서 이겨도 집을 되찾지 못할 수가 있어요. 여기서 A가 B에게 '소유권 이전 등기를 말소할 것'을 요구하는 것은 돈을 달라고 요구하는 것이 아니기 때문에 가처분 신청에 해당합니다.

● 민사소송 절차

민사소송은 한두 달 안에 끝나기도 하지만, 고등법원이나 대법원을 거치며 몇 년 동안 계속되기도 합니다. 소송은 원고(자신의 권리를 주장하는 사람)가 법원에 소장(訴狀)[45]을 내면서부터 시작됩니다. 소장에 원고와 피고(재판을 당하는 사람)의 인적사항, 청구취지(판결을 구하는 내용), 청구원인(청구하는 근거와 이유) 등을 적어 증거자료와 함께 제출하는데요. 이때 소장은 육하원칙에 맞춰 간결하고 분명하게 작성해야 합니다. "나는 A와 같은 근거로 피고에게 B와 같은 권리가 있으니 C라는 판결을 내려달라"는 식으로요. 그러니까 민사재판은 소장에 대한 법원의 판단인 셈입니다.

소장을 받은 피고는 답변서를 제출해야 합니다. 민사소송법은 소장을 받고 30일 이내 답변서를 내지 않으면 원고의 청구를 인정한 것으로 보는데요. 적지 않은 사람들이 이 사실을 모르고 있다가 패소판결을 받기도 해요. 답변서에는 원고의 청구를 인정하지 못하는 이유를 적으면 되지만, 소장에 적힌 원고의 주장이 전부 맞는다면 굳이 답변서를 제출할 필요가 없습니다.

피고의 답변서가 제출되면 원고는 이에 대한 반박 수단으로 준비서면을 냅니다. 준비서면이란 법정에서 변론할 내용을 적은 서류인데요. 당사자들이 아

---

45 소송을 제기하기 위하여 제1심 법원에 제출하는 서류. 이에는 법정 기재 사항인 당사자, 법정 대리인, 청구의 취지, 청구의 원인을 적어야 한다.

무런 준비 없이 재판을 열게 되면 양쪽의 정확한 주장을 확인할 수 없어서 괜히 시간만 낭비하게 되기 일쑤입니다. 따라서 재판 전에 자신의 명확한 주장과 증거를 담은 서류를 제출하여 이로써 상대방과 공방을 벌이는 동시에 판사에게 자신의 입장을 알리는 것이죠.

이처럼 원고와 피고가 소장 → 답변서 → 준비서면 방식으로 서면공방을 벌이면, 법원은 재판기일을 지정한 후 법정에서 양쪽의 주장을 듣고 증거를 채택합니다. 민사재판에서는 법원이 그야말로 심판자인데요. 법원은 사실과 증거의 수집·제출을 당사자에게 맡기고, 당사자가 낸 자료를 바탕으로 판결을 내리므로 재판에서는 유리한 증거를 수집하여 제출하는 것이야말로 승소의 지름길이 됩니다. 유력한 증거가 될 수 있는 서류가 본인에게 없다면 법원의 협조를 얻어야 하죠. 예를 들어 상해치료비를 청구하는 소송에서 가해자가 형사 처분을 받은 사실이 있다면 법원을 통해 형사기록이 있는 검찰청 등에 문서송부촉탁을 신청해야 하고, 상대방의 통장 내역이 유력한 자료가 될 수 있다면 은행에 제출명령을 요청해야 합니다. 서류로 된 자료가 없다면 증인을 신청하는 것도 좋은 방법이죠.

법정공방이 끝나면 법원은 변론을 종결하고 판결을 내립니다. 원고와 피고가 제출한 자료를 통해 누구의 말이 맞는지 판단하는 건데요. 대체로 '원고 승소', '일부승소', '패소' 등 세 가지 판결이 나옵니다. 원고 또는 피고가 1심 판결에 불복하면 항소, 2심 판결에 불복하면 상고를 할 수 있습니다. 이러한 제도를 상소제도라 했지요? 만약, 판결을 받았는데도 상대방이 계속 채무를 이행하지 않으면 국가의 힘을 빌려서 권리를 실현하는 절차, 즉 '강제집행절차'를 밟아야 합니다. 예를 들어, 판결까지 받았는데 상대방이 돈을 안 갚으면 원고(채권자)가 강제집행을 신청하고, 그러면 국가가 나서서 채무자 명의로 되어 있는 아파트나 자동차를 팔아버릴 수 있는 거죠. 채권자가 돈을 받도록 조건을 만들어주는 것입니다.

여기서 중요한 개념이 하나 나와요. 바로 '공증(公證)'입니다. 공증이란 재산이나 가족관계에 대한 사실이나 법률관계의 존재를 공적으로 증명하는 제도예요. 즉 당사자들이 아닌 다른 사람, 즉 사적이지 않고 공적인 누군가가 이 문서가 확실한 효력을 가지고 있음을 증명해주는 거죠. 공증인은 판사, 검사, 변호사 자격을 가진 사람 가운데에서 법무부 장관이 골라서 임명합니다. 공증인은 공증사무소를 찾아가면 만날 수 있고요.

> **TIP** 공증은 문서에 대한 증명으로서 "이 문서의 내용이 정확하다" 또는 "분명히 존재한다"와 같은 내용을 공증인이 증명해주는 것이다. 일상생활에서 생기는 작은 계약부터 서류를 꾸미는 일까지 모두 공증을 받을 수 있으므로 공증은 모든 법률관계에 적용할 수 있다고 보면 된다. 이를 테면 채권자가 채무자에게 돈을 빌려주면서 차용증에 공증을 받아뒀다면 돈을 빌린 사실을 국가가 증명할 수 있게 되므로 재판 절차 없이도 강제집행이 가능하다.

민사책임과 형사책임, 너넨 뭐가 다르니?

민사(民事)는 개인 사이의 문제, 개인이나 단체 간 자신들의 권리나 이익을 지키기 위한 논쟁이고, 형사(刑事)는 범죄(살인, 강도, 마약, 폭행 등)를 정의해놓고 그것을 저지른 사람을 벌하는 것입니다. 민사책임은 손해배상 책임이라 생각하면 되는데요. 빚을 갚지 않거나 불법행위로 손해를 발생시킨 경우 피해자의 손해를 책임져야 한다는 내용입니다. 책임의 주체를 보면 민사책임은 개인과 개인 사이의 책임이므로 당사자 사이의 합의만 있다면 분쟁이 종결될 수 있어요. 다만 합의가 이루어지지 않을 경우 법원에 민사소송을 제기해서 법의 판단을 받습니다. 민사재판은 원고[46]의 소장 제출로 시작되므로 '나 홀로

---

46 소송사건에서 법원에 자신이 가진 재판권을 행사하여 판결이나 집행을 요구하는 사람

소송'이 가능해요. 변호인의 도움 없이도 소송이 진행될 수 있다는 뜻입니다. 그런데 나는 '나 홀로 소송'으로 가는데 저쪽에서 유능한 변호사를 선임했다면 이기기 쉽지 않겠죠? 그래서 일반적으로는 소송대리인인 변호사를 선임하기는 하지만 안 할 수도 있다는 것, 알아두세요.

형사책임은 민사책임과 달리 죗값을 치르는 것이라 생각해야 합니다. 간단하게 서로 돈을 빌렸네 마네 하는 문제가 아니라 범죄를 저질렀을 경우에 책임을 묻는 것이니까요. 범죄는 단순히 어느 한 사람에게 피해를 주는 데 그치지 않고 사회의 안녕과 질서를 위협하는 일도 포함됩니다. 그러므로 범죄자의 경우 국가적 차원에서 사회적 책임(형사책임)을 묻는 건데요. 이때 형사재판이 열리는 것입니다. 민사재판은 당사자들끼리 합의하면 언제든지 끝날 수 있지만, 형사재판은 검사가 피고인을 재판에 세워서 처벌해달라고 요청하기 때문에 피해 당사자와 합의가 됐다 하더라도 재판이 진행되면서 유죄 판결이 나올 수 있습니다.

법률구조기관의 종류

우리나라에서 법률구조 업무를 담당하는 대표적 기관으로는 대한법률구조공단, 한국가정법률상담소, 대한변호사협회 법률구조재단 등이 있습니다. 사례를 하나 볼게요.

나고삼 군은 고등학교 3학년이다. 어느 날 아침에 일어났더니 공부를 너무나 열심히 한 탓인지 뒷목이 뻐근했다. 그래서 물리치료를 받으러 한의원에 갔다가 침도 맞고, 찜질도 받고, 마침내 뜸을 뜨게 되었다. 그런데 간호사가 다른 손님을 돌보러 갔다가 늦게 온 바람에 화상을 입었다. 한의원에서는 간단한 상처라며 치료할 필요가 없다고 말했지만 혹시나 하는 마음에 나고삼 군은 다른 L병원을 찾아갔다. 그곳에선 화상의 상처가 깊고 염증이 있으므로 수술을 해야 한다고 진단했다. 나고삼 군은 한의원의 행태가 괘씸하여 소송을 통해서라도 치료비를 받아내고 싶었지만, 법을 잘 모르는데다 소송비용이 부담스러워 고민에 빠졌다. 그는 이대로 치료비를 받지 못하는 것일까?

법률 전문가의 도움이 필요한데 비용을 부담할 능력이 없는 사람들을 위해 정부에서 마련한 것이 '법률구조제도'입니다. 대한법률구조공단은 이러한 법률구조사업을 효율적으로 수행하기 위해 설립된 기관이지요. 여기서는 국민들을 위한 무료법률상담, 저소득층을 위한 소송대리, 형사변호지원 등의 법률구조사업을 수행합니다. 법률구조공단이 하는 일을 자세히 살펴볼게요.

첫째, 무료로 법률상담을 해줍니다. 모든 사람에게 민사, 형사, 행정 등 법률문제 전반을 상담해주는데요. 공단사무실 방문을 통한 면접법률상담, 전국 어디서나 국번 없이 132번에 전화하면 상담해주는 전화법률상담, 공단 홈페이지[47]를 통한 사이버법률상담 등을 운영합니다. 둘째, 합의와 중재를 합니다. 당사자 간의 이해관계를 조정하여 원만한 합의를 권유함으로써 불필요한 소송을 예방하지요. 셋째, 소송서류를 무료로 작성해줍니다. 소송하고자 하는 가액이 1천만 원 이하이고, 차용증서를 소지하고 있는 경우처럼 명백하고 단순한 사안에 대해서 소송서류를 무료로 작성해주고, 그 후에도 소송진행에 대해 계속적인 조언을 해줌으로써 변호사 없이도 소송할 수 있도록 돕습니다. 넷째, 민사·가사 사건 등의 소송대리를 해줍니다. 변호사를 선임하여 소송할 필요가 있다고 판단되는 사안은 공단소속 변호사와 공익법무관이 소

47 http://www.klac.or.kr

송을 수행하지요. 다섯째, 형사사건을 무료로 변호합니다. 구속사건, 공판절차에 회부된 사건, 소년부에 송치된 사건, 재심사건에 대한 무료 변호를 맡습니다.

그렇다면 앞의 사례에 나온 나고삼 군이 한의원 측의 의료사고를 입증하고 손해배상을 받기 위해 법률구조공단을 이용할 경우 비용은 전혀 걱정하지 않아도 되는 걸까요? 애석하게도 그렇지 않습니다. 공단의 법률구조를 받게 되더라도 변호사나 공익법무관을 소송대리인으로 선임하여 소송하는 경우엔 법원에 납부하는 인지대·송달료 등 소송실비와 소정의 변호사 비용을 공단에 납부해야 해요. 그러나 이 비용은 대법원 규칙에서 정한 변호사 비용의 절반 정도에 불과하며, 시중의 일반 변호사 비용에 비하면 매우 저렴합니다. 따라서 공단의 법률구조를 받게 되면 소송비용에 대한 부담을 확 줄일 수 있어요. 생활보호대상자나 장애인처럼 특별한 보호가 필요한 사람은 공단에 상환하여야 할 소송비용까지 면제해주는 무료법률구조제도를 이용할 수 있고요.

또한 '한국가정법률상담소'도 있습니다. 이것은 대한법률구조공단처럼 국가기관이 아니라 민간에서 운영하는 법률구조기관이에요. 처음에는 가정문제만 담당하다가 지금은 민사·형사 등 법률문제 전반에 대해 상담하고 교육하고 구조하는 사업을 실시하고 있습니다.

그다음 '대한변호사협회'를 볼게요. 대한변호사협회[48]는 법률구조재단을 설립해서 무료 변론을 해주고, 각 지방 변호사회의 무료 법률 상담실을 통해 법률 전반에 대한 상담도 해줍니다. 또한 심사를 통해 법률구조 대상자로 인정되면 변호사를 선임해 소송을 수행해주지요.

---

48 변호사들의 권익을 증진하기 위해서 구성된 집단이므로 이익집단에 가깝다.

머리는 차갑게, 가족관계법은 뜨겁게

2008년 1월 1일부터 새로운 가족제도가 시행되고 있습니다. 국민 개개인의 인격을 존중하고 남녀평등을 실현하기 위해 남성 위주의 호주제를 전면 폐지하면서 호적제도를 가족관계등록제도로 바꾸었는데요. 이는 기존의 호주 중심 가(家) 단위 편제 방식에서 탈피하여 개인별로 등록 기준지에 따라 가족관계 등록부를 편성한 것입니다. 기존의 호적제도에서는 동일한 호적 내에 가족 구성원 모두의 인적사항이 나타나 불필요한 개인정보가 노출되었지만, 가족 관계등록제도 하에서는 총 5가지 종류[49]의 가족관계등록사항별 증명서를 발급하여 불필요한 개인 정보의 노출을 피했지요.

자녀의 성과 본을 아버지의 성과 본으로 따르도록 하는 부성주의 원칙이 수정되어 혼인 당사자가 혼인 신고 시 협의한 경우 자녀의 성과 본을 어머니의 성과 본을 따를 수 있도록 했습니다. 또한 만 15세 미만의 경우 가정법원의 친양자 재판을 통해 친생자 관계를 인정받는 친양자 제도가 시행되었고요.

흔히 "가족은 운명공동체적 속성을 가진 집단"이라 하는데요. "피는 물보다 진하다"라는 말도 이러한 가족의 '운명공동체'적 속성 때문에 생겨난 것이지만, 법과 별로 관계가 없을 것 같은 가족제도도 우리 법에서는 하나하나

---

49 '가족관계 증명서', '기본 증명서', '혼인관계 증명서', '입양관계 증명서', '친양자입양관계 증명서'인데, 공통으로 기재되는 사항은 본인의 등록 기준지, 성명, 성별, 본, 출생연월일 및 주민등록번호이다. 개별사항의 경우 가족관계 증명서에는 부모, 배우자, 자녀의 인적사항(기재범위: 3대에 한함)이 들어가고, 기본 증명서에는 본인의 출생, 사망, 개명 등의 인적사항(혼인, 입영여부 별도)이 기재되며, 혼인관계 증명서에는 배우자 인적사항 및 혼인, 이혼에 관한 사항이 들어간다. 입양관계 증명서에는 양부모 및 양자 인적사항 및 입양, 파양에 관한 사항이 기재되고, 친양자입양관계 증명서에는 친생부모, 양부모 또는 친양자 인적사항 및 입양, 파양에 관한 사항이 기재된다.

2008년 1월 1일부터 시행된 가족관계의 등록에 관한 법률

꼼꼼하게 규율하고 있답니다. 즉 가족이 형성되는 디딤돌인 혼인, 혼인으로 인하여 발생한 친족관계, 아이의 출산으로 생기는 친자관계, 친자관계로부터 파생하는 친권, 혼인이 깨어지는 이혼, 사망하면서 발생하는 상속에 이르기까지 가족이 생성·변화·소멸되는 전 과정을 민법이 규율하고 있는 거예요. 가족관계에 나타나는 법률관계는 우리 실생활과 밀접한 관련이 있으므로 더욱 흥미롭겠지요?

일생일대의 계약, 혼인

혼인은 당사자인 두 남녀의 삶에 큰 변화를 가져오는 동시에 여러 가지 중요한 법률적 변화를 초래하는 일종의 계약입니다. "저녁 식사 대접할게요"라거나 "이번 달에 피아노 사줄게"와 같은 일반적인 약속과 달리 성인남녀가 '진지한 자유의사'에 따라 '법적인 형식'을 갖춰 하나의 공동체를 이루는 것이지요. 즉, 혼인하려는 남녀 쌍방의 의사가 법적인 형식을 갖추어서 일치되었음을 확인했다면 이제부터 남녀 모두는 혼인이라는 법률관계에 의해 발생하는 여러 가지 법적인 효과에 구속됩니다. 혼인을 계약으로 보는 근거인데요. 따라서 상대방이 싫어졌다고 하여 "너랑 이혼할 거야!"라는 말 한마디로 혼인관계를 끝낼 수 없습니다. 혼인할 때 여러 요건을 갖추어야 하는 것처럼 이혼할 때도 마찬가지거든요.

● 혼인이 성립하려면

서로 사랑하는 두 사람, 로미오와 줄리엣이 있습니다. 어른들 눈을 피해 몰래 데이트하고 헤어지는 게 싫어서 둘은 "이제 그만 결혼해야겠다"고 마음먹습니다. 로미오가 예쁜 반지를 내밀며 청혼하자 줄리엣도 이를 승낙해요. 자, 그러면 이 두 사람의 혼인은 성립되는 걸까요? 안타까운 일이지만, 아직 아닙니다. 혼인하려면 앞서 말한 것처럼 '진지한 자유의사'(실질적 요건) 외에 '법적인 형식'(형식적 요건)이 충족되어야 하는 탓입니다. 혼인신고를 하지 않고 결혼식만 올려서는 결혼이 성립되지 않는다는 뜻인데요. 주위를 살펴보면 혼인신고만 하지 않았을 뿐 결혼식을 성대하게 올리고, 실제로 함께 살고, 주위 사람들 역시 이들을 정식으로 혼인한 관계로 인정하는 남녀도 있습니다. 이를 '사실혼' 관계에 있다고 해요. 사실혼 부부는 말 그대로 사실적으로만 부부인 것이지 법적으로는 부부가 아니랍니다. 따라서 혼인신고를 해야만 발생하는 법률상의 보호를 받지 못하게 되지요. 이를 테면 가족관계등록부에 로미오가 줄리엣의 남편으로 기재되지 않을뿐더러 둘 중 누군가가 사망했을 때 남은 사람이 상속을 받지도 못합니다. 혼인이 성립하는 데 있어 가장 중요한 것이 자발적인 의사임엔 틀림없지만, 형식적 요건을 갖추지 못하면 법적인 효력을 발휘할 수 없으니까요.

혼인, 즉 결혼이 이루어지는 순간 당사자인 두 남녀뿐만 아니라 주위 사람, 그리고 제3자에게도 다양한 법률적 변동이 발생합니다. 따라서 이동이 잦고 사회구조가 방대해진 오늘날, 국가는 복잡한 법률적 관계를 나타내는 혼인관계를 보호하기 위해 일정한 서식을 갖춰 의무적으로 신고하도록 했는데요. 이를 '법률혼'이라 부릅니다. 이 같은 형식적 요건이 없다면 국가는 수많은 사람들의 혼인 및 이혼관계에서 발생하는 일들을 일일이 감시하고 체크해야 할 테지요.

● 혼인에 필요한 네 가지 실질적 요건

첫째, 두 사람 모두에게 혼인할 의사가 있어야 합니다. 둘째, 법적으로 혼인할 수 있는 나이가 되어야 합니다. 만 18세가 되면 혼인할 수 있지만 미성년자가 혼인하려면 부모의 동의가 필요해요. 셋째, 중혼(중복 혼인)이 아니어야 합니다. 넷째, 결혼 상대자가 법적으로 혼인을 제한하는 친족관계에 있으면 안 됨니다. 이 네 가지 실질적 요건이 모두 충족된 후에 형식적 요건을 충족시키면 비로소 혼인이 완성되는데요. 형식적 요건은 혼인신고를 마치는 것으로 충족됩니다.

예를 들어볼게요. 민호가 신혜를 너무나 사랑한 나머지 결혼하고 싶어 청혼을 합니다. 그런데 거절당하고 말았어요. 속이 상한 민호는 신혜의 동의 없이 혼인신고를 해버리고,

나랑 결혼해줘!

얼마 후 이 사실을 알게 된 신혜는 경악을 금치 못합니다. 자신도 모르는 사이에 혼인신고가 되었으니까요! 과연 이 결혼은 유효할까요? 예, 당연히 무효입니다. 첫 번째 요건인 두 사람 간의 혼인 의사 합치가 이루어지지 않았으니까요. 이번엔 신혜가 프러포즈를 받아들였다고 생각해봅시다. 그런데 민호는 만 18세이고 신혜는 만 17세예요. 민호는 혼인 가능 연령에 도달했지만, 신혜는 아닙니다. 따라서 두 번째 실질적 요건을 충족시키지 못해 결혼할 수 없는 거예요. 두 명 중 한 명이라도 미성년자이거나 그 결혼을 부모가 동의하지 않으면 결혼할 수 없습니다. 자, 시간이 흘러 민호와 신혜가 만 28세가 되었어요. 옛사랑을 잊지 못한 민호가 신혜를 찾아와 다시 한 번 멋지게 프러포즈를 합니다. 신혜도 승낙하고 결혼 준비에 돌입하지요. 그런데 이게 웬일입니까? 신혜가 이미 우빈이란 남자의 아내로 되어 있는 게 아니겠어요? 신혜는 남편과 사이가 좋지 않아 사실상 파탄에 이르렀다 주장하지만, 이 경우 법적인 절차를 밟아 혼인관계를 해소시키지 않는 한 민호와 신혜는 결혼할 수 없습니다. 중혼에 해당하니까요. 이번에는 이야기가 좀 더 꼬인 경우를 가정해

봅시다. 우여곡절 끝에 찾아낸 민호의 첫사랑 신혜, 그런데 알고 보니 태어나 자마자 헤어진 이복동생이라는군요. 이때 민호와 신혜는 어머니는 다르지만 같은 아버지의 피를 물려받았기 때문에 2촌 관계에 있게 됩니다. 따라서 두 사람은 "8촌 이내의 친족은 서로 결혼하지 못한다"는 조항에 따라 결혼할 수 없는 것이지요.[50]

혼인관계가 성립되면 어떤 권리와 의무가 생길까?

혼인으로 발생하는 여러 가지 권리와 의무를 살펴봅시다. 우선 친족관계가 생깁니다. 결혼한 두 사람은 배우자의 신분을 얻게 되는 동시에 남편 또는 아내의 친족과 인척관계를 맺게 되는데요. 인척의 범위는 혈족의 배우자(며느리, 사위 등), 배우자의 혈족(장인·장모, 시부모, 처제, 시동생 등), 배우자의 혈족의 배우자(동서 등)입니다. 결혼이 취소되거나 이혼하면 배우자 관계와 인척관계도 종료되는데요. 인척관계는 부부의 일방이 사망하더라도 소멸되지 않지만, 생존 배우자가 재혼한 경우에는 소멸됩니다. 또한 부부는 동거하며 서로 부양하고 협조해야 합니다. 그러나 정당한 이유에서 일시적으로 동거하지 아니하는 경우엔 이를 인정해요. 직장 문제로 아버지는 창원에 있는 회사에 다니고 어머니는 서울에서 일해야 할 경우, 반드시 가운데 위치한 대전에 함께 살아야 할 이유는 없다는 뜻입니다. 그리고 부부는 일상적인 가사활동에 대해 서로 대리할 수 있어요. 즉 공동생활에서 필요한 통상적인 가사에 관해 별도의 위임 없이 부부가 서로를 대리할 수 있다[51]는 것입니다. 또 일상적인 가사

50 민법 제809조 제1항에 나와 있는 동성동본인 혈족과의 금혼 규정은 헌법재판소의 결정에 의해 헌법불합치 판결을 받아 1999년 1월 1일 법적인 효력을 상실했다. 따라서 동성동본이라 할지라도 앞에서 설명한 규정에 어긋나지 않으면 혼인이 가능하다.

51 이러한 권한을 일상 가사 대리권이라 한다.

의 범위 내에서 발생한 채무는 함께 책임지도록 하고 있고요. 문제는 '일상 가사'의 범위를 어디까지로 볼 것인가 하는 점입니다. 여기서는 명확한 기준을 적용하기보다 부부의 생활수준이나 지역사회의 관습 등을 고려하여 구체적인 사안마다 개별적으로 판단하는 것을 원칙으로 합니다. 일반적으로 생활비, 의료비, 교육비 등은 일상 가사에 속하지만 부동산 거래나 거액 대출, 연대보증계약 등은 일상 가사로 보기 힘들거든요. 만일 남편이 아내의 동의를 받지 않고 아내 이름으로 대출을 받았다면 이는 대리권 없이 한 행위, 즉 무권대리 행위로 판단하여 아내에게 책임을 묻지 않습니다. 하지만 남편이 승용차를 구입한 뒤 대금을 치르지 않는데 아내에게 재산이 있다고 판단될 경우엔 아내가 승용차 대금을 지급해야 합니다. 승용차는 일상생활에 필요한 물건으로 볼 수 있기 때문이에요. 또한 주거 목적으로 부동산을 거래했고, 그 부동산의 가액이 부부의 경제적 상황에 비추어 과다하지 않다면 이때 발생한 채무에 대해서는 부부가 연대책임을 져야 합니다.[52]

한편, 남녀가 만나 가정을 이루며 살아간다고 해도 모든 재산이 공동의 것이 되는 건 아닙니다. 서로 특유한 재산들은 자신의 이름으로 관리할 수 있어요. 남편은 남편 재산, 아내는 아내 재산을 별도로 관리할 수 있다는 뜻인데요. 부부 사이에서는 흔히 '주머닛돈이 쌈짓돈'이라는 말을 쓰지만, 민법에서는 이게 통하지 않습니다. 민법은 부부를 독립한 별개의 법인격으로 보아 한쪽 배우자에 대한 채권·채무 등의 재산관계가 다른 배우자에게 영향을 미치지 않는다는 원칙인 '부부 별산제'를 채택하고 있기 때문입니다. 다시 말해 '남편의 주머니와 아내의 주머니는 별개'라는 거예요. 따라서 남편이 채무를 이행하지 않는다고 해서 아내에게 대신 채무를 이행하라고 요구할 수 없답

---

52 주거용이 아니라 투자 목적으로 거래하는 행위는 일상 가사의 범위로 볼 수 없기 때문에 그 거래로 생긴 채무에 대해서는 상대방 배우자에게 책임을 지울 수 없다.

니다. 다만 일상적인 가정생활의 범위에서는 부부 상호간 대리권을 인정하여 그 범위 안에서 부부 한쪽의 채무를 다른 한쪽이 이행할 의무를 지는 거죠.

부부 사이에는 계약 취소권도 있답니다. 예를 들어 제가 오늘 와인을 한 잔 마시고 기분 좋은 상태에서 아내에게 "다음 달에 성과급 나오면 좋은 가방 하나 사줄게!" 했다가 다음날 아침에 "어제 말한 거 취소!"라고 말할 수 있다는 거죠.

미성년자의 성년의제

미성년자라도 결혼하면 성년으로 볼 수 있다는 뜻이다. 혼인을 한 미성년자는 성년자와 동일하게 법률행위를 할 수 있고, 자식을 출산할 경우 친권자로서의 역할을 수행할 수 있다. 이때 성년의제 효력이 생기는 혼인은 오직 법률혼만을 의미하고, 사실혼은 제외된다. 하지만 민법 이외의 청소년보호법이나 근로기준법 등에서는 여전히 미성년자로 취급되는데, 일단 성년의제로 행위능력을 취득하면 그 뒤에 이혼이나 사망 등으로 혼인이 해소될지라도 그 효과는 소멸되지 않는다. 즉, 한 번 성년이 되면 이혼하더라도 다시 미성년자로 환원되지 않는다는 뜻이다.

이혼, 어떻게 해야 하나?

두 사람이 결혼하게 되면 양측 모두에게 공동의 권리와 책임, 의무가 발생하는데요. 혼인신고란 바로 당사자들이 이 같은 권리와 책임, 의무를 동반한 법률적 관계를 인정한다는 뜻입니다. 이혼신고는 반대로 혼인관계를 끝낸다는 뜻이고요.

이혼에는 '협의이혼'과 '재판상이혼'이 있습니다. '협의이혼'은 말 그대로 부부가 협의하여 이혼하는 것을 말해요. 보통 성격 차이를 이유로 이혼하는 사람들이 협의이혼을 하는데요. 협의이혼을 하려면 두 사람이 서로 이혼에 대해 합의하고, 가정법원에 가서 "저희는 앞으로 같이 못 살겠으니 이혼하겠습니다"라고 이야기하면 됩니다. 물론 말을 한다고 해서 곧바로 이혼이 되는 건 아니에요. 협의이혼을 하러 가정법원에 찾아가면 먼저 이혼 안내를 받게 됩니다. 필요한 경우 가정법원에 전문가상담을 권유하기도 하고요.

2008년 6월 개정된 민법은 홧김에 이혼하는 것을 막기 위해 협의이혼 시 일정한 기간을 두어 부부에게 정말로 이혼할 것인지 숙고하게 하는 '이혼 숙려기간'을 정했는데, 양육해야 할 자녀가 있는 경우에는 3개월, 자녀가 없는 경우에는 1개월이다. 그러나 숙려기간이 오히려 당사자에게 고통을 강요할 뿐인 경우도 왕왕 발생하여 배우자의 폭력 등 즉시 이혼해야 하는 급박한 사정이 있는 경우에는 숙려기간을 면제하거나 단축해 줄 것을 신청할 수 있는 제도를 함께 두었다.

'재판상이혼'에 대해 알아봅시다. 한쪽은 이혼하고 싶어 하는데 다른 한쪽은 이혼하기 싫다고 합니다. 이럴 경우 어쩔 수 없이 가정법원에 재판상이혼을 청구해야 해요. 하지만 "이 남자가 너무 싫다!", "이 여자가 싫어서 같이 못 살겠다"라는 단순한 이유만으론 재판상이혼을 청구할 수 없습니다. 사유가 아주 분명해야 하지요. 민법 제840조에는 재판상이혼의 사유들이 나와 있는데요. 함께 보겠습니다.

제840조(재판상이혼 사유) 부부의 일방은 다음 각 호의 사유가 있는 경우에는 가정법원에 이혼을 청구할 수 있다.
   1. 배우자에 부정한 행위가 있었을 때
   2. 배우자가 악의로 다른 일방을 유기한 때
   3. 배우자 또는 그 직계존속으로부터 심히 부당한 대우를 받았을 때
   4. 자기의 직계존속이 배우자로부터 심히 부당한 대우를 받았을 때
   5. 배우자의 생사가 3년 이상 분명하지 아니한 때
   6. 기타 혼인을 계속하기 어려운 중대한 사유가 있을 때

부정한 행위라는 것은 정조에 관한 이야기입니다. 단순히 다른 이성과 잠자리를 같이한다는 간통보다 훨씬 넓은 의미로 부부간의 믿음을 저버릴 수

있는 모든 행위가 포함되지요. 악의의 유기라는 말은 결혼하면 당연히 생기는 의무들(동거, 부양, 협조 등)을 지키지 않는다는 뜻입니다. 가족을 잘 보살피지 않는 경우가 해당되지요. 부당한 대우라는 건 정신적·신체적 학대를 받거나 심각한 명예훼손을 당하는 경우를 말합니다. 친정부모나 시부모 같은 직계 존속에게도 적용되는 일이지요.

자, 이혼이 이루어졌습니다. 그러면 자녀양육과 재산문제는 어떻게 처리해야 할까요? 자녀가 성년이라면 본인들이 알아서 하겠지만, 미성년자인 경우엔 친권행사자와 양육자를 결정해야 합니다. 누가 법적으로 부모가 될지, 누가 키울지를 정하는 건데요. 보통 어느 한쪽이 친권행사자와 양육자가 되지만, 그렇지 않은 경우도 있습니다. 이때 아이를 키우지 않는 사람 즉, 양육을 하지 않는 사람은 양육비의 일부를 부담해야 합니다. 친권행사자나 양육자를 협의하지 못한 경우에는 법으로 이 문제를 해결해야 하는데, 가정법원은 이혼의 원인이나 동기, 생활환경, 자녀의 나이, 자녀의 의사 등을 종합적으로 판단하여 최종 결정합니다. 그러나 설령 한 사람이 친권[53]과 양육권[54]을 다 가진다 해도 다른 한 사람이 자녀가 만나는 것을 막을 수는 없어요. '면접교섭권'이라 하여 이혼 후에도 자신의 자녀를 만나거나, 편지를 주고받거나, 방문 또는 숙박 등 꾸준하게 교류할 수 있는 권리를 가지거든요. 물론 상대방에 심각한 문제가 있을 경우엔 면접교섭권이 제한됩니다.

재산 분할 문제는 서로 알아서 협의하는 게 가장 좋지만, 두 사람 사이에 원만한 협의가 이뤄지지 않으면 결국 재판으로 갈 수밖에 없습니다. 이것을 '재산분할청구'[55]라 해요. 문자 그대로 재산을 나누자는 이야기랍니다. 재산분할의 기본 정신은 "공동으로 모은 재산은 나눠가져야 한다"인데요. 어느 한

---

53 아버지 또는 어머니가 미성년자인 자녀의 재산을 관리하고 법률행위를 대리하는 권리와 의무를 말한다.
54 친권 중 자녀의 양육과 관계된 모든 권리와 의무를 말한다.

사람이 결혼하기 전부터 가지고 있거나 결혼한 다음에 상속 또는 증여로 받은 특유재산일 경우엔 이를 분할의 대상으로 삼지 않습니다. 예를 들어, 남편이 결혼 전에 미리 집을 구입했다면 이 집은 당연히 남편의 특유재산으로 인정되어 분할의 대상이 되지 않습니다. 그러나 결혼한 다음에 남편 명의로 구입한 집이라면 이야기가 달라져요. 아내도 집을 살 때 기여한 부분이 있으므로 이를 입증하고 재산을 나눠달라고 정당하게 청구할 수 있답니다.

한편, 상대방이 이혼의 원인을 제공한 경우에는 정신적 손해배상을 청구할 수도 있습니다. 흔히 말하는 '위자료'는 정신적 손해배상을 말하지요.

부모와 자식 사이에도 법률관계가 성립된다

부모자식 관계를 흔히 '혈연관계'라 하는데요. 법률적 용어로는 '친자관계'라 부릅니다. 혈연관계이면서 친자관계에 있는 자식을 친생자라 하고, 혈연관계는 아니지만 친자관계에 있는 자식을 양자라 하지요. 즉, 친생자와 양자는 현재 자신의 어머니라고 불리는 사람의 뱃속에서 나왔는지 안 나왔는지를 통해 구분됩니다.[56]

최씨 부부가 김씨 집안에서 태어난 아이를 입양했어요. 이 아이의 원래 성은 김씨지만 그대로 둘 경우 자라면서 정체성의 혼란을 느낄 것입니다. 그래서 민법은 15세 미만 아이를 재판을 통해 입양할 수 있는 '친양자제도'를 두었는데요. 이때 최씨 부부는 아이를 김씨로 태어나게 해준 친생부모(친부모)

55 재산분할 방법이나 액수에 대한 특별한 규정이 없으므로 제출한 증거와 여건 등에 따라서 전혀 다른 결과가 나올 수 있다는 점에 유의해야 한다. 재산분할을 청구하면 법원에서 재산의 형태나 상태, 재산에 대한 기여도, 혼인 기간, 연령 및 건강 상태, 취업 여부 및 재취업 가능성 등 여러 가지를 고려해서 결정하게 된다.

56 친생자에는 혼인 중의 출생자와 혼인 외의 출생자가 있다. 혼인 중의 출생자는 말 그대로 법률혼의 관계에 있는 부부 사이에서 출생했다고 법률이 인정하는 자녀이다. 혼인 외의 출생자는 그의 부모가 법률혼의 관계에 있지 않은 모든 경우를 포함한다. 사실혼 관계에서 태어난 경우가 대표적이다. 양자와 친생자는 권리뿐만 아니라 모든 면에서 법률적으로 동등하게 대우받는다.

의 동의를 받아 가정법원에 친양자입양을 청구할 수 있습니다. 이것이 받아들여져 친양자가 되면 아이의 성이 바뀌어 최씨 부부의 혼인 중 출생자가 되는 것입니다. 이와 동시에 자기를 낳아준 친생부모와의 친족관계는 모두 소멸되지요. 즉 법적으로 친생부모와 남이 되고, 양부모의 친생자가 되는 것입니다. 따라서 친생부모가 돌아가신다 해도 상속을 받지 못해요. 이전의 입양제도에선 자기를 낳아준 부모가 보고 싶다고 하면 면접교섭권을 인정해주었지만, 친양자제도에서는 면접교섭권을 인정하지 않습니다.

● 친권엔 어떤 것들이 있을까?

사람들은 부모자식 관계에서 일어나는 다양한 현상들을 너무도 자연스럽게 받아들입니다. "부모로서 이래야 한다", "자식이니까 당연히 이렇게 한다", "엄마니까 저렇게 해주세요" 하는 식으로요. 그런데 우리 법에도 부모자식 간에 지켜야 할 권리와 의무들을 명시한 조항이 있답니다. 바로 '친권'인데요. 이는 부모가 미성년인 자녀에 대하여 갖는 신분·재산상의 여러 권리와 의무를 말하는 것으로 '보호, 교양의 권리·의무', '징계권', '거소지정권', '재산관리권', '대리권', '동의권' 등이 있답니다.

　부모는 자녀들을 키우고 보호합니다. 대부분의 부모는 이를 자발적으로 실천하지만, 그렇게 하기 싫은 부모가 있다 할지라도 의무적으로 자식을 키우고 보호해야 하지요. 역으로도 마찬가지입니다. 어떤 사람의 자녀가 설령 '나는 우리 엄마, 아빠 말고 다른 사람에게 보호받고 싶어'라고 생각한다 해도 부모에겐 그 아이를 키울 권리가 있어요. 이 같은 권리와 의무를 민법에서는 '보호, 교양의 권리·의무'라 합니다. 자, 그런데 우리는 가끔 부모님의 말을 듣지 않을 때가 있어요. 특히 질풍노도의 시기라 불리는 사춘기 때나 진로 결정을 앞둔 시기에 부모님과 갈등이 첨예화되기도 합니다. 이때 자식들이 "삐뚤

어질 테다"하면서 막 엇나가면 부모님은 할 수 없이 벌을 내리게 되는데요. 여기엔 약간의 체벌도 포함될 수 있겠지요. 이처럼 부모가 자식에게 벌을 내릴 수 있는 권한을 민법에서는 '징계권'이라 부르지요. 그 밖에 부모님이 "너는 우리 집에서 살아야 한다"고 강제하는 '거소지정권',[57] 자녀의 돈을 관리할 수 있는 '재산관리권', 그리고 '동의권'과 '대리권'이 있습니다. 미성년인 자녀가 부모의 허락 없이 아파트를 구입했을 때 부모가 이를 취소할 수 있다고 했던 것, 기억나세요? 여기에서 부모의 허락은 동의권에 해당합니다. 대리권은 딸의 휴대폰 요금을 아버지가 대신 내는 경우에서 찾아볼 수 있고요.

● 친권이 사라지는 경우

그럼 자식들은 언제까지나 친권에 복종해야만 하는 걸까요? 아니요, 그렇지 않습니다. 친권은 절대적으로 완전히 사라지는 경우도 있고, 다른 사람에게 넘어가 사라지는 경우도 있어요. 먼저 완전히 사라지는 것은 자식이 사망(실종선고 포함)했을 때, 자식이 성년이 되었을 때, 미성년 자식이 혼인했을 때입니다. 친권의 대상인 자식이 없어지거나 더 이상 친권의 적용을 받을 필요가 없어지면 친권으로 맺어진 관계가 완전히 사라지는 거예요. 다른 사람에게 넘어가 사라지는 경우란 친권자가 사망한 때, 자식이 다른 사람에게 입양된 때, 부모가 이혼하여 부모 중 한 사람만이 친권자가 된 때를 일컫습니다. 또한 부모라 하여 친권을 남용한 경우에도 친권이 사라질 수 있는데요. 가정법원이 친권상실을 선고함으로써 친권을 박탈당하는 거죠. 자녀는 누구 한 사람의 소유물이 아니라 하나의 독립된 인격체이기 때문입니다.

---

57 다만, 자식이 부모의 거소지정권에 복종하지 않을 경우에 이를 강제할 방법은 없다.

니들이 유언을 알아?

유언은 유언한 사람이 죽어야 비로소 효력이 발생합니다. 우리가 민법에서 주목할 부분은 '재산이 어디로 넘어갈 것인가?'의 문제인데요. 이 부분을 이해하려면 먼저 유언의 개념과 성립 요건에 대해 잘 알고 있어야 합니다. 우선 유언을 하려면 본인이 하고 싶은 말을 제대로 할 수 있을 만큼 몸과 마음이 건강한 상태여야 해요. 거동이 심히 불편하거나 말도 제대로 못하는 사람은 유언을 할 수 없습니다. 누군가 나쁜 마음을 먹고 유언을 조작해서 전 재산을 갈취하기라도 하면 큰일이잖아요. 물론 심신이 회복되면 담당의사의 확인 아래 유언을 할 수 있습니다. 이때 의사가 "L씨는 유언이 가능한 상태이다"고 적은 후 서명해주어야만 법적으로 유언의 효력이 인정되지요.

● 유언의 방법들

법으로 규정된 유언 방법은 크게 5가지입니다. 첫째, 자필증서에 의한 유언이에요. 유언하는 사람이 직접 글로 써서 유언을 남기는 방식입니다. 유언자가 그 전문(유언 내용)과 날짜, 주소, 성명을 직접 쓰고 날인(도장)해야 하는데, 그중 한 가지라도 빠지면 무효가 되지요. 자필이 아닌 컴퓨터나 타자기를 이용해 작성한 서류는 법적으로 효력이 없습니다. 둘째, 녹음에 의한 유언이 있습니다. 유언하는 사람이 자신의 육성을 직접 녹음기에 녹음해야 하는데요. 여기엔 유언 내용, 본인 성명, 녹음 날짜 등이 들어가야 합니다. 또한 녹음에 참여한 증인이 유언의 정확함과 자신의 성명을 반드시 녹음해주어야 해요. 셋째, 공정증서에 의한 유언이에요. 유언자가 증인 2명과 함께 공증인 앞에서 유언의 취지를 말로 설명하고, 공증인이 이를 정리하여 기록하는 방식입니다. 유언자와 증인이 그 정확함을 승인한 후 각자 서명 또는 기명날인해야 하는데요. 공정증서는 법률전문가인 공증인을 통하기 때문에 위조의 여지가 없는 대신 비용이 든다는 단점이 있습니다. 넷째, 비밀증서에 의한 유언입니다. 유언이 있다는 사실을 알리되 내용은 비밀로 할 때 쓰는 방식인데요. 유언의 내용을 작성자만 알 수 있다 하여 비밀증서라 하지만, 유언자가 잊어버릴 가능성이 높고 절차가 까다로우므로[58] 잘 알아보고 이용해야 합니다. 마지막으로 구수증서에 의한 유언이 있어요. 아프거나 급한 이유가 있어서 위 4가지 방법으로 증언하지 못할 경우 사용하는 건데요. 2명 이상의 증인이 필수이고, 유언자가 구수(입으로 전달)한 내용을 증인 중 1명이 적고 낭독해 유언자와 증인들이 모두 유언의 정확함을 인정한 뒤, 모두 서명 혹은 이름을 적고 인장을 찍어야 합니다.

그러니까 형식에 맞지 않는 유언은 법적으로 아무 효력이 없다는 것, 잘 아시겠지요? 유언은 생전에 언제든지 철회할 수 있으며, 고인이 유언을 여러 번 남겼을 때엔 가장 마지막 유언을 유효한 것으로 본다는 점, 잘 기억해두세요.

유언에 관련된 대법원 판례를 한 가지 들려드리면서 이야기를 마무리할게요. 어떤 유언자가 암 말기의 혼미한 상태에서 사망 이틀 전, 증인 3명을 입회시킨 가운데 구수증서에 의한 유언을 하게 되었습니다. 유언자는 가족들로부터 전해들은 유언 취지를 확인하여 묻는 말에 "음", "어" 하는 소리와 함께 고개를 끄덕여 동의를 표시하는 방식으로 구수증서 유언을 진행했는데요. 대법원은 이 유언을 무효라 판정했습니다. 이 방식이 유언자의 진의에 따라 작성되었다고 볼 수 없었기 때문인데요. 유언에서 가장 중요한 것은 유언자의 진의인 만큼 그 방식과 요건이 조금이라도 어긋나면 효력을 인정할 수 없다고 본 것입니다.

---

58 유언장 작성→봉투에 넣기→봉투 꽉꽉 봉하기→도장 찍기→최소 2명의 증인에게 유언장이 든 봉투 확인(유언장 작성 날짜, 유언자와 증인들의 서명 혹은 도장)→공증사무실 또는 법원으로 출동→공증인 또는 법원에서 봉인에 확정일자 받기→끝(단, 봉투 확인 절차 후 5일 이내에 공증인 또는 법원의 확정일자를 받아야 함)

상속은 1등만 기억한다

'상속'은 어떤 사람의 사망에 있어 그가 가진 재산에 대한 권리와 의무를 일정 범위의 친족과 배우자에게 포괄적으로 승계해주는 재산 이전을 말합니다. 홍길동 씨가 2억 원의 재산을 남겨둔 채 죽었다면, 그 재산은 남겨진 아내와 아들, 딸에게 적절히 상속되는데요. 이때 사망한 홍길동 씨는 피상속인이 되고, 상속받는 사람들은 상속인이 됩니다. 상속을 받는 사람은 상속인, 상속을 해주는 사람은 피상속인이라 하는 거죠.

우리는 보통 "재산이 많다"고 하면 동산(돈)이나 부동산(땅, 건물)을 떠올립니다. 그런데 법률이 말하는 재산에는 이런 것만 있는 게 아니에요. 채권[59]이나 특허, 혹은 저작권 같은 지식재산권도 재산에 포함됩니다. 저작권은 저작권자가 살아 있는 동안, 그리고 저작권자 사후 70년간 보호되지요. 예를 들어 1960년대를 풍미하고 1998년에 사망한 대작가 K의 아들은 2068년까지 아버지 작품의 인세를 받게 됩니다. 이처럼 돈이 될 수 있는 유·무형의 모든 것은 플러스 형태의 재산, 즉 '적극적 재산'이 될 수 있어요. 반면, 마이너스 통장과 같은 마이너스 재산도 있답니다. 이를 '소극적 재산'이라 하는데, 이 역시 재산에 포함되므로 상속 대상이 되지요.

---

[59] 돈을 빌려준 사람에게 앞으로 일정 기간 후에 돈을 줄 것이라고 약속해준 문서가 채권인데, 이를 가지고 있는 것도 재산을 가지고 있는 셈이 된다.

● 앗, 빚을 상속하라고요?

상속되는 것 중에는 우리가 흔히 말하는 재산뿐 아니라 빚도 포함된다고 했죠? 피상속인이 남긴 빚이 있다면 당연히 상속인이 갚아야 하는 건데요. 참 골치 아픈 경우입니다. 3억 원을 상속했는데 빚이 2억 원이라면 상속한 재산을 이용해서 갚아버리면 그만이에요. 하지만 재산보다 빚이 더 많다면 어떻게 하나요? "아이고, 아버님! 저는 어찌 살라고요" 하면서 마냥 울어야 할까요? 아닙니다. 민법에서는 이런 경우를 위해 '상속포기제도'와 '한정승인제도'를 두고 있답니다.

'상속포기제도'는 재산보다 빚이 더 많을 경우, 이를 안 지 3개월 안에 법원에 상속포기를 신청하는 제도입니다. 만일 이 기간 안에 신청하지 않는다면 '단순승인'이라 하여 상속포기 의사가 없다는 것으로 간주되어 빚을 갚아야 하는 의무가 생겨요. 주의할 것은 상속 우선순위에 있는 사람이 상속을 포기한다면 다음 순위의 사람에게 상속이 승계된다는 점입니다. 만일, 할아버지의 상속을 아버지가 포기했다면, 다음 순위의 사람에게 상속된다는 것이죠. 따라서 법률상 상속 순위에 있는 모든 사람(4촌 이내의 방계 혈족까지)이 같이 상속포기를 신청해야 합니다. 이렇게 하면 일단 피상속인의 재산은 모두 채권자에게 넘어가게 되지요.

'한정승인제도'란 상속한 재산의 범위 내에서 빚을 갚는 것을 말해요. 부동산처럼 상속 자산의 가치가 분명하지 않거나 빚의 규모를 정확히 알 수 없을 때 신청하는 것입니다. 채권자의 입장에서 보면 불합리한 이런 제도를 왜 만든 것일까요? 이는 민법에서 가정하는 권리와 의무의

상속을 포기할게요!

주체를 독립된 개인으로 보기 때문입니다. 즉, 아버지의 재산과 빚은 모두 아버지의 책임이므로 이에 대한 해결도 아버지가 생전에 해야 한다는 것이지요.

● 상속에도 순위가 있다

이제 상속 순위를 알아봅시다. 민법에서는 상속인의 순위를 명확하게 규정하고 있는데요. 1등부터 4등까지 있고, 배우자의 경우엔 특별대우를 해줍니다. 1순위는 피상속인의 직계(直系)[60]비속입니다. 아들, 딸, 죽은 이의 자식(양자와 혼인 외의 자도 상속인 범위에 포함)들입니다. 2순위는 피상속인의 직계존속으로서 죽은 이의 부모와 부모가 없을 경우 조부모가 해당됩니다. 3순위는 피상속인의 형제자매인데요. 여기엔 죽은 이의 형제자매(배다른 형제자매 포함)가 속합니다. 4순위는 피상속인의 4촌 이내 방계(傍系)[61] 혈족으로서 죽은 이의 삼촌, 이모 같은 4촌 형제자매를 말합니다. 배우자의 경우는 조금 특이합니다. 1순위 상속인이 있을 경우 1순위와 공동상속인이 되지만, 1순위가 없어 2순위가 상속인이 될 경우에도 배우자는 2순위와 공동상속인이 됩니다. 그러나 1순위와 2순위 상속인이 모두 없을 경우엔 단독으로 상속인이 되고요. 예를 들어, 남편 A가 사망했는데 부인 B와의 사이에 자식도 없고, A의 부모도 조부모도 없는 경우에는 B 혼자서 그 재산을 상속해요. 하지만 A와 B 사이에 자식이 있는 경우에는 B는 자식과 함께, A의 부모가 있는 경우에는 부모와 함께 재산을 상속하지요.

순위가 같은 상속인이 여럿인 경우에는 가장 가까운 촌수에 있는 자를 우

---

60 자기를 중심으로 위로 쭉 올라가거나 밑으로 쭉 내려가는 것을 직계라 한다. 자기를 기준으로 수직으로 내려가는 혈족(자녀, 손자녀)을 직계 비속이라 하고, 자기를 기준으로 위로 올라가는 혈족(부모, 조부모)을 직계 존속이라 한다.

61 자신을 기준으로 옆으로 퍼지는 관계를 말한다. 나를 기준으로 해서 사촌들이 있을 수 있고 삼촌이 있을 수 있다.

선순위로 하고, 촌수가 같은 상속인이 여럿인 경우에는 공동으로 상속합니다. 예를 들어, 사망한 자의 가족이 그의 삼촌과 사촌 동생뿐이라면 삼촌과 사촌 동생은 제4순위로 공동순위지만 촌수가 가까운 삼촌이 사촌 동생보다 우선적으로 상속합니다. 만일 사망한 자가 부모도 없고 미혼인 자로서 그에게 동생만 두 명 있다면, 제3순위 상속인인 형제들이 공동으로 상속하고요.

촌수 계산과 호칭

촌수는 '손의 마디'라는 의미로 촌수가 적을수록 나와 가까운 사이가 된다. 부부 사이는 무촌, 나와 부모 사이는 1촌이다. 나와 형제자매 사이는 2촌이고, 나와 부모의 형제 사이는 3촌이다. 나와 부모의 형제의 자녀 사이는 4촌이다. 이때 나를 중심으로 큰아버지는 백부, 작은아버지는 숙부, 할아버지는 조부, 할머니는 조모, 외할아버지는 외조부, 외할머니는 외조모라 부른다.

● 상속의 포인트

첫 번째 포인트는 "상속은 1등만 기억한다"는 것입니다. 상속 순위에서 1순위가 있으면 1순위에서 모든 상속이 끝나고, 1순위가 없을 때에만 2순위로 넘어간다는 뜻인데요. 2순위가 없을 때는 3순위로 넘어가고, 3순위도 없을 때 4순위로 넘어가지요. 즉 상속에서는 선순위 상속인이 상속 재산을 전부 상속하는 게 원칙이므로 선순위 상속인이 단 1명이라도 있으면 그보다 후순위 상속인들은 한 푼도 상속할 수 없습니다.

물론 순위가 같은 상속인이 여러 명 있고 그보다 선순위 상속인이 없는 경우에는 동순위 상속인들끼리 상속분대로 재산을 나누어 갖게 되지요. 예를 들어 직계비속인 아들과 딸이 1명씩 있고 배우자가 있으면 이들 3명이 동일하게 1순위이므로 상속분대로 피상속인의 재산을 나누어 갖는 것입니다. 그럼 상속인이 아무도 없으면 재산을 누가 물려받을까요? 법률에서 정한 상속인이 아무도 없을 경우에는 사망한 사람과 함께 생활하고 있던 사람, 사망한 사람을 돌보아준 사람, 사망한 사람과 특별한 관계에 있던 사람이 상속을 요구할 수 있으며, 이러한 특별 연고자에게 상속되지 않는 재산은 국가의 소유가 됩니다.

두 번째 포인트는 "상속인이 될 수 있는 자격(상속능력)이 누구에게 있는가"하는 점입니다. 민법이 정하는 일정 범위의 친족과 배우자는 상속인이 될 수 있는데요. 원칙적으로는 자연인(살아 있는 사람)만 상속인으로 규정하지만, 여기 예외가 있어요. 바로 태아에게도 상속권이 인정된다는 겁니다. 태아는 어머니 몸 밖으로 나오기 전까지는 자연인이 아니지만 상속에 있어서만큼은 이미 출생한 것으로 간주합니다. 즉, 상속이 문제가 될 때에는 태아를 이미 태어난 자식과 동등하게 취급한다는 거죠.

세 번째 포인트는 "상속 결격 사유"입니다. 민법은 상속인 자격이 박탈되는 경우에 대해 설명하고 있는데요. 상속권이 있는 친족이라 할지라도 상속을 좀 더 유리하게 받기 위해 피상속인에게 부도덕한 행위를 하거나 유언에 대해 부정행위를 하면 상속 자격이 박탈됩니다. 예를 들어 김담배 씨는 폐암에 걸려 사망하기 일주일 전 혼수상태에 빠졌습니다. 김담배 씨에겐 어머니도 아내도 없어요. 자식이라고는 나이 어린 딸 하나뿐입니다. 욕심 많은 형 김범인 씨는 동생의 어린 딸만 없으면 자기가 동생의 재산을 모두 상속할 수 있다는 것을 알고 동생이 혼수상태에 빠져 있는 동안 어린 조카를 몰래 유기해버렸습니다. 이 경우 김범인 씨는 피상속인에게 부도덕한 행위를 하여 민법을 위반했으므로 상속 자격을 박탈당하게 되지요.

● 얼마나 상속하게 될까?

상속에는 '유언상속'과 '법정상속'이 있습니다. 고인이 "나의 재산을 이렇게 처리해달라"고 부탁하는 것이 유언이잖아요? 그런데 유언이 있을 경우 피상속인의 재산은 그 유언에 따라서 일단 전적으로 분배됩니다. 유언에 의한 상속을 '유증(유언에 의한 증여)'이라 하는데요. 유언을 하는 자는 원칙적으로 자기 재산을 자유로이 처분할 수 있습니다. 그러나 모든 재산을 사회에 기부하거나 상속인 중 소수에게 집중 상속하게 되면 다른 상속인이 생활하기조차 힘들어지는 경우도 종종 발생합니다. 그렇기에 법은 법정상속인에게 최소한의 상속분을 보장하는 제도를 두었는데요. 이를 '유류분(遺留分)'이라 합니다. 여기서 배우자와 직계비속은 법정상속분[62]의 1/2, 직계존속과 형제자매는 법정상속분의 1/3을 보장받게 되지요. 즉, 고인이 전 재산을 기부하겠다는 의사를 밝혔더라도 그 재산의 절반은 배우자와 아들, 딸이 가져갈 수 있다는 뜻이에요. 만약 배우자나 아들, 딸이 없다면 부모나 형제자매에게 상속되는데, 그때는 1/3을 받을 수 있습니다.

예를 들어볼게요. 가족이라곤 아들과 딸 각각 하나뿐인 김서민 씨가 2억 원을 남기고 죽었습니다. 평소에 그의 아들은 아버지 속을 엄청 썩였고 늘 흥청망청 돈을 썼기에 김서민 씨는 전 재산을 딸에게 물려준다며 적법한 절차에 따라 유언을 남겼는데요. 만일 이 유언이 없었다면 아들은 딸과 함께 각각 2억 원의 절반인 1억 원을 상속할 수 있지만, 유언의 내용 때문에 그는 한 푼도 상속하지 못할 상황에 직면했습니다. 그런데 이때 아들은 유산에 대한 자신의 유류분, 즉 법정상속분의 1/2을 법원에 청구해서 딸로부터 자신의 법정상속분인 1억 원의 반, 즉 5천만 원을 받을 수 있어요. 그럼, 유언이 없을 경우엔 어떻게 될까요? 유언이 없으면 다음과 같이 법에서 정한 비율(법정상속분)대로 상속이 진행됩니다. 첫째, 같은 상속 순위를 가진 사람들은 똑같이 재산을 상속합니다. 둘째, 배우자가 직계비속과 공동으로 상속하는 경우에

---

62 재산을 공평하게 분배하는 경우 받게 되는 재산을 말한다.

직계비속의 1.5배를 상속하고, 직계존속과 공동으로 상속하는 경우에는 직계 존속의 1.5배를 상속합니다. 셋째, 혼인관계에서 태어난 자녀와 그 외의 관계 에서 태어난 자녀, 장남과 차남, 아들과 딸, 기혼과 미혼 사이엔 상속액의 차 이가 없습니다.

구체적인 사례를 통해 상속액을 계산해봅시다. M씨가 갑작스러운 교통사 고로 11억 원의 재산을 남기고 사망했습니다. 미처 유언도 남기지 못한 상황 입니다. 유족으로는 노모와 출가한 두 딸, 그리고 미혼의 두 아들과 배우자가 있네요. 이 경우, 상속인들의 법정상속분은 각각 얼마일까요? 먼저 피상속인 M이 유언 없이 사망하였으므로 법정상속이 개시됩니다. 상속 순위 1순위는 직계비속과 배우자이므로 이 경우 노모를 제외한 배우자와 두 딸과 두 아들 은 상속인이 됩니다. 상속인 중에서 배우자는 다른 직계비속의 상속분보다 5 할을 가산하게 되어 있고, 다른 상속인은 균등 분할하게 됩니다. 따라서 배우 자는 3억 원, 4명의 자녀는 각각 2억 원씩 상속하겠네요.

사례를 하나 더 볼게요. 얼마 전 B씨의 아버지께서 별다른 유언 없이 돌아 가셨습니다. 장례를 치르고 가족들이 모인 자리에서 유산 분배 이야기가 나 왔는데요. 어머니는 일찍 돌아가셨고, B씨와 미혼인 오빠, 남동생 등 3남매만 남아 있는 상황입니다. 아버지가 남긴 유산은 모두 3억 원이에요. 그런데 오 빠가 "원래 결혼한 딸은 적게 가져가는 거야"라 하여 B씨는 5천만 원을 상속 하게 되었습니다. B씨는 얼마를 손해 본 것일까요? 이 경우, 피상속인 아버지 께서 유언 없이 사망하였으므로 법정상속이 개시됩니다. 상속 순위 1순위는 직계비속과 배우자인데 이 경우 배우자가 없으므로 3남매가 상속인이 되지 요. 아들이든 딸이든, 기혼이든 미혼이든 상속비율은 똑같습니다. 따라서 B씨 와 오빠, 남동생은 각각 1억 원씩 상속해야 해요. 그러므로 B씨는 5천만 원을 손해 본 셈입니다.

마지막 사례입니다. 얼마 전 아버지가 첫째 형에게 전 재산 26억 원을 상속하고 돌아가셨어요. 법적으로 유효한 유언을 남기고 말이에요. 유족으로는 5형제와 어머니가 있습니다. 이제 첫째 형을 제외한 다른 가족은 알거지가 될 상황인데요. 이럴 경우, 어떡하나요? 생각해봅시다. 아버지의 유언이 최우선이긴 하지만, 그것 때문에 다른 가족을 궁지로 몰아넣을 수는 없습니다. 이때 유효한 것이 바로 '유류분 제도'랍니다. 즉 법정상속인이 상속 재산 가운데 일정 액수의 재산을 받을 수 있도록 법이 보장하는 제도를 활용해야 하는 거예요. 4형제와 어머니는 1순위 상속인이니까 정당하게 재산을 상속할 권리도 있습니다. 얼마나 받을 수 있는지 알아볼게요. 유류분권에 의해 돌려받는 재산의 비율은 상속 순위에 따라 차이가 나잖아요. 1순위와 배우자는 법정상속분의 절반을 돌려받을 수 있고, 2순위와 3순위는 법정상속분의 1/3을 받을 수 있어요. 5형제와 어머니는 1순위 상속인이니까 법정상속분의 1/2을 받을 수 있습니다. 이때 아버지의 재산이 26억 원이고, 상속인으로 배우자인 어머니, 자녀인 5형제가 있으니 유류분권을 행사하여 각각의 형제들은 2억 원, 어머니는 3억 원을 받을 수 있군요. 그리고 나머지 13억은 첫째 형이 가지면 되고요. 아버지 유언으로 첫째 형은 결국 법정상속액보다 13억 원을 더 받게 된 것입니다.

상식을 갖추면 일상이 스마트해진다

내용증명서, 이렇게 쓰자

화장품 반품 요청서
▶ 수신인(받는 사람)
○ 업체명 : ○○코즈메틱 (02-111-1111)
○ 주 소 : 서울 ○○구 □□동 111-1
▶ 발신인(보내는 사람)
○ 계약자 : 유민지(010-0000-0000)
○ 주 소 : 서울시 강동구 ◎◎동 222-2
▶ 물품 구입 내역
○ 계약일자 : 2016년 2월 14일
○ 구입물품 : 화장품(아이크림)
○ 계약금액 : 5,000원
▶ 사유

본인은 2016년 2월 4일 서울시 강동구 ◎◎동 근처에서 귀사의 영업사원으로부터 화장
품 세트를 무료로 주며 추후 5,000원을 납부하면 화장품 샘플을 보내준다는 설명을 듣
고 화장품 세트를 인수해왔습니다. 하지만 영업사원의 설명과 달리 귀사에서는 이 화장
품 대금이 10만 원이라면서 빨리 입금하라는 독촉전화와 연체경고장까지 보냈습니다.
화장품 구입비가 영업사원의 설명과는 다르고 화장품 또한 본인에게 적합하지 않은 것
으로 판단되어 반품하고자 하는 바 귀사에서는 동 제품을 조속히 반품 처리해줄 것을
요청합니다.

2016년 2월 20일

발신자 : 유민지

유언장 작성

본인 고길동은 아래와 같이 유언합니다.

가족 관계

부인 : 박정자(1955년 ○월 ○일)

아들 : 고둘리(1985년 ○월 ○일)

딸 : 고도리(1988년 ○월 ○일)

내 가족에게 아래와 같이 재산을 분배한다.

박정자 : 서울시 도봉구 쌍문동 소재 부자아파트

고둘리 : 전라남도 목포시 용당동 소재의 토지 800㎡와 본인 소유 주택

고도리 : 대박은행의 본인 명의의 예금 채권 전액

　　　(계좌번호 : ◇◇◇-◇◇-◇◇◇◇◇◇)

위 유언에 대한 집행은 다음 사람에게 맡긴다.

집행 대리인 : 번개맨 변호사(700507-○○○○○○○)

주소 : 서울시 강남구 청담동 □□□ 번개맨 변호사 사무실

유언자 : 고길동(500709-○○○○○○○)

본적 : 전라남도 목포시 용당동 □□□

주소 : 서울시 도봉구 쌍문동 소재 부자아파트

2014년 12월 ○○일

유언자 고길동

알고 보면 쉬운 호칭

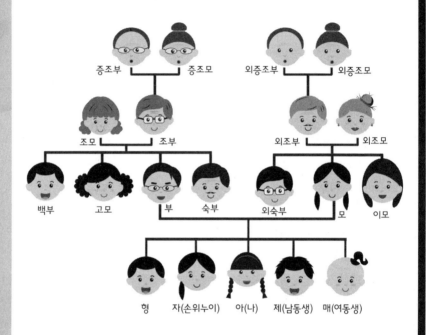

꺼진 불도 다시 보자! 부동산 거래

여러분이 지금까지 구입했던 것 중 가장 비싼 물건은 뭔가요? 대개 노트북이나 휴대폰, 태블릿 등이겠지요? 하지만 대다수 어른들에게 같은 질문을 던지면 십중팔구 "집이요!"라고 대답할 겁니다. 물론 엄청나게 고가인 자동차를 가진 사람도 있을 거고, 호화로운 개인 유람선을 소유한 사람도 있겠지만, 대다수 성인들에겐 주택이 가장 큰 재산일 거예요. 이번 시간에 저는 여러분과 함께 어른 시뮬레이션 게임을 해볼 생각입니다. 부동산 거래를 통해서 말이에요. 앞에서 살펴본 상속 분야도 그렇지만 부동산 역시 여러분에겐 매우 생소한 분야일 텐데요. 어렵고 까다롭기는 해도 우리 생활과 매우 밀접한 관계가 있는 만큼 잘 알아두면 분명 큰 도움이 될 것입니다. 함께 발품 팔러 떠나봅시다.

동산이 뭐예요, 부동산은 뭐고요?

우리는 평소 물건이란 말을 자주 사용합니다. 물건에 대해 각자 다르게 정의 내릴 수 있겠지만, 민법에서 말하는 물건은 유체물(有體物) 및 기타 관리할 수 있는 자연력을 의미해요. 유체물이란 형태가 있는 것입니다. 주위를 둘러보세요. 자동차, 컴퓨터, 이어폰, 책 등은 모두 유체물로서 물건입니다. 그런데 형태가 없는 전기가 관리해주는 열이나 에너지는 비록 유체물이 아닐지라도 관리할 수 있는 자연력으로서의 물건에 해당한답니다. 민법은 이러한 물건을 부동산과 동산으로 나누는데요. '부동산(不動産)'의 정확한 뜻은 토지 및 그 정착물입니다. 주의할 점은 건물은 토지의 정착물이지만 언제나 토지로부터 독립된 별개의 부동산이 된다는 점이에요. 별개의 부동산이 되면 각각 소유자를 다르게 설정할 수 있답니다. 부동산 등기법에서 건물은 토지와 별도의 등기부를 두고 있는데요. '등기부'란 어떤 부동산의 소유권 등 부동산에 관한 권리의 존재를 다른 사람들이 확인할 수 있도록 적어놓은 장부를 뜻합니다. 그럼, 동산(動産)은 뭘까요? 예, 부동산 이외의 물건입니다. 우리가 쓰는 휴대폰이나 가방, 볼펜 등은 모두 동산에 속하지요.

물권의 변동

부동산이나 동산 등 특정한 물건을 직접 지배하여 배타적 이익[63]을 얻는 권리를 '물권(物權)'이라 합니다. 와, 말이 정말 까다롭네요. 물권은 민법의 법률에 의해 8가지로 정해져 있습니다. 크게 '소유권'과 '점유권', '제한물권'으로 나눌 수 있는데요. 제한물권에는 용익물권과 담보물권이 있고, 용익물권에는 지상권, 지역권, 전세권이 있고, 담보물권으로는 유치권, 질권, 저당권이 있습니다. 이 8가지를 모두 알 필요는 없지만 전세권과 저당권에 대해서만큼은 확실히 이해하셨으면 좋겠어요.

'소유권'부터 살펴볼게요. 저는 생활하면서 휴대폰을 가장 많이 사용합니다. 이것을 사용해 이익을 얻을 수도 있고, 쓰다가 마음에 안 들면 다른 사람에게 주거나 팔아버릴 수도 있어요. 내 물건이니까요. 이처럼 소유권이라는 것은 사용, 수익, 처분의 3가지가 들어 있는 온전한 권리를 말합니다. '점유권'은 내 건지 아닌지가 중요한 게 아니라 실질적으로 그것을 지배하고 있는 상태 자체로 얻게 되는 물권을 말합니다. 친구에게 휴대폰을 빌려줬다 합시다. 그러면 그 친구는 휴대폰을 사용하면서 실제적으로 그것을 지배하고 있는

---

63 다른 사람의 사용을 제한하면서 얻는 이익을 뜻한다.

거잖아요? 이처럼 하나의 상태로서 보호해주겠다는 것이 점유권입니다. '제한물권'을 알아봅시다. 예를 들어 볼게요. A의 토지를 A만 사용할 수 있는 건 아닙니다. A가 토지 위에 건물을 세운 다음 그 건물을 B에게 팔면, B는 그 건물의 소유자가 되는데요. 건물이 토지 위에 있으니 자연스럽게 토지도 사용하는 셈이 됩니다. 하지만 B는 토지 소유자가 아니므로 이 토지를 모든 면에서 지배할 수 없어요. 이렇게 물건의 한정된 면만 지배할 수 있는 권리를 제한물권이라 합니다.

'전세권'은 전세금을 지급하고 타인의 부동산을 사용·수익하는 권리예요. 3층짜리 빌라가 있습니다. 이 중에서 나는 3층만 빌리고 싶어요. 그러면 빌라 소유자인 집주인을 찾아가 "보증금 2억을 낼 테니 2년 동안 이 집을 빌려주세요"라고 말할 수 있는데요. 이때 내가 전세권을 설정한다고 해서 내 소유의 집이 될 수 있을까요? 그렇지 않죠. 집을 사용하면서 이익을 얻을 수는 있어도 팔아버릴 수는 없습니다.

'담보물권'은 사용하고 수익할 수 없이 처분만 가능한 것입니다. '유치권'은 구두수선소나 세탁소를 생각하면 되는데요. 구두굽이 떨어져 수선소에 맡겼습니다. 수선비는 구두를 찾아갈 때 주기로 했고요. 이때 구두수선소 주인은 수선비를 받을 채권을 갖게 됩니다. 즉 가게 주인은 구두를 점유하고, 구두에 관해 발생한 채권도 갖는 거예요. 수선비를 받을 때까지는 구두를 돌려주지 않아도 되는 권리가 생긴 것입니다. 이를 유치권이라 해요.

'질권'은 채권자가 채권의 담보로 채무자나 제3자가 제공한 물건, 혹은 재산권을 점유하고, 채무의 변제가 있을 때까지 유치하며, 채무의 변제가 없으면 그 목적물로부터 우선적으로 변제 받을 수 있는 권리입니다. 대표적인 사례로 전당포 주인이 물건을 처분하는 행위를 들 수 있겠네요. 예전에는 금목걸이, 반지 같은 귀금속이나 고급시계 등을 전당포에 맡기고 돈을 빌릴 수 있었답니다. 길동 씨가 전당포를 찾아가 고급시계를 맡기고 돈을 빌렸어요. 그러면 전당포 주인은 이것을 사용하거나 수익하는 게 아니라 빌려간 돈을 갚을 때까지만 갖고 있는 거잖아요? 만약 길동 씨가 돈을 갚지 않으면 전당포 주인은 담보로 맡아둔 시계를 현금화하여 자신의 채권을 만족시킬 수 있습니다.

자, 이번에는 정말 중요한 '저당권'입니다. 저당권은 채무자 또는 제3자가 제공한 부동산을 점유하지는 않으나 경매를 통해 다른 채권자보다 자기 채권의 우선 변제를 받을 수 있는 권리입니다. 희동 씨는 자기 소유의 아파트에 살고 있어요. 작년 가을 그는 직장을 그만두고 동네에 프랜차이즈 빵집을 열게 되었습니다. 현금이 필요해진 희동 씨는 K은행에 가서 "지금 4억짜리 집에 살고 있는데 이걸 이용해서 돈을 빌릴 수 있나요?" 하고 묻습니다. 그랬더니 K은행이 희동 씨의 아파트에 저당권을 설정하고 2억 원을 빌려줬어요. 만일 희동 씨가 계약대로 돈을 갚지 못하면 K은행은 이 아파트를 경매에 넘기고, 팔린 금액에서 2억 원을 받아갑니다. 그런데 생각해보세요. 소유자인 희동 씨가 K은행에 저당권을 설정했다고 하여 은행 지점장이 희동 씨네 집을 같이 쓰지는 않겠죠? 즉 K은행은 희동 씨 아파트를 사용·수익할 수 없고, 채무를 이행하지 않았을 때 아파트를 팔아버림으로써 돈을 받을 권리를 갖는 것입니다. 이게 바로 저당권이에요.

이제 물권과 채권을 비교해봅시다. 채권은 채권·채무 관계가 발생한 그 사람에게만 주장할 수 있는 건데요. A가 B에게 돈을 빌려줬다면 B에게 돈을 갚으라고 요구할 수 있다는 뜻입니다. 예를 들어 사장이 근로자와 고용계약을 맺었다면 사장과 고용자 사이에서만 의미가 있는 것이 채권이죠. 반면 물권은 물건에 대해서 갖는 권리이다 보니 누구에게나 주장할 수 있습니다. 그러니까 내가 어떤 물건의 소유권을 가지면 이 소유권이 나에게 있다는 것을 누구에게나 알려줄 수 있는 방법이 필요하겠죠? 그것이 바로 '공시'입니다. 즉 공시란 권리의 변동을 다른 사람이 인식할 수 있도록 나타내는 일인데요. 물권의 변동에는 공시의 원칙이 적용됩니다. A는 강동구 명일동 111-1번지의 토지 소유권을 가지고 있어요. 따라서 A는 그 토지에 관한 소유권을 가지고 있음을 모든 사람들에게 주장할 수 있고, 다른 사람이 그 토지를 함부로 이용하는 것을 배제할 수 있지요. 어느 날 이 땅을 공터로 착각한 B가 그곳에 가건물을 세우고 살기 시작했습니다. 이 경우 A는 자신의 토지 이용을 방해하는 B에 대하여 방해 제거를 청구할 수 있고, 그에 따라 토지 소유권을 온전히 보호할 수 있는데요. 만일 B가 C에게 자기가 살던 가건물을 팔았다면 어떻게 될까요? C는 대금을 이미 지불했음에도 불구하고, A가 토지의 반환을 청구하면 토지를 이용하지 못하게 됩니다. 물론 C는 B에게 손해배상을 청구할 수 있지만, 그의 입장에서는 예상하지 못했던 불이익을 받은 거잖아요? 이처럼 절대적으로 보호되는 물권에 대하여 사람들이 알 수 없다면 제3자에게 많은 피해가 갈 것이고, 거래도 불안해질 것입니다. 그래서 그 물건의 소유자가 누구인지, 다른 제한물권이 설정되어 있지 않은지 등을 나타내주는 공시가 꼭 필요한 거예요.

부동산 물권의 변동 공시 방법은 등기입니다. '등기'란 국가기관인 등기공무원이 등기부라는 장부에 부동산에 관한 일정한 권리관계를 기재하는 행위인데요. 부동산은 사회·경제적으로 큰 의미를 가지며, 그 거래 액수가 크기 때문에 등기라는 다소 번거롭지만 매우 효과적인 절차를 공시 방법으로 택합니다. 앞의 사례에서 C가 토지와 건물에 대한 등기부를 확인했더라면 권리 설정 관계를 정확히 알 수 있었을 것이고, 건물을 사지도 않았겠지요.

동산의 경우는 어떨까요? 동산은 그 수가 너무 많고 값어치가 낮은 것이 대부분입니다. 따라서 일일이 동산 물권의 변동을 등기한다는 게 불가능할뿐

더러 등기에 소요되는 노력이나 비용을 따진다면 그럴 만한 가치도 별로 없다고 판단되는데요. 예를 들어 "L회사가 생산한 제품번호 L1234를 길동 씨가 소유했으나 XXXX년 X월 X일 마이콜에게 팔았으므로 이제 마이콜의 소유다"라는 식으로 일일이 등기부를 만든다고 생각해보세요. 불가능한 이유들이 막 떠오르잖아요. 이렇듯 동산은 사실상 지배하고 있는 사람(점유자)이 물권을 가지고 있다고 생각하는 게 타당합니다. 동산의 물권 공시 방법이 점유인 이유, 이해하셨지요?

사람은 가족관계등록부, 부동산은 부동산등기부

부동산 매매는 거액이 오가는 일인 만큼 꼼꼼하게 챙기고 사실관계를 철저하게 확인해야 합니다. 잘못하면 정말 큰일 나거든요. 부동산을 사고팔 때 반드시 등기부를 확인한 후 거래해야 하는 이유죠. '등기부'는 해당 부동산에 관련된 여러 내용이 적혀 있는 문서로 나라에서 관리하는 부동산 장부입니다. 주로 부동산의 위치, 면적, 소유주, 권리 변동 사항 같은 중요한 정보들을 적어두죠. 사람으로 치면 가족관계등록부와 비슷합니다. 이 같은 장부의 등본이 바로 '등기부등본[64]'이고요.

부동산등기부는 표제부, 갑구, 을구로 이루어져 있습니다. 표제부에는 해당 부동산에 관한 정보, 갑구에는 소유권에 관한 정보, 을구에는 소유권 이외의 권리에 대한 정보가 적혀 있어요. 조목조목 천천히 살펴봅시다.

---

64 등본은 법률 용어로서 원본의 내용을 전부 베끼거나 그런 서류를 말한다. 요즘은 대법원 인터넷등기소(www.iros.go.kr)를 통해 등기부를 열람하거나 출력할 수 있다. 정확한 내용을 조목조목 확인하고 싶으면 관할 등기소에 가서 토지나 건물에 관련된 등기부를 직접 떼어보면 된다.

등기부 등본(말소사항 포함) - 집합건물

[집합건물] 서울특별시 강동구 명일동 123-4 제2층 201호 고유번호 1234-4567-123456

【표 제 부】(건물의 표시)			① (1동의 건물의 표시)	
표시번호	접수	소재지번 및 건물번호	건물 내역	등기원인 및 기타사항
1(전1)	2012년 5월 7일	서울특별시 강동구 명일동 123-4 [도로명주소] 서울특별시 강동구 명일로 123	철근콘크리트 및 벽돌조 슬래브 3층 다세대주택(3세대) 1층 123.45㎡ 1층 123.45㎡ 1층 123.45㎡ 지하 1층 123.45㎡2	
② 대지권의 목적인 토지의 표시				
표시번호	소재지번		③ 지목	면적	등기원인 및 기타사항
1(전1)	서울특별시 강동구 명일동123-4		대	252㎡	2012년 6월 15일

[집합건물] 서울특별시 강동구 명일동 123-4 제2층 201호 고유번호 1234-4567-123456

【표 제 부】(건물의 표시)			④ (전유부분의 건물의 표시)	
표시번호	접수	건물번호	건물 내역	등기원인 및 기타사항
1(전1)	2011년 1월 27일	제2층 제201호	철근콘크리트 55.45㎡	도면편철장 제3책 제123장
⑤ (대지권의 표시)				
표시번호	대지권의 종류		대지권비율	등기원인 및 기타사항
1(전1)	소유권대지권		252분의 30.123	2011년 11월 10일 대지권

등기부등본은 토지, 건물, 토지+건물, 집합건물로 나뉘어져요. 여기서는 집합건물에 대한 등기부등본으로 설명할게요. 아파트, 빌라, 연립, 다세대, 상가, 오피스텔 등 각 호별로 주인이 전부 다른 건물을 집합건물이라 하는데요. 아파트와 오피스텔 같은 집합건물은 전체 건물에 대한 토지와 전유부분(독차지하고 있는 공간)에 대한 토지의 대지권에 대한 표시가 기재되어 있습니다. 표제부에는 해당 부동산의 주소, 면적, 용도, 구조 등 여러 정보가 적혀 있고요. 표제부를 보면 어디에 위치한 어느 정도 규모의 건물인지 한눈에 파악할 수 있지요. 위 표제부에 적힌 대로 읽어보면 서울특별시 강동구 명일로 123에 있는 층당 123.45㎡ 면적의 철근 콘크리트 슬래브 지붕의 3층짜리 다세대주택입니다.

① 1동의 건물 표시 : 건물 전체의 세밀한 정보가 들어 있어요. 소재지 주소와 구조(철근 콘크리트 및 벽돌조 슬래브), 층 수, 세대 수, 층당 면적 등이 아주 상세히 적혀 있지요.

② 대지권의 목적인 토지의 표시 : 건물이 자리 잡고 있는 땅의 크기를 나타내는 곳입니다. 요즘은 모든 면적의 표시가 'm^2'[65]로 되어 있어요.

③ 지목 : 지목(地目)이란 사용하는 목적에 따라 땅을 구분하는 말입니다. 각 토지마다 사용할 수 있는 용도가 정해져 있는데, 그 용도를 표시하는 게 바로 지목이죠. 여기서는 지목에 '대'라고 표시되어 있죠? 주거를 위한 건물이나 박물관, 미술관 같은 건축물을 짓는 용도로 사용할 수 있는 땅이라는 뜻입니다. 반면, 과수원이나 임야는 '대'에 속하지 않기 때문에 마음대로 주거를 위한 건축물을 지을 수 없어요. 등기부의 표제부를 보면 위치와 면적뿐만 아니라 사용 용도를 알 수 있으므로 내가 원하는 일을 할 수 있는 땅인지 확인할 수 있답니다. 내가 살 집을 지으려고 땅을 샀는데, 주거를 위한 건물을 지을 수 없는 땅이면 낭패잖아요? 지목은 그런 불상사를 막기 위한 장치입니다.

④ 전유부분의 건물 표시 : 해당 호실의 전용면적(실평수)을 나타냅니다.

⑤ 대지권의 표시 : 다른 말로 대지지분이라고도 해요. 건물 전체가 서 있는 땅을 각 호실들의 주인이 사이좋게 나눠 갖는, 각 개인의 땅이라고 생각하면 됩니다. 그러나 일반 땅처럼 땅만 사고 팔 수는 없어요. 여기서 대지권이란 집합건물의 소유 및 관리에 관한 법률 제2조 제6호에 나와 있는 대지사용권으로 건물과 분리하여 처분할 수 없는 것을 뜻해요.

이번에는 갑구의 내용을 살펴봅시다. 갑구에는 표제부에 적힌 토지나 건축물의 소유권에 대한 내용이 적혀 있어요. 처음 주인은 누구이며 그 다음 주

---

65 $m^2 \times 0.3025$=평. 위의 대지 면적은 $252m^2 \times 0.3025$=76.23평이다.

인은 누가 되었는지 소유권 변동뿐만 아니라 가압류나 경매 등 소유권에 관련된 일들이 상세하게 기록되어 있지요. 특히 시간의 순서에 따라 번호가 붙어 있어서 해당 토지나 건축물의 역사를 한눈에 확인할 수 있답니다. 갑구를 사람에 비유하면 족보라 할 수 있겠지요? 만약 내가 사려고 한 부동산이 가압류 상태거나 경매 진행 중인데 모르고 덜컥 샀다간 큰 손해를 보잖아요. 그러므로 부동산 거래를 할 때엔 반드시 부동산등기부를 떼어 갑구의 내용을 확인해야 합니다.

[집합건물] 서울특별시 강동구 명일동 123-4 제2층 201호 고유번호 1234-4567-123456

[갑 구](소유권에 관한 사항)				
순위번호	등기목적	⑨접수	등기원인	권리자 및 기타사항
1(전1)	소유권이전	2012년 5월 7일 제12345호	2012년 5월 4일 매매	소유자 홍길동 730123-1****** ⑥ 서울특별시 송파구 올림픽로 123
2	소유권이전	2013년 6월 13일 제56789호	2013년 6월 11일 매매	소유자 짱구 780416-1****** 인천광역시 부평구 장제로 111
3	압류	2014년 7월 15일 제12345호	2014년 6월 6일 압류(세무2과-1234)	권리자 국 ⑦ 처분청 인천세무서
4	강제경매 개시결정	2015년 8월 8일 제24567호	2015년 8월 8일 서울중앙지방법원의 강제경매개시결정(2015타경12345)	채권자 고둘리 701224-1****** 서울특별시 광진구 워커힐로 123 ⑧

⑥ 이 집은 소유자가 73년생 홍길동이었는데 2013년 6월 13일 매매를 통해 부평구에 주소를 두고 있는 78년생 짱구에게로 소유권이 이전되었어요.

⑦ 인천세무서에서 압류가 들어와서 2014년 7월 15일에 이 집이 압류되었습니다. 세금을 안 냈나 봐요. 경매에 들어가서 낙찰되면 가장 먼저 세금을 받아가겠다는 이야기죠.

⑧ 이 집이 드디어 8월 8일 경매개시가 결정되었어요. 경매사건번호, 담당법원, 채권자 등이 표시됩니다.

【을 구】(소유권에 관한 사항)				
순위번호	등기목적	⑨접수	등기원인	권리자 및 기타사항
1 (전1)	*근저당권설정	2013년 7월 7일 제12345호	⑩2013년 7월 1일 설정 계약	채권최고액 금 40,000,000원 채무자 짱구 인천광역시 부평구 장제로 111 근저당권 주식회사S은행 110111-0012809 서울시 중구 태평로 2가(명일동지점)

자, 이제 을구입니다. 을구에는 소유권 이외의 권리에 대한 사항이 나와 있어요. 저당권, 전세권, 지역권, 지상권에 관한 등기사항이 기재되어 있습니다.

⑨ 접수 : 등기 신청의 접수 일자로서 법률적 효력의 발생일자에요. '제○○○호'는 접수한 등기소의 연간 일련번호입니다.

⑩ 2013년 7월 1일 근저당권 설정 계약을 원인으로 이 근저당권을 등기했다는 뜻이에요.

을구에서 잘 살펴야 할 부분은 무엇일까요? 을구를 보면 해당 부동산에 담보가 얼마만큼 잡혀 있는지 알 수 있습니다. 1순위로 근저당권이 설정되어 있다는 말은 S은행이 빚을 받을 순서가 1등이란 말이에요. 순위번호는 각 권리가 설정된 순위를 나타내는데요. 을구에 설정된 권리는 이 순위에 따라 권리 주장을 할 수 있습니다. 여기서는 만약 짱구가 빚을 갚지 못해 부동산이 경매로 넘어가면 S은행이 최고 4천만 원까지 우선적으로 받을 수 있다는 뜻이에요. 그런데 이때 채권최고액이 실제 대출받은 금액이라고 생각하면 안 돼요. 채권최고액은 실제 대출금액이 아니라 은행 이자까지 포함된 금액이라고 생각해야 합니다. 보통 실제 대출금액의 120~130% 정도가 설정되지요. 그래서 근저당권설정을 자세히 봐야 하는 것입니다. 전세나 보증금 높은 월세를 들어갈 때는 근저당 금액을 반드시 확인해야 해요. 내 보증금과 채권최고액을 합친 금액이 집 시세의 70%가 넘으면 계약을 하지 않는 게 좋아요. 집주인이 이자를 못 내서 강제경매에 들어갈 경우도 고려해야 하니까요. 가끔 갑구까지만 있고 을구가 없는 등기부등본도 있습니다. 융자가 없는 아주 깨끗한 집이라는 뜻이지요.

조심할 게 또 있어요. 우리나라는 토지와 건물을 하나의 부동산으로 취급하지 않습니다. 어떤 땅 위에 건물이 세워졌다고 할 때, 땅과 건물을 하나의 부동산으로 보는 게 아니라 서로 다른 부동산으로 간주하는 거예요. 땅을 매입할 때는 토지의 등기부를, 건물을 사려고 할 때는 건물의 등기부를, 토지와 건물을 한꺼번에 사려고 할 때는 토지의 등기부와 건물의 등기부를 모두 떼어 살펴보는 이유입니다. 또 하나, 등기부 등본은 계약할 때 한 번 확인하고 잔금을 치르기 직전에 다시 한 번 확인하는 게 좋아요. 그 사이에 집 주인이 저당권 설정 등기를 할 수도 있고, 덜컥 가압류에 걸릴 수도 있기 때문입니다.

보고, 또 보는 부동산 계약

부동산을 거래할 때는 엄청난 돈이 오갑니다. 부동산 계약을 할 때 꼼꼼하게 살펴보고 철저하게 확인하고 또 확인해서 안전하게 계약해야 하는 이유인데요. 부동산 중개인이 알아서 다 해줄 테니 걱정할 필요 없다고 생각하면 오산입니다. 부동산 중개인은 말 그대로 중개만 해주는 사람이잖아요. 혹시라도 계약이 잘못되면 결국 본인이 모든 책임을 져야 한답니다. 본인이 계약했으니 모든 법률적인 책임 역시 당연히 본인이 져야 하는 거죠.

찬우는 열심히 공부해서 서울에 있는 대학교에 합격했습니다. 그런데 찬우네 집은 전라남도 목포예요. 통학 문제로 고민하는 찬우에게 어느 날 아버지가 통 큰 선물을 제안하십니다. 학교 앞에 있는 소형 아파트를 하나 사주신다는 거예요. 찬우는 신이 나서 아버지와 함께 대학교 주변 집을 탐색합니다. 처음 집을 사보는 거라 시종일관 마음이 두근거려요. 아버지께서 지원해주시기로 한 돈의 액수, 교통, 미래 전망 등을 고려해서 드디어 마음에 드는 집을 정했습니다. 이제 집주인을 만나러 가면 되는데요. 만일 찬우가 그 집에 가서 초인종을 누르고, 거기서 나온 사람에게 "이 집이 마음에 들어요. 계약합시다"고 하면 계약이 이루어지는 걸까요? 아닙니다. 집에서 나온 그 사람이 집주인일 수도 있지만 아닐 수도 있으니까요. 왜냐고요? 부동산은 소유자랑 점유자가 다를 수 있거든요. 그러므로 그 집이 누구 소유인지 알려면 먼저 등기부를 확인해야 합니다.

"등기부는 누구나 열람할 수 있고, 발급도 가능하다고 했어." 찬우는 이렇게 생각하면서 얼른 등기부를 떼어봤어요. 갑구를 보니 소유주가 A라는 사람이에요. A는 아파트 가격으로 "2억 원!"을 부릅니다. 생각보다 비쌌지만 집이 워낙 마음에 들었던 터라 찬우는 계약하기로 결심하고, 부동산 중개인을 찾아갑니다. 혼자 하는 것보다 그 편이 안전하니까요. 드디어 매매계약서를 작성할 시점입니다. 계약서는 거래를 증명하는 가장 중요한 서류이므로 꼼꼼하게 작성하고 내용을 재차 확인해야 하는데요. 매매계약서를 보니 '매도인', '매수인'이라는 말이 나옵니다. 파는 사람 A는 매도인, 사는 사람 찬우는 매수인이 되지요. 가장 좋은 방법은 찬우가 소유자 A를 직접 대면한 상태에서 계약서를 작성하는 것입니다. 부득이한 사정으로 A가 올 수 없다면 위임장과 인감증명서를 받아두어야 하고요.

계약금은 통상 매매가의 10% 정도로 계약 당시 지불해야 합니다. 찬우는 2억짜리 집을 사려고 하는 터이므로 계약금 2천만 원을 내야 해요. 그런데 집주인 A에게 다른 사람이 나타나 4억을 줄 테니 집을 팔라고 합니다. 이 경우, A는 4억 준다는 사람에게 집을 팔아도 되는데요. 어떻게 그런 일이? 예, 매도인은 계약금만 받은 상태라면 매수인의 의사를 묻지 않고 계약금의 2배, 즉 4,000만 원을 물어주고 계약을 해제할 수 있기 때문입니다. 다른 경우도 생각해봅시다. 매수자인 찬우가 너무너무 가고 싶었던 S대학교에서 "추가 합격했으니 등록하세요" 하고 연락이 왔어요. 굳이 Y대학교 앞에 있는 집을 살 이유가 없어진 겁니다. 이럴 때는 매수인 찬우가 매도인 A의 의사를 묻지 않고 계약금 2,000만 원만 포기하면 계약을 해제할 수 있어요.

계약금과 잔금일의 중간쯤 지급하는 돈을 중도금이라 하는데요. 중도금은 통상적으로 40%까지 지불합니다. 찬우는 8,000만 원을 A에게 내겠지요? 그런데 중도금까지 지급된 상태에서는 법적 효력이 사뭇 달라집니다. 이때부터는 매도인과 매수인이 상대방의 의사를 묻지 않은 채 일방적으로 계약을 해제할 수 없거든요. 마침내 아파트를 인도 받는 날, 찬우는 A에게 나머지 50%인 1억 원을 지급했는데요. 이를 잔금이라 해요.

이렇게 계약금, 중도금, 잔금까지 다 치렀으니 찬우가 아파트 소유권을 취득하게 된 건가요? 아직 아닙니다. 공적 장부인 등기부에 적힌 A라는 이름이 찬우라는 이름으로 바뀌어야만 소유권 취득으로 인정되거든요. 자, 그럼 등기를 해야겠네요. 등기는 일반적으로 법무사에 의뢰하지만 각 지방법원 관할 등기소에서 직접 신청할 수도 있습니다. 등기 신청을 하려면 신청서, 등기원인을 증명하는 서면, 매도인의 등기필증(집문서), 각 서면에 찍힌 인장이 본인의 것임을 확인해주는 매매용 인감증명서가 필요합니다. 또한 등록세를 납부해야 하고, 집을 얻은 데 대한 취득세도 납부해야 하죠. 새로운 등기필증은 신청한 후 2~3일이 지나면 나옵니다.

TIP
부동산 거래 절차

탐색⇨등기부열람(누구나 열람 가능)⇨토지대장열람⇨매매계약체결⇨계약금지급(통상매매가의 10%)⇨중도금지급(통상매매가의 40%)⇨잔금지급⇨등기서류 및 부동산인수⇨등기(소유권취득)⇨등록세납부⇨취득세납부

알아두자! 주택임대차보호법, 편해진다! 전·월세 계약

'주택임대차'란 주택을 소유한 사람이 다른 사람에게 이를 사용할 수 있도록 빌려주고 그 대가로 돈을 받는 계약을 말합니다. 주택을 빌리는 사람을 '임차인', 주택을 빌려주는 사람을 '임대인'이라 부르지요. 전세계약과 월세계약은 대표적인 임대차계약 사례랍니다. 주택임대차 절차를 표로 정리하면 다음과 같아요.

집에 대한 조사(위치, 가격, 등기부 등 확인)
⇩
집주인이 맞는지 확인(대리인이 나오면 주민등록증, 위임장, 인감증명서 확인)
⇩
전·월세 계약서 작성(등기부에서 저당권, 가압류 등의 사항을 꼼꼼히 다시 확인)
⇩
잔금 지급, 입주(계약만 하고 입주하지 않으면 주택임대차보호법의 보호를 받을 수 없음)
⇩
주민등록(읍·면·동 주민센터에서 전입신고를 할 경우 주민등록을 한 것으로 봄)
⇩
확정일자 받기(읍·면·동 주민센터에서 주민등록 후 전·월세 계약서를 제출하여 확인 도장을 받음―입주 후 가능한 한 빨리해야 하고, 원본 계약서는 잘 보관해야 함)

주택을 빌리려면 우선 임차할 주택에 대해 조사해야 합니다. 위치, 가격, 등기부등본을 확인해야겠지요? 또한 집주인이 맞는지 확인하고, 대리인이 나오면 주민등록증, 위임장, 인감증명서 등을 확인합니다.

사람이 살아가는 데 반드시 필요한 요소인 의식주 가운데 최대 관심사이자 사회적 문제로 대두되는 것이 바로 주(住)입니다. 하지만 집을 가지고 있는 사람보다 가지지 못한

사람이 많기에 자기 집이 없는 사람들은 다른 사람의 집을 빌려 살 수밖에 없는데요. 떳떳하게 돈을 내고 살면서도 집주인과 임차인의 관계는 공평하지 않은 경우가 많고, 이 때문에 문제가 자주 발생합니다. 이에 정부는 1981년 민법의 특별법으로 '주택임대차보호법'을 제정하여 경제적으로 약자인 무주택자들의 주거생활을 안정시키고, 집주인의 부당한 요구나 횡포로부터 이들을 보호하고 있답니다. 주택임대차보호법은 민법보다 우선해서 적용되며, 주요 내용으로 '임대기간', '임대계약갱신', '대항력', '우선변제권', '임차권 등기명령' 등이 있어요.

주택임대차보호법은 과연 어떻게 세입자를 보호하는 걸까요? 우선 임대기간부터 알아봅시다. 임대기간은 집을 빌리는 기간이에요. 임대계약을 하면서 "이 집에서 얼마동안 살고 싶습니다"라고 정하는 기간이 바로 임대기간입니다. 주택임대차보호법 제4조 제1항은 임차인을 위한 최소 보장 기간을 2년으로 정해놓았는데요. 기간을 따로 정하지 않거나 2년 미만의 기간으로 계약을 한 경우에도 무조건 2년으로 임대기간을 보호해줍니다. 설령 1년만 계약했다고 해도 임대기간이 2년이 안 되었다면 집주인 마음대로 임차인을 쫓아낼 수 없어요. 반면 임차인은 계약기간이 끝나면 마음대로 집을 나갈 수 있습니다. 1년 동안 집을 빌리기로 했다면 1년 뒤 자유롭게 집을 옮겨도 되고, 1년 동안 그 집에서 더 살 수도 있는 거죠. 결국 임대기간은 법으로 보호받는 2년 안에서라면 계약대로 1년만 살든, 2년까지 살든 임차인 마음대로 선택하면 됩니다.

임대계약갱신에 대해 살펴볼게요. 간혹 계약을 하고 난 다음 집주인이 마음대로 계약조건을 바꾸려고 드는 경우가 있는데요. 주택임대차보호법이 이런 불합리하고 부당한 요구를 철저히 막고 있으니 걱정하지 않아도 됩니다. 계약의 갱신(재계약) 및 계약조건을 변경하려면 집주인은 계약만료 6~1개월 전에 임차인에게 이를 알려야 합니다. 통지를 받은 임차인은 계약만료 1개월

전에 집주인에게 알려주면 되고요. 이때 반드시 기억해야 할 것은 앞에서 말한 기간 안에 임대인(집주인)과 임차인(집을 빌린 사람)이 서로에게 제대로 통지를 하지 않았다면 새로운 약속이나 합의 없이 자동으로 이전과 동일한 조건으로 임대계약을 한 것으로 간주한다는 사실입니다. 또한 별다른 얘기 없이 임대기간이 지나가버렸을 경우에도 이전과 동일한 조건으로 임대계약을 유지하는 것으로 보고요.

대항력과 우선변제권은 또 무엇일까요? 먼저, 세입자가 주택의 인도(입주)와 주민등록(전입신고)을 마치면 그 다음날부터 대항력이 생깁니다. 대항력이 있으면 집주인이 바뀌더라도 전주인과 계약한 기간까지 살겠다고 주장할 수 있고, 돈을 다 받을 때까지 집을 비워주지 않아도 되지요. 예를 들어 임차인 이전세 씨의 집주인이 몰래 집을 팔아버렸습니다. 새 집주인 L은 이전세 씨에게 하루라도 빨리 집을 비워달라고 요구하네요. 이 경우 이전세 씨는 전 집주인과 계약한 내용이 엄연히 존재하는데 무슨 소리냐며 반박할 수 있지만, 새 주인 입장에선 이들이 눈엣가시 같습니다. 그런데 민법에 의하면 이전세 씨는 전 집주인과 계약을 맺었을 뿐, 새 집주인과는 계약한 적이 없으므로 집에서 쫓겨나도 전혀 할 말이 없게 되어 있어요. 실제로 많은 임차인들이 이런 이유 때문에 억울하게 내쫓기는 일이 허다했답니다. 그래서 주택임대차보호법에서는 '민법에 앞서' 임차인들을 보호해줍니다. 실제로 이사를 와서 주민등록을 마치면 임차인에게 대항력이 생겨 새 집주인이 와도 계약 기간이 만료될 때까지 당당히 권리를 주장하며 살 수 있게 하는 거죠.

이렇게 대항력을 갖춘 상태에서 '확정일자'를 받으면 호랑이 등에 날개를 다는 격입니다. 즉 전세권 등기를 해놓은 것과 같은 효과가 생기거든요. 빌린 주택이 경매 등의 절차를 거치더라도 후순위 권리자보다 우선하여 보증금을 변제 받을 권리, 즉 우선변제권을 갖게 되는 것이죠.

우선변제권이 무슨 말이냐고요? A가 집주인 B와 임대차계약을 맺었습니다. 그런데 B가 A와 임대차계약을 맺고 나서 이 집을 담보로 S은행에서 돈을 빌립니다. S은행은 돈을 빌려주면서 이 집에 저당권을 설정하고요. 저당권이 설정되었다는 건 처분할 수 있는 물권이 된다는 뜻인데요. 여기서 주의할 점은 임대차계약은 채권에 해당한다는 사실입니다. 경매에 들어갈 때 채권은 저당권과 같은 물권에 비해 돈을 받는 우선순위가 밀리게 된다는 거죠. 물권은 특정한 물건에 대한 권리잖아요? 상대방의 의사와 상관없이 물건에 대한 권리를 외칠 수 있는 거고요. 그래서 물권은 채권보다 앞서 권리를 주장할 수 있습니다. 앞의 예처럼 B가 집을 담보로 S은행에 저당권을 설정해버리면 물권이 채권보다 우선하기 때문에 나중에 집주인이 은행에 빌린 돈을 갚지 못했을 때 은행은 저당권을 행사하게 되므로 집이 경매로 넘어가게 되는 것이죠. 그러면 A가 이사를 먼저 왔더라도 나중에 성립된 저당권이 채권보다는 먼저 배당을 받게 되는 것입니다. 즉 내가 전세금 2억 원을 내고 이사를 왔어요. 그런데 그 후에 집주인이 은행으로부터 3억 원을 빌렸어요. 당연히 등기부 을구에 저당권이 설정되겠지요. 그런데 집값이 3억 원밖에 안 돼요. 집이 경매로 넘어가면 3억 원을 은행이 모두 가져가게 되고 나는 보증금을 돌려받지 못하게 되는 거예요. 하지만 확정일자를 받아두면 이 날부터 비록 채권이지만 물권처럼 강하게 보호받을 수 있는 권리가 생기는 겁니다. 보증금 액수만큼 임대 목적물에 대하여 직접적인 권리를 행사할 수 있게 된다는 뜻이에요. 즉 확정일자 받은 이후에 있는 물권은 나보다 먼저 돈을 받지 못한다는 것입니다. 반대로 말하면 우선변제권은 확정일자를 받은 이후에 성립된 물권보다 우선해서 변제, 즉 돈을 받을 수 있는 권리라는 뜻이지요.

TIP   확정일자는 관할 주민센터나 전국 등기소에서 받을 수 있다. 관할 주민센터나 등기소에 계약서를 가져가면 장부에 기재한 후 바로 확인 도장을 찍어주는 방식으로 처리도 아주 간단하다.

우선변제권과 관련해 소액보증금 우선변제제도에 대해서도 알아둘 필요가 있습니다. 집주인이 빚더미에 앉아 결국 집이 경매까지 넘어간다면 빚쟁이들이 서로 먼저 돈을 가져가겠다고 난리가 나겠죠? 잘못했다가는 임차인이 보증금을 돌려받지 못하는 끔찍한 상황이 올 수도 있습니다. 그래서 주택임대차보호법에서는 일정 금액 이하의 소액 임차인에게 보증금 중 일정 한도액에 대한 반환권을 최우선적으로 주고 있어요. 이를 '소액보증금 우선변제권'이라 합니다. 즉 앞서 말한 대항력을 가진 임차인이 주민센터를 방문해 확정일자까지 받아놓으면 유사시 일반 채무자보다 우선적으로 돈을 받을 수 있는 권리를 가지게 된다는 뜻이에요.

예를 들어볼게요. 집이 경매에 넘어갔을 경우, 돈을 받아야 하는 사람들은 '저당권자', '임차인', '개인 채권자' 정도입니다. 개인 채권자의 경우는 개인적으로 돈 거래를 한 것이니 우선순위가 가장 꼴찌입니다. 하지만 담보를 잡고 돈을 빌려준 저당권자(저당권 설정등기를 한 저당권자)와 보증금을 내고 세들어 살던 임차인(주택인도, 주민등록, 확정일자를 모두 갖춘 임차인)은 우선순위가 같습니다. 그래서 하루라도 먼저 등록한 사람의 순위가 높은 건데요. 하지만 적은 보증금으로 임대차계약을 맺고 사는 경제적 약자에게는 '소액 임차인의 최우선변제권'을 보장해줍니다. 최우선변제권은 말 그대로 '변제 우선순위 1등'이라는 뜻이에요. 임차인의 보증금이 법에서 정한 액수 이하일 경우 누가 먼저 저당을 잡았든 상관없이 무조건 소액 임차인 최우선변제권을 가지며, 가장 먼저 돈을 돌려받을 수 있는 거죠.

TIP

임대차계약을 한 후에는 최대한 빨리 전입신고(주민등록)를 하고, 확정일자를 받아야 한다. 주의할 것은 이 상태가 계속 유지될 때만 보호를 받는다는 점이다. 중간에 주소를 옮긴다거나 보증금액의 변동이 있어 재계약을 했을 경우 그때부터 우선변제권을 잃게 된다.

이제 임차권등기명령 제도를 알아볼 차례입니다. 임대계약이 끝나면 계약 기간 동안 맡겨둔 보증금을 돌려받아야겠지요? 그런데 간혹 배짱을 부리며 다른 임차인이 나타날 때까지 기다리라는 집주인이 있습니다. 참 이상해요. 왜 내가 집주인에게 맡긴 보증금을 다른 임차인에게 받아야 할까요? 상식적으로나 법적으로나 부당하고 불합리한 일인데요. 이는 주택임대차보호법이 계약이 유지되는 동안 세입자를 보호해주고, 계약기간이 만료되면 별반 효력을 발휘하지 못한다는 점을 악용한 집주인들의 횡포에 다름 아닙니다. 따라서 정부는 효율적으로 임차인을 보호하기 위해 '임차권등기명령 제도'를 만들었어요. 임차차권등기명령 제도는 계약기간이 끝나도 집주인과 임차인 사이에 실질적으로 모든 관계가 깨끗하게 정리되지 않으면 주택임대차보호법상의 권리가 계속 유지되도록 임차인을 보호하는 제도입니다. 즉, 보증금을 아직 못 받은 상태라면 부득이하지만 그 집에서 계속 지내게 하거나, 다른 곳으로 이사를 하고 주소 이전까지 했어도 기존에 가지고 있던 대항력과 우선변제권을 그대로 인정해주는 제도죠. 임차권등기명령 제도는 필요한 서류를 준비해서 법원에 가서 신청해야 합니다. 임차권등기 신청을 해서 임차권등기명령이 떨어지면 세입자의 권리를 계속 유지할 수 있잖아요? 임차권등기를 하는 데 들어가는 돈이 아깝다고요? 걱정하지 마세요. 신청비, 등기비 등에 들어가는 제반 비용은 임대인, 즉 집주인에게 청구해서 고스란히 받아낼 수 있으니까요. 그러니까 영수증만큼은 꼭 챙겨야겠죠?

이제 전세세입자와 전세권자는 어떻게 다른 건지 살펴보고 마무리할게요.

전세세입자와 전세권자는 이름은 비슷하지만 효과는 크게 다릅니다. 전세계약은 임대차계약으로 임차인은 임차권이라는 채권을 가져요. 그러나 전세권계약을 맺고 등기를 한 전세권자는 전세권이라는 물권을 갖게 되는데요. 전세권등기와 확정일자를 받은 전세세입자를 비교해볼게요. 입주와 전입신고를 마치고, 확정일자를 받은 임차인은 전세권 설정등기를 한 전세권자와 우선변제의 효력에 있어서는 큰 차이가 없습니다. 하지만 다른 면에서 차이가 발생해요. 즉 전세권자는 집주인 동의 없이 전세권의 양도나 전전세(전세권자가 다른 사람에게 또 전세를 주는 것)를 놓는 게 가능하지만 전세세입자는 집주인의 동의를 얻어야만 가능합니다. 또한, 집주인이 전세금을 내주지 않으면 물권자인 전세권자는 집을 바로 경매에 넘겨 전세금을 우선하여 변제받을 수 있지만, 단순한 세입자인 임차인은 집주인을 상대로 전세보증금 반환소송을 제기해서 이긴 뒤 그 확정 판결문을 가져야만 집을 경매에 넘길 수 있답니다.

이처럼 여러 모로 전세권이 유리한데도 주위에서 전세권의 예를 보기 힘든 이유는 무엇일까요? 그것은 바로 집주인들이 자신에게 불리한 전세권계약을 맺지 않으려 하기 때문인데요. 확정일자만으로는 뭔가 불안하고, 집의 등기부를 열람해서 다른 사람에게 내가 이 집에 전세 들어 산다는 것을 공시하고 싶다면 집주인을 설득하고 비용을 들여서라도 전세권을 설정하는 것이 좋을 것입니다.

은 16석에 누구를 뽑아야 할까? 제비뽑기에서 뽑힌 사람도 아니고, 가위 바위 보를 통해 이긴 사람도 아니다. 절차는 이렇다. 즉, 선거하기 전에 정당별로 선거관리위원회에 명부를 제출한다(당연히 선거 때 국민에게 공개된다). 선거할 때 벽보를 보면 당별로 비례대표 명부가 붙어 있는데, 예를 들어 16명이라 하면 명부의 순위대로 16명을 뽑고 당선자를 발표한다. 이 순위는 변하지 않으므로 이를 '고정 명부식 비례대표제'라 한다. 우리나라에서는 이 제도를 채택한다. 정당에서 명부를 작성할 때의 순위는 정당에서 자의적으로 한다. 이때 당 대표나 꼭 필요한 사람에게 앞 순위를 줄 터인데, 이 때문에 후보자들끼리 앞 순위를 받기 위해 치열한 로비를 벌일 수 있다. 혹은 정당의 대표나 최고위원들의 특권화가 문제시될 여지도 생긴다.

어떤 사람이 비례대표 19번 홍길동을 좋아해서 A당을 지지했는데 16번까지 당선되어 홍길동이 탈락하는 경우도 문제가 된다. 이를 해결하기 위해 도입한 제도가 '가변 명부식 비례대표제'이다. 이것은 투표용지 2장을 받아서 비례대표를 뽑을 때 A당의 명부를 보고 찍고 싶은 사람을 뽑는 것이다. 그래서 A당의 득표 결과 16명이 당선될 때, 1번부터 16번까지 당선시키는 것이 아니라, 득표순으로 순위를 정해서 16등까지 당선되게 한 것이다. 이렇게 하면 유권자의 의견이 제대로 반영되는데, 이 경우엔 후보자가 많은 표를 얻기 위해 선거운동을 활발히 해야 한다. 가변 명부식이 민주적이라고 생각할 수 있겠지만 대부분의 나라들은 이 제도를 잘 쓰지 않는다. 명부에 나온 후보자들의 수가 워낙 많아서 유권자들이 파악하기가 현실적으로 쉽지 않은 탓이다.

비례대표제엔 사표가 줄어든다는 장점이 있다. 또한 군소정당이 국회에 들어가기 쉽고, 정당정치에 기여한다는 장점도 있다. 선거구를 나눌 필요나 선거운동의 필요성을 느끼지 못하므로 선거비용도 줄어든다. 물론 단점도 있다. 장점이 그대로 단점이 되는 경우로, 군소정당이 난립하여 정국 불안정을 초래한다는 점이다. 또한 당선자가 국민의 대표라기보다 정당의 대표라는 생각을 가지기 쉽다는 점도 단점이라 볼 수 있다. 의사 결정을 할 때 당론에 좌지우지될 가능성이 높기 때문이다.

총선에서는 비례대표를 어떤 식으로 배분할까?

국회의원은 지역구 국회의원과 정당별 비례대표 국회의원으로 나뉘는데 유권자는 지역구 국회의원에 1표, 지지하는 정당에 1표를 행사할 수 있다. 지역구 국회의원은 후보자

중에서 득표율 등에 관계없이 최다 득표자가 국회의원으로 선출되며, 비례대표 국회의원은 지지 정당에 던진 표수를 합해 정당별 지지율에 따라 국회의원을 배분하게 된다. 비례대표 국회의원을 전국구 국회의원이라 부르는 배경이다.

우리나라의 국회의원 수는 지역구 246석, 비례대표(전국구) 54석, 총 300석이다. 정당별로 비례대표 국회의원 후보자를 선정하여 후보자 등록을 완료해야 하는데, 보통 예상 지지율보다 많은 수의 비례대표 국회의원 후보자를 선정해둔다. 정당별로 배분되기 때문에 무소속인 후보자는 지역구 국회의원으로만 출마할 수 있다. 비례대표 국회의원으로 선출되려면 두 가지 선결조건이 있어야 하지만, 그중 한 가지만 충족되어도 비례대표 국회의원을 배분받을 수 있다. 반대로 조건 두 가지가 모두 충족되지 못하면 비례대표 국회의원을 배분받을 수 없다. 군소정당이 난립하는 문제를 막기 위해 의석을 획득할 수 있는 최소한의 문턱을 설정해둔 것인데, 이를 '저지규정' 또는 '봉쇄조항'이라 한다. 우리나라는 비례대표 국회의원 선거에서 유효 투표 총수의 100분의 3 이상을 득표하였거나 지역구 국회의원 총선거에서 5석 이상의 의석을 차지한 각 정당에 대하여 정당이 비례대표 국회의원 선거에서 얻은 득표율에 따라 비례대표 국회의원 의석을 배분한다.

위 조건을 만족하지 못하는 정당의 득표수는 해당 표수를 100%로 하여 다시 정당 득표 비율을 정한다. 득표율×54석으로 계산하여 나온 정수 부분이 해당 정당의 비례대표 국회의원 의석수이다. 득표율에 따라 배분하다 보면 소수점이 나오는 경우가 발생하는데, 이때 정수 부분으로 의석수를 배분하고 의석수가 남았을 경우 남은 소수점을 비교해서 수가 높은 정당 순서대로 남은 비례대표를 1석씩 가져간다. 또 소수점 이하 수가 같을 때에는 그해 정당 사이의 추첨에 의해 배분한다.

선거 결과 분석하기

구분	정당	득표율	비례대표(전국구) 의석수(득표율에 비례해서 배분)		지역구 의석수
1	시스타당	42	54석 × (42/100) = 22.68석	22 + 1석 = 23석	100
2	AOA당	24	54석 × (24/100) = 12.96석	12 + 1석 = 13석	80
3	에이핑크당	16	54석 × (16/100) = 8.64석	8 + 1석 = 9석	30
4	레드벨벳당	10	54석 × (10/100) = 5.4석	5 + 1석 = 6석	25
5	오마이걸당	6	54석 × (6/100) = 3.24석	3석	8
6	EXID당	2	54석 × (2/100) ≒ 1석이지만 봉쇄 조항에 따라 0석 배정		3
합계		100	54석		246석

'법' 하면 '처벌'이라는 단어가 자동으로 떠오릅니다. 형법의 존재 때문이지요. 그런데 놀라운 점이 있습니다. 무시무시해 보이는 형법에 반전이 숨어 있다는 사실인데요. 바로 "형법은 우리 생각보다 관대하다, 되도록이면 사람을 처벌하지 않으려고 노력한다"는 점입니다. 이는 법의 이념, 곧 입법기관인 국회에서 법률을 제정할 때 가장 중요하게 여기는 원칙인 '정의 실현' 덕분입니다. 게다가 형법은 세상을 좀 더 자유롭게 만들기 위해 태어난 법이에요. 특히 근대에 등장한 시민사회 이후의 형법은 국민에게 행동의 자유를 보장하기 위해 제정되고 수정·보완되었지요. 대체 무슨 소리일까요? "어떤 일을 하면 처벌하겠다!"는 선언을 담은 형법이 어떻게 사람을 자유롭게 해준다는 걸까요? 이 같은 의문은 '거꾸로 생각해보기'로 말끔히 풀어버릴 수 있습니다. 형법이 미리 정해둔 '어떤 일'에 포함되지 않는 행위는 아무리 많이 해도 처벌받지 않는다는 뜻이니까요. 또한 형법에 의거해 누군가를 처벌하려면 먼저 "이런 행동을 하면 이런 처벌을 받는다"고 하는 규칙을 정해 국민에게 알려야 합니다. 그래야만 사람들이 안심하고 법을 믿고 행동할 수 있겠지요? 형법이 사람을 자유롭게 한다는 역설, 이제 이해되지요? 형법이 지금의 모습을 갖추기까지 인류는 온갖 지혜를 그 안에 담아왔습니다. 그러므로 형법을 아는 것은 곧 인류가 축적해온 지혜와 만나는 멋진 일이 될 것입니다.

크리미널 마인드

많은 사람이 모여 평화롭게 살아가려면 '해도 되는 일'과 '하면 안 되는 일'을 구별해야 합니다. 하면 안 되는 일 중에서 특히 '사회적으로 도저히 용납할 수 없는 일'은 법으로 금지하고 있는데요. '위법'은 이처럼 법에서 하지 말라고 명시한 일을 행하는 것을 말합니다. 사람을 때리거나 다른 사람의 물건을 훔치는 짓 등이 위법에 속해요. 하지만 도서관에서 큰소리로 이야기하거나 극장에서 영화를 보던 중 휴대폰으로 통화하는 행동은 예의를 무시한 것이긴 해도 법적으로 처벌을 받지는 않습니다. 대신 주변 사람들의 따가운 눈총을 받겠지요?

법을 어긴 자여, 책임을 묻겠노라

위법한 행동을 하면 피해자가 생기게 마련이어서 법을 어긴 사람은 자신의 행동에 따른 피해에 책임을 져야 합니다. 책임은 크게 두 가지로 나뉘는데요. 다른 사람의 재산에 피해를 입힌 것에 대한 책임, 그리고 사회에서 말하는 '몹쓸 짓'에 대한 책임입니다. 재산피해에는 보상책임이 따르고, 사람을 때리거나 물건을 훔치는 것처럼 몹쓸 짓을 하면 처벌이라는 책임이 따르지요. 이처럼 굳이 책임을 나누는 이유는 해당 법률이 다르기 때문인데요. 재산피해는 민법이, 몹쓸 짓은 형법이 담당합니다.

　민법은 주로 재산에 관한 일을 다루는 법률이잖아요? 따라서 물건의 주인이 누구인지, 어떤 사람이 죽으면서 남긴 재산은 누구에게 물려줄 것인지 등을 다루게 되는데요. 이때 사람들 사이에 발생하는 다툼을 '민사사건'이라 하며, 이를 해결하는 재판의 절차는 '민사소송'이라 부릅니다. 손해를 물어주는 것은 '민사책임'이고요. 반면, 다른 사람을 때리거나 흉기로 해치는 등의 몹쓸 짓은 '형사사건'에 해당합니다. 여기서 처벌 받아야 할 몹쓸 짓이 무엇인지, 어떤 벌을 받아야 하는지를 형법으로 정해놓고 재판하는 절차가 '형사소송'이며, 그에 따른 책임은 '형사책임'이라 하지요.

노을이가 누나 휴대폰으로 몰래 게임을 하다가 실수로 떨어뜨렸어요. 액정화면이 깨져버렸습니다. 사실을 알게 된 누나가 노발대발합니다. 이때 노을이가 져야 하는 책임은? 예, 민사책임입니다. 휴대폰이 망가진 것은 재산상의 손해가 발생한 데 해당하거든요. 다른 경우를 생각해봅시다. 반 지하방에 산다고 놀림을 받던 노을이가 참다못해 친구를 때렸습니다. 그런데 이게 웬일이에요? 저녁에 노을이한테 맞은 친구가 "앞니 두 개가 나갔다"면서 엄마를 모시고 온 겁니다. 친구 엄마는 "경찰서 가자, 법대로 하자"면서 소리를 지릅니다. 노을이는 어떤 책임을 져야 하나요? 정답은 놀랍게도 형사책임과 민사책임 둘 다입니다. 이유야 어찌되었든 폭력은 몹쓸 짓에 해당하므로 일단 형사책임을 져야 하고, 사람이 다쳐 치료비가 발생했으니 민사책임도 져야 합니다. 그럼, 도둑질을 한 사람은 어떤 책임을 져야 할까요? 이때도 형사책임과 민사책임을 모두 집니다. 도둑질은 형법의 절도죄에 해당하므로 형사책임을 져야 하고, 훔친 물건은 주인에게 돌려주거나 그에 상응하는 돈을 물어줘야 하므로 민사책임까지 지게 되는 거죠.

범죄의 피해를 입은 사람에게는 보상 받을 권리를, 피해를 입힌 사람에게는 보상해야 할 책임을 나눠주는 것이 바로 정의입니다. 아버님이 유산으로 물려주신 가보를 도난당했다고 생각해보세요. 도둑이 잡혀 감옥에 갔다고 해서 억울한 마음이 풀릴까요? 폭행을 당한 것도 서러운데 치료비까지 본인이 부담해야 한다면요? 예, 화가 나서 병이 날지도 모릅니다. 대부분의 형사책임에 민사책임이 따르는 이유예요.

법률 없이 범죄 없고, 법률 없이 형벌 없다

형법에서는 "이러이러한 것은 범죄다"라고 규정한 것만 범죄로 간주합니다. 즉 형법이 범죄로 규정하지 않은 행동은 범죄가 아닌 거예요. 처벌할 수도 없고요. 이 모두가 현행 형법의 근간을 이루는 '죄형법정주의' 덕분입니다. 죄형법정주의는 어떤 것이 '죄'인지, 그 죄에 따라 어떤 '형벌'을 받을지 법으로 정해두어야 한다는 원칙인데요. "법률이 없으면 범죄도 없고, 법률 없이는 형벌도 없다"는 말로 풀이할 수 있습니다.

중세나 절대왕정체제를 떠올려보세요. 당시에도 법은 있었지만 왕이나 교황, 귀족 같은 권력자가 그때그때 자기 마음대로 범죄를 인정하여 가혹하게 처벌하기 일쑤였죠. 민중은 걸핏하면 마녀사냥을 당했고, 재산이 몰수되거나 노역에 종사해야 했답니다. 무엇이 죄인지, 그런 죄에는 어떤 형벌을 줄 것인지 미리 정해놓고 규칙을 따르는 게 아니라 권력자의 기분대로 법을 집행했으니까요. 죄형법정주의는 이 같은 폭정을 막고 국민의 자유와 권리를 지키기

세일럼의 마녀 재판. 미국 뉴잉글랜드 지방의 세일럼에서 1692년 3월 1일에 시작된 일련의 재판을 통해 200명 가까운 마을 사람들이 마녀로 고발되어 총 25명이 죽임을 당했다.

위해 탄생한 제도입니다.

죄형법정주의는 두 가지 측면에서 국민의 자유와 권리를 보장해요. 먼저 형법에 규정된 범죄행위가 아니라면 그 어떤 것도 범죄로 처벌하지 않습니다. 형법에 저촉되지 않는 한 국민에게 무한한 행동의 자유를 보장하는 거예요. 또한 범죄자는 형법에 정해진 형벌의 범위 내에서만 처벌합니다. 법에 없는 가혹한 형벌을 마음대로 내릴 수 없어요.

죄형법정주의 원칙에 따르면 법관은 형벌을 적용할 때 관습법[1]을 적용해서는 안 됩니다. 오직 성문법만을 적용해야 하는데요. 이를 '관습형법 금지의 원칙'이라 합니다. 관습법은 성문으로 제정된 법이 아니어서 그 내용과 범위가 명백하게 정해져 있지 않거든요. "당신 폭행했지? 곤장 100대야. 우리 전통이거든" 하면서 처벌해서는 안 된다는 뜻입니다. 반드시 타당한 법률을 제시해야 하죠.

'명확성의 원칙'도 있습니다. 어떤 행위가 형법에 의하여 금지되는 행위인지, 형벌의 내용은 어떠한지가 명확하여 누구나 알 수 있어야 한다는 의미죠. 따라서 '건전한 국민감정에 반하는 행위'라거나 '민주주의적 사회질서의 원칙을 침해하는 행위' 등을 이유로 들어 어떤 사건을 범죄로 몰아가는 것은 명확한 기준에 적용되지 않기에 죄형법정주의에 위배됩니다. 형벌의 종류와 기간을 정하지 않고 단지 "징역에 처한다"거나 "처벌한다"는 식으로 규정하는 것도 명확하지 않으므로 허용되지 않아요.

또한 '유추해석[2] 금지의 원칙'도 있습니다. 흔히 "귀에 걸면 귀걸이, 코에 걸

---

1 사회에서 반복되어 나타나는 관습을 바탕으로 형성되는 법. 민법 제1조는 "민사에 관하여 법률에 규정이 없으면 관습법에 의하고 관습법이 없으면 조리에 의한다"고 규정하고 있다. 독립되어 체계화된 법 영역이라기보다 사회의 바탕이 되는 일부 질서를 법적으로 정당화해주는 것으로 보아야 한다.
2 법률에 규정이 없는 사항에 대하여 그것과 유사한 성질을 가지는 법률을 참고해 적용하는 것을 뜻한다. 만약 유추해석이 허용된다면 범죄로 규정되지 않은 행위도 처벌의 대상이 될 수 있다. 그러나 유추해석으로 인해 피고인에게 유리하거나 형을 감경(減輕)할 수 있는 상황에서는 예외적으로 허용되기도 한다.

면 코걸이"라는 말을 많이 쓰는데요. 이처럼 법률을 자의적으로 해석하여 형벌권을 남용하게 되면 억울한 사람들이 많이 생깁니다. 유추해석금지의 원칙은 이를 방지하기 위해 필요한 거예요.

'형법효력 불소급의 원칙'도 알아두면 좋습니다. 형벌법규는 제정·시행되기 시작한 이후부터 적용되고, 시행되기 이전 행위에 대해서는 소급하여 적용할 수 없다는 뜻이랍니다. A가 특정 행위를 저지른 사건이 발생했어요. 나쁘다고 판단했지만 당시엔 처벌할 수 있는 법률이 없어서 그냥 지나갔습니다. 그 일이 있은 후 입법부는 A사건과 같은 일을 방지하거나 처벌하기 위해 법을 제정 혹은 개정해요. 하지만 이 법을 가지고 시간을 거슬러 A를 처벌할 수는 없습니다. 형법효력 불소급의 원칙에 따라야 하니까요. 즉 어떤 사람이 특정 행위를 했을 때에는 범죄가 아니었다가 나중에 범죄로 규정된다 하더라도 그 사람을 처벌할 수 없다는 원칙이 바로 형법효력 불소급의 원칙입니다. 마찬가지로 범죄행위에 대한 형벌이 나중에 더 무겁게 고쳐진다 해도 형벌을 더 늘려 가해서는 안 되지요.[3]

마지막으로 '적정성의 원칙'이 있습니다. 법률 자체가 불합리해서는 안 되며, 사회정의에 근거해야 한다는 뜻인데요. 실질적 법치주의의 내용이기도 합니다. 악법을 정해놓고 죄형법정주의에 따라 법을 지키라고 강요하는 것은 형식적 법치주의를 악용하는 행위가 될 수 있잖아요? 식당에서 몽둥이로 피해자를 협박한 A에게 판사가 사형선고를 내렸다고 칩시다. 물론 협박은 나쁜 행동이지만 지나치게 무거운 형이라는 생각이 들어요. 이처럼 적정성의 원칙은 다소 가벼운 범죄는 가볍게, 무거운 문제는 무겁게 처벌해야 한다는 의미를 담고 있습니다. B라는 범죄와 K라는 형벌 사이에 적정한 균형이 없다면 이는

3 형법효력 불소급의 원칙이 지켜지지 않는다면 법률에 대한 예측 가능성이 손상되기 때문에 사회적 혼란이 발생할 수 있다. 따라서 법에 대한 국민의 신뢰와 행동의 자유를 지키기 위해서는 이 원칙이 지켜져야 한다.

죄형법정주의를 위반한 것으로 보아야 해요.

범죄 성립의 3요소

범죄란 "법에 의하여 보호되는 이익을 침해하고 사회의 안전과 질서를 문란하게 하는 반사회적 행위로 법에 규정되어 있는 것"을 말합니다. 그중 형벌법규에 의해 처벌 받도록 규정된 행위를 '형식적 의미의 범죄'라 하는데요. 위법행위 중 구성요건에 해당(332쪽 참조)하며, 그 행위에 책임이 있는 경우를 말합니다. 여기서 책임이란 형벌의 대상이 되는 행위를 한 자가 비난 받을 만한 조건을 갖추고 있는 것을 의미해요. 아무것도 모르는 어린아이가 범죄에 해당하는 행위를 했다 하더라도 이 경우엔 올바른 판단능력이 있다고 보기 어려우므로 책임성이 없다고 볼 수 있습니다. 반면 '실질적 범죄'는 사회생활에서 일어나는 여러 가지 해로운 행위 중 특히 해로운 행위를 법률로 규정해놓은 것입니다. 형법에 규정된 살인, 강도, 절도 등이 대표적인 범죄행위에 속하는데요. 이 범주에 속하지 않은 행위라 해도 그에 대한 형벌규정이 있으면 범죄가 됩니다. 경범죄 처벌법이나 도로교통법, 기타 각종 특별법이 존재하는 이유죠.

> **TIP**
>
> 살인이나 강도처럼 심각하지는 않지만 남에게 피해를 줄 수 있는 행위를 경범죄라 한다. 노상방뇨, 담배꽁초나 껌, 휴지, 쓰레기 등의 무단투기, 길이나 공원에서 침을 뱉거나 대소변 보는 행위, 반려동물의 오물을 수거하지 않는 행위, 공공장소의 분위기를 해하는 행위, 악기 연주나 TV소리 등으로 소음을 발생시키는 행위, 고성방가, 여러 사람이 있는 곳에서 알몸을 드러내어 부끄러운 느낌이나 불쾌감을 조성하는 행위, 암표매매, 새치기, 무임승차 및 무전취식, 금연 장소에서 흡연하기 등이 경범죄에 해당한다. 경범죄를 위반하면 범칙금을 납부할 것을 통보받는데, 통보 후 10일 이내에 경찰서장이 지정하는 범칙금을 납부하지 않으면 납부기간이 끝나는 다음날부터 20일 이내에 다시 범칙금의 120%에 해당하는 금액을 납부해야 한다.

범죄가 성립되려면 구성요건 해당성, 위법성, 책임성의 요건을 모두 갖추어야 합니다. 이를 범죄 성립의 3요소라 해요. 구성요건에 해당하면 위법한가

를 따지고, 위법하다면 책임을 따진
후, 이 3단계를 모두 충족할 때 범
죄가 성립된다고 보는 것인데요. 하
나라도 만족시키지 못하면 범죄 자
체도 성립되지 않습니다.

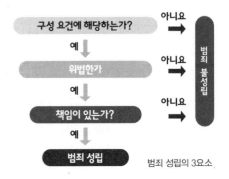

범죄 성립의 3요소

● 구성요건 해당성

구성요건 해당성은 어떤 행위가 형법의 각 조문에 규정한 범죄 구성요건을
갖추어야 한다는 뜻입니다. 형법 제250조는 "사람을 살해한 자는 사형, 무기
또는 5년 이상의 징역에 처한다"라 규정하고 있어요. 여기서 구성요건[4]은 '사
람', '살해' 등인데요. 구체적인 범죄사실이 형법에 규정된 구성요건에 해당되
면 인정되지만, 아무리 반사회적·반도덕적 행위라 할지라도 구성요건에 해당
하지 않으면 범죄라 할 수 없습니다.

 마리가 권총을 발사하여 토미를 죽였어요. 그런데 마리는 사람이고, 토미는
개입니다. 이 경우 살인죄가 성립될까요? 동물은 법에서 볼 때 물건에 해당합
니다. 따라서 재물손괴죄에 해당할지는 몰라도 사람을 죽인 게 아니므로 살
인죄에는 해당하지 않아요. SF영화에 나오는 로봇이 사람을 죽여도 마찬가지
입니다. 사람을 살해한 자가 사람이 아니므로 살인죄의 구성요건을 만족시키
지 못하고, 이에 따라 처벌도 불가능해지는 것이죠. 경찰관이 사격장에서 연
습을 하려고 총을 쏘는 행위도 살인의사가 없다고 보아 범죄로 인정하지 않
습니다. 즉 같은 행위라도 경우에 따라 형법상의 구성요건에 해당할 수도, 해
당하지 않을 수도 있다는 뜻인데요. 이때 범죄의 주체는 사람, 범죄의 객체인

---

4 형벌을 과하기 위한 전제 요건이 되는 행위. 살인죄의 구성요건은 '사람을 살해하는 것', 절도죄의 구성요
건은 '타인의 재물을 절취하는 것'이다.

구성요건의 대상은 사람과 물건이 됩니다.

● 위법성

범죄는 전체 법질서를 해치거나 부정적인 결과를 초래하는 행위일 때 성립됩니다. 일반적으로 구성요건에 해당하는 행위들은 위법성을 가지고 있는데요. 위법행위가 일정한 요건을 충족시키면 위법성을 잃게 되는 경우도 있습니다. 이를 '위법성 조각사유[5]'라 해요. 위법성 조각사유에는 '정당행위', '정당방위', '긴급피난', '자구행위', '피해자의 승낙'이 있습니다. 하나씩 살펴볼게요.

제20조는 '정당행위'를 다룹니다. "법령에 의한 행위 또는 업무로 인한 행위 기타 사회상규에 위배되지 아니하는 행위는 벌하지 아니한다"고 나와 있네요. 어떤 행위가 법률에 지정된 업무라든지, 사회적으로 용인되는 수준이라면 전체 법질서를 위반한 게 아니라 정당행위가 된다는 뜻이에요. 사형을 집행하는 교도관이나 전쟁에 참가한 군인에게는 사람을 죽이는 것이 법령에 의해 업무로 주어진 거잖아요? 또 이런 경우도 있겠네요. 시우가 지하철에서 소매치기 현행범을 잡았습니다. 그런데 몸싸움을 벌이던 중 소매치기에게 상처를 입혔어요. 이때 시우에게 경찰이 아니라는 이유로 상해죄를 물을 수 있을까요? 아닙니다. 정당행위가 될 수 있지요. 또한 '기타 사회상규에 위배되지 않는 행위'는 법질서 전체의 정신이나 그 배후의 지배적인 사회 윤리로 비춰볼 때 원칙적으로 용인될 수 있는 행위를 말해요. 소극적인 저항행위[6]를 예로 들 수 있겠네요.

---

5 법에서 조각(阻却)한다는 것은 '깨뜨린다'는 뜻이다. 즉, 위법성 조각사유는 위법성을 깨뜨리는 사유, 위법성이 사라지는 사유를 뜻한다.

6 강제연행을 모면하기 위해 소극적으로 상대방을 밀어붙인 행위, 채무변제를 요구하며 행패를 부리는 자를 뿌리치는 행위 등이다.

제21조에 나오는 '정당방위' 내용을 봅시다. 1항은 "자기 또는 타인의 법익에 대한 현재의 부당한 침해를 방위하기 위한 행위는 상당한 이유가 있는 때에는 벌하지 아니한다"이며, 2항은 "방위행위가 그 정도를 초과한 때에는 정황에 의하여 그 형을 감경 또는 면제할 수 있다"고 되어 있어요. 정당방위는 자기 또는 타인의 법익에 대한 현재의 부당한 침해를 막기 위해 침해자에게 어쩔 수 없이 취하는 상당한 정도의 가해행위를 말합니다. 누군가 여러분을 때리려 해요. 그걸 막다가 상대방을 때려서 상처를 입혔습니다. 그렇다고 해서 국가가 여러분을 처벌하지는 않아요. 정당방위가 인정되니까요. 마찬가지로 길을 가다가 불량배에게 맞고 있는 친구를 보고 달려가 폭력배들과 격투를 벌이다 상처를 입혀도 정당방위에 해당합니다. 하지만 폭력배를 야구 방망이로 때리다가 머리를 쳐서 죽였다면 이는 상당한 정도를 벗어난 과잉방위로 간주됩니다. 과잉방위가 되면 위법성이 조각되지 않아 처벌 받을 수 있다는 점, 기억하시고요.

제22조는 '긴급피난'을 다룹니다. 1항은 "자기 또는 타인의 법익에 대한 현재의 위난을 피하기 위한 행위는 상당한 이유가 있는 때에는 벌하지 아니한다"고 되어 있어요. 즉 급박한 위난(사고)을 피하기 위해 부득이하게 행한 가해행위는 긴급피난으로 본다는 뜻입니다. 저쪽에서 주행 중이던 자동차가 갑자기 인도로 돌진해와요. 깜짝 놀라 피하던 동룡이가 그만 커피전문점 유리창을 부쉈습니다. 이때 과연 재물손괴죄가 적용될까요? 아니요, 긴급피난에 해당하므로 죄를 물을 수 없습니다. 골목에서 맹견에게 쫓기다가 피할 길이 없어 부득이하게 근처 가정집으로 뛰어 들어간 경우에도 마찬가지로 주거침입죄가 성립되지 않고요.

제23조는 '자구행위' 조항입니다. 1항에서는 "법정절차에 의하여 청구권을 보전하기 불능한 경우에 그 청구권의 실행불능 또는 현저한 실행곤란을 피

하기 위한 행위는 상당한 이유가 있는 때에는 벌하지 아니한다"고 밝히고 있는데요. 자구행위는 불법으로 권리를 침해당한 피해자가 공권력의 도움을 받을 시간적 여유가 없는 긴급한 상황에서 자신의 힘으로 권리를 구제받을 수 있도록 실력을 행사하는 일입니다. 친구가 여러분이 빌려준 돈을 갚지 않을 때 그 친구 집에 있는 비싼 다이아몬드를 가지고 와도 될까요? 오, 노! 안 됩니다. 민법에서는 자력구제[7]를 허용하지 않거든요. 하지만 다른 경우도 있습니다. 돈을 빌린 사람이 돈을 갚지 않고 해외로 도망가려고 합니다. 경찰에게 연락할 여유가 없는 급박한 상황이에요. 하는 수 없이 여러분은 경찰이 오기 전까지 그를 붙잡아둡니다. 예, 이때는 자구행위에 해당한다고 판단하여 처벌하지 않아요. 또, 얼마 전에 도난당한 물건을 가지고 있는 절도범을 발견하여 열심히 쫓은 끝에 폭력으로 그것을 빼앗은 경우에도 처벌 받지 않습니다. 이 역시 자구행위니까요.

제24조는 '피해자의 승낙' 조항입니다. 내용은 "처분할 수 있는 자의 승낙에 의하여 그 법익을 훼손한 행위는 법률에 특별한 규정이 없는 한 벌하지 아니한다"인데요. 친구가 한 대 맞고 싶다면서 때려달라고 합니다. 그래서 친구의 머리를 두 차례 때려줬어요. 이 경우 피해자의 승낙을 얻었으므로 폭행죄로 처벌되지 않습니다. 하지만 아무리 승낙을 받았다고 해도 사람을 죽이는 경우라면 이야기가 달라져요. 이때는 촉탁·승낙에 의한 살인죄가 성립[8]됩니다.

---

7 권리의 실현을 법적 수단에 의하지 않고 자신의 힘으로 해결하는 것.

8 추정적 승낙도 인정된다. 현실에서 피해자의 승낙이 없었지만 피해자가 그 사정을 알았다면 당연히 승낙하였으리라 객관적으로 추정되는 경우이다. 집에 불이 났는데 지나가던 사람이 불을 끄기 위해 문을 깨뜨리고 들어간 경우엔 위법성이 조각될 수 있는데, 이 경우 민법상으로도 불법행위가 성립되지 않는다.

● 책임성

'책임성'은 행위자가 사회적으로 비난받을 만한 책임이 있어야 한다는 의미입니다. 비난 가능성을 말하죠. 어떤 행위가 구성요건에 해당하며 위법하다 해도 그 행위를 법적으로 비난하기 힘든 경우가 있는데요. 대개 어떤 사람이 형법이 금지하고 있는 행위를 하였으나 그 사람의 개인적 사정을 고려해볼 때 그렇게 행동할 수밖에 없었다고 여겨지는 경우입니다. 이처럼 행위자에게 책임을 물을 수 없는 특별한 사유를 '책임성 조각사유'라고 하는데요. 형법에는 다음과 같은 책임성 조각사유들이 규정되어 있습니다.

우선 행위자가 만 14세 미만의 형사 미성년자인 경우에는 책임이 인정되지 않으므로 형벌을 부과할 수 없습니다. 다만, 만 10세 이상인 경우에는 소년법에 의하여 소년원 송치와 같은 보호처분을 받을 수 있어요. 14세 이상인 경우라 할지라도 정신장애로 인해 옳고 그름을 판단할 수 없거나, 자신의 행동을 통제할 능력을 상실한 사람(심신상실자)이 위법행위를 한 경우에도 책임을 묻지 않습니다.

연령에 대한 사유 외에 저항할 수 없는 폭력이나 자기 또는 친족의 생명, 신체에 대한 협박에 의해 강요된 행위에 대해서도 책임을 묻지 않습니다. 스티브 씨는 가족을 살해하겠다는 경쟁회사의 협박을 못 이겨 어쩔 수 없이 자신이 근무하는 회사의 신제품 기술을 넘기고 말았습니다. 이때 스티브 씨의 책임성은 조각되므로 처벌을 받지 않지요. 한편 책임이 조각되진 않아도 감경되어 처벌을 줄여주는 경우가 있는데요. 심신미약자나 농아자[9]의 행위는 책임성이 감경됩니다.

---

9 심신미약자는 심신장애자의 하나로 심신상실의 상태는 아니지만 변별능력이 지극히 감퇴한 상태, 즉 심신장애로 인해 사물을 변별할 능력이 없거나 스스로 의사를 결정할 능력이 미약한 자이다. 농아자란 귀가 안 들리거나 말을 할 수 없는 사람이다.

예를 통해 범죄 성립의 3요소를 정리해볼게요. '정신병을 앓고 있는 갑, 친구 H를 살해하다'와 같은 사건이 발생했습니다. 이 사건은 범죄로 성립될까요? 1차적으로는 사람을 죽였으니 구성요건 해당성에 부합합니다. 2차적으로도 사람을 죽였으니 위법한 행위에 해당하고요. 하지만, 마지막으로 중요한 것! 갑에겐 판단능력이 없군요. 따라서 이를 비난하기 어렵다고 판단되므로 갑에게는 무죄가 선고될 수도 있답니다.

형벌과 보안처분, 어떻게 다를까?

'형벌'의 사전적인 뜻은 "범죄에 대한 법률의 효과로서 국가 따위가 범죄자에게 제재를 가하거나 제재하는 것"입니다. 형벌에는 사형, 징역, 금고, 구류, 자격상실, 자격정지, 벌금, 과료, 몰수가 있는데요. 사형이 가장 엄중한 형벌이며, 몰수는 가장 경미한 형벌입니다. 형벌은 큰 범위에서 생명형, 자유형, 명예형, 재산형으로 나눌 수 있어요.

● 형벌의 종류

'생명형'은 감이 딱 옵니다. 문자 그대로 범인의 생명을 박탈하는 형벌인 사형을 말해요. 법률이 규정하는 가장 무거운 형벌이라는 의미에서 극형이라고도 합니다. 현재 여러 국가에서 법제도적으로 사형을 폐지했는데요. 일본이나 우리나라 역시 법으로는 사형을 존치[10]하지만 사실상 집행은 하지 않습니다. 사형제도의 문제점을 다룬 유명한 영화로 인간이 인간을 죽인다는 데 의문을 제기하는 「데드 맨 워킹」, 사형에 처해지는 사람이 그 누구보다 선할 수도 있다고 말하는 「그린 마일」, 사형제도 폐지론자가 사형수가 되는 반전의 재미가

---

10 제도나 설비 따위를 없애지 않고 그대로 두는 것.

영화 「데드 맨 워킹」(1996)(좌) 영화 「그린 마일」(가운데) 영화 「데이비드 게일」(2003)(우)

가득한 영화 「데이비드 게일」 등이 있습니다.

'자유형'은 범인의 신체 자유를 박탈하는 형벌로서 징역, 금고 및 구류가 해당합니다. 금고는 주로 과실범이나 정치범, 사상범에 부과되는데요. 교도소에 구금된다는 점에서 징역[11]과 동일하지만 일정한 노역이 부과되지 않는다는 데 차이가 있습니다. 구류는 30일 미만의 기간이라는 점에서 징역 또는 금고와 구별되는데, 주로 경범죄나 교통범죄 같은 경미한 죄에 부과되는 비교적 가벼운 형벌이에요. 징역과 금고는 다시 무기형과 유기형으로 나뉩니다. 무기형은 종신형이고, 유기형은 1월 이상 15년 이하가 원칙입니다. 다만, 특별히 형을 가중할 때는 최대 25년까지 선고할 수 있어요. 무기형은 10년, 유기형은 형기의 1/3을 경과한 때에 가석방을 받을 수 있습니다.

---

11 징역은 가둬두고 일도 시키지만 금고는 일을 시키지 않는다.

'명예형'에는 자격상실과 자격정지가 있어요. 자격상실은 일정한 형의 선고
(사형, 무기징역, 무기금고)를 받으면 그 형의 효력으로서 일정한 자격이 상실되
는 것입니다. 이때의 자격이란 공무원이 되는 자격, 선거권·피선거권, 공법상
의 업무에 관한 자격, 법인의 이사·감사 또는 지배인 등의 자격을 말해요. 자
격정지는 위와 같은 자격을 일정한 기간 동안 정지시키는 것입니다.

'재산형'은 벌금, 과료, 몰수와 같이 범인의 재산을 박탈하는 형벌이에요.
벌금은 5만 원 이상인데 비해 과료는 2천 원 이상 5만원 미만이라는 점에서
차이가 나지요. 과료는 주로 경범죄나 교통범죄와 같은 경미한 범죄에 대해서
부과하는데요. 벌금과 과료는 판결이 확정된 날로부터 30일 이내에 납부하여
야 하며, 납부하지 않는 경우 각각 1일 이상 3년 이하 또는 1일 이상 30일 미
만의 기간 동안 노역장에 유치되어 강제노역을 합니다. 재산형 가운데 가장
경미한 형벌인 몰수는 범죄에 제공하였거나 제공하려고 한 물건, 범죄행위로
생겨났거나 취득한 물건 등을 강제적으로 박탈하는 거예요. 주로 뇌물죄, 마
약 범죄 등에 적용됩니다. 뇌물로 받은 돈을 다 써버려 몰수가 불가능하다고
요? 그럴 땐 몰수물에 해당하는 만큼 돈을 내게 하면 됩니다. 이를 '추징'이
라 하지요.

● 보안처분이 뭐지?

형벌의 종류는 제한되어 있지만, 범죄의 종류와 그로 인한 피해 정도는 매우 다양합니다. 자칫 현행 형벌제도로는 신축성 있게 대처하기 어려울 수도 있고요. 따라서 벌을 주는 것도 의미가 있지만 범인이 사회에 복귀할 때 더 잘 적응할 수 있도록 다른 조치를 취해야 한다는 판단에서 대안적 제재수단을 만들게 되었는데요. 이를 '보안처분'이라 합니다. 우리나라는 사회봉사명령, 수강명령, 보호관찰, 치료감호 등의 제도를 통해 단조로운 형벌제도를 보완하고 있어요.

'사회봉사명령'은 무보수로 일정 시간 동안 사회에 유익한 근로를 하도록 명령을 내리는 것입니다. 사회봉사명령을 받은 사람은 복지시설이나 공동시설에서 봉사활동을 하게 되지요. 범죄자에게 사회에 대한 범죄피해배상 및 속죄의 기회를 제공할 수 있고, 범죄자에 대한 처벌효과를 거두면서도 구금에 필요한 예산을 절감할 수 있다는 장점이 있습니다. 또한 '수강명령'은 일정 시간 동안 강의, 체험학습 등 범죄성 개선을 위한 교육을 받도록 명령하는 것인데요. 마약사범, 가정폭력사범, 성폭력사범 등에게 주로 부과됩니다. '보호관찰'이란 죄가 인정되거나 보호처분의 필요성이 인정된 자를 구금하지 않고 자유로운 사회생활을 허용하면서 보호관찰관의 지도·감독을 받게 하는 제도예요. 단, 이때에는 무보수 근로봉사활동, 범죄·비행방지교육 등을 행할 의무가 주어집니다. 그러니까 사회봉사명령과 수강명령을 모두 포함하는 내용이죠. 마지막으로 '치료감호'는 금고 이상의 형에 해당하는 죄를 저지른 사람 가운데 장애가 있거나 마약, 알코올 등의 중독증세가 있는 사람에 대해 시설에서 치료를 받도록 조치한 보안처분입니다.

● 법정형, 처단형, 선고형

범죄에 대하여 부과되는 형벌의 속성은 크게 3가지로 구분됩니다. 법정형, 처단형, 선고형이 바로 그것인데요. '법정형'이란 형법의 각 조항에 규정된 형을 말합니다. "어떠한 범죄를 저지르면 몇 조 몇 항에 의해서 이러이러한 형벌을 받는다"고 규정된 법조문에 기재되어 있는 형이에요. 대부분 "○년 이하의 징역"처럼 추상적으로 정해집니다. '처단형'은 법원에서 법정형을 바탕으로 하여 구체적으로 정한 형으로서 선고하기 이전에 일단 정해놓는 형입니다. '선고형'은 법정에서 최종적으로 선고되는 형이지요. 범죄 상황에 대한 면밀한 검토를 끝내고 필요한 사항들을 모두 참고·반영한 후 내리는 형입니다.

A가 B를 살해하고 자수했다고 가정해봅시다. A의 행위는 "사람을 살해한 자는 사형, 무기 또는 5년 이상의 징역에 처한다"는 형법 제250조 제1항의 살인죄에 해당하므로 사형, 무기 또는 5년 이상의 징역에 처해질 수 있습니다. 이렇게 법조문에 기재되어 있는 상태의 형을 '법정형'이라 하는데요. 이때 법원이 '5년 이상'의 형 중에서 구체적으로 10년 형을 택했다고 하면 처단형이 됩니다. 그리고 A가 자수한 사실 등을 감안해 형을 반으로 줄이고, 자격정지를 한 내용 등 구체적 사항까지 최종적으로 결정해 선고하면 비로소 선고형이 되지요.

「7번방의 선물」 뜯어보기

범죄의 성립 요건

'딸바보' 용구는 살해혐의가 인정되어 교도소에 들어왔다. 용구의 행위가 범죄인지 아닌지를 판단하려면 우선 용구가 어떤 행위를 했는지 조사해야 하고, 그 행위가 범죄로 성립되는지를 확인하는 3단계 작업이 필요하다.

☑ 구성요건 해당성: 경찰청장 딸의 살해혐의 ⇨ 형법 제250조의 '살해' 행위

☑ 위법성: 경찰청장 딸을 살해했다면 ⇨ 사회통념상 용납될 수 없는 위법적인 행위

☑ 책임성: 책임성 조각사유인 심신상실자 여부 판단 ⇨ 비난 가능성

형벌의 종류

용구와 감방 동료들은 교도소 안에서 특정한 일을 맡아서 하고 있다. 이들이 받은 형벌이 바로 징역이다. 만일 용구의 범죄혐의가 인정된다면 어떤 형벌에 처해질 수 있을까? 형벌은 국가가 범죄를 저지른 행위자에게 공권력을 행사하여 부과하는 처벌을 의미하는데, 우리나라의 형벌로는 사형, 징역, 금고, 구류, 자격상실, 자격정지, 벌금, 과료, 몰수의 9가지가 있다. 법원에서는 형벌의 종류와 형량을 정하는 과정이 합리적이고 타당하며 피고인이나 국민들이 수긍할 수 있도록 양형[12]기준안을 마련하고 있다.

교도소 7번방은 최악의 흉악범들이 모인 방이다. 이곳에 6살 지능을 가진 용구가 들어온다. 평생 죄만 짓고 살아온 7번방 패밀리에게 떨어진 미션은 용구의 딸 예승이를 외부인 절대 출입금지인 교도소에 반입하는 것인데….

12 형벌의 정도를 정하는 일.

형사절차를 이해하면 법정드라마가 만만해져

2013년에 개봉한 영화 「변호인」은 '부산학림사건(1981)'이라 불리는 '부림사건'을 다루는데요. 돈 없고, 족보 없고, 가방끈 짧은 세무변호사 송우석의 인생을 송두리째 바꾼 5번의 공판과 이를 둘러싼 사람들의 이야기를 그리고 있습니다. 그런데 영화의 제목이 '변호사'가 아니라 '변호인'인 이유는 무엇일까요? 변호사는 사법시험에 합격하고 사법연수원을 수료한 사람 또는 판사, 검사의 자격이 있는 사람이 될 수 있어요. 하지만 같은 변호사라도 민사소송과 형사소송에서의 호칭은 서로 다릅니다. 민사소송, 가사소송, 행정소송에서 변호사의 역할은 법률지식이 없는 당사자의 소송을 돕는 소송대리인입니다. 따라서 이들 법정에서 변호사는 "원고나 피고의 대리인 누구누구 변호사"라고 불려요. 반면 형사소송에서는 변호사가 피고인의 변호인 역할을 해요. 그렇기에 "원고나 피고의 누구누구 변호사 혹은 변호인"이라고 불리는 것입니다. 변호인과 소송대리인 모두 변호사의 역할이지만, 변호인은 형사소송에 한정된 용어라서 민사법정에서는 쓰지 않습니다.

형사절차의 시작, 수사절차

국가가 형벌권을 행사하는 일련의 절차를 '형사절차'라 합니다. 형사절차는 크게 수사절차, 재판절차(공판절차), 형집행절차로 구분되는데요. 범죄가 발생하면 먼저 수사기관이 앞장서 수사를 시작합니다. 그 결과 범죄혐의가 인정되면 검사가 기소함으로써 재판절차가 진행되지요. 재판절차에서 범죄사실이 증명된 경우에는 법원이 유죄를 선고하며, 최종적으로 법원이 선고한 형을 집행하는 절차를 거치게 됩니다.

'수사'는 범죄가 발생했거나 발생한 것으로 생각되는 경우, 범인을 찾고 증거를 수집하는 활동이에요. 중요한 살인사건이나 대형 금융비리 혹은 정치적 사건 등의 경우를 제외한 대부분의 일상적인 형사사건에 대해서는 검찰이 아닌 경찰이 먼저 수사에 착수합니다. A가 살해되는 사건이 일어나면 A를 죽인 것으로 의심되는 사람들이 쭉 수사선상에 올라가잖아요? 수사기관은 고소나 고발, 인지, 자수, 현행범 체포, 불심검문, 범죄신고 등이 있을 때 수사를 개시[13]할 수 있습니다.

"A는 그 사건의 용의자로 지목되었다"에서처럼 '용의자(혐의자)'는 사건이 발생했을 때 범인으로 의심되지만 아직 뚜렷한 혐의가 발견되지 않은 사람을 말하는데요. 조사가 진행되면서 범죄혐의가 인정되고 정식사건으로 입건되면 그때부터 범인은 '피의자'가 됩니다.

한편 수사기관은 피의자가 죄를 범했다고 의심할 만한 상당한 이유가 있고

"당신을 현행범으로 체포한다!"

13 이를 '입건'이라 한다. 피의자의 범죄혐의 사실이 인정되어 사건이 성립하는 일을 의미한다.

정당한 이유 없이 출석요구에 응하지 않거나 응하지 않을 우려가 있을 때, 판사로부터 체포영장을 발부받아 피의자를 '체포'할 수 있어요. 다만, 범죄가 무겁고 긴급한 사정으로 판사의 체포영장을 발급받을 여유가 없을 때는 그 사유를 알리고 영장 없이 피의자를 체포할 수 있는데요. 이를 '긴급체포'라 합니다. 수사기관이 피의자를 긴급체포한 경우에는 즉시 검사의 승인을 얻어야 해요. 범인이 막 범죄를 실행하고 있는 중이거나 실행한 직후라면 현행범으로 영장 없이 바로 체포할 수 있습니다.

수사기관은 피의자를 체포한 후 48시간 이내에 구속영장을 청구해야 하는데요. 구속영장이 나오지 않으면 피의자를 즉시 석방해야 합니다. 또한 수사기관이 조사한 결과 죄질이 무겁다고 인정되거나 도주 및 증거인멸의 우려가 있다고 판단될 때에는 판사로부터 구속영장을 발부 받아 피의자를 구속할 수도 있습니다. 이때 판사는 피의자를 직접 법원으로 불러 구속사유를 심사할 수 있는데요. 이를 '영장실질심사'라 합니다.

피의자나 그의 가족들은 '구속적부심사'를 청구할 수 있는데요. 구속적부심사란 구속영장의 발부가 법률의 규정에 위반되거나 중대한 사정 변경이 있어서 구속을 계속할 필요가 없을 때 피의자 등의 청구에 의해서 법원이 일단 구속하였던 피의자를 석방하는 제도입니다. 또한 총 '구속기간'은 경찰에서 10일을 넘길 수 없고, 검찰에서는 20일을 넘길 수 없어요. 경찰이 사건을 담당한 경우에는 수사를 마친 후 관계 서류와 피의자의 신병을 검찰에 '송치'합니다. 수사기관에서 검찰청으로, 또는 한 검찰청에서 다른 검찰청으로 피의자의 서류를 넘기는 일을 말하지요. 물론 검찰에서 직접 피의자를 수사하는 경우에는 송치절차가 필요 없습니다. 경찰이 사건을 검찰청에 송치할 때에는 수사결과에 대한 경찰의 의견을 첨부하도록 되어 있는데요. 검찰도 수사의 단서가 있으면 독자적으로 수사에 착수할 수 있지만 대부분의 형사사건에서 검찰은 경찰에 대해 수사지휘권을 행사하는 데 그칩니다. 특히 피의자의 구속여부, 사건의 송치에 대해서는 반드시 검사의 지휘를 받도록 되어 있습니다.[14]

수사기관은 판사로부터 영장을 발부 받아 건물이나 물건, 또는 사람의 신체를 수색하여 범죄와 관련된 물건을 몰수하거나 증거로 사용될 물건을 '압수'할 수 있어요. 이때 압수 또는 수색을 위한 영장은 보통 함께 발부되기 때문에 '압수·수색 영장'이라 부릅니다.

검찰로 피의자의 신병이 옮겨지면 검사는 피의자에 대한 공소제기 여부를 결정합니다. '공소제기'는 다른 말로 '기소'라고도 하는데요. 검사가 인계 받은 사건에 대하여 법원에 재판을 회부할지 그 여부를 결정하는 절차입니다. 피의자를 기소할 수 있는 권한은 검사가 독점하며, 이를 '기소독점주의' 또는 '기소편의주의'라 합니다.[15]

TIP 약식명령절차

벌금형 이하에 해당하는 사건처럼 죄가 가벼운 경우 검사와 피고인이 법정공방을 벌이는 것보다 신속하게 처리하는 것이 타당하다는 뜻에서 만들어진 제도이다. 통상의 형사재판이 공개된 법정에서 검사와 피고인의 공방을 통해 이루어지는 반면 약식재판절차는 검사가 제출한 범죄사실과 증거서류만을 토대로 재판을 진행한다. 일종의 서류재판으로 피고인 입장에서는 법정에 나갈 필요가 없다는 장점이 있다. 판사의 약식명령이 부당하다고 생각되면 서류를 받은 날로부터 1주일 내에 법원에 정식재판을 청구할 수 있는데, 이렇게 되면 약식명령은 효력을 잃으므로 비로소 재판을 시작할 수 있다.

14 최근 경찰이 검사의 지휘를 받지 않고 독자적으로 수사를 진행할 수 있도록 법을 개정하려는 노력이 '경찰수사 독립권 논쟁'으로 나타나고 있다.

15 우리나라에서는 기소독점주의의 예외로 경찰서장이 20만 원 이하의 벌금 및 구류사건에 대해 즉결심판을 청구할 수 있는 권한을 갖는다. '즉결심판'은 도로교통법 위반, 경범죄 처벌법 위반 등 가벼운 범죄사건의 경우, 관할 경찰서장이 지방법원 또는 지원 및 시·군 법원에 신속하고 간편한 심리를 청구하는 것이다. 이때 경찰의 조서만을 증거로 삼아 유죄선고가 가능하다. 또한 벌금·과료 선고나 피고인의 불출석 심판을 법원이 허가한 경우엔 피고인 불출석으로 진행되기도 한다. 즉 다소 가벼운 사건은 정식 재판절차에 의하지 않고도 해결할 수 있다는 뜻이다.

재판으로 가는 멀고도 험한 길

자, 이렇게 검사가 기소를 하면 재판단계로 넘어가고, 이때부터 피의자는 '피고인'이 됩니다. 형사재판에서는 검사가 재판을 건 사람이니 원고가 되고, 공소가 제기된 사람이 피고인이 되겠지요? 물론, 범죄의 혐의가 인정되지 않거나 범죄의 혐의가 인정되더라도 고소가 없거나 공소시효[16]가 지난 경우에

---

16 도주 등의 사유로 일정한 기간 동안 검사가 피의자를 기소하지 않으면 더 이상 기소를 할 수 없게 되는데, 이 기간을 공소시효라 한다. 공소시효는 법정형에 따라 1년에서 25년까지 다양한 기간으로 정해져 있는데, 사형에 해당하는 범죄는 25년, 강도죄는 10년, 절도죄는 7년이 공소시효 기간이다. 2015년 7월 24일 살인죄의 공소시효를 폐지하는 내용이 담긴 형사소송법 개정안이 통과되어 사형에 해당하는 살인죄의 공소시효는 폐지되었다. 다만 살인의 고의성이 인정되지 않는 강간치사, 폭행치사, 상해치사 등의 경우에는 상대적으로 형량이 낮아 개정 법안에서 제외되었다.

는 기소를 하지 않고 '불기소처분'을 하게 됩니다.

검사는 범죄의 혐의가 인정되더라도 피의자의 연령·성행[17]·환경·피해자와의 관계, 범행의 동기나 수단, 범행 후의 정황 등을 참작하여 기소를 하지 않을 수 있는데요. 이러한 경우를 '기소유예'라 합니다. 기소유예는 검사가 판단하기에 피의자를 기소하여 전과자로 만드는 것보다 다시 한 번 기회를 주는 것이 좋겠다고 생각되는 경우에 내리는 처분입니다.

착석해주세요, 재판을 시작합니다!

검사가 피의자를 법원에 기소하면, 이때부터 피의자는 피고인이 되어 형사재판이 시작된다고 했지요? 사건이 법원에 속하게 된 이 순간부터 소송절차가 완전히 종료될 때까지의 모든 절차를 '공판'이라 하는데요. 재판절차에서 구속된 피고인은 보증금 납입 또는 다양한 출석을 담보하는 수단을 조건으로 석방될 수 있습니다. 이를 보석[18]이라 해요. 우리가 신문지상에서 종종 읽게 되는 "○○○가 보석으로 풀려나왔다"는 기사에 등장하는 바로 그 단어랍니다.

재판은 3심을 원칙으로 하지만 검사 또는 피고인이 항소나 상고를 하지 않으면 1심에서 종결되는 경우도 있습니다. 유죄가 선고된 경우 피고인은 재판

---

17 성품과 행실.

18 구속 기소된 피고인은 재판의 진행 과정에서 보증금 납부를 조건으로 구속집행을 해제하고 석방해달라고 신청할 수 있다. 구속된 상태에서 재판을 준비하고 진행하는 것이 피고인의 입장에서는 불편하니 돈으로 보증을 서서 구속된 상태를 해제하고자 하는 것이다. 보석은 피고인이나 변호인, 법정대리인 등이 신청할 수 있고, 신청을 받은 법원은 그 허가 여부를 결정하게 된다. 만약, 피고인이 도주나 증거인멸의 우려가 없다고 판단되면, 보석 신청을 받아들인다. 그러면 피고인은 구속된 상태에서 벗어나 좀 더 자유로운 상태에서 재판에 임할 수 있게 되는데, 그렇다고 해서 구속영장의 효력이 상실되는 것은 아니다. 즉, 구속영장 자체의 효력은 그대로 유지되면서 구속집행만 정지되는 것이다. 보석제도는 구속적부심사제도와 다르다. 구속적부심사제도는 피의자를 구속하는 것이 적합한지 아닌지를 따져보는 심사이므로 여기서 구속이 부적합하다고 판단되면 법원은 피의자를 석방시킬 수 있다. 하지만 보석제도는 구속이 적합한지 아닌지에 대해서 판단하는 게 아니라 구속된 상태를 해제하느냐 마느냐를 판단하는 것이다.

결과에 불복할 수 있는데요. 제1심의 판결에 불복하는 것을 항소, 제2심의 판결에 불복하는 것을 상고라 합니다. 상소가 없거나 상소했어도 상급법원이 이를 기각한 경우엔 형이 확정되지요. 상소는 피고인뿐만 아니라 검사도 할 수 있어요. 주로 무죄가 선고된 경우나 형이 지나치게 관대한 경우에 상소를 하게 됩니다.

자, 이제 흥미로운 형사재판 절차를 직접 들여다봅시다. 먼저 1차 공판은 재판장이 피고인에게 진술거부권을 고지하고, 피고인의 성명과 연령 등을 묻는 인정신문부터 시작합니다. 그 후 검사의 공소사실 낭독, 피고인의 공소사실 인정 여부, 증거조사, 피고인 신문,[19] 검사의 의견진술(구형), 변호인의 변론, 피고인 최후진술 순으로 진행되지요.

● 모두절차(冒頭節次)

형사소송 공판에서 최초로 하는 절차입니다. 재판장이 피고인에 대하여 성명·주소·직업·연령 등을 확인하는 인정신문 후에 검사가 공소의 요지를 진술하며, 그다음으로 피고인의 진술 등이 행해지죠. 특히 검사의 기소요지의 진술을 '모두진술'이라 하는데요. 이는 사건의 개요 및 입증의 방침을 명백히 함으로써 법원의 신판 범위를 한정하고, 소송지휘의 방향을 제시함과 동시에 피고인 측으로 하여금 적절한 방어대책을 세우도록 하는 데 중요한 의의가 있습니다.

---

19 사법경찰관이나 판사, 검사, 그 밖의 국가기관이 어떤 사건에 대해 피고인·피의자·증인 등을 불러다가 직접 대면하여 캐어묻거나 따져 묻는 행위를 말한다. 재판정에서 판사가 피고인의 인적사항을 묻는 것을 '인정신문'이라 하고, 법정에 출석한 증인에게 판사가 질문하고 답변을 듣는 것은 '증인신문'이라 한다. 즉 어떤 사실을 조사하기 위해 직접 물어보는 행위는 모두 '신문'에 해당된다. 검사나 경찰이 피의자를 앞에 두고 죄를 지었는지 안 지었는지 조사하는 행위도 신문에 속한다. 국회에서 국정조사를 하거나 청문회 자리에 증인을 데려다가 조사하는 경우도 신문이다.

● 심리(審理)

법원이 구성되고 피고인이 변호인을 선임하는 등 재판에 대한 준비가 끝나면 본격적으로 재판이 시작되는데요. 재판에서 검사는 국가를 대표하여 피고인의 범죄사실을 증명하기 위해 자료와 논거를 제시하며 주장을 펼칩니다. 반대로 피고인과 변호인은 자신의 처지에서 검사의 주장을 반박하며 무죄 판결, 혹은 감형을 위한 변론을 하게 되죠. 법원은 이러한 검사와 피고인의 변론을 듣고 증거를 조사합니다. 가정집에서 절도행위를 한 피고인 A가 법정에 섰다고 가정해볼게요. 이때 검사가 그 집에서 채취된 피고인의 지문을 제출하거나 목격자인 이웃사람을 증인으로 세우면 법원에서는 이에 대하여 조사과정을 거치게 됩니다. 이처럼 검사와 피고인, 그 변호인의 변론을 듣고 증거를 조사하는 행위를 '심리'라 합니다. 심리는 재판의 기초가 되는 사실관계 및 법률관계를 명확하게 하기 위해서 진행하는데요. 여러분이 TV드라마나 영화에서 보는 법정에서의 검사와 피고인 간 설전이 바로 이 부분이랍니다.

검사와 변호인의 치열한 공방전

또한 법원은 피고인에게 보호관찰, 사회봉사명령, 수강명령을 선고하기 위해서 판결 전 조사를 요청할 수 있어요. 형벌을 부과한다고 해서 범죄자가 사회로 온전히 복귀하는 것은 아니므로 대안적 제재수단으로 보안처분 제도를 적용하는 거죠.

● 검사의 구형과 판사의 판결

검사와 피고인, 변호인의 변론을 듣고 증거를 조사하는 과정인 심리를 거치고 나면, 검사는 피고인에게 적합하다고 판단되는 형량을 법원에 요구하게 됩니다. 이처럼 피고인에게 어떤 형벌을 얼마나 줄 것인지를 검사가 판사에게 요구하는 것을 '구형'이라 합니다. 만약 검사가 "피고인 A씨는 고의적으로 B씨를 살해하였음에도 전혀 반성의 기미가 보이지 않고… 따라서 무기징역을 구형하는 바입니다"라고 한다면, 이는 검사가 피고인 A씨에게 무기징역이 적합하다고 판단했다는 뜻입니다. 신문기사 제목에 '선거법 위반 변부패 징역 5년 구형'이라고 나와 있다면, 이는 변부패 씨가 징역 5년을 살게 되었다는 게 아니라 검사가 판사에게 징역 5년을 요구했다는 의미라고 이해해야 합니다. 이렇게 검사가 구형을 하면 이를 마지막으로 재판부의 판결 전 모든 절차가 끝나게 됩니다.

● 형의 선고와 집행

형사재판의 심리결과에서 피고인의 죄가 인정되지 않는다면 판사는 무죄를 선고하게 됩니다. 무죄판결을 받으면 당연히 피고인은 풀려나겠죠? 반대로 피고인의 죄가 인정된다면 판사는 유죄판결을 내립니다. 이때 판사는 상황에 따라 형벌의 종류와 그 양을 결정하는데요. 실형을 선고할 수도 있고, 선고유예나 집행유예를 덧붙일 수도 있습니다. '실형'은 말 그대로 실제로 집행되는 자유형을 말합니다. '선고유예'는 형의 선고 자체를 아예 미루어두는 제도이지요. 범죄의 사안이 매우 경미한 경우, 즉 1년 이하의 징역이나 금고, 자격정지 또는 벌금의 형에 해당하는 가벼운 범죄에 대해서는 형의 선고 자체를 미루게 되는 겁니다. 이렇게 선고유예를 받은 기간 동안 피고인이 별다른 사고를 일으키지 않고 지낸다면, 형의 선고가 없었던 것과 같은 효과가 발생됩니다. 다시 말해, 형의 선고를 면해주는 거예요. 반면 '집행유예'는 실형을 선고하되 일정 기간 동안 그 형의 집행을 잠시 미루는 것입니다. 집행유예 선고를 받은 피고인이 유예기간 동안 일정한 형벌 이상의 죄를 범하지 않는다면 피고인이 받은 실형은 집행되지 않습니다. 형선고의 효력이 상실되어 아예 집행을 하지 않게 되는 것인데요. 우리나라에서는 피고인이 고의로 죄를 범하여 금고 이상의 실형을 확정판결 받지 않는다면, 피고인이 받은 실형은 집행되지 않도록 하고 있습니다.

피고인 변사또가 '징역 3년에 집행유예 5년'을 선고 받았다고 가정해봅시다. 이때 피고인 변사또는 5년 동안 형의 집행을 유예 받게 되는데요. 만일 이 기간 동안 피고인이 금고 이상의 실형을 확정판결 받을 만한 잘못을 저지르지 않는다면 징역 3년의 형은 집행되지 않습니다. 이처럼 집행유예는 상당히 관대한 형벌이라 할 수 있어요. 집행유예를 선고하는 이유는 형사정책상 무의미한 형벌을 집행하는 것

"피고 변사또에게 징역 3년에 집행유예 5년을 선고한다."

보다 집행유예를 선고하는 편이 사회적으로 더 유익하기 때문입니다. 그래서 우리 형법에서는 3년 이하의 징역이나 금고 등 짧은 기간 동안 받게 되는 자유형의 경우, 법원 재량에 따라 1년 이상 5년 이하의 범위 내에서 집행유예를 선고할 수 있도록 하지요.

TIP

집행유예를 선고함으로써 피고인이 사회에 쉽게 복귀할 수 있도록 기회를 주는 것이 사회적으로 더 유익한 일이 될 수 있다. 또한 징역을 살면서 다른 수형자들에게 받게 될 악영향으로부터 보호하기 위해 집행유예를 선고할 수도 있다. 이때 피고인은 집행유예 기간 동안 부과된 의무를 성실하게 이행해야 한다. 법원이 집행유예를 명령할 때는 보호관찰, 사회봉사명령, 수강명령 등의 의무를 부과하는 경우가 많은데, 피고인이 이러한 활동을 통해 자신의 잘못을 뉘우치고, 다시는 범죄를 저지르지 않도록 교화하기 위해 이런 의무를 부과하는 것이다. 그러나 피고인이 의무를 잘 이행하지 못하면 집행유예는 취소되고 유예된 실형의 집행을 받게 된다.

법원 판결에 따라 선고된 형은 검사의 지휘 아래 집행됩니다. 가령, 징역형이나 금고형을 받은 피고인에 대해서는 교도소에서 그 형을 집행해요. 형의 기간이 만료되면 석방되는데, 형기 중에 일정한 요건에 해당하면 가석방될 수도 있습니다. '가석방'은 징역 또는 금고의 집행 중에 있는 자가 잘못을 뉘우치는 모습이 현저히 나타날 때 형의 만료 전에 조건부로 석방하는 제도입니다. 임시 '가(假)' 자가 붙어 있는 것으로 알 수 있듯이 가석방은 진짜 석방이 아니라 임시적인 석방이므로 의무적인 보호관찰을 받게 되는데요. 이러한 보호관찰 기간 동안 금고 이상의 형을 받지 않고 나머지 형기를 채운다면 형집행이 종료된 것으로 봅니다. 물론 가석방 기간 동안 문제를 일으킨다면 가석방이 취소되어 다시 돌아가 남은 형기를 살아야 하고요. 이때 사회에서 보낸 가석방 기간은 형기에 반영되지 않습니다.

피고인에게 유죄가 인정되고, 나아가서 실형이 선고되면 '형 집행' 절차에 들어가고 피고인은 수형자가 됩니다. 다만, 법원에 의해 실형이 선고되었다고 하더라도 일정한 기간 동안 집행하지 않으면 형 집행이 면제되는데요. 이를 '형의 시효'라 합니다. 예를 들어 사형은 30년, 무기징역과 금고는 20년, 유기 징역과 금고는 형기에 따라 15년·10년·5년, 그리고 벌금형은 3년을 경과한 때에 형의 집행을 면제 받습니다. 또, 유죄판결을 받은 자는 전과자가 되지만, 형의 실효에 관한 법률에 의하여 3년을 초과하는 징역 또는 금고는 10년, 3년 이하의 징역 또는 금고는 5년, 벌금은 2년, 구류나 과료는 형의 집행이 종료되거나 면제된 즉시 전과기록에서 말소됩니다.

'사형'은 법무부장관의 명령에 의하여 교도소 또는 구치소에서 교수(絞首)하여 집행합니다. 다만, 군형법을 통해서 사형을 선고 받은 군인은 총살형의 방법으로 사형을 집행해요. 사형집행 명령은 판결이 확정된 날로부터 6개월 이내에 하도록 되어 있으나 실제로 우리나라는 1988년 이후 2016년 현재까지 19년이 넘는 동안 사형집행이 이루어지지 않았으므로 사실상 사형제 폐지국으로 분류됩니다.

징역이나 금고와 같은 자유형은 원칙적으로 교도소에서 집행해요. 무기형

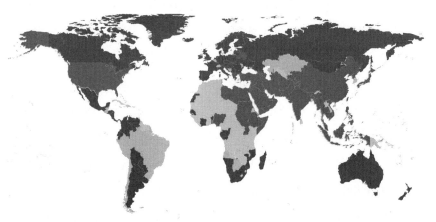

각 나라의 사형제도. (검정)사형 완전 폐지, (회색)전시 등 특수한 경우를 제외하고 사형 폐지, (자주색)사형제 법에서 유지하나 최근 10년 내 단 1회도 집행한 적 없음, (분홍색)사형제 실시하며 최근 10년 내 1회 이상 집행

의 경우에는 10년, 유기형의 경우에는 형기의 1/3을 경과한 자 중에서 복역 성적이 양호하고 뉘우침이 있는 경우에 법무부장관이 가석방을 명령할 수 있습니다. 또한 벌금 또는 과료를 선고 받은 경우에는 확정된 날로부터 30일 이내에 납부하여야 하고, 이를 납부하지 않는 경우에는 벌금은 1일 이상 3년 이하, 과료는 1일 이상 30일 미만의 노역장 유치처분을 받을 수 있어요. 특히, 벌금을 납부하지 않고 도주한 경우에는 기소중지 처분이 내려질 수 있고, 기소중지[20] 상태에서 검거되면 교도소나 구치소의 노역장에 가야 합니다. 다만, 벌금형의 시효는 3년이기 때문에 3년을 경과하면 형 집행이 면제되지요.

지금까지 형사재판의 절차를 쭉 살펴보았습니다. 이제 법정드라마나 영화에 재판장면이 나오면 한결 쉽게 이해할 수 있겠지요? 오른쪽 표는 전 과정을 간단히 정리한 것입니다.

형사재판의 절차

배심원 여러분, 평결해주세요

국민주권의 원리란 "국가의 최고 의사결정권은 국민에게 있다"는 것으로 당연히 입법과정에도 적용됩니다. 법 역시 국민이 뽑은 대표기관인 국회에서 만들잖아요. 물론 행정과정에서도 국민주권의 원리가 지켜져야 합니다. 행정

---

20 피의자가 검거되지 않거나 중요한 참고인이 소환되지 않아 수사를 계속할 수 없는 경우에 수사를 일시 중지하는 잠정적인 처분을 말한다.

서비스는 마땅히 국민의 요청을 따라야 하지요. 그렇다면 법을 해석하고 적용하는 사법 영역에도 국민주권의 원리가 적용되어야 할까요? 외국 드라마나 영화를 보면 국민이 직접 재판에 참여하는 모습을 종종 볼 수 있습니다. 이른바 배심원제인데요. 이처럼 일반 시민이 재판이나 기소과정에 참여하여 사실 문제를 판단하는 사법제도를 '배심원제'라 합니다. 특히 영국과 미국에서 법적으로 중요한 제도로 간주되어 영화나 드라마의 소재로도 많이 다루어져요. 미국의 경우, 시민권자라면 누구나 배심원으로 선발되어 재판에 참여할 수 있습니다. 다만, 피고인과 원고 측에서 배심원을 심사하여 부적격자를 걸러낼 수 있지요.

이쯤에서 이런 의문이 생길 거예요. "우리나라에는 배심원제가 없다며. 다 이웃나라 이야기지!" 절대 그렇지 않습니다. 미국 법정드라마에서나 볼 법한 배심원제도가 이제 우리나라에서도 시행되고 있거든요. 2007년 6월 1일 공포된 '국민의 형사재판 참여에 관한 법률'을 근거로 '일정한 범죄'에 대하여 우리나라 국민들도 배심원으로 참여하는 기회를 갖게 되었답니다. 그동안 영화와 드라마에서만 봐오던 배심원을 경험할 수 있는 거죠. 배심원은 해당 지방법원 관할구역에 살고 있는 만 20세 이상의 주민 가운데 무작위로 선정됩니다. 그러나 법원·검찰공무원, 경찰, 군인, 지방의회의원 등은 대상에서 제외되지요. 또한 모든 재판이 국민참여재판으로 이루어지는 것도 아닙니다. 형사재판에만 국한되며, 합의부[21] 관할사건을 대상으로 하거든요.

배심원의 수는 사형·무기징역 또는 무기금고에 해당하는 대상 사건의 경우 9인, 그 외의 대상 사건은 7인, 피고인 또는 변호인이 공판준비절차에서 공소사실의 주요내용을 인정한 때에는 5인을 선정합니다. 배심원의 사임 등 결원이 생기는 경우를 대비하여 예비배심원도 두지요.

---

21 3명 이상의 법관이 합의하여 재판의 내용을 결정하는 재판을 말한다.

공판절차를 살펴볼까요? 먼저 배심원과 예비배심원은 재판 시작에 앞서 배심원 선서를 합니다. 이후에 재판장은 국민참여재판의 의의와 절차, 판사·검사·변호인의 역할, 피고인의 권리 등에 대하여 간략하게 설명하는데요. 이 과정이 재판장의 모두설명에 해당됩니다. 이후 재판장은 피고인에 대해 진술을 거부할 수 있다는 진술 거부권을 알려주고 성명·연령·직업 등을 확인하지요. 그러고 나면 검사와 피고인 및 변호인은 자신의 의견을 진술하는데요. 검사·변호인은 재판부와 배심원들에게 우선 각자 준비한 증거에 대해 설명합니다. 또한 증인을 불러 범죄와 관련된 내용에 대해 질문도 하고요. 이러한 증거조사가 모두 끝나면 피고인을 증인석으로 불러 검사와 변호인이 질문합니다.

피고인 신문이 끝난 후 검사와 피고인·변호인의 최후진술을 듣고 재판장의 최종설명까지 들으면 모든 사실심리절차를 마치게 됩니다. 그 후 재판장은 예비배심원을 알려주어 배제하고, 나머지 배심원들은 별도로 마련된 평의실로 이동하여 평의에 들어가서 피고인의 유·무죄를 논의해요. 배심원들은 만장일치로 피고인의 유무죄를 정하게 되지만, 만장일치가 되지 않는다면 판사의 의견을 들은 후 다수결로 평결할 수 있습니다. 유죄라 결정된 경우에는 배심원들이 판사와 함께 양형에 대해서도 토의하게 되는데요. 이때 배심원들이 "피고인 A에게 징역 8개월과 집행유예 1년을 선고해야 합니다"라고 재판부에 말했다면, 재판부는 이 결정을 그대로 따를까요? 만약 그렇다면 재

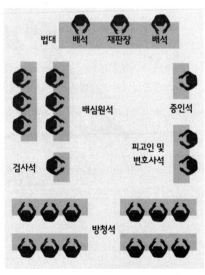

국민참여재판(배심제) 법정 구조도

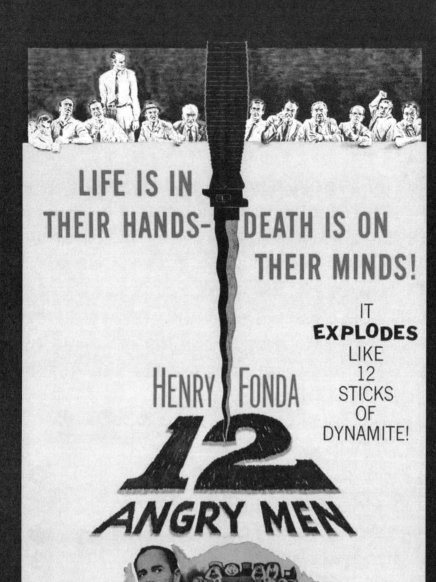

LIFE IS IN THEIR HANDS— DEATH IS ON THEIR MINDS!

IT **EXPLODES** LIKE 12 STICKS OF DYNAMITE!

HENRY FONDA
12
ANGRY MEN

with LEE J. COBB · ED BEGLEY and E. G. MARSHALL · JACK WARDEN · Story and Screenplay by REGINALD ROSE
Directed by SIDNEY LUMET · Produced by HENRY FONDA and REGINALD ROSE · Associate Producer GEORGE JUSTIN
An ORION-NOVA Production · Released thru UNITED ARTISTS

「12명의 성난 사람들」(1957). 배심원제도를 다룬 법정영화로 살인혐의를 쓴 소년에 대한 재판에서 11명의 배심원이 그의 유죄를 인정한 반면 단 1명이 반론을 제기하여 공방을 펼치는 내용이다.

판부는 있으나 마나 한 존재일 것입니다. 재판부가 배심원의 의견을 최대한 존중해야 하는 것은 맞지만, 배심원의 평결은 재판부에 '권고'의 효력만 가집니다. 다만 재판부가 배심원의 판결과 다른 판결을 내릴 때에는 의견이 다른 이유를 반드시 판결문에 기재해야 하지요.

소년사건의 처리

최근 19세 미만의 소년에 의한 범죄나 비행이 늘어나고 있습니다. 청소년은 성인과 달리 신체적·정신적으로 미성숙한 상태에 있기 때문에 일반 성인 범죄자 다루듯 엄중하게 처벌하는 것은 바람직하지 않겠지요? 따라서 이들의 범죄나 비행은 청소년이라는 특수성을 고려하여 일반 형사절차와 다르게 진행됩니다. '소년법'은 이처럼 청소년에게 성인과 다른 특별한 보호처분을 하기 위해 제정된 것인데요. 형법은 만 14세 이상의 경우 형사처벌을 받을 수 있도록 규정하지만, 소년법은 만 19세 미만을 대상으로 형벌보다는 보호관찰이나 소년원 송치와 같은 보호처분을 내림으로써 청소년들이 미래에 건전하게 성장할 수 있도록 돕고 있습니다.

TIP

보호처분

소년보호처분은 만 10세 이상에서 만 19세 미만의 소년이 죄를 행하거나 죄를 행할 우려가 있을 경우 소년부 판사가 재비행을 방지하고 소년의 건전한 성장을 돕는 명목으로 소년의 환경을 조정하거나 교화하기 위해 내리는 조치이다. 감호위탁, 수강명령, 사회봉사, 단기보호관찰, 장기보호관찰, 소년보호시설 감호위탁, 소년의료보호시설 위탁, 1개월 이내의 소년원 송치, 단기 소년원 송치, 장기 소년원 송치가 있다. 각각의 처분은 전부 또는 일부를 병합하여 처분할 수 있는데, 보호자의 감호위탁과 수강명령, 사회봉사명령을 병합하여 처분하면서 단기나 장기 보호관찰을 함께 처분할 수 있다는 뜻이다.

● **경찰의 사건 처리**

형사소송의 공판을 시작할 때 최초로 행하는 절차입니다. 경찰서장이 촉법소년[22]과 우범소년[23]을 발견한 경우, 재판장은 검사를 거치지 않고 피고인을 바로 소년법원으로 보낼 수 있어요. 그러면 소년법원이 판단하여 범죄사실이 발견되면 검사에게 보내 그때 형사절차를 따르게 하고, 그렇지 않으면 소년보호사건으로 처리합니다. 하지만 범죄를 저지른 소년의 경우에는 원칙적으로 경찰이 검사에게 사건을 보내요. 범죄가 아주 경미하면 경찰이 법적조치를 취하지 않고 훈방조치[24]를 내리기도 하고요. 소년사건의 기본은 처벌이 아니라 교육에 목적이 있기 때문입니다.

● 검사의 사건 처리

우리나라는 소년이 범죄를 저지른 경우 먼저 경찰의 수사단계를 거쳐 검찰에 송치하고, 검사에 의해 형사사건과 보호사건으로 구분됩니다. 이때, 검사는 소년피의사건에 대하여 소년부 송치, 공소제기, 기소유예 등 대상 소년에게 적합한 처분을 내릴 수 있도록 소년피의자의 품행, 경력, 생활환경이나 그 밖에 필요한 사항에 관해 조사를 시행할 것을 피의자의 주거지 또는 검찰청 소재지를 담당하는 보호관찰소의 장, 소년 분류 심사원장 또는 소년원장에게 요청할 수 있어요. 요청받은 기관의 장은 그 내용을 조사하여 결과를 통보하게 되는데요. 이를 '결정 전 조사제도'라 합니다.

검사가 범죄소년[25]을 수사하여 벌금 이하의 형에 해당하는 범죄를 행했거

---

22 형법을 위반하는 행위를 하였으나, 형사책임 연령에 달하지 않아 형벌을 부과 받지 않는 만 10세 이상 만 14세 미만의 소년을 말한다.

23 일정한 성향이 있어 그의 성격이나 환경에 비추어 앞으로 범죄행위를 할 가능성이 높은 만 10세 이상 만 19세 미만의 소년이다.

24 범죄사실이 경미하고 피해자가 없으며, 본인이 잘못을 뉘우치고 있을 때 치안센터 책임자 또는 경찰서장이 훈계하고 내보내주는 것을 말한다.

25 형법을 위반하는 범죄행위를 한 만 14세 이상 만 19세 미만의 소년을 말한다.

나 보호처분에 해당하는 사유를 인정한다면, 그 소년은 소년법원으로 보내집니다. 그렇지 않으면 검사가 선도조건부 기소유예[26]를 하거나 법원에서 성인처럼 재판을 받게 되지요.

● 소년법원의 처리
소년법원은 경찰이 보낸 만 10세 이상 만 14세 미만의 소년과 검사가 보낸 만 14세 이상의 소년을 심리하여 보호관찰을 받게 하거나 소년원에 송치할 수 있습니다.

● 보호관찰
소년법원이 만 10세 이상의 소년에게 보호관찰을 결정하면 6개월 또는 2년간 법무부 공무원인 보호관찰관은 교육과 상담 등의 활동을 통해 소년을 지도하게 되는데요. 보호관찰을 받는 기간엔 가정과 학교 및 직장생활을 병행할 수 있습니다. 만 16세 이상의 소년들은 소년법원의 결정으로 일정 시간 복지시설 등에서 봉사활동을 하는 사회봉사명령이나 일정 시간의 준법교육 및 인성교육을 받는 수강명령을 받기도 하지요.

● 소년원에서의 생활
소년원은 법원 소년부의 보호처분으로 송치된 비행 청소년을 수용·보호하면서 초·중등교육법에 의한 교과교육, '근로자 직업능력 개발법'에 의한 직업능력 개발훈련, 약물남용·발달장애·신체질환 등에 대한 집중치료나 특수교육

---

26 검사가 범죄소년에 대하여 일정한 기간 동안 준수사항을 이행하고 선도위원의 선도를 받는 조건으로 기소유예 처분을 내리고, 그 소년이 준수사항을 위반하거나 재범을 하지 않고 선도기간을 경과한 때에는 기소를 하지 않는 것을 말한다.

등을 실시하는 특수교육기관입니다. 소년원은 소년법원에서 넘어온 소년을 수용하여 교육하는데요. 과거의 소년원에 대한 엄격한 이미지와 달리 최근의 소년원은 정규 학교체제를 갖추고 있을 뿐만 아니라 각 소년원별로 특성화된 교육을 실시하여 사회에 적응하는 데 문제가 없도록 지도하고 있습니다. 또한 소년원에서 교육을 받았다 하더라도 전과[27]기록을 남기지 않음으로써 소년시절의 실수 때문에 이후의 생활에 영향을 받지 않도록 배려하고 있지요.

형사절차에서는 인권을 어떻게 보장할까?

A가 B를 때린 뚜렷한 혐의점이 발견되었습니다. 그러면 B를 수사기관으로 데려가 A를 때린 사실이 있었는지 수사해야겠지요? 이때 B를 집에 보내지 않고 수사하는 것을 구속이라 합니다. B가 A를 때릴 때 사용했던 물건은 증거품이 되고요. 필요한 증거품을 특정한 장소에 가서 가지고 와야 하는 경우, 즉 압수하거나 수색해야 하는 경우에는 철저하게 법관이 발부한 영장에 입각해야 하는데 이를 '영장주의'라 합니다. 또한 범인을 체포할 때 경찰은 체포 이유와 '미란다원칙'을 알려줘야 하고요.

형사절차에서 중요한 것은 '적법절차의 원리'입니다. 어떤 절차이든 법률을 근거로 해야 한다는 뜻인데요. 만약 어떤 절차가 법률에 위반되면 그 이후 행해지는 모든 절차는 효력을 잃게 됩니다. 헌법 제27조 4항의 '무죄추정의 원칙'도 중요해요. 판사가 유죄라고 확정해주기 전까지는 무죄로 추정하여 용의

---

27 범죄를 범한 자가 수사, 재판 및 형 집행을 받은 과거의 기록이다. 구체적으로는 자격정지 이상의 형을 받은 수형인을 기재한 명부로서 검찰청이나 군검찰부에서 관리하는 '수형인 명부', 등록기준지의 시·군·읍·면 주민센터에서 관리하는 '수형인 명표', 수사기관이 피의자의 지문을 채취하고 피의자의 인적사항과 죄명 등을 기재한 표로서 경찰청이 관리하는 '수사 자료표'로 구분된다. 벌금형 이하의 전과는 수사 자료표에만 기재되고 그 조회는 범죄수사나 재판처럼 제한된 경우에만 허용되므로, 다시 범죄를 저지르지 않는 한 사회생활을 하는 데 별다른 지장은 없다. 그러나 자격정지 이상의 전과는 수형인 명부와 수형인 명표에 기재되므로 사회생활에 지장을 초래할 수 있다.

자의 신체 자유를 보장하는 원칙이죠. 어떤 사람이 너무나 끔찍하고 흉악한 범행을 저질러 수사선상에 올랐다 하더라도 무죄로 추정하고 이 사람을 구속하지 않고 수사하는 것, 즉 '불구속 수사'가 원칙이랍니다.

B가 A를 폭행한 혐의로 수사를 받고 있었어요. 밤이 되자 B가 집에 가서 자고 와서 수사를 받겠다고 풀어달라고 합니다. 경찰은 "그러면 내일 10시까지 경찰서로 출두하세요" 하고 B를 돌려보내는데요. 경찰과 검찰이 B를 돌려보냈을 때 B가 도망가서 증거를 인멸할 우려가 있다는 생각이 들면 구속수사를 진행할 수 있습니다. 이때엔 법관이 발부한 구속영장이 꼭 필요하지요.

법관이 구속영장을 발부해서 B가 구속되었어요. B는 "내가 왜 굳이 구속당해야 해?"라고 생각할 수 있겠죠? 그러면 B는 이 구속이 적합한지 부적합한지 심사해달라고 법원에 청구할 수 있어요. 이처럼 수사단계에서 피의자가 법원에 구속적부심을 청구하는 제도를 '구속적부심사제도'라 합니다.

수사 결과 B가 범죄를 저질렀다는 혐의점이 발견되면 검사는 B를 기소하게 되는데요. 이때 검사는 반드시 기소해야 되는 게 아니랍니다. '불기소처분'이라 하여 기소하지 않을 수도 있지요. 검사가 기소하면 B는 처벌을 받게 되지만 B가 초범인 데다가 검사와 피해자 측에서 처벌해봤자 큰 도움이 되지 않을 것 같다고 판단하면 기소를 미루는 경우가 있습니다. 이를 '기소유예'라고 해요. 불기소처분은 범죄의 혐의점이 아예 없는 것을 의미하고, 기소유예는 혐의점은 있지만 기소할 필요가 없을 때 적용한다는 차이점이 있는 거죠.

예를 들어 B가 기소되었다고 칩시다. 공판단계가 시작되면 B는 피고인이 됩니다. 피고인이 된 이후에도 B는 체포 또는 구속을 당할 때부터 변호인의 조력을 계속 받을 수 있고, 진술 거부권도 행사할 수 있는데요. 피고인은 당연히 변호인을 선임할 수 있고, 스스로 변호인을 구할 수 없을 때에는 국가의 도움으로 국선변호인[28]을 선임하면 됩니다. 공판단계(재판단계)에서는 피고인이 구속적부심을 청구할 수 없는 대신 법원에 보석을 청구할 수 있어요.

우리나라에서는 형사사건으로 피해를 입은 사람에 대해 국가가 책임을 지는 여러 제도들이 있습니다. 배상명령제도, 범죄피해자 구조제도, 형사보상제도 등이에요. 김말동 씨가 길을 가던 중 행인 B씨로부터 '묻지 마 폭행'을 당했습니다. 병원에서는 전치 14주 진단을 내렸네요. 이 경우 B가 형사처벌을 받는다 하더라도 김씨가 치료비를 받으려면 별도의 민사소송을 청구해야 합니다. 폭행을 당한 것도 억울한데, 민사소송까지 진행해야 한다니! 김씨는 심신이 고달프기만 합니다. 이러한 불편을 해결하기 위해 상해, 폭행, 절도, 사기, 횡령 등 형사사건의 피해자가 형사재판에서 간편하게 민사적인 손해배상명령까지 받을 수 있도록 한 제도가 '배상명령제도'입니다. 다만, 이때의 배상은 피고인의 범죄로 인하여 발생한 직접적인 손해 및 치료비로 한정되고, 그 이상의 치료비는 별도의 민사소송을 제기해야 해요.

그런데 B가 김씨에게 피해를 배상할 경제적 형편이 안 되거나 가해자가 누

---

28 형사사건 피고인이 경제적 어려움 등으로 사선 변호인을 선임할 수 없을 때, 피고인의 청구에 따라 법원이 변호인을 선정해 국비로 변론을 맡기는 제도이다. 헌법 제12조 제4항에 "형사 피고인이 스스로 변호인을 구할 수 없을 때에는 법률이 정하는 바에 의하여 국가가 변호인을 붙인다"라는 내용을 근거로 피고인의 이익을 위해 법원 직권으로 변호인을 선임하는 것이다.

구인지 모르는 상황이라면 A와 그 가족들은 어떻게 구제받을 수 있을까요? 예, 이런 경우 국가가 피해자 본인과 가족들의 생활을 위해 구조금을 지급할 수 있는데요. 이것을 '범죄피해자 구조제도'라 합니다. 다만, 피해자와 가해자가 친족관계이거나 피해자가 범죄행위를 유발한 경우 등에는 구조금을 지급받을 수 없어요. 구조금의 신청은 해당 범죄피해의 발생을 안 날부터 3년이 지나거나, 범죄피해가 발생한 날부터 10년 이내에 해당 주소지 혹은 범죄 발생지를 관할하는 지구심의회에 신청하면 됩니다.

김씨를 폭행했다는 혐의로 수사 받던 B가 검사의 불기소처분으로 풀려났어요. B는 속상하고 억울합니다. 이때 죄도 없이 구속되었던 B는 국가를 상대로 보상을 청구할 수 있는데요. 이를 '형사보상제도'라 합니다. 형사절차에서 억울하게 누명을 쓰고 구금되거나 형의 집행을 받은 사람이 입은 피해를 국가가 보상해주는 제도죠. 형사피의자 또는 형사피고인으로 구금됐던 자가 기소유예 이외의 불기소처분이나 무죄판결을 받은 경우에는 국가에 정신적·물질적 손실에 대한 정당한 보상을 청구할 수 있는데요. 이는 공무원의 고의·과실유무와 상관없이 국가가 개인의 손해를 정당하게 보상해주는 공법상의 손해배상입니다. 이때 법원은 구금의 종류, 기간, 재산상 손실, 정신적·신체적 손상 등을 고려해 보상금액을 결정하게 되지요. 하지만 본인이 허위자백을 하거나 다른 유죄의 증거를 만들어내 구금된 경우, 또는 보상하는 것이 선량한 풍속 및 사회질서에 반한다고 인정되면 보상을 지급하지 않거나 일부만 지급할 수 있답니다. 한편, 형사보상제도를 보완한 '명예회복제도'도 있어요. 무죄판결이 확정된 때로부터 3년 이내에 자신을 기소한 검사에게 그가 소속된 지방검찰청에 '무죄재판 사건의 재판서를 법무부 홈페이지에 게시해줄 것'을 청구할 수 있는 제도인데요. 손상된 개인의 명예를 회복해주는 데 조금이나마 도움을 주기 위해 마련한 것입니다.

복지국가의 자부심 '사회법'

개발독재 체제 아래 수많은 사람이 기본적인 인권을 유린당한 1970년대, 사회적 약자인 노동자를 위한 법이 있다는 것을 세상에 알린 사건이 발생했습니다. 바로 전태일 분신사건이지요(174쪽 참조). 법이 있어도 실현되지 않는 사회에 분노한 전태일 사건 이후, 우리나라도 점차 사회법의 가치를 체감하게 됩니다. 당시 전태일의 손에 들려 있던 것이 바로 근로기준법이었는데요. 이는 헌법에 따라 근로기준의 조건을 정함으로써 근로자의 기본적 생활을 보장하고 향상시키며, 균형 있는 국민경제의 발전을 꾀하는 것을 목적으로 한 법입니다. 근로기준법이 정한 근로조건은 '최저기준'이므로 그 이하로 근로조건을 저하시키면 안 됩니다. 그 밖에 근로자의 단결권, 단체교섭권, 단체행동권을 보장하는 노동관계법과 사업자의 지위 남용이나 부당한 공동행위 및 불공정거래를 규제하는 독점규제 및 공정거래에 관한 법률 등을 아울러 '사회법'이라 부릅니다.

사회법의 탄생

법은 우리의 생활영역을 국가와 국민 사이에서 일어나는 영역, 개인과 개인 사이에서 일어나는 영역으로 나누어 파악합니다. 이렇게 나눈 영역을 바탕으로 각각에 맞는 법을 적용하는데요. 그중 국가나 공공단체 등이 공권력을 행사하는 것에 대해 자세히 규정한 법을 '공법'이라 합니다. 공법에는 헌법, 형법, 형사소송법, 민사소송법 등이 있어요. 전통적으로 법은 국가통치의 중요한 수단으로 여겨졌기 때문에 공법의 영역은 아주 오래 전부터 중요성이 강조되었지요. '사법'은 개인들 간의 법률관계를 다루는 법으로 민법과 상법을 포함합니다.

그런데 사회가 발전하고 복잡해짐에 따라 개인의 생활관계를 국가가 규율할 수밖에 없는 특수한 상황이 벌어지게 된 거예요. 근대 이후 자본주의 체제는 자유방임주의를 바탕으로 개인의 경제적 자유와 활동을 최대한 보장하고 국가의 개입을 배제했잖아요? 이때까지만 해도 사법과 공법은 엄연히 그 역할이 구분되어 있었습니다. 하지만 20세기에 들어서면서 근대 시민사회는 자본주의의 구조적 모순을 온몸으로 겪게 되지요. 기계를 이용한 대량생산 체제가 확립되고 노동자의 수요가 감소되면서 고용계약의 대등한 당사자였던 근로자의 지위가 점차 약화되기 시작한 겁니다. 실직한 근로자들의 일자리 경쟁이 치열해질수록 근로조건은 갈수록 저하되었는데요. 이로써 장시간 근로와 아동노동, 여성의 심야노동과 인신매매가 성행합니다. 중세의 봉건영주를 대물림한 자본가들은 근로자를 착취하기 바빴고요. 이처럼 생산수단을 소유한 소수자본가의 부가 축적되자 빈익빈 부익부 현상은 더욱 가속화하고, 마침내 1929년 세계대공황이 발생합니다. 이에 따라 개인의 경제적 자유와 활동을 보장하기 위해 국가의 간섭을 최대한 축소시켰던 자유방임주의에 대한 반성이 일기 시작했고, 그 결과 국가가 경제에 적극 개입하는 수정자본주의 및 국가가 모든 경제를 통제하는 사회주의가 등장하게 됩니다.

이러한 상황에서 근대 시민법의 기본원리에 수정이 가해지는데요. 공법과 사법으로 나뉘었던 법체계에 중간 영역이 생긴 것입니다. 즉 '제3의 법'이라 불리는 사회법이 탄생한 거예요. 공법도 아니고 사법도 아닌 새로운 성격의 이 법률은 사법의 영역에 국가가 개입하므로 사법의 공법화라 불리기도 하는데요. 사회복지와 관련된 각종 '사회보장법', 노동자의 권리를 보장하는 '노동법', 공정한 경제질서를 위한 공정거래법 같은 '경제법'이 해당됩니다. 독일의

바이마르헌법은 국민의 생활권을 인간이 누려야 할 기본적인 권리로 선언한 최초의 법인 동시에 최초의 사회법이라 할 수 있어요.

중요한 점은 종래에 전적으로 사법의 지배에 맡겨졌던 개인 간의 경제적 관계에 국가가 적극적으로 개입하기 시작했다는 사실인데요. 과거에는 어떤 공장에 취업하면서 하루 몇 시간 일할지, 월급을 얼마나 받을지 등을 전적으로 사용자(기업가)와 근로자 사이의 사적인 계약에 의해 결정했습니다. 하지만 요즘은 다릅니다. 기업은 최저임금제나 노동법에 규정되어 있는 여러 가지 근로조건을 준수해야 해요. 결코 자기 마음대로 해서는 안 됩니다. 즉 국가가 사적인 영역에 개입했다는 뜻인데요. 사회법을 흔히 '사법의 공법화' 혹은 '법의 사회화'라 부르는 이유입니다. 사회법을 통해 근대국가는 비로소 경제적으로 소외된 약자들을 위한 법과 정책을 마련하게 되고, 인간다운 생활을 보장하는 복지국가로 탈바꿈하기 시작합니다.

사회법의 종류와 발전

사회법은 현대 복지국가의 법적 기반을 이루는 것으로서 종류도 다양합니다. 한번 살펴볼게요.

● 노동법

자유경쟁을 기본원리로 하는 자본주의 사회에서 근로자는 노동력이라는 상품을 사용자에게 제공하고 그 대가로 임금을 받아 생활합니다. 때문에 근로자는 소유권 절대의 원칙과 계약 자유의 원칙 아래 상품으로서의 노동력이 노사 간 자유롭고 평등한 지위에서 제값을 받고 거래될 것으로 기대하지요. 그러나 현실에서 근로자는 사용자보다 사회·경제적으로 열등한 위치에 있습니다. 노동력이라는 상품의 특수성 때문에 언제나 사용자에게 유리한 조건에 따라 근로계약을 맺게 되고, 이로써 사용자에게 얽매이게 되는데요. 이에 나라에서는 사용자에 비해 불리한 위치에 놓인 근로자의 실질적 평등과 자유를 보장함으로써 자본주의의 모순을 해결할 수 있는 여러 법규들을 제정했습니다. 이를 통틀어 '노동법'이라 하지요. 노동법은 자본주의에서 근로자의 근로관계에 관한 법규의 전체 혹은 근로자가 자신의 노동을 통해 생존을 확보할 수 있도록 하는 법규의 전체라 할 수 있습니다.[29]

노동법의 체계는 크게 세 가지로 분류됩니다. 우선 '개별적 근로관계법'이 있어요. 이는 사용자의 행위를 규제하여 각각의 근로자를 개별적으로 보호하는 제도로서 근로기준법, 산업안전보건법, 남녀고용평등법, 선원법, 최저임금법, 파견근로자보호 등에 관한 법률, 산업재해보상 보험법 등이 있습니다. '집단적 노사관계법'은 노동조합이라는 단체를 통하여 근로자들을 집단적으

---

29 노동법은 근로자의 인간다운 생활을 보장하기 위한 방법으로 적정한 고용과 근로조건을 보장하고, 근로자가 그 결정 과정에 주체적으로 참여하게 한다.

로 보호하는 법이에요. 노동조합 및 노동관계 조정법, 노동위원회법, 근로자 참여 및 협력 증진에 관한 법 등이 포함됩니다. 마지막으로 '고용관계법'은 근로의 권리와 인간다운 생활을 할 권리를 구체적으로 실현하는 법이지요.

● 경제법

'경제법'은 자본주의가 고도로 발달한 현대사회에서 생겨나는 여러 가지 모순과 폐해를 국민경제 전체의 입장에서 정책적으로 규제하고 조정 또는 통제하는 법입니다. 국민경제에 있어서 시장의 자율적인 기능만으로는 실현할 수 없거나 곤란한 사회의 공동이익을 국가가 직접 실현하기 위하여 정책적으로 시장기구의 자율에 규제와 조정을 가하는 규범인데요. 시장경제체제 출범 초기에는 국가의 규제나 간섭을 최대한 배제하는 것이 개인은 물론 사회의 부를 증가시키는 일이라 여겼습니다. 그러나 자유방임이 지속되는 동안 빈부 격차의 심화, 근로자의 열악한 작업환경 및 근로조건, 독점기업의 탄생 및 폐해 등 다양한 부작용들이 속출하면서 시장의 자율적인 기능이 마비되었고, 국가는 이를 해소하기 위해 자유방임 대신 경제 관련 규제들을 마련함으로써 적극적으로 시장에 개입하기 시작하는데요. 특히 제1차 세계대전 이후 독일에서 다양한 사회·경제 문제들을 해결하기 위한 수많은 경제 관련 법령이 제정됩니다. 경제법은 이를 총칭하는 말로 사용되기 시작했어요. 또한 1919년 바이마르 헌법에서 "국가가 모든 국민들에게 인간다운 생활을 보장하여야 한다"는 정의의 원칙을 명시함으로써 현대 수정자본주의의 기초가 놓이게 됩니다.

이처럼 경제법은 빈익빈 부익부와 같은 시장경제체제가 지닐 수밖에 없는 문제들을 법규범을 통하여 규제함으로써 공동사회의 공동이익, 즉 국민경제의 향상을 도모하기 위해 탄생한 것입니다. 우리나라의 경제법은 독점규제 및 공정거래에 관한 법률, 증권거래법, 중소기업법, 소비자보호법, 약관의 규제에 관한 법률, 할부거래에 관한 법률, 방문판매 등에 관한 법률 등으로 구성되어 있습니다.

● 사회보장법

사회보장이란 출산, 양육, 실업, 노령, 장애, 질병, 빈곤 및 사망 등의 사회적 위험으로부터 모든 국민을 보호하고 삶의 질을 향상시키는 데 필요한 소득·서비스를 보장하는 사회보험, 공공부조, 사회복지 서비스를 말하는데요. 이러한 사회보장제도에 관한 법규범들의 총칭이 바로 '사회보장법'입니다. 사회보장법은 계약관계나 거래관계를 매개로 하지 않고, 생활주체의 사회인으로서 생활상의 필요에 부응하여 국가가 직접적으로 생활보장조치를 강구하고, 거기에 생존권의 확립을 목적으로 하는 법 영역입니다. 대표적인 사회보장법으로 사회보장에 관한 기본적 사항을 규정한 '사회보장 기본법'이 있습니다.

근로자의 권리를 보호해줘

우리는 모두 현재 근로자이거나 잠재적인 근로자입니다. 그러므로 근로자의 권리를 정확히 이해하는 것, 권리가 침해당했을 때 법[30]에 입각하여 합리적인 해결 방법을 찾는 일 등은 기본 중의 기본이라 할 수 있겠지요? 먼저 근로자, 사용자의 개념부터 알아봅시다. '근로자(피용자)'는 직업의 종류를 불문하고 임금, 급료, 기타 이에 준하는 수입에 의하여 생활하는 자를 말합니다. '사용자'는 쓰는 사람이라는 뜻이고요. 편의점의 경우, 사용자는 편의점 사장이 되고, 피용자는 아르바이트생이 됩니다.

---

30 헌법 제32조에는 근로의 권리가 명시되어 있다. 제33조에는 노동 3권 또는 근로 3권이라 말하는 '단결권', '단체교섭권', '단체행동권'이 나와 있다. 단결권은 약자의 지위에 놓이게 되는 노동자들이 노동조합을 결성해서 목소리를 낼 수 있도록 한 권리이고, 단체교섭권은 회사와 임금, 근로시간 등의 근로조건에 대해 이야기할 수 있는 권리이며, 단체행동권은 근로조건이 받아들여지지 않거나 근로환경이 개선되지 않을 경우 단체행동을 통해 위력을 보여줄 수 있는 권리이다.

모든 근로자는 일을 시작하기 전 반드시 근로계약을 맺어야 해요. 근로계약은 근로자의 근로제공과 그에 대한 사용자의 임금지급을 주 내용으로 합니다. 계약을 맺는 것이므로 청약과 승낙의 의사표시가 합치되어야 성립하지요. 근로계약을 맺으려면 먼저 근로계약서를 작성해야 합니다. 여기에는 얼마를 받을 것인지, 하루 또는 일주일에 몇 시간 일하는지, 어떤 업무를 담당할 것인지, 휴식시간 또는 휴게시간, 휴일, 휴가제도 등의 조건은 어떠한지 등의 내용이 들어가며, 반드시 서면으로 작성해야 합니다. 이때 근로조건의 기준은 근로기준법이 정한 기준보다 낮아서는 안 됩니다. 최저임금법에서도 최대 근로시간을 명시하고 최저임금에 못 미치는 임금을 주지 말라고 보장하고 있다는 것, 꼭 기억해두세요.

이제 표준근로계약서를 보면서 하나씩 살펴봅시다. 표준근로계약서에는 갑과 을이 등장합니다. 계약기간, 근무장소, 업무내용, 근로시간, 휴게시간, 근무일, 휴일, 임금조건, 상여금 조항 등이 들어가죠? 또한 각각의 수당, 임금[31] 지급일도 나오네요. 지급방법도 근로계약서에 나옵니다. 을에게 직접 줄 것인지, 통장으로 입금할 것인지 선택할 수 있지요. 기타 사항을 보면 "이 계약에 정함이 없는 사항은 근로기준법에 의한다"고 나와 있는데요. 그만큼 근로기준법이 강력한 법률이라는 것을 알 수 있습니다. 마지막으로 사업주인 갑과 근로자인 을이 이름을 쓰고 서명을 했어요. 자, 이렇게 근로계약서를 작성하면 이것을 기준으로 권리와 의무가 발생합니다. 계약은 사회적 약자인 노동자에게 불리하지 않도록 근로기준법의 보호를 받는다는 것, 그 뒤에는 헌법이 든든하게 뒤를 받쳐주고 있다는 것을 알아둡시다. 왠지 든든하지요?

헌법 제33조는 근로 3권에 대한 내용을 다루는데요. 특히 근로 3권이 더욱

---

31 임금은 통화, 즉 우리나라 돈으로 최소한 매달 한 번 이상 약속된 날에 지급할 것을 근로기준법에서 강제하고 있다.

표준근로계약서

_____ (이하 "사업주"라 함)과(와) _____ (이하 "근로자"라 함)은 다음과 같이 근로계약을 체결한다.

1. 근로계약기간 :   년 월 일부터   년 월 일까지
   ※ 근로계약기간을 정하지 않는 경우에는 "근로개시일"만 기재
2. 근 무 장 소 :
3. 업무의 내용 :
4. 소정근로시간 : __시__분부터 __시__분까지 (휴게시간 : 시 분 ~ 시 분)
5. 근무일/휴일 : 매주 _일(또는 매일단위)근무, 주휴일 매주 _요일
6. 임 금
   - 월(일, 시간)급 : _____원
   - 상여금 : 있음 (   ) _____원, 없음 (   )
   - 기타급여(제수당 등) : 있음 (   ), 없음 (   )
     · _____원, _____원
     · _____원, _____원
   - 임금지급일 : 매월(매주 또는 매일) ___일(휴일의 경우는 전일 지급)
   - 지급방법 : 근로자에게 직접지급(   ), 근로자 명의 예금통장에 입금(   )
7. 연차유급휴가
   - 연차유급휴가는 근로기준법에서 정하는 바에 따라 부여함
8. 근로계약서 교부
   - 사업주는 근로계약을 체결함과 동시에 본 계약서를 사본하여 근로자의 교부요구와
     관계없이 근로자에게 교부함(근로기준법 제17조 이행)
9. 기 타
   - 이 계약에 정함이 없는 사항은 근로기준법령에 의함

                          년   월   일

(사업주) 사업체명 :   (전화 :   )
       주   소 :
       대 표 자 :   (서명)
(근로자) 주   소 :
       연 락 처 :
       성   명 :   (서명)

확실하게 나와 있는 법률이 바로 노동조합 및 노동관계 조정법입니다. 이를 줄여서 '노조법'이라고도 하죠. 노조법은 어떤 경우에 적용되는지 알아봅시다.

회사는 상대적으로 근로자들보다 우위에 있습니다. 앞서 근로계약서를 봤지만 회사가 갑이잖아요? 그들이 갑이라서 그런 것만은 아니겠지만, 근로계약을 맺고 나서 그 내용이 잘 실천되지 않는다든지 근로자가 근로조건이 개선되었으면 좋겠다고 의견을 내도 회사가 무시할 가능성이 있는데요. 회사는 강자이고 근로자는 상대적으로 약자이기 때문입니다. 사장을 비롯한 사용자와 실질적으로 대등한 위치에서 자유로운 교섭이 가능하도록 하기 위해 헌법은 노동자들이 모일 수 있는 권리, 즉 '단결권'[32]을 부여하고 있어요. 즉 노동조합을 만들 수 있도록 한 것입니다. 노동조합이 사용자와 근로조건의 유지·개선에 관해 교섭·협상할 수 있는 권리를 '단체교섭권'이라 하는데요. 단체교섭이 결렬되었다면 노동조합은 단체적으로 행동할 수 있는 '단체행동권'을 가집니다. 즉, 단체행동권은 쟁의행위를 할 수 있는 권리지요.

여기서 중요한 점은 헌법과 법률에 정해져 있는 정당한 쟁의행위(정당한 파업 등)를 했을 때 민·형사상 책임을 면제 받게 된다는 것인데요. 회사에 손실을 입혔지만 적법한 파업으로 인한 것이었다면 업무방해죄 등으로 처벌받지 않습니다. 그런데 모든 일에는 끝이 있잖아요? 근로계약도 영원히 지속되지 않아요. 근로자가 근로계약서를 작성하면서 근로관계가 시작되었다면 근로자 스스로 근로계약을 끝낼 수도 있습니다. "나, 이제 회사 못 다니겠다!"면서 스스로 회사를 그만두는 경우를 퇴직이라 해요. 퇴직은 근로자 본인이 스스로 회사를 떠나가는 경우이므로 크게 문제되지 않습니다. 하지만 해고는 사정이 달라요. 해고는 사용자의 일방적인 의사로 근로관계를 종료시키는 거

---

32 근로자가 근로조건의 유지, 개선 등을 위해 노동조합 같은 단체를 만들 수 있는 권리이다.

잖아요? 해고되면 근로자는 멀쩡히 다니던 직장을 잃게 되고, 그로 인해 당장 생계유지가 어려워지는 끔찍한 일을 겪게 됩니다. 사실 해고는 사용자의 입장에서 볼 땐 권리일 수도 있어요. 회사가 너무 어렵고 경영상 급박한 일이 생겼기 때문에 해고했다면 정당한 사유로 인한 해고가 될 것입니다. 그러나 정당한 사유 없이 근로관계를 일방적으로 종료시키는 일도 비일비재하지요. 우리는 이를 '부당해고'라 부릅니다. 부당해고와 더불어 정당한 이유 없이 감봉, 전직 등 징계를 당하는 것 일체를 '부당노동행위'라 하고요.

부당해고에 해당되는 경우

사용자가 정당한 사유 없이 근로자를 해고한 경우: 긴박한 경영상의 필요가 있었는지, 해고를 피하려고 상당 기간 최대한 노력했는지 따져본다.

사용자가 합리적이고 공정한 기준으로 해고 대상자를 정하지 아니한 경우: 근로능력에 따라서 해고하는 것은 합리적이지만, 여자라서 혹은 장애우이기 때문에 먼저 해고하는 것은 법에 어긋난다.

사용자가 해고 계획이 있음을 근로자에게 30일 전에 예고하지 아니한 경우: 적어도 다른 일자리를 알아볼 수 있는 유예기간이 보장되어야 한다.

사용자가 해고의 사유와 시기를 서면으로 통지하지 아니한 경우: 나오지 말라고 구두로 통지하는 것은 법에 어긋난다.

그런데 부당해고를 당했다고 열 받아서 사장의 멱살을 잡고 싸우면 될까요? 직장을 잃은 마당에 경찰서까지 가면 안 되겠죠. 이 경우에 근로자는 노동위원회와 법원을 통해 구제받을 수 있습니다. 먼저 근로자는 지방노동위원회에 구제신청을 하고, 지방노동위원회의 판정에 대해 불복한다면 중앙노동위원회에 재심을 신청할 수 있어요. 중앙노동위원회에 재심을 신청하고자 할 때는 지방노동위원회의 판정서를 송달받은 날로부터 10일 이내에 재심 신청 취지 및 이유 등을 기재한 재심 신청서를 중앙노동위원회에 제출하면 됩니다. 한편, 중앙노동위원회의 재심 판정에 불복하는 경우에는 재심 판정서를 받은 날로부터 15일 이내에 행정소송을 제기할 수 있어요. 또한 법원을 찾아가서 해고 무효 확인소송을 제기할 수도 있습니다. 즉, 나를 해고한 것은 무효라는 것을 확인해달라고 소송할 수 있다는 뜻이에요.

사업주(사장)들이 근로자의 근로 3권(단결권, 단체교섭권, 단체행동권)을 방해할 목적으로 행하는 일들이 있습니다. 이를 '부당노동행위'라고 하는데, 특히 근로자가 어느 노동조합에 가입하지 아니할 것 또는 탈퇴할 것을 고용조건으로 하거나 특정한 노동조합의 조합원이 될 것을 고용조건으로 하는 행위가 대표적이에요. 이를 '황견계약'이라 합니다. 사용자의 우월한 지위를 이용해 부당하게 근로 3권을 침해하는 계약이란 뜻입니다. 입사시험에 합격한 장그래와 사장님의 대화를 들어봅시다.

사장 : 장그래 씨, 전공이 법학이네요? 회사 힘들게 하는 것 아닙니까?

장그래 : 무슨 말씀이세요?

사장 : 아니… 노동조합에 가입해서 노조활동으로 회사랑 나를 못 살게 굴 건 아니고요? 아무래도 이대로는 계약을 못 할 것 같네요. 노동조합에 가입하지 않는다고 서약하면 채용하겠습니다. 근로계약서에 이 사항을 넣었고요. 사인하세요.

장그래 : 알겠습니다. 사인할게요. (입사 후 바로 노동조합에 가입한 장그래를 사장이 부른다)

사장 : 장그래 씨, 당신 분명히 노동조합에 가입하지 않겠다고 해서 내가 뽑았는데, 노동조합에 가입했으니, 해고입니다!

장그래 : 사장님, 노동조합에 가입하지 않는 조항을 넣은 근로계약은 법률에 위반됩니다. 따라서 그 조항은 효력이 없어요. 이건 황견계약이고 부당해고 사유에 해당됩니다. 노동조합의 가입 여부는 근로자 개인의 판단이므로 당신은 나를 해고할 수 없어요!

자, 부당노동행위가 무엇인지 확실하게 이해하셨지요? 사용자의 부당노동행위로 근로 3권을 침해당한 경우에는 근로자나 노동조합이 노동위원회나 법원에 권리구제를 요청할 수 있습니다. 절차는 부당해고와 똑같아요. 여기서 중요한 것은 근로자뿐만 아니라 노동조합도 3개월 이내에 지방노동위원회에 도와달라고 구제신청을 할 수 있다는 점입니다. 결과에 불복하면 중앙노동위원회에 재심을 신청할 수 있고, 재심에 불복한다면 15일 이내에 노동위원회를 상대로 행정소송을 진행할 수 있고요. 1심은 행정법원, 2심은 고등법원, 3심은 대법원에서 받을 수 있답니다.

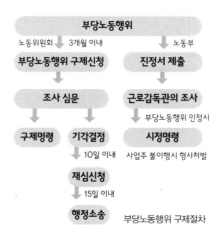

부당노동행위 구제절차

임금은 사용자가 근로자에게 근로에 대한 대가로 지급하는 일체의 금품입니다. 근로에 대한 대가죠. 임금은 유통 및 지급수단으로서 쉽게 사용할 수 있는 통화형태로 근로자에게 직접 전액을 매월 1회 이상 일정한 날짜에 지급해야 합니다. 임금의 계산과 지급방법은 근로계약 또는 단체협약보다 낮아서는 안 되는데요. 단체협약과 근로계약은 또 뭐냐고요? 어떤 근로자가 사용자와 근로계약서를 통해 근로계약을 맺었습니다. 그런데 이것만 있는 게 아니라 노동조합과 회사 사이에 단체 대 단체끼리 노동과 관련된 내용들을 협약하고 협의해서 규약으로 만들어놓은 것이 있어요. 이걸 '단체협약'이라 합니다. 그래서 임금의 계산과 지급방법이 근로계약 또는 단체협약보다 낮아서는 안 되고, 더 엄밀히 말하면 근로기준법이나 최저임금법에서 규정해놓은 최저수준보다 결코 낮아서는 안 된다는 거예요.

2016년 결정된 최저임금은 시급 6,030원이에요. 그런데 회사에서 시급을

6,030원보다 낮게 주는 것, 또는 근로자가 "나는 시급을 5,000원만 줘도 된다"고 하는 건 안 된다는 겁니다. 왜 그럴까요? 이미 법률에서 6,030원이라고 규정했으면 그것보다 밑에 있는 기준을 쓸 수 없다는 이야기죠. 철저하게 근로자를 보호하기 위한 법률이랍니다. 혹시 노동쟁의라는 말, 들어보셨나요? '노동쟁의'란 노동조합과 사용자, 또는 사용자 단체 간에 임금, 근로시간, 복지, 해고, 기타 대우 등 근로조건의 결정에 관한 주장의 불일치로 발생한 분쟁 상태를 말하는데요. 이 경우 주장의 불일치는 당사자 간에 합의를 위한 노력을 계속해도 더 이상 자주적 교섭에 의한 합의의 여지가 없는 상태를 말합니다. 아직도 무슨 말인지 잘 모르겠다고요? 예를 들어볼게요.

회사와 노동조합이 있습니다. 회사가 내년에 임금을 4%밖에 못 올려주겠다고 합니다. 이에 노동조합이 반발해요. 내년에 물가가 많이 오르는 만큼 8%로 올려줘야 한다고 주장합니다. 양측이 합의점을 찾는다면 다툼도 없겠지만 서로의 주장을 굽히지 않는다면 문제가 심각해집니다. 하지만 이때 바로 쟁의행위에 들어가는 건 아니에요. 노동쟁의가 발생하면 쟁의행위에 들어가기에 앞서 조정절차를 거쳐야 하거든요. 이를 '조정의 전치'라 합니다. 노동쟁의 해결을 위해 당사자 중에 일방이 조정을 신청하게 되면 조정위원회에서 임금을 5%로 올리는 것이 좋겠다는 조정안을 제시하겠죠? 이때 노동조합이 반드시 조정안을 받아들여야 할까요? 아닙니다. 조정안을 거부하고 파업에 들어갈 수 있답니다. 하지만 파업이 장기화되면 노동자들은 임금을 받지 못하고, 회사도 경영상의 어려움에 봉착하게 되겠지요. 그러면 당사자들이 중재를 신청하게 됩니다. 중재는 분쟁 당사자가 중재신청을 한 때에 당사자가 선정한 제3자의 판정에 따라 분쟁을 해결하는 방식이에요. 즉 당사자끼리는 말이 안 통하니까 중재에서 나온 결론을 따르자는 뜻이죠. 조정, 중재와 더불어 노동쟁의를 해결하기 위한 제도로 '긴급조정'도 있습니다. 긴급조정은 국민의 일상을 위태롭게 할 위험이 현존할 때 고용노동부장관이 개입할 수 있는 제도랍니다.

과거에 모 항공사 노조의 파업이 장기화되었을 때 정부가 긴급조정을 한 적이 있어요. 이때 정부는 경제손실 및 누적증가, 항공기 결항에 따른 국민 일상 위협, 쟁의불참 조종사들의 피로 누적으로 인한 항공안전사고 위험 등을 제시하여 긴급조정을 결정함으로써 합리적인 해결을 이끌어냈답니다.

인간다운 생활을 보장하라, 보장하라!

우리나라의 사회보장에 대한 법률적 정의는 '사회보장 기본법'에서 찾아볼 수 있습니다. 사회보장 기본법에서는 사회보장에 대해 다음과 같이 정의하는 데요. 즉 "사회보장이라 함은 질병·장애·고령·실업·사망 등의 사회적 위험으로부터 모든 국민을 보호하고 빈곤을 해소하며, 국민생활의 질을 향상시키기 위하여 제공되는 사회보험·공공부조·사회복지 서비스 및 관련 복지 제도를 말한다"고 말입니다.

'사회보험'은 국민에게 발생하는 사회적 위험에 대처하기 위해 보험의 원리와 방식을 도입하여 만든 사회경제제도입니다. 국민이 일정 기간 동안 보험료를 지불하면, 질병·사망·노령·실업 기타 신체장애 등으로 인하여 활동 능력의 상실과 소득의 감소가 발생하였을 때 보장받을 수 있는데요. 사회보험은 보통 개인+기업+국가의 3자가 비용을 부담합니다. 사회보험의 종류로는 국민연금, 건강보험, 산업재해보상보험, 고용보험, 노인장기요양보험 등이 있으며, 보험 가입은 강제입니다. 그중 국민연금은 고령화 사회가 되면서 그 중요성이 더욱 커지고 있는데요. 일하는 사람의 월급 일부를 거두어 두었다가 노년이 되어 소득이 없을 때 연금으로 지급하는 겁니다. 현재 일하는 장년층의 돈을 모아서 일하지 않는 고령층의 노후를 일정 부분 책임지도록 하는 것이니, 세대 간 부조라는 성격이 강하지요.

'공공부조(공적 부조)'는 국가나 지방자치단체가 생활 유지 능력이 없거나 생활이 어려운 국민의 최저생활을 보장하고 자립을 지원하는 제도입니다. 국민기초생활보장법에 의하여 일정 수준의 소득을 보장해주고 의료보호를 받게 해주는데요. 그 비용은 전적으로 국가가 부담합니다. 공공부조의 종류로는 국민기초생활보장제도, 의료급여제도, 기초노령연금제도 등이 있습니다.

이외에도 직접적인 경제적 지원 형태가 아니라 비금전적인 형태로 이루어지는 사회보장제도가 있는데요. 이를 '사회복지 서비스'라 합니다. 말 그대로 복지 수혜 대상자에게 금전과 같은 경제적인 혜택을 제공하는 것이 아니라, 다른 사람을 통해 서비스를 받게 하거나 제도적인 복지 혜택을 제공하는 거예요. 실업자를 대상으로 국고에서 무료로 지원하는 직업훈련이 대표적인 사례입니다. 빈곤층 학생들에게 무상으로 급식을 제공하는 것도 사회복지 서비스의 일종이고요.

경제법은 소비자를 어떻게 보호할까?

여러분도 저도 소비자입니다. 소비자는 각종 재화와 서비스를 구매하고 이용하는 사람인데요. 안타깝게도 상대적 약자의 지위에 놓이게 마련이죠. "소비자는 왕이다, 손님은 왕이다"는 말도 있는데 무슨 말이냐고요? 소비자가 제품을 구매하지 않으면 기업 입장에선 물건을 만들어야 할 이유가 없어지기 때문에 소비자가 왕인 것은 맞습니다. 그런데 말이에요. 요즘은 소비의 경로가 너무나 다양해졌잖아요? 인터넷, 홈쇼핑, TV를 비롯한 각종 전자상거래 등 채널이 무척이나 많아졌습니다. 직접 입어보고 먹어보지 않아도 구매할 수 있는 경로가 늘어난 거예요. 하지만 그만큼 소비자가 피해를 입을 가능성도 더 커졌는데요. 우리는 과연 소비자로서 어떤 권리를 주장할 수 있는 걸까요?

● 소비자의 8대 권리

고길순 씨가 컴퓨터로 홈쇼핑 방송을 시청하고 있습니다. 날이 갑자기 추워져서 그런지 거위털을 잔뜩 넣은 점퍼가 성황리에 판매되고 있네요. 길순 씨도 이참에 연예인이 협찬했다는 구스다운 점퍼를 주문하기로 마음먹습니다. 지갑에서 신용카드를 딱 꺼내 결제할 때까지는 기분이 좋았는데… 이틀 뒤 도착한 점퍼를 보고 길순 씨는 소리를 지르고 말았어요. 색상도 칙칙하고, 거위털도 풍성하지 않았거든요. 화가 난 길순 씨는 당장 업체로 전화해 신용카드 결제 취소를 요청합니다. 그런데 상담원이 이상한 소리를 하네요. "고객님, 방송에서 제품에 하자가 없으면 환불이 안 된다고 공지했는데요!" 세상에! 환불해줄 수 없다는 거예요. 길순 씨는 어떻게 해야 할까요?

우리에게는 소비자로서의 권리가 있습니다. 헌법 제124조도 소비자가 자신의 권리를 지켜내기 위해 시민단체를 구성해서 소비자보호운동을 펼칠 수 있도록 보장하고 있지요. 법률에 '소비자 기본법'[33]이라는 게 있는데요. 여기엔 소비자가 누릴 수 있는 8대 권리가 명시되어 있답니다. 즉 소비자들은 안전할

---

33 원래는 '소비자보호법'이었는데 소비자가 누릴 수 있는 각종 기본적인 권리가 다 들어 있다고 하여 명칭을 바꾼 것이다.

권리, 알 권리, 선택할 권리, 의견을 반영할 권리, 피해를 보상받을 권리, 필요한 교육을 받을 권리, 단체를 조직하고 활동할 권리, 안전하고 쾌적한 환경에서 소비할 권리를 보장 받는다고 말이에요.

계산대 앞에 서 있는 남성의 가방에서 갑자기 연기가 피어오릅니다. 순식간에 실내에 연기가 찼어요. 당황한 남성이 얼른 밖으로 나가 불을 껐습니다. 불이 난 것은 최신 스마트폰 배터리였어요. 이 경우, 소비자는 안전할 권리를 침해당했다고 말할 수 있습니다.

둘리가 편의점에 갔어요. 꿀이 들어 있는 감자칩을 사려고 하는데 감자칩만 따로 팔지 않고 잘 안 팔리는 다른 과자를 붙여서 팔고 있습니다. 일명 끼워 팔기라고 하는 건데요. 이 경우 둘리는 선택할 권리를 침해당했다고 볼 수 있습니다.

또 다른 예를 볼까요? 큰형이 산 전기면도기가 일주일도 안 되어 고장 났습니다. 당연히 교환해줄 거라 생각해서 판매처에 가지고 갔는데 교환을 해주지 않는 거예요. 알고 보니 면도기 부품 불량으로 고장이 난 건데 말입니다. 피해보상 받을 권리를 침해당했다고 할 수 있지요.

의견을 반영할 권리도 있어요. 채진이가 엄마랑 백화점에 가서 모자 달린 점퍼를 구입했어요. 입다 보니 모자에 달린 털이 자꾸 얼굴에 닿아 불편합니다. 채진이는 옷을 만든 회사에 찾아가 "털이 얼굴에 자꾸 닿아서 불편해요. 모자를 뗄 수 있게 해주시면 좋겠어요" 하고 요청했어요. 그러자 회사에서는 "불편을 끼쳐서 죄송합니다" 하면서 옷을 수선해주었습니다. 예, 소비자의 의견이 잘 반영된 경우이지요.

마이콜이 마트에서 가서 감자 스낵을 샀습니다. 마이콜은 과자 봉투를 보면서 원산지가 어디인지, 어떤 첨가물이 들어가 있는지, 유통기한은 언제까지인지 확인합니다. 제조업체는 소비자가 이런 사실들을 알 수 있도록 그 내용을 자세히 표기해야 하는데요. 이것이 바로 소비자의 알 권리를 보장하는 행위입니다.

그렇다면 필요한 교육을 받을 권리란 무엇일까요? 여러분 '터닝메카드'라고 들어봤나요? 요즘 뜨고 있는 자동차로 변신하는 로봇 애니메이션인데요. 얼마 전 저는 터닝메카드의 주인공 '에반'을 아들에게 사주었어요. 그랬더니 바로 자동차로 변신시켜 달라고 조르네요. 그런데 변신 방법이 너무도 복잡해서 설명서를 참고하는데도 당최 이해할 수가 없는 겁니다. 하는 수 없이 제조사 사이트에 들어가 보았죠. 그랬더니 '에반' 변신 동영상이 있는 거예요. 예, 저는 그 동영상을 보면서 필요한 교육을 받을 권리를 누릴 수 있었답니다.

기분이 좋아진 저는 아들과 중국집에 갔어요. 자장면을 주문하고 앉아 둘러보니 테이블도 지저분하고 가게 위생상태도 영 좋아 보이지 않아요. 이럴 때 우리는 "안전하고 쾌적한 환경에서 소비할 권리를 침해당했다"고 할 수 있답니다.

마지막으로 소비자에겐 단체를 조직하고 활동할 권리가 있어요. 스스로 권익을 옹호하기 위해 단체를 조직하고, 조직된 단체를 통해 활동할 수 있지요. 소비자보호단체협의회, 한국소비자연맹, 전국주부교실, 소비자문제를 연구하는 시민의 모임 등이 그 예입니다.

● 소비자보호, 국가에서 앞장선다

현대인들은 온라인 거래를 정말 많이 합니다. 온라인 거래엔 장점도 많지만 문제점도 많은데요. 먼저 온라인 거래는 시간과 공간을 초월합니다. 우리나라 최남단 마라도에 사는 사람도 온라인 매장을 통해 맘에 드는 옷을 주문할 수 있어요. 굳이 오프라인 매장을 찾지 않고도 말입니다. 하지만 소비자가 제품의 품질이나 성능을 직접 확인하기 어렵다는 단점이 있지요. 과대광고,

부당표시 등으로 손해를 입을 가능성도 더 크고요. 또한 대금지급 후 상품을 받는 방식이므로 예상치 못한 피해가 발생할 수도 있습니다. 처음에는 무조건 써보고 맘에 안 들면 7일 이내에 반품할 수 있다고 해놓고, 반품을 받지 않는 경우도 많거든요. 이런 경우, 소비자의 권리를 보호하기 위해 만든 것이 '전자상거래 등에서의 소비자 보호에 관한 법률'이랍니다.

보다 효과적으로 소비자를 보호하기 위한 법도 있습니다. 사업자의 시장 지배적 지위 남용과 과도한 경제력 집중을 방지하고, 부당한 공동행위 및 불공정 거래행위를 규제하여 자유롭고 공정한 경쟁을 촉진시키기 위한 법률인데요. 이것이 바로 '독점규제 및 공정거래에 관한 법률'입니다. 이 법에 따라 설립된 '공정거래위원회'는 독점기업의 횡포를 제한하고, 가격담합 등의 불공정거래를 조사하고 처벌하는 일을 해요. 우유를 만드는 업체들이 한꺼번에 우유 값을 인상시킵니다. 그러면 가격담합이잖아요? 공정거래위원회는 기업체들이 이런 짓을 하면 빠른 시일 안에 적발하여 제품이 공정하게 거래될 수 있도록 하고, 일부 기업체의 독점을 규제하는 국가기관이랍니다.

한편 국가는 '한국소비자원'을 운영하여 어떻게 하면 침해된 소비자들의 권리를 구제해줄 수 있을지 고민하는데요. 소비자는 상품과 서비스를 구입하는 과정에서 불만을 갖게 되거나 사업자로부터 권리를 침해받기도 합니다. 그러면 소비자는 일단 피해를 발생시킨 사업자에게 피해를 구제해달라고 요구할 수 있어요. 이때 사업자는 7일 이내에 보상해줄 수 있는지 그 여부와 내용을 알려줘야 하고, 피해를 보상할 계획이라면 14일 이내에 이행해야 합니다.

이렇게 사건이 잘 마무리되면 바람직할 테지만, 사업자가 너무 어이없는 금액을 보상해주거나 아예 보상해주지 않는 일도 발생하기 마련입니다. 이 경우 찾아갈 수 있는 곳이 바로 한국소비자원이에요. 한국소비자원은 소비자단체나 시민단체가 아니라 국가가 설립한 기관으로서 먼저 소비자의 피해를 조사한 후 합의안을 만들어 양측에 합의를 권고합니다. 이때 양측이 합의안을 따르기로 하면 분쟁이 쉽게 해결되지만, 그렇지 않으면 한국소비자원에 설치된 소비자 분쟁 조정 위원회에 사건을 회부합니다. 위원회에서는 당사자들을 소환해 사건 심리를 한 후 조정을 시도하는데요. 조정이 이루어지면 사건은 해결되는 거고, 그렇지 않으면 최종적인 방법으로 민사소송[34]을 통해 피해에 대한 손해배상을 청구할 수 있습니다.

TIP
한국소비자원의 기능
① 소비자 권익 관련 제도와 정책의 연구 및 건의
② 물품, 용역의 규격·품질·안전성 등에 관한 시험 검사 및 거래조건·방법에 대한 조사·분석
③ 소비자의 권익증진·안전 및 소비생활 향상을 위한 정보의 수집·제공 및 국제협력
④ 소비자의 권익증진·안전 및 능력개발과 관련된 교육·홍보 및 방송사업
⑤ 소비자 불만처리 및 피해구제
⑥ 소비자 권익증진 및 소비생활 합리화를 위한 종합적인 조사·연구
⑦ 국가 또는 지방자치단체가 소비자 권익증진과 관련하여 의뢰한 조사 업무
⑧ 그 밖에 소비자의 권익증진 및 발전에 관한 업무

● 제조물 책임법

마지막으로 아주 중요한 개념을 알아볼 거예요. 바로 '제조물 책임법'입니다. 미국에서 '그린맨 사건'이라는 일이 있었어요. 원고가 소매상으로부터 구입한 목조기계를 사용하던 중 기계 결함으로 인하여 나무파편이 튀어나와 눈을 다쳐 중상을 입은 사건인데요. 이 사건에서 원고는 소매상 및 제조회사를 상대로 과실 및 보증 위반에 근거한 소송을 제기했습니다. 이후 원고는 기계의

---

34 한국소비자원이 소비자 분쟁 조정 위원회에 대해 조정해줄 것을 요청하고 조정을 받은 후에만 민사소송을 제기할 수 있는 게 아니다. 조정절차를 거치지 않고도 "내 문제는 법원에 가서 해결하겠다"고 하면서 민사소송에 들어갈 수 있다.

부품을 고정시키는 나사못이 부적합한 것임을 보여주는 실체적 증거를 제출했는데요. 판결은 소매상에 대한 책임을 부정하여 청구를 기각했지만, 제조회사에 대하여는 책임을 인정하여 원고의 청구를 인정했습니다. 당시 판사는 "제조업자가 아무런 검사 없이 사용되리라는 것을 알면서 시장에 물건을 유통시키고, 그 후에 그 물건에 인신사고의 원인이 된 결함이 존재하는 것이 밝혀지면 제조업자는 불법행위법 상의 엄격 책임을 진다"고 판결했는데요. 이로써 '제조물 책임법'이라는 현대 소비자 권리에서 매우 중요한 법률의 역사가 시작됩니다.

제조물 책임법은 물품을 제조하거나 가공한 자에게 그 물품의 결함으로 인해 발생한 생명, 신체의 손상 또는 재산상의 손해에 대하여 무과실 책임에 의해 손해배상의 의무를 지우는 법률인데요. 앞에서 민법상 손해배상을 받기 위해서는 가해행위, 위법성, 고의 또는 과실, 손해, 인과관계, 책임능력, 여섯 가지를 피해자가 입증해야 한다고 했죠? 그런데 말입니다. 이런 일이 생길 수도 있어요.

홍설 누나가 머리를 말리려고 헤어드라이기 전원을 켰습니다. 그 순간 양초를 녹일 정도로 뜨거운 바람이 나와서 순식간에 앞머리가 타버린 거예요. 이 상황에서 홍설 누나는 어떻게 해야 할까요? 예, 당연히 손해배상을 받아야죠.

그런데 민법상 손해배상을 청구하려면 가해행위가 있고, 위법하고, 그리고 헤어드라이기에 결함이 생긴 것이 제조업체의 고의 또는 과실이 있음을 입증해야 합니다. 아니, 소비자 혼자 이 모든 것을 어떻게 입증합니까? 하지만 너무 걱정하지 마세요. 이런 경우를 대비해 제조물 책임법에서는 피해자가 보다 수월하게 손해배상을 받을 수 있도록 배려하고 있으니까요. 즉 헤어드라이기 때문에 머리가 탔고, 그것은 바로 헤어드라이기에 결함이 생겨서 그런 거라는 사실만 입증하면 인과관계를 인정받을 수 있답니다.

반대로 제조업자가 자기 제품의 결함 때문에 머리가 탄 것이 아니라고 증명해내지 못해도 피해자에게 손해배상을 해야 합니다. 이를 '입증책임의 완화', 또는 '입증책임의 전환'이라 한답니다. 원래 민법에서는 가해행위, 위법성, 고의 또는 과실, 손해, 인과관계, 책임능력을 소비자가 다 밝혀야 손해배상을 받을 수 있었는데, 이것이 완화되어 제조물에 결함이 존재한다는 사실과 제조물이 손해를 유발했다는 것만 입증하면 나머지 책임은 제조업자에게 넘어가게 되는 거예요. 즉, 제조물 책임법의 의의는 소비자가 피해를 구제받을 수 있는 가능성을 더 높여주었다는 점입니다. 이런 배려 덕분에 홍설 누나는 제조물 책임법에 근거해 헤어드라이기 사진 한 장, 앞머리가 탄 사진 한 장을 찍어서 제조업자에게 손해배상을 청구할 수 있게 된 것입니다.

　이때 주의할 점이 있어요. 제조물의 결함으로 인한 손해배상은 고의나 과실을 묻지 않는 '무과실 책임의 사례'라는 점인데요. 제조물 책임법 제8조에 "제조물의 결함에 의한 손해배상 책임에 관하여 이 법에 규정된 것을 제외하고는 민법의 규정에 의한다"는 내용이 있거든요. 무슨 말이냐고요? 제조물 책임법이 민법보다 우선 적용된다는 말이랍니다. 즉 "제조물의 결함 때문에 발생한 손해배상에 관해서는 제조물 책임법이 민법보다 우선 적용된다"는 뜻이지요. 그래서 우리는 제조물 책임법을 '민법의 특별법'이라 부른답니다.

손에 손 잡고,
벽을 넘어서

「매트릭스」는 멋진 영화입니다. 감독인 워쇼스키 남매는 풍부한 상상력과 탄탄한 구성을 바탕으로 인간의 실존과 기술 문명에 철학적 질문을 던졌는데요. 매트릭스란 통상적으로 행렬 혹은 컴퓨터의 입출력으로 얽힌 회로망을 가리킵니다. 영화의 배경이 컴퓨터의 가상공간임을 암시하는 장치죠. 이곳에서 컴퓨터는 인간을 지배하고 통제하며, 가상공간에서 상상의 삶을 살게 합니다. 그리고 그 거짓된 삶에서 나오는 인간의 뇌활동 에너지를 흡혈귀처럼 빨아들여요. 이 사실을 알게 된 인간들은 컴퓨터의 지배에서 벗어나기 위해 저항하고, 마침내 컴퓨터와 인간 사이에 치열한 싸움이 벌어집니다. 국제정치는 여러 면에서 영화 「매트릭스」와 닮았어요. 국제정치의 중심 테마 역시 전쟁이니까요. 물론 영화처럼 이를 표면화한 건 아니지만 자세히 들여다보면 국제정치의 모든 사건은 서로 촘촘히 연결되어 있다는 것, 각국이 패권을 장악하거나 세력을 유지하기 위해 끊임없이 싸우고 있다는 걸 알게 되지요. 국제정치는 또한 매트릭스의 세계처럼 양면성을 띱니다. 단순하면서도 복잡하니까요. 컴퓨터 매트릭스는 회로가 복잡하게 얽힌 구조지만 기본적으로는 0과 1의 두 가지 숫자로만 구성되잖아요? 국제정치도 마찬가지입니다. 핵심 테마는 결국 전쟁과 평화예요. 그러나 매트릭스의 0과 1이 수많은 조합을 만들어내듯 국제정치에도 엄청난 변수들이 복잡하게 얽혀 있답니다. 전쟁과 평화가 국제정치의 본질이지만 그것만으로 모든 걸 설명하기 어려운 이유예요. 안타깝게도 영화와 현실은 완전히 달라서 우리가 네오 같은 영웅이 될 수는 없습니다. 하지만 세계가 어떻게 돌아가는지 정확하게 판단하여 적절히 대응할 수 있는 힘과 지혜를 갖춘다면 행성별 지구에서 펼쳐지는 인간의 삶 또한 조금 더 평화롭고 아름다워질 수 있겠지요?

국제사회에는 영원한 친구도 영원한 적도 없다

'국제'라는 말도 알고 '사회'라는 단어도 친숙한데, 왠지 '국제사회' 하면 세계지도 위로 연기가 뭉글뭉글 피어오르는 느낌입니다. 여러 나라가 모인 거니까 분명 실체가 있다는 뜻인데, 막상 어떤 문제를 해결할 때엔 구심점이 없는 것 같잖아요? 주연과 조연이 뒤섞이거나 아예 주객이 전도된 것처럼 보일 때도 많고요. 뭔가… 보이지 않는 커다란 손이 수면 아래에서 움직이고 있는 것 같은데요. 국제사회의 정체가 정말 궁금합니다.

국제사회의 초상은 추상화일까, 구상화일까?

여러 나라가 서로 교류하고 의존하면서 국제적 공동생활을 영위하는 사회를 '국제사회'라 합니다. 즉 각 국가들이 중심이 되는 사회를 말하지요. 여기서 국가란 국민·영토·주권을 구성 요소로 하는 국민국가를 뜻합니다. 주권은 국가의 중요한 의사를 최종적으로 결정하는 권력인데요. 대내적으로는 최고의 절대적인 힘을 가지고, 대외적으로는 독립성을 띠지요. 국가는 주권을 뛰어넘는 그 어떤 권력도 인정하지 않으며, 자주적 독립성을 띠기 때문에 타국에 대해 국내정치에 간섭하지 말라고 선언[2]할 수 있습니다.

　국제사회는 독립된 주권국가로 구성됩니다. 이들 간의 관계가 곧 국제관계의 기본이고요. 그러니까 한국, 미국, 일본, 중국 등의 주권국가들끼리 어떻게

1　다수의 국가가 존재하고, 그들이 상호 교류해야만 국제사회가 형성된다.

2　이를 '내정 불간섭의 원칙'이라 한다. 다른 국가나 국제조직이 한 나라의 경제·정치·사회 등의 관할사항에 대해 간섭하지 않는다는 국제적 원칙이다.

협력하는지, 어떤 갈등을 겪는지에 따라 국제관계도 달라지는 거죠. 그런데 현실은 매우 냉혹합니다. 주권을 가진 국가라면 주권평등의 원칙에 따라 영토가 넓든 좁든, 인구가 많든 적든, 역사가 길든 짧든 상관없이 수평적인 관계를 주장할 수 있을 것 같지만, 그게 불가능하거든요. 크고 강한 강대국의 의사가 우선시되는 경우가 많지요. 바로 힘의 논리가 적용되는 겁니다.

그렇다면 국제사회를 대표하는 중앙정부의 역할도 강대국이 수행하는 걸까요? "에이, 무슨 소리예요. 국제연합(UN)이 있잖아요!" 그래요, 대개 이런 생각을 많이 하죠. 그런데 여러분, 국제연합은 국가들끼리의 연합체에 불과하답니다. 국제사회에는 전 세계를 이끄는 대통령이나 중앙정부는 존재하지 않아요. 심각한 분쟁이 발생해도 규범을 만들거나 강제할 수 없는 이유입니다.

또한 각 국가들은 자국의 이익실현을 최우선으로 하는 한편 국제사회를 위해 서로 협력합니다. 세계 초강대국은 미국이죠? 미국의 뒤를 바짝 쫓고 있는 나라는 중국이고요. 따라서 미국과 중국은 수출·수입·환율 등 무역과 관련하여 서로 부딪히거나 갈등을 겪을 수밖에 없습니다. 둘 다 자국의 이익을 우선으로 생각하니까요. 물론 초국가적인 염원인 세계평화를 지키기 위해 협력하는 모습을 보이기도 하지만, 국제사회에는 영원한 친구도 영원한 적군도 없답니다.

국제사회에서 각 국가는 다양한 이해관계 앞에서 갈등을 겪거나 협력한다.

국제사회를 바라보는 세 가지 시선

국제사회의 문제를 바라보는 관점은 다양합니다. 각국의 역사적 배경이나 현재의 국력 차이, 특정 국제정치 사건을 둘러싼 이해관계 등에 따라 동일한 사건을 두고도 서로 다른 입장을 보이지요. 이를 테면 일제강점기를 바라보는 한국과 일본의 시선, 한국전쟁을 대하는 남북한의 관점, 9·11 테러를 대하는 미국과 무슬림의 해석은 분명히 다르잖아요? 직접적인 관련이 없다 할지라도 그들이 사건 당사국과 어떤 관계를 맺고 있는가에 따라 입장이 변하기도 하고요. 국제사회를 바라보는 관점은 이처럼 다양하지만, 그 시각은 크게 현실주의, 자유주의, 구조주의로 압축할 수 있습니다.

'마키아벨리즘'으로 통하는
군주론을 제창한 마키아벨리

● 현실주의_국제사회는 약육강식의 정글이다

마키아벨리[3]는 『군주론』에서 "군주에게는 운명의 풍향과 사태의 변화에 따라 그에 적합한 대응방법이 요구된다"고 했는데요. 이때의 적합한 대응방법이란 바로 '힘'을 말합니다. 마키아벨리는 "군주는 끝까지 덕으로만 나라를 다스릴 수 없으므로 때로 국익을 위해 무력 또는 경제력을 이용하여 다른 국가를 제압할 수 있어야 한다"고 생각했어요. 술수에도 능해야 한다는 뜻인데요. 참으로 현실적인 생각이지요? 현실주의는 이처럼 인간의 본성을 이기적으로 보는 데서 출발한 세계관으로 세상을 매우 비판적으로 바라봅니다.

현실주의 관점은 이기적인 인간으로 구성된 만큼 국가도 이기적이며, 이기적인 국가들로 구성된 국제사회 역시 이기적이라고 봅니다. 세상은 전체의 평

---

3 이탈리아의 정치사상가·외교가·역사학자(1469~1527). 정치는 도덕으로부터 구별된 고유의 영역임을 주장하는 마키아벨리즘을 제창하여 근대적 정치관을 개척했다. 저서에 『로마사론』, 『군주론』 등이 있다.

화보다 각자의 이익을 위해 투쟁하는 약육강식의 정글이라는 건데요. 홉스의 말처럼 세상을 '만인의 만인에 대한 투쟁' 상태로 생각하는 것입니다. 그러므로 현실주의 관점에서 볼 때 현재의 국제대립은 모든 인간의 고유한 권력욕과 그 밖의 본성에서 유래하는 불가피한 투쟁이에요. 한 국가가 망치라면 다른 국가는 그 망치에 머리를 맞는 못이 되는 세계이므로 현실주의에서는 승자와 패자가 분명하게 나뉜다는 시각입니다.

이런 세계에서 개별 국가들은 협력하고 조화를 이루어야 할 대상이라기보다 언제든지 안보에 위협이 될 수 있는 잠재 적국일 뿐인데요. 따라서 "나의 행복은 너의 불행이고, 너의 불행은 곧 나의 행복"이라는 말처럼 적대적 경쟁 체제의 국제사회에서 국가의 최우선 목표는 모든 수단을 동원해서 살아남는 것이 됩니다.

국제사회에는 국내사회와 달리 중앙정부가 없습니다. 따라서 현실주의는 분쟁을 해결하는 방법을 오직 힘의 논리에서 찾습니다. 때에 따라서는 실제 전쟁도 불사하고요. 현실주의가 제시하는 평화유지 방법은 우선 각국이 국제사회에서 힘의 우위를 확보하고, 세력균형을 위한 전략으로 동맹을 이용하는 것입니다. 하지만 전쟁에 돌입해서 승리하기보다 힘의 균형을 통해 전쟁을 방지하는 데 방점을 찍는 예방적 성격이 강해요. 즉 모든 국가가 군사력을 증강할 때 전쟁에 이르지 않을 수 있는 유일한 방법은 누구도 먼저 공격을 시도하기 어렵도록 세력의 균형을 유지하는 것이라 생각하는 겁니다.

● 자유주의_국제사회는 가꿀 수 있는 정원이다

자유주의는 인간을 이성적인 존재로 봅니다. 거의 모든 면에서 현실주의와 정반대로 생각해요. 따라서 전쟁과 평화에 대한 관점도 당연히 다릅니다. 전쟁과 평화의 관계란 무릇 동전의 양면과 같지만 "평화가 정상인데 가끔 전쟁이 일어난다"고 보는 것과 "인간의 본성상 전쟁이 일어나는 게 정상적이지만 평화 역시 가능하다"고 보는 것은 다르잖아요? 전자가 자유주의 관점이라면 후자는 현실주의 관점이라 볼 수 있어요.

자유주의는 현실주의와 달리 국제사회를 무정부 상태로 보지 않습니다. 국제사회에는 도덕, 여론, 법률, 그리고 제도가 존재하며, 국내사회보다 강제성은 떨어지지만 대부분의 국가가 이를 준수한다고 생각해요. 국가 간에도 대립보다 협상이 더 필요하다고 보고요. 가끔 전쟁이 발생하는 것은 현실주의의 주장처럼 인간의 이기적 본성으로 말미암은 숙명이라기보다 상대국에 대한 무지나 오해에서 비롯되는 예외적인 현상일 뿐이라 생각합니다.

자유주의는 국제사회를 '가꿀 수 있는 정원'으로 여깁니다. 전쟁이 전혀 없을 수는 없지만 노력에 따라 얼마든지 평화가 가능하다고 생각해요. 지구촌의 분쟁이 완전히 사라진 건 아니지만 적어도 평화를 향해 나아가고 있으며, 힘을 모아 적극적으로 노력한다면 영구적인 평화도 가능하다고 믿고요. 정말 이상적이죠?

자유주의는 국제사회에서 국가 외에도 국제기구, 비정부기구 같은 다양한 행위자의 역할을 인정하고, 정치나 군사안보 외에 경제, 사회, 문화 등을 모두 중요한 요소로 간주합니다. 미국과 중국 간의 핑퐁외교,[4] 남북한이 단일팀을 구성하여 국제적인 행사에 참가하는 스포츠 교류나 경제협력 같은 사례에서 알 수 있듯, 정치나 군사문제를 위해 먼저 신뢰를 구축하면 이를 바탕으로 정치적인 협력관계도 가능해진다고 보지요.

---

4 제31회 나고야 세계탁구선수권대회(1971. 4. 6)에 출전한 탁구선수를 비롯한 미국선수단과 기자들이 같은 해 중화인민공화국을 방문하여 저우언라이 총리와 면담을 가진 데서 촉발하여 미국과 중화인민공화국이 20년 이상 막혔던 교류의 징검다리를 놓은 사건이다. 이 일을 계기로 1972년 2월, 리처드 닉슨 미국 대통령이 중국을 방문하여 미국과 중국 양국이 '상하이 공동성명'을 발표하기에 이른다.

1972년 리처드 닉슨은 중국을 방문하여 마오쩌둥을 만났다.

자유주의가 제시하는 평화유지 방법은 집단안보전략입니다. 세계질서를 무너뜨리고 평화를 위협하는 국가가 나올 경우, 나머지 전체가 협력해서 국제규범을 만들어 따르거나 국제기구를 설립하여 전쟁을 방지하는 전략이지요.

◉ 구조주의_국제사회는 약탈의 광장이다

구조주의[5] 관점은 앞의 두 관점과 본질적으로 다른 시각에서 출발합니다. 가장 구별되는 특징은 국가 간 경제 불평등에 대한 높은 관심이에요. 구조주의는 전쟁 방지에 힘쓰는 현실주의나 평화구축에 집중하는 자유주의와 달리 먹고사는 문제를 가장 중요하게 생각합니다. 국제사회의 질서를 교란시키는 가장 큰 문제

5 어떤 사회현상에서 각각의 요소들보다 서로 얽혀서 기능적 연관을 이루는 하나의 얼개를 우위에 두고 파악하려는 사회학·철학의 한 경향이다. 프랑스 인류학자 레비스트로스가 소쉬르의 구조언어학을 응용하여 체계화한 지적 경향을 일컫는다.

로 경제적 불평등을 지목한 것인데요. 구조주의가 던지는 질문의 핵심은 "아시아, 아프리카, 남미 등에 있는 제3세계 국가들이 왜 빈곤과 저개발 상태에서 벗어나지 못하는가?"입니다. 구조주의는 그 원인을 "이들 국가의 경제정책이 실패해서가 아니라 자본주의체제가 본질적으로 불평등하기 때문이다"고 말합니다.

경제적 불평등, 자본주의 비판 등에서 볼 수 있듯 구조주의는 마르크스의 사상에서 많은 영향을 받았습니다. 자본가가 노동자를 착취한다는 그의 논리를 국제무대로 옮겨 선진국과 후진국 사이에 적용한 거예요. 특히 '종속이론'은 "선진국의 발전이 곧 후진국의 퇴행으로 귀결된다"고 주장합니다. 후진국이 선진국과의 경제 교류에서 착취당하고 종속된다는 뜻인데요. 구조주의는 원칙적으로 세계화를 불평등과 착취의 굿판으로 간주합니다. 후진국의 입장에서 볼 때 선진국이 주장하는 세계화란 곧 무자비한 약탈에 다름 아니라는 뜻이지요.

독일관념론과 공상적 사회주의 및 고전경제학을 비판하여 과학적 사회주의를 창시한 마르크스

국제사회는 어떻게 형성되고 발전되었을까?

국제사회가 등장하려면 먼저 국제사회를 구성하는 근대적 의미의 국가가 필요한데요. 주권국가의 출발점은 1648년의 베스트팔렌조약[6]입니다. 이 조약을 통해 종교에 대한 국가의 우위가 확인되고, 이후 국민국가는 국제사회의 가

---

6 종교개혁을 둘러싼 구교와 신교 간의 30년 전쟁(1618~1648)을 끝내기 위해 맺어진 조약.

베스트팔렌조약의 비준

장 중요한 행위체가 되었거든요. 즉 이 조약을 체결함으로써 교황권이 붕괴되고 개별국가의 중요성이 인정되면서 민족국가의 등장과 함께 서서히 국제사회의 면면이 갖춰지기 시작합니다.

그러던 중 유럽 전체가 술렁이는 사건이 터집니다. 바로 프랑스혁명인데요. 아이러니하게도 혁명 이후 프랑스에서는 공화정이 붕괴되고, 나폴레옹이 등장하면서 왕정으로 복귀합니다. 스스로 황제임을 선포한 나폴레옹은 정복전쟁을 일으켜 유럽을 화염 속으로 몰아넣었고요. 그러나 1815년 나폴레옹은 결국 몰락합니다. 그때는 이미 프랑스의 혁명 이념이 나폴레옹을 따라 유럽 전역에 퍼진 뒤였어요. 도처에서 시민들의 움직임이 감지되자 군주들은 불안에 떨며 "혁명 이념의 싹을 잘라버리고 우리끼리 잘 살아보세"라며 오스트리아 빈에 모여 국제사회 체제를 설립합니다.

1815년 등장한 빈 체제는 최초의 국제체제예요. 유럽은 이 체제 안에서 평화질서가 유지되는 19세기를 향유합니다. 그러나 평화는 오래가지 못해요. 제국주의화한 유럽이 식민지 쟁탈전을 펼치면서 위태롭게 흔들리기 시작했으니까요. 그중 아프리카 횡단정책을 강행하던 프랑스와 종단정책을 펴던 영국의 대립은 필연적이었습니다. 결국 1898년 아프리카 수단의 도시 파쇼다에서 영국과 프랑스 간의 충돌이 일어납니다. 이에 빈 평화체제는 붕괴되고 세계는 급속히 전화(戰火)의 불길로 빠져들지요.

세르비아의 한 청년이 오스트리아의 황태자를 향해 겨눈 총알은 급기야 제1차 세계대전[7]을 촉발했는데요. 이 전쟁은 1914년 7월 28일 오스트리아의 세

7 영국·프랑스·러시아 등의 협상국(연합국)과 독일·오스트리아의 동맹국이 양 진영의 중심이 되어 싸운 전쟁이다.

르비아에 대한 선전포고로 시작되어 1918년 11월 11일 독일의 항복으로 끝을 맺습니다. 제1차 세계대전 후 승전국은 패전국 처리와 향후 세계평화 체제의 유지를 위해 1919년 파리강화회의를 통해 베르사유 체제[8]를 구축하는 한편 국제연맹(League of Nations)[9]이라는 국제평화기구를 만드는데요. 국제연맹은 출발할 때부터 한계점을 안고 있었답니다. 제1차 세계대전 이후 최강국으로 떠오른 미국의 불참, 만장일치제 채택으로 인한 실행력 결핍, 독자적인 군사력 확보 실패 등입니다.

1916년 8월 오스트리아-헝가리와 이탈리아 사이에 벌어진 '도베르도 전투'를 묘사한 그림

8 제1차 세계대전 뒤 1919년의 베르사유 조약에 따라 생긴, 국제평화를 위한 안전보장의 체제. 이 체제에 대하여 독일과 소련이 가장 큰 불만을 가지고 있었는데 1935년에 히틀러가 재군비 선언을 하고 다음 해 3월 라인란트에 군대를 진주시키자 이 체제는 무너졌다.

9 제1차 세계대전 직후인 1920년, 미국 대통령 윌슨의 제창에 따라 국제평화 유지와 협력의 촉진을 목적으로 창설한 국가 간의 연합체. 스위스 제네바에 본부를 두고 국제 분쟁의 평화적 처리에 크게 공헌하였으나, 1945년 국제연합의 창설로 1946년에 해체된다.

1919년 베르사유 조약(윌리엄 오르펀 그림)

1920년 12월 10일에 발행된 잡지 《펀치》에 실린 만평
(미국의 국제연맹 불참을 풍자하고 있다)

이후 세계는 또 한 번 엄청난 소용돌이에 휩싸입니다. 바로 1939~1945년 사이에 터진 제2차 세계대전[10]인데요. 이 전쟁은 인류 역사상 가장 큰 인명 손상과 재산 피해를 초래했습니다. 그 후 전 세계적으로 두 번 다시 전쟁의 참화를 겪어서는 안 되겠다는 공감대가 형성되면서 1946년 국제연합(United Nations)[11]이 등장합니다. 국제연합 역시 한계가 많은 기구였으나 해체된 국제연맹을 대체하여 실질적인 권한을 행사하게 되지요.

제2차 세계대전이 끝난 뒤 미국과 (지금은 해체된) 소련이 이념상의 차이로 부딪히게 되자 세계는 또다시 양극으로 분열됩니다. 미국은 자유진영·자유주의를, 소련은 공산진영·사회주의를 표방하면서 미국과 친한 자유주의 국가들과 소련과 친한 동유럽 사회주의 국가들 사이에 이념 대립이 치열해져요. 이 시기를 '냉전(Cold War)시대'라 부르는데요. 당시 미·소 간 긴장관계가 유지되긴 했지만 핵무기의 균형을 통해 전쟁은 발생하지 않았다는 의미입니다.

1945년 7월 3일, 베를린 공방전으로 폐허가 된 베를린 거리

냉전의 상징이었던 베를린 장벽(1986년)

10 1939년부터 1945년까지 유럽, 아시아, 북아프리카, 태평양 등지에서 독일, 이탈리아, 일본을 중심으로 한 추축국과 영국, 프랑스, 미국, 소련 등을 중심으로 한 연합국 사이에서 벌어진 세계 규모의 전쟁이다.

11 제2차 세계대전 후 국제평화와 안전의 유지, 국제우호관계의 촉진, 경제적·사회적·문화적·인도적 문제에 관한 국제협력을 달성하기 위해 창설한 국제평화기구. 국제연맹의 정신을 계승하여 더욱 강화한 조직체로서 1945년 10월 24일에 정식으로 창립하였다. 주요 기관으로는 총회, 안전보장이사회, 신탁통치이사회, 경제사회이사회, 국제사법재판소, 사무국이 있다. 본부는 미국 뉴욕에 있다.

트루먼 독트린을 계기로 본격화된 냉전체제는 급기야 양 진영의 군사적 대립으로 확장됩니다. 트루먼 독트린은 1947년 미국 트루먼 대통령이 의회에서 그리스·터키에 대한 군사 원조를 요청할 때 선언한 외교정책의 원칙이에요. 자유주의 진영에 대한 공산주의 세력의 위협에 힘으로 대항하겠다는 의사를 명백히 밝히면서 냉전을 공식화한 것입니다.

트루먼 독트린 이후 소련을 중심으로 한 동유럽 사회주의 국가들은 바르샤바조약기구라는 군사동맹 기구를 만들고, 이에 대항하여 미국과 서유럽 국가들은 북대서양조약기구(NATO)를 만드는데요. 첨예한 대립 끝에 미국은 공산주의 진영 확대를 방지하기 위해 서유럽에 대대적인 지원을 계획합니다. 정식 명칭은 '유럽부흥계획'이었지만 처음으로 이 계획을 제안한 미국 국무부장관의 이름을 따서 '마셜플랜'이라 부르기도 해요.

마셜플랜 당시 미국이 선전용으로 제작한 포스터

1960년대 이후 국제정세의 특징은 냉전체제의 해체와 새로운 세력의 도약으로 요약할 수 있습니다. 1960년대에 들어서면서 본격적으로 남북문제가 제기되는데요. '남북문제'란 북반구에 위치한 선진공업국과 적도 및 남반구에 위치한 저개발국가 사이의 발전 및 소득격차에서 생기는 국제정치·경제의 구조적인 문제를 말합니다. 1955년 인도네시아 반둥회의로부터 등장한 제3세계는 이러한 문제를 꾸준히 제기해왔는데요. 국제연합 산하에 국제연합무역개발회의(UNCTAD)가 들어서면서 사상 최대의 국제경제회의가 개최되기도 했답니다.

반둥회의 회담장(1955년 당시)

　　이로써 냉전체제는 슬슬 와해되기 시작합니다. 자본주의 진영에서는 독일과 일본이 경제부흥에 성공함으로써 미국 중심의 경제체제에 브레이크를 걸고, 사회주의권에서는 중국과 소련의 사이가 나빠지면서 국경분쟁까지 치닫게 되는데요. 이때 놀라운 사건이 발생합니다. 미국의 닉슨 대통령이 닉슨독트린을 발표하면서 중국과 수교를 맺은 거예요. '닉슨독트린'은 1970년 미국 대통령 닉슨이 의회에 보낸 외교 교서에서 밝힌 '아시아 안보에 관한 새로운 전략'입니다. 우호국과의 협력, 미국의 중대 이익을 위협하는 국가에 대한 힘의 대처, 평화를 위한 교섭의무 등을 기본 원칙으로 삼았지요.

　　1980년대는 외교의 시대입니다. 세계는 냉전시대의 명분외교를 벗어던지고 각자 이득을 추구하는 본격적인 실리외교의 시대를 열어가는데요. 1980년대

말에는 사회주의 진영에 매우 중요한 변화가 등장합니다. 소련의 고르바초프가 페레스트로이카[12]를 주창하며 본격적인 개혁과 개방노선을 취한 거예요. 그는 1989년 몰타에서 부시를 만나 '몰타협정[13]'을 맺음으로써 핵무기 감축을 통한 평화무드를 조성합니다. 하지만 일련의 개혁들은 사회주의 입장에서 볼 때 실패에 불과했고, 결국 사회주의는 급속히 자본주의 진영에 흡수됩니다. 1989년 독일을 서독과 동독으로 나누었던 베를린 장벽이 무너지고 1991년 사회주의 국가의 대부였던 구소련이 붕괴하자 미국은 마침내 정치·군사력을 총망라하는 패권을 거머쥐게 됩니다. 이른바 단일 패권주의 시대가 열린 거예요.

이제 세계는 본격적인 경제전쟁의 시대로 접어듭니다. 세계화 구호에 따라 1994년 우루과이에서는 각국의 보호무역을 규제하고 자유무역을 세계적인 차원에서 보장하는 협상을 벌이는데요. 그 결과 1995년, 이전의 국제무역 질

고르바초프와 부시 대통령이 몰타 마르사실로크 항구에 있는 유람선 식당에서 담소를 나누고 있다.

12 1986년 이후 소련의 고르바초프 정권이 추진하였던 정책의 기본 노선. 국내적으로는 민주화·자유화를, 외교적으로는 긴장 완화를 기조로 한다.

13 미국의 조지 H. W. 부시 대통령과 소련 공산당 서기장 고르바초프가 1989년 12월 2일과 3일, 이틀 동안 지중해 몰타에서 가진 정상회담으로 회담을 끝낸 두 정상은 공동기자회견에서 "동서가 냉전체제에서 새로운 협력시대로 접어들고 있다"고 선언했다.

서였던 GATT(관세와 무역에 관한 일반협정)체제를 대신하는 WTO(세계무역기구)가 출범합니다. WTO체제는 세계 각국의 개방과 세계화를 촉진시키는 한편 지역화를 유도했는데요. 이에 따라 세계는 한편으로 EU, ASEAN, NAFTA 등으로 급속히 블록화합니다.

TIP *EU(European Union)는 독일, 프랑스, 영국, 아일랜드, 벨기에, 네덜란드, 룩셈부르크, 덴마크 등 28개국을 회원국으로 둔 유럽연합이다.
*ASEAN(Association of South-East Asian Nations)은 동남아시아국가연합으로 브루나이, 캄보디아, 인도네시아, 라오스 등 10개의 회원국으로 이루어져 있다.
*NAFTA(North American Free Trade Agreement)는 미국, 캐나다, 멕시코 간에 무역의 장해 요인을 제거하기 위한 자유무역협정으로 북미자유무역협정을 말한다.

보이지 않는 손, 국제사회를 흔들다

2001년 9월 11일, 전 세계가 충격에 휩싸였습니다. 항공기 자살테러로 미국 뉴욕의 세계무역센터가 무너지고, 워싱턴의 국방부 청사가 공격받는 대참사가 벌어진 거예요. 배후로 이슬람 테러 단체인 알카에다가 지목되었고, 사건 실황이 전 세계로 생중계되면서 지구인 모두가 슬픔과 경악에 빠졌습니다. 수많은 무고한 사람들이 생명을 잃고, 가족을 잃고, 세계 초강대국 미국은 순식간에 아수라장이 되어버렸죠.

TIP **새뮤얼 헌팅턴과 「문명의 충돌」**
9·11테러가 일어난 뒤 주목받은 학자이다. 그는 1992년, 냉전 이후 국제질서에 대한 예측을 담은 논문 「문명의 충돌」을 발표했는데, 여기서 냉전붕괴 이후 자본주의가 지배하는 국제체제가 안정을 이루기보다 그동안 동서이념 대결에서 눌려 있던 이질적 문명들끼리 충돌할 것이라 주장했다. 헌팅턴은 종교를 기반으로 한 7~8개의 문명권을 제시했고, 특히 결코 공존할 수 없는 이슬람과 서구 기독교문명의 대충돌을 예견했는데, 그의 주장은 9·11테러가 일어나면서 현실화되었다.

오늘날의 국제문제는 더 이상 한 국가만의 문제로 치부할 수 없습니다. 세계 여러 국가들이 머리를 맞대고 해결해나가야 할 공동의 몫이지요. 대표적인 국제문제로 '세계평화와 안보위협'을 들 수 있는데요. 지금도 세계 여러 나라에서는 테러와 테러 형태의 비정규전[14]이 끊임없이 발생하고 있답니다. 테러조직은 그들의 이익을 관철시키기 위해 상징적인 의미로 전투를 벌이거나 인명을 살상하는데요. 무차별 폭격뿐만 아니라 자살테러를 일으키기도 하고, 정부를 압박하면서 일반 국민을 상대로 테러를 저지르다 보니 9·11테러와 같은 가슴 아픈 사건이 종종 발생합니다.

국제범죄조직 또한 국제사회의 큰 문제입니다. 테러조직이 주로 종교나 정치적 이념을 표방하는 데 비해 이들의 목적은 사적 이익인 돈이라는 데서 구별되는데요. 영화에 종종 등장하는 이탈리아의 마피아나 일본의 야쿠자, 홍콩의 삼합회 등 유명 범죄조직들은 과거에는 주로 한 지역에서만 활동했지만, 최근에는 무기밀매, 마약거래, 돈세탁 등을 주요 사업으로 국제정치 변화에 편승함으로써 다국적 연계망까지 확보하게 되었답니다. 이들은 인종분쟁이나 국가의 체제불안에도 깊이 개입되어 있다고 하는데요. 정말 무시무시하죠?

빈곤과 남북문제도 국제사회가 해결해야 할 커다란 숙제입니다. 유엔보고에 따르면 세계 인구 가운데 10억 명 이상이 하루 1달러 이하로 생활하는 절대 빈곤에 처해 있으며 3초마다 한 명씩 기아와 가난으로 사망에 이른다고해요. 한편 남북문제는 선진화된 북반구 지역의 국가와 상대적으로 경제 발전이 더딘 남반구 지역 국가 간에 발생하는 경제적 격차에 따른 갈등입니다. 한 나라 안에서 가진 자와 못 가진 자 사이에 차이가 발생하는 것처럼 전 세계를 놓고 보았을 때도 부자 나라와 가난한 나라 간에 차이가 발생하는 것입니다.

---

14 비정규군이나 비정규병이 주력이 되어 벌이는 싸움. 비정규군은 말 그대로 정식으로 군 편제에 속하지 않은 무장한 개인이나 집단을 뜻한다.

환경문제와 인권문제도 빼놓을 수 없어요. 산업혁명 이후 주 에너지원으로 등장한 석유 등의 화석연료 소비가 급성장하면서 대기 중 이산화탄소 농도가 지속적으로 증가[15]했는데요. 이 때문에 기온과 수압이 상승해 빙하가 녹고 해수면이 높아졌습니다. 국제문제는 특성상 국경을 초월하여 포괄적 다수에게 무차별적인 영향을 미칩니다. 특히 환경문제가 그렇지요. 한 국가의 환경오염은 그곳에서만 끝나는 게 아니라 인접 국가에까지 피해를 주기 때문입니다. 중국에서 발생하는 황사에 우리가 고통을 받는 것처럼요.

TIP

환경문제는 그 영향이 한 세대에 그치지 않고 다음 세대까지 이어진다. 피해에 대한 적절한 보상을 받기도 어렵고, 현실적으로 이미 오염된 환경을 다시 깨끗하게 만들기도 불가능하다. 설령 가능하다 해도 막대한 시간과 비용이 든다. 환경문제를 해결하는 데 국제사회의 구성원 모두가 운명공동체임을 인식하고 협력해야 하는 이유다.

인권문제도 심각합니다. 지금 이 시간에도 지구촌 어딘가에서 고문과 가혹행위, 불법적 처형, 여성과 아동의 인권침해가 발생하고 있을지 모릅니다. 이런 문제가 발생했을 때는 어떻게 해결하는 게 좋을까요? 무엇보다 국가 간의 공조와 협력이 필요하겠죠? 국제법과 국제기구, 국제비정부기구 등을 통한 인권보호 노력도 확대되어야 하고요.

그런데 이 같은 사례 외에도 국제사회에서는 더욱 다양한 문제가 발생한답니다. 대체 원인이 무엇일까요? '골목길 청소의 딜레마'를 통해 알아봅시다.

혼자 골목길을 청소하는 데 드는 수고를 150으로 나타내고 둘이 함께 청소를 하면 수고가 절반으로 줄어 각각 75만큼만 부담하면 된다고 합시다. 깨끗한 골목길이 두 사람에게 주는 효용(만족)은 100이라고 하죠. 상대방이 청소

---

15 2030년에는 이산화탄소 농도가 산업혁명 전에 비해 2배나 높아질 거라고 한다.

를 하는 경우, 나는 청소를 하는 것이 이득일까요, 안 하는 것이 이득일까요? 나는 청소하지 않는 것이 이득입니다. 내가 돕든 안 돕든 골목길은 깨끗해질 테고 나의 힘은 전혀 들지 않을 테니까요. 흥미로운 사실은 상대방이 청소하지 않을 때도 나는 청소하지 않는 것이 이득이라는 점입니다. 나 혼자 청소를 하게 되면 혼자 청소하느라 드는 비용이 깨끗한 골목길이 주는 효용보다 크기 때문이죠. 들인 수고만큼 얻을 수 있는 것이 적을 때는 수고로운 일을 하지 않는 것이 더 합리적이잖아요? 따라서 골목길은 항상 더러운 상태로 남아 있게 됩니다.

국제사회를 움직이는 것도 결국은 이해관계입니다. 어떤 일이든 모두가 자국의 이익을 극대화하는 방향으로 결정지으려 하니까요. 이때 두 국가 모두 최선의 결과를 얻기란 '매우 힘들기' 때문에 결국 국제문제가 발생하는 것입니다. 세계적으로 온실가스 줄이기 운동을 펼친다고 했을 때, 이런 생각을 하는 나라도 분명 있을 겁니다. "다른 나라에서 온실가스 사용을 줄이면 우리가 노력하지 않는다 해도 티가 나지 않을 거야. 그러니 온실가스를 더 이용해서 공장을 팍팍 돌리자!"고 말입니다. 하지만 생각해보세요. 이렇게 무임승차하겠다는 생각으로 온실가스 사용을 줄이지 않으면 그로 인한 환경문제는 더욱더 심각해질 것입니다.

'골목길 청소의 딜레마'를 해결하려면 무엇보다 국제평화, 깨끗한 환경, 금융통화체제의 안정 등 국제사회의 공공재[16]를 안정적으로 공급하고 유지할 수 있는 국가 간 공조가 절실합니다. 국내사회의 경우 정부가 공공재를 제공

---

16 국방이나 치안 또는 공원과 같이 여러 사람의 공동 소비를 위해 생산된 재화와 서비스를 공공재라 한다. 공공재는 누구나 무료로 이용할 수 있고, 특정인은 이용할 수 없다는 제한을 두기 어렵다. 그러다 보니 사람들은 공공재를 이용하며 혜택을 얻지만 이에 대한 비용은 지불하지 않으려는 무임승차(free riding) 문제를 일으킨다.

하지만 국제사회에서는 공공재를 제공하는 세계정부가 따로 없잖아요. 따라서 국제사회의 책임 있는 구성원, 즉 국제행위주체들이 힘을 모아 함께 노력해야 합니다.

무임승차 문제

집 앞에 가로등이 설치되면 그 길을 다니는 모든 사람이 혜택을 누린다. 그런데 이때 집 주인에게만 비용을 부담하라고 하면 어떻게 될까? 아마도 그는 남의 집 앞에 설치된 가로등을 무료로 이용할 생각으로 치워버릴지 모른다. 이처럼 공공재의 공급을 시장에 맡길 경우 무임승차 문제로 인해 아무도 공급에 나서지 않을 것이다. 사회에서 필요한 만큼 공급되기를 기대하기도 어렵다. 따라서 공공재는 이윤을 목적으로 하는 시장에서는 효율적으로 생산·공급되기 어려우므로 정부가 세금을 거두어 필요한 만큼 공급하거나 민간기업에 보조금을 주어 생산을 유도해야 한다.

국제사회의 행위주체는 누구일까?

국제문제를 해결하려면 행위주체들의 노력이 절대적으로 필요한데요. 이때 '행위주체'란 말 그대로 국제사회를 무대로 자기 목소리를 낼 수 있는 주인공을 뜻합니다. 국제행위주체 중 가장 기본적인 단위는 국가[17]인데요. 국가는 독립적인 행위주체로서 다른 나라의 외교를 하거나 협상을 통해 자기 목소리를 낼 수 있습니다.

국가뿐 아니라 국가를 초월한 행위주체들도 다양한 활동을 펼칠 수 있어요. 초국가적 행위주체로는 정부 간 국제기구(IGO), 비정부 국제기구(INGO), 다국적기업(초국적기업)이 있습니다. 정부 간 국제기구의 구성원은 각 국가의 정부입니다. 시민단체나 개인은 여기 가입할 수 없어요. 대표적으로 세계무역기구(WTO), 국제연합(UN), 유럽연합(EU) 등이 있습니다.

민간이 가입 주체가 되는 비정부 국제기구는 민간에 의해 조직되어 국경을

17 국가 성립의 3요소는 국민, 영토, 주권이다. 이 3가지 요소를 갖추지 않으면 국가라 부를 수 없다. 소규모 공동체를 국가로 보지 않는 이유 역시 이 요소들을 갖추지 않았기 때문이다.

우리도 국제행위주체가 될 수 있다!

넘어 전 세계적으로 활동하는 단체입니다. 그린피스(Greenpeace),[18] 국제사면위
원회(Amnesty International, AI),[19] 국경없는의사회(MSF),[20] 국제적십자사(IRC) 등
이 여기 속하지요. 다국적기업[21]도 국제행위주체가 될 수 있고요.

초국가적 행위체가 아닌 국가 내부적 행위
체도 국제행위주체에 포함됩니다. 한 국가에
포함된 존재지만 독자적인 입장을 가지고 타
국의 정부 또는 민간조직과 상호작용을 하

국제사면위원회 로고(좌), 국제적십자사 마크(우)

18 국제환경보호단체.

19 국가권력에 의해 처벌당하고 억압받는 각국 정치범들을 구제하기 위해 설치된 기구.

20 전쟁과 기아, 질병, 자연재해 등으로 고통 받는 세계 각지의 주민을 차별 없이 구호하기 위해 만든 국제민
간의료구호단체.

21 세계 각국에 자회사, 지사, 공장을 설립하여 생산 및 판매활동을 하는 국제적 기업이다. 삼성, LG, SK,
맥도날드, 버거킹, KFC, 스타벅스, 파스쿠치 등도 다국적 기업이다.

는데요. 대표적으로 지방자치단체가 있습니다. 2018년 우리나라 강원도 평창에서 열리는 동계올림픽을 유치하기 위해 강원도 지자체는 세계 각국에 열심히 홍보 활동을 했지요. 소수인종과 민족도 국제행위주체에 포함됩니다. 팔레스타인 난민들이 정착할 곳을 찾기 위해 전 세계를 상대로 도움의 손길을 요청한 것처럼요. 또한 노동조합과 시민단체 등 각종 사회세력 역시 국제사회에 그들의 목소리를 충분히 낼 수 있습니다. 다른 나라의 노동조합 또는 시민단체와 네트워크를 형성하여 영향력을 행사할 수 있지요.

마지막으로 개인도 국제행위주체가 될 수 있어요. 하지만 이때의 개인은 일반적인 개인이 아니라 영향력이 큰 인물입니다. 강대국의 원수(元首), 또는 전임 국가원수를 예로 들 수 있지요. 2015년 1월, 조지 W. 부시 전 미국 대통령은 북한의 인권개선을 위한 보고서를 발표했는데요. 미국의 전직 대통령이 북한 인권개선을 촉구하는 보고서를 만든 것은 사상 처음 있는 일이었습니다. 부시 대통령은 북한의 인권 실태를 파악하기 위해 미국 내 탈북자 170여 명을 상대로 설문조사도 실시했다고 해요. UN사무총장도 영향력이 강한 개인입니다. 교황이나 달라이 라마 같은 종교지도자들도 영향력이 큰 개인에 속하고요.

국제관계란 곧 국가 간의 외교관계나, 세계적 차원에서 진행되고 있는 문제에 대한 정치적 입장을 말하는데요. 1945년 이후에는 미국과 구소련을 중심으로 한 양극체제를 토대로 국제관계가 형성되었습니다. 하지만 1960년대와 1970년대를 지나오면서 다극체제[22]로 전환되었고, 이에 국제관계를 형성하는 축에도 변화가 찾아옵니다. 특히 1990년대 이후 탈 이데올로기 시대에는 세계화의 진행으로 다국적기업, 국제기구, 국제적 시민운동단체(INGO) 등 국가가 아닌 국제적 행위주체의 역할과 중요성이 확대되고 있답니다.

---

22 60년대 이후 동·서세계를 대표했던 미·소의 지도적 위치가 크게 약화되면서 나타난 국제정치 상황을 말한다.

국제관계 속의 국제법 읽기

세계의 평화와 안전 유지, 각 나라 간의 우호관계 촉진, 경제적·사회적·문화적·인도적 문제에 관한 상호 협력을 달성하기 위해 창설된 국제적 평화기구는 무엇일까요? 예, 국제연합(UN)입니다. 전 세계인이 한마음으로 지키고 응원하는 기구인 만큼 그 일거수일투족에 대해 관심을 많이 받는 곳인데요. 이제부터 국제연합의 구성과 주요 기구, 국제법의 법원(法源)에는 어떤 내용이 들어 있는지 알아보겠습니다. 특히 국제연합의 주요 기관인 총회, 안전보장이사회, 국제사법재판소에 대해 꼼꼼하게 살펴봅시다!

국제연합은 어떤 일을 할까?

전쟁을 방지하고 세계의 평화를 유지할 목적으로 1920년에 설립된 국제연맹은 미국의 불참과 침략자를 응징할 수 있는 강제력의 부재로 1939년 제2차 세계대전의 발발을 막지 못했습니다. 이에 제2차 세계대전 당시 연합국 측은 전후 새로운 국제평화유지체제의 건설을 구상했고, 이에 따라 전후인 1945년 10월 24일, 마침내 국제연합이 탄생합니다.

> **TIP** 우리나라는 건국 당시부터 국제연합의 선거관리 아래 총선을 실시하는 등 국제연합과 밀접한 관계를 맺고 있었다. 하지만 냉전으로 인한 구소련의 거부권 행사로 오랫동안 국제연합 회원국이 되지 못하다가 냉전이 해소된 1991년에 북한과 함께 정식 회원국으로 가입했다.

국제연합 설립의 가장 큰 목적은 제1·2차 세계대전과 같은 전쟁을 두 번 다시 겪지 말고 세계평화를 유지하자는 데 있습니다. 많은 나라들이 어울려 살고 있는 국제사회의 평화를 유지하려면 평소에 서로 친하게 지내면서 국가 간의 교류를 강화하는 게 좋을 텐데요. 이러한 목적을 달성하기 위해 국제연합은 다양한 활동을 벌입니다.

● 국제연합이 하는 일

우선 국제평화유지를 위해 노력하고 있어요. 제2차 세계대전 같은 전 세계적 범위의 전쟁을 방지하고, 세계 곳곳에서 일어나는 전쟁에 개입해 분쟁을 조정합니다. 분쟁국 스스로의 평화적 해결을 원칙으로 하되, 분쟁국끼리 원만한 해결을 기대하기 어려운 상황에서는 안전보장이사회, 또는 총회에서 이 문제를 조정하도록 되어 있어요.

또한 국가 간의 분쟁을 방지하거나 진압하기 위한 평화유지활동(PKO; Peace Keeping Operations)[23]에도 힘씁니다. 지구촌 곳곳에서 일어나는 분쟁 해결을 위해 인도적 구호활동에 적극적으로 참여하지요. 평화유지군(PKF; Peace Keeping Force)은 분쟁지역의 긴장을 줄이고 협상을 통해 평화가 정착되도록 파견하는 군대입니다. 또한 분쟁 당사국이 휴전 후 맺은 휴전협정을 위반하는 사항이 있는지 감시하기도 하고요. 우리나라는 1993년 소말리아와 2000년 동티모르 사태 때 평화유지군을 파견한 경험이 있어요. 하지만 평화유지를 명분으로 전쟁을 정당화한다든지, 한 국가의 질서를 유지한다는 명분으로 군대를 파견하는 것이 과연 최선의 정책일지는 늘 고민해야 할 문제랍니다.

국제연합은 평화유지를 위한 군비축소에도 힘을 기울입니다. 군비축소위원회 등을 두어 1972년에는 생물·독소무기 금지조약, 1976년에는 환경개변기술 금지조약, 1980년에는 특정재래식무기 금지조약을 체결했어요. 1972년과 1979

---

23 국제사회의 평화를 유지하기 위한 활동에는 군대, 경찰, 선거요원, UN기구, 민간기구(NGO) 등이 참여하고 있다.

년에는 미국과 소련의 전략무기제한협정(SALT), 1991년과 1993년에는 전략무기감축협상(START) 등 군비축소를 위한 노력이 있었는데요. 핵무기 보유 및 확산 방지를 위해 각국에 사찰단을 파견하여 감시하고 통제하는 역할을 했습니다.

국제연합은 이 같은 다양한 활동을 이어가기 위한 자금을 회원국들의 분담금으로 충당해요. 1950년대 중반 이후 유엔 신규 회원국이 급증했지만 대부분 저개발 상태의 신생독립국이기 때문에 재정 확충에는 별 도움이 되지 않았답니다. 평화유지 등 국제연합의 활동 범위가 확대되면서 지출은 크게 늘어난 반면, 회원국들의 분담금 납입실적은 저조하여 예산확보 문제가 심각한 화두가 되었지요.

● 국제연합의 주요 기구

국제연합의 주요 기구로는 총회, 안전보장이사회, 경제사회이사회, 신탁통치이사회, 국제사법재판소, 그리고 사무국이 있습니다. '총회'는 국제연합의 최고 의사결정기구인데요. 국제연합의 모든 회원국으로 구성되고, 1국 1표의 원칙을 채택하고 있습니다. 인구가 많든 적든, 역사가 오래됐든 신생독립국가든, 영토가 넓든 좁든, 경제력·군사력이 크든 작든 상관없이 모든 나라에게 평등한 한 표가 주어집니다.

총회에서 북한 인권 결의안을 채택한다고 합시다. 북한 주민의 인권 실상은 정말 심각해요. 말 한마디에 수용소로 끌려가 중노동을 하는 일이 허다하고 자식들은 군대에 끌려가서 10년 후 제대를 해도 다른 지역으로 배치되어 생이별을 하는 등 소중한 인권을 탄압당하고 있거든요. 이런 문제들이 너무 심각하다 보니 국제연합 총회에서는 거의 매년 북한에게 인권을 보장하라는 결의안을 채택합니다. 하지만 "무조건 해라!"가 아니라 "그렇게 했으면 좋겠다"

라는 권고이기 때문에 강제성과 구속성을 갖지는 못해요. 따라서 총회를 '국제연합의 형식적 최고 의사결정기구'[24]라 부릅니다.

국제연합에서 실질적으로 의사결정을 하는 기구는 '안전보장이사회'입니다. 총회와 안전보장이사회가 어떻게 다르냐고요? 국제연합을 회사라 치면 총회는 회사의 모든 구성원이 모인 회의, 안전보장이사회는 회사의 주요 임원이 모여서 하는 회의라 볼 수 있지요. 안전보장이사회의 결정은 구속력을 가집니다. 국제분쟁의 평화적 해결을 위해 분쟁의 조정절차나 방법을 권고하고, 권고의 효과가 없을 경우 경제적 제재나 군사적 조치를 취할 수 있답니다. 실제로 1992년 유고슬라비아 내전, 1993년 소말리아 등 국제적 분쟁지역에 국제연합 평화유지군을 투입하기도 했지요. 이때 권고가 아닌 강제조치 결정은 구속력을 띱니다. 그러니까 당연히 안전보장이사회의 힘이 상당히 세겠죠? 유엔 안전보장이사회는 5개국(미국, 영국, 프랑스, 중국, 러시아)의 상임이사국과 10개의 비상임이사국으로 이루어져 있습니다. 15개 나라가 모여 구속력 있는 결정을 해내지요. 상임이사국의 '상'은 '항상'이라는 뜻인데요. 말 그대로 5개의 나라는 늘 임원이라는 뜻이에요. 비상임이사국들은 임기가 정해져 있습니다. 2년마다 세계 모든 지역에서 대표가 나올 수 있도록 대륙별로 숫자를 배려해서 선출[25]하지요.

상임이사국과 비상임이사국은 격이 다릅니다. 임기가 2년으로 제한된 임원인 나라가 항상 임원인 나라에게 아무래도 잘 보여야 하지 않겠어요? 2년 계약직과 정규직의 관계로 볼 수도 있겠네요. 시리아나 리비아 사태의 경우 안전보장이사회의 결의에 따라 군사적 개입이나 제재가 이루어졌습니다. 이를

---

24 최고 의사결정기구는 모든 회원국이 참여하는 총회지만 실질적인 의사결정은 안전보장이사회에서 한다는 사실을 기억해야 한다. 안전보장이사회에서 결정된 사항이 총회에서 뒤집어지는 경우는 별로 없다.

25 우리나라도 1996~1997년 비상임이사국을 수임한 적이 있다.

테면, 리비아나 시리아의 인권이 위험하니 국제사회가 어떤 조치를 취해야 한다는 내용으로 하나의 국가, 또는 여러 국가들이 유엔결의안을 작성하여 안보리에 제출하는 거죠. 안보리에서는 각국의 입장과 의견을 수렴한 후에 결의안에 대한 투표를 진행합니다. 여기서 투표 결과 9개 이상의 이사국들이 찬성하면 결의안의 효력이 발휘되고, 경제적 제재나 군사적 개입이 이루어져요. 그런데 이때 5개의 상임이사국은 거부권을 행사할 수 있어서 14개국이 찬성한다 할지라도 상임이사국 단 한 국가라도 거부권을 행사하면 그 결의안은 무효가 됩니다.

"그건 표의 등가성에 차이가 있는 것 아닌가요?" 예, 그렇습니다. 똑같이 한 표를 행사했는데, 비상임이사국은 반대해도 통과될 수 있지만 상임이사국이 반대하면 통과될 수 없다니, 한 표의 가치가 다른 거죠. 이게 바로 거부권 행사(veto power)입니다. 5대 상임이사국은 강대국으로만 이루어져 있고, 자국의 이익을 위해 거부권 행사를 남용하는 경우가 많아요. 거부권 행사의 남용은 미소 냉전기에 종종 안전보장이사회의 기능을 사실상 마비시키는 결과를 가져왔습니다. 결국 5개의 상임이사국들이 여전히 국제질서를 좌지우지한다는 주장이 나오게 된 것이죠. 안전보장이사회 상임이사국의 거부권 행사는 국제사회에서 힘의 논리가 적용되는 대표적인 사례입니다. 그래서 군사적 분쟁이나 국제평화 문제 등 중요한 문제들이 국제연합 밖에서 논의되고 결정되는 경우도 많았어요.

2014년 8월 안전보장이사회에서 리비아 제재 결의안을 통과시킵니다. 당시 미국과 영국, 프랑스는 리비아 공습에 찬성하는 입장이었어요. 그런데 중국과 러시아는 반응을 보이지 않아 미·영·프는 걱정이 이만저만 아니었죠. 비상임이사국들은 차치하고 중국과 러시아 중 한 나라만 반대해도 리비아 공습이 불가능해지니까요. 결국 중국과 러시아는 기권합니다. 기권은 반대에 포함되지 않아요. 따라서 거부권에 해당하지 않기 때문에 나머지 13개 나라의 찬성으로 리비아 공습이 단행되었지요.

국제연합에는 국가 간의 분쟁을 법적으로 해결하는 사법기관도 존재합니다. 즉 '국제사법재판소'입니다. 우리나라로 치면 법원, 즉 사법부의 역할을 하는 기관이지요. 국제연합 사법부는 총회 및 안전보장이사회에서 선출된 국적이 다른 15명의 법관으로 구성되고 임기는 9년입니다. 국제연합 가입국은 자동적으로 회원국이 되고, 비가입국도 재판소 규정의 당사국이 될 수 있어요.

국제사법재판소가 있으니, 국제법도 있겠죠? 회부된 분쟁은 조약, 국제관습법, 법의 일반 원칙 등 국제법에 따라 재판됩니다. 국제사법재판소는 일반적으로 한쪽 당사자만의 청구로는 재판을 진행할 수 없어요. 원칙적으로 분쟁 당사국이 합의하여 해결을 요청한 사건만 재판할 수 있습니다. 국내에서는 한쪽 당사자만 청구해도 재판이 성립되는데, 국제사법재판소에서는 분쟁 당사국끼리의 협의 없이 어떤 한 나라의 일방적인 청구만으로는 재판이 진행되지 않아요.

독도 문제를 생각해보세요. 일본이 자꾸 독도에 관련된 영유권을 국제사법재판소에서 해결하자고 이야기하잖아요? 우리나라는 "말도 안 되는 소리!" 하면서 "독도는 우리 땅인데 왜 국제사법재판소에 물어보냐?"며 동의하지 않아요. 이렇게 상대국의 동의 없이 한쪽 국가만 강력하게 원한다고 해서 재판이 성립되지 않습니다. 국제사법재판소는 강제적 관할권이 없어요. 다만 국제사법재판소의 판결은 구속력을 가지며 당사국이 이를 이행하지 않으면 "쟤가 우리 판결 안 지켰어요. 도와주세요!"라며 안전보장이사회에 제소할 수 있습니다. 안전보장이사회는 필요한 경우 권고를 하거나 집행에 필요한 조치를 취할 수 있고요. 하지만 그 구속력은 매우 불완전하여 현실적으로 한쪽 당사국이 판결에 불복하면 국제사법재판소가 이를 제재할 방법은 없습니다.

이번에는 그 유명한 '유엔사무국'을 방문해봅시다. 유엔을 대외적으로 대표하는 사무총장이 관할하는 사무국은 사무총장 1명, 사무차장 34명, 직원 1만 9,000여 명으로 구성되어 있습니다. 평화유지군의 편성과 지휘 외에 국제분쟁의 사실 조사와 조정활동 등을 하는데요. 코피 아난에 이어 사무총장이 된 반기문 총장은 지역분쟁 중재, 세계협력 등에서 성과를 인정받아 UN 총회에서 만장일치로 재임에 성공했답니다.

'경제사회이사회'는 경제·사회·문화·인권 등의 문제를 다루는 곳입니다. 총회의 2/3 이상 표를 얻어 선출된 54개 이사국으로 구성되어 있죠. 신탁통치에 관한 문제를 다루는 신탁통치이사회는 현재 해산된 상태입니다. 유엔 창설 초기에는 아프리카 및 태평양에 있는 11개 지역을 통치했지만, 1994년 10월 마지막 신탁통치 지역인 팔라우가 미국으로부터 독립함에 따라 사명을 다하고 역사 속으로 사라졌지요.

그 외에도 각종 전문기관과 보조기관도 있습니다. 전문기구는 UN 산하가 아닌 독립적인 국제기구지만, 경제사회이사회의 조정을 받으며 유엔과 긴밀히 협력합니다. 우리에게 매우 친숙한 유네스코(UNESCO)가 바로 국제연합의 교육과학문화기구랍니다. 그 밖에도 ILO(국제노동기구), FAO(국제연합식량농업기구), WHO(세계보건기구), IMF(국제통화기금), IBRD(국제연합부흥개발은행), IDA(국제개발협회), IFC(국제금융공사), ICAO(국제민간항공기구), IMO(국제해사기구), UPU(만국우편연합), WMO(세계기상기구), ITU(국제전기통신연합), WIPO(세계지적소유권기구), IFAD(국제농업개발기금), UNIDO(국제연합공업개발기구) 등이 있어요. 또한 총회 및 이사회는 보조기구를 설치할 수 있습니다. UNDP(국제연합개발계획), UNEP(국제연합환경계획), UNHCR(국제연합난민고등판무관) 등이 대표적인 보조기구입니다.

국제사회에는 국제법이 있다

오늘날 교통·정보·통신 등의 발달에 힘입어 세계는 점점 좁아지고 있습니다. 이에 따라 국가 간의 교류와 협력이 증가한 한편 분쟁이나 마찰도 쉴 새 없이 발생하는데요. 공동체가 있는 곳에는 사회질서유지를 위한 법이 필요합니다. 국제사회도 국가를 단위로 하는 공동체이므로 법이 필요하지요. 법이 없다면 힘의 원리에 따라 경제력과 군사력이 큰 강대국이 세계를 좌지우지할 테고, 우리는 강대국의 약탈과 무력행사를 당연하게 받아들여야 할 것입니다. 이 같은 상황을 방지하고자 국제사회에서 통용되는 법이 필요하게 된 것인데요. 이를 '국제법'이라 합니다.

국제법은 국제사회에서 다양한 국제행위주체들의 관계를 규율하고 국제질서를 유지하는 법인데요. 국내법과 달리 국가의 대외적 관계에 적용하는 법이며 국제사회에 통용되는 법이라는 특징을 지닙니다. 그런데 국제사회에는 국내처럼 통일된 기관이 없기 때문에 국제법이 강력한 강제성을 발휘하지 못해요. 국제법의 구속성은 근본적으로 국제사회를 구성하는 국가 스스로의 합의에 근거하므로 "약속을 지켜야 한다"는 당위적 의미의 강제성밖에 행사할 수 없는 겁니다. 따라서 어떤 나라가 국제법을 어긴다 해도 누가, 어떻게 처벌할지 불분명해요. 만약 국제법에 따라 제재가 필요한 국가가 미국이라면 어떨까요? 미국을 실질적으로 제재하기란 쉽지 않겠죠? 하지만 점차 국제법의 영향력이 증가하고 있으며, 인권수호·전쟁방지·환경보호 등을 위해 국제법을 지키자는 움직임이 확산되고 있는 상황입니다.

일반적으로 국제법의 법원(法源)은 국제사법재판소 규약 제38조를 중심으로 논의합니다. "국제분쟁이 생겼을 때 국제사법재판소는 무엇을 근거로 판단할 수 있느냐?"에 대한 답이 되는데요. 여기서 조약, 국제관습법, 법의 일반원칙, 판례 및 학설을 규정합니다.

'조약'이란 국가 간의 권리와 의무를 국제적 합의(협약)에 따라 체결한 문서[26]로, 서로가 일정한 행위를 하거나 하지 않을 것을 내용으로 합니다. 중요한 것은 개별 주권국가뿐만 아니라 국제기구, 교황청, 연방정부, 교전단체도 조약을 체결할 수 있다는 사실이에요. 또한 조약은 체결 당사국만 구속합니다. 즉 조약에 협의한 국가에만 법적 효력이 생긴다는 뜻이죠. 조약의 체결 및 비준[27]권은 국가원수인 대통령의 권한입니다. 그중에서도 중요한 조약은 대통령의 비준 외에 입법부의 동의를 거쳐야 하는데요. 조약을 잘못 체결하면 자국민에게 심각한 피해를 초래할 수 있고, 조약을 지키지 못하면 국가 간 신뢰를 무너뜨릴 수 있거든요. 따라서 우리나라는 헌법 제60조 제1항에 "국회는 상호 원조 또는 안전 보장에 관한 조약, 중요한 국제 조직에 관한 조약, 우호 통상 항해 조약, 주권의 제약에 관한 조약, 강화 조약, 국가나 국민에게 중대한 재정적 부담을 지우는 조약 또는 입법 사항에 관한 조약의 체결·비준에 대한 동의권을 가진다"고 규정해놓았답니다.

'조약 체결'은 조약을 체결하고자 하는 당사국 간의 협상을 통해 조약안을 만들면서 시작됩니다. 그다음 조약 체결권자인 대통령이나 권한을 위임받은

---

26 조약은 문서의 형태로 존재하기 때문에 성문법에 속한다.

27 조약을 헌법상의 조약 체결권자가 최종적으로 확인·동의하는 절차를 말한다. 우리나라에서는 대통령이 국회의 동의를 얻어 행한다.

정부대표가 조약안에 서명해요. 서명이 끝나면 일반적으로 국회의 비준 동의를 거쳐 조약 체결권자인 대통령의 비준과 조약 비준서 교환으로 조약 체결 절차가 완료됩니다. 협상 대표 간에 작성된 조약안에 서명이 끝나면 바로 효력이 생길까요? 아닙니다. 우리나라에서는 조약 비준서가 교환되는 시점에서 최종적으로 성문화된 국제법으로서 국내법과 동일한 효력을 갖게 됩니다.

> **TIP**
> 조약은 당사국이 둘인 경우엔 양자조약, 당사국이 셋 이상인 경우엔 다자조약이라 부른다. 다른 말로 헌장, 협정, 의정서, 규정 등으로도 표현하는데, 합의서와 선언문은 조약에 속하지 않는다.

'국제관습법'은 국가 간에 "법으로 수락되고 있는 일반적 관행"을 의미합니다. 국제사회 구성원들이 동일한 행위를 규칙적으로 오랜 기간에 걸쳐 정하고, 그 행위를 의무적인 것으로 받아들여 법적 확신을 가진다면 그 행위는 관습으로 인정되지요. 즉, 모든 국가들이 이것은 이렇게 해야 되고, 저건 저렇게 하면 안 된다는 관행으로 내려오는 것들에 대해 묵시적으로 합의하는 것입니다. 따라서 문서 형태로 존재하지는 않아요. 그렇기에 별도의 체결 절차는 없지만, 국제사회 모든 국가에서 법적 구속력을 행사할 수 있다는 점이 포인트지요.

국제관습법에는 외교관의 면책특권이 존재합니다. 외교관은 국제관습법상 주재국이 아닌 본국의 법을 적용받아요. 원칙적으로 접수국의 형사·민사재판 관할로부터 면제되고요. 또 하나, 다른 나라의 국제조직이 한 나라의 경제, 정치, 사회 등에 대해 간섭해서는 안 된다는 내정 불간섭의 원칙이 있다는 것도 알아둡시다. 포로의 인도적 대우, 제노사이드(genocide; 대량학살) 금지 역시 국제관습법에 속하지요. 전쟁할 때도 지킬 건 지키자는 말인데요. 민간인을 포로로 잡아놓고 육체적·정신적 고통을 주는 행위 등은 있어서는 안 되잖아요?

'법의 일반 원칙'은 문명국가에서 공통적으로 승인된 법의 보편적 원칙입니다. 한국, 미국, 일본, 중국에는 모두 각각의 법이 있잖아요? 이때 각국에서 공통적으로 채택하고 있는 법의 원칙이 있다면 이를 한국과 미국 간의 분쟁이 생겼을 때, 미국과 일본 간의 분쟁이 생겼을 때, 일본과 중국 간의 다툼이 생겼을 때도 적용할 수 있다는 거예요. 법의 일반 원칙에는 신의 성실의 원칙이 있습니다. 민법 제2조 1항에 나와 있는데요. "권리의 행사와 의무의 이행은 신의에 좇아 성실하게 해야 한다"는 원칙입니다. 쉽게 말하면 상대방의 믿음을 저버리지 말라는 뜻이지요. 민법 제2조 2항에는 '권리 남용 금지의 원칙'이 나와 있어요. "외형적으로는 정당한 권리의 행사로 비추어지더라도 권리 행사의 실질적인 내용이 권리의 본래 목적이나 공공성에 반하면 안 된다"는 원칙이죠. '손해배상의 원칙'도 있습니다. 국제법의 법원 중 판례와 학설은 보조수단으로서 기능하며 큰 역할은 하지 못해요.

마지막으로 국제법과 관련해서 중요한 헌법 조항을 하나 체크할게요. 헌법 제6조 제1항에는 "헌법에 의하여 체결·공포된 조약과 일반적으로 승인된 국제법규는 국내법과 같은 효력을 가진다"고 규정되어 있는데요. 여기서 일반적으로 승인된 국제법규는 국제관습법을 뜻합니다. 그럼 헌법에 의하여 체결·공포된 조약과 일반적으로 승인된 국제법규는 어떤 국내법과 레벨이 같을까요? 그렇죠. 법률입니다. 헌법이 제일 위에 있고 다음에 국제법과 법률이 같은 위치에 있답니다. 그다음이 명령, 조례, 규칙 순서대로 법의 서열이 정해지는데요. 헌법이 제일 위에 있기 때문에 국제법도 헌법에 위반되어서는 안 된답니다. 반대로 명령, 조례, 규칙은 국제법, 특히 조약과 일반적으로 승인된 국제법규, 즉 관습법에 위반되어서는 안 되고요.

우리나라와 주변국 간의 관계에서 비롯하는 여러 시사 쟁점들은 어떤 식으로든 국제법과 밀접히 연관되어 있습니다. 겉으로 국제법의 제약을 받는다는 사실이 명확하지 않더라도 조금만 깊이 파헤쳐보면 특정 현상이나 정책의 뿌리에 국제법적 원칙들이 어떤 식으로든 얽혀 있다는 걸 알 수 있지요.

UN평화유지군, 노벨평화상을 받다

UN평화유지군의 역할

우리가 흔히 UN군이라 알고 있는 국제연합군의 정식 명칭은 '국제연합평화유지군(國際聯合平和維持軍, United Nations Peacekeeping Force)'이다. 1948년에 설립된 UN평화유지군은 국제연합의 평화유지 활동을 위해 안전보장이사회가 각 분쟁지역에 파견하는 군대이다. 평화유지군은 분쟁국가에 파견되어 평화정착과 휴전협정을 위반하지 않았는지 감시하는 역할을 한다. 1948년 이스라엘 건국을 둘러싸고 일어난 제1차 중동전쟁 때 파견된 UNTSO(United Nations Truce Supervision Organization:국제연합휴전감시단)이 그 시초다. 1988년에는 국제평화를 위해 힘쓴 노력이 인정되어 노벨평화상을 수상했다. UN평화유지군은 '푸른 헬멧'을 쓰고 세계 곳곳의 분쟁지역에서 평화를 지키는 임무를 수행하는 유엔평화유지군활동(PKO:Peace Keeping Operation)을 수행하고 있는데, PKO는 파견 당사국의 비용으로 자발적으로 파견하고 무기와 장비가 최후의 교전이 있을 경우로 제한된다.

동티모르에서 활동중인 유엔 평화유지군(CC BY 3.0)

한국의 상록수 부대

1990년 이라크의 쿠웨이트 침공으로 시작된 걸프전쟁에서 다국적군이 승리를 거둔 후, 유엔은 국제적인 분쟁을 평화적으로 해결하고 항구적인 평화체제를 정착시킨다는 목표 아래 평화유지활동을 전개했다. 한국군의 PKO(Peace Keeping Operation) 참여는 1991년 9월 남·북한의 유엔 동시가입 이후 유엔의 요청에 의해 이루어졌다. 1991년 한국이 유엔에 가입한 이후 최초로 육군 공병대대인 상록수 부대를 유엔평화유지활동을 위해 소말리아에 파견했는데, 상록수 부대는 1993년 7월부터 1994년 4월까지 소말리아에서 활동하고 또 1995년 10월부터 앙골라 평화유지활동에도 참여했다.

UN평화유지군과 유엔군의 차이점

여기서 알아두어야 할 것은 UN평화유지군은 처음이자 마지막으로 1950년 한국전쟁 당시 미국의 주도하에 생긴 유엔군과 다르다는 점이다. 한국전쟁 당시 유엔군은 공산권 세력의 한반도 점령을 막기 위해 생긴 세력의 군대고, UN평화유지군은 어느 편에서도 서지 않고 중립 입장에 서서 단지 치안유지를 위해 활동을 펼치는 군대이다. UN평화유지군이 파란색 철모를 착용하고 중장비를 흰색으로 칠하고 큼지막한 UN 마크를 붙이는 등 위장 효과를 거의 없다시피 만드는 것도, 이들이 교전 임무가 아닌 치안유지 임무를 맡기 때문이다.

외교는 힘이 세다

잠시 조선시대로 돌아가서 임진왜란 당시 상황을 살펴봅시다. 이순신 장군과 선조의 이야기는 다 알고 계시죠? 선조는 임진왜란 직전에 이이를 비롯한 충신들의 경고를 무시했다가 결국 화를 자초합니다. 전쟁 중에도 왕권을 지키기에만 급급했고, 전쟁에서 혁혁한 공을 세운 장군들을 시기해 역적으로 몰아 사형을 시켰지요. 임진왜란과 정유재란은 오직 정권의 안위만을 추구하는 무능한 정부가 빚어낸 외교적 참사라 할 수 있습니다.

외교력은 국가의 흥망성쇠를 결정하는 중요한 요소입니다. 특히 국제사회에서는 자국의 이익을 관철하기 위해 적나라한 권력 투쟁을 벌이게 되는데요. "만국에 대한 만국의 투쟁", 말 그대로 '정글의 법칙'이 지배하는 곳에서 각국이 조금 더 나은 위치를 점유하려면 외교의 중요성을 깊이 인식해야 합니다.

어라, 이순신이 나보다 인기가 많은 것 같아!

임진왜란 당시 이순신과 선조

나라 사이의 분쟁에도 유형이 있다

국제분쟁은 국제사회의 행위주체 간에 벌어지는 다툼을 가리킵니다. 아프리카, 중동, 종교, 민족 같은 단어들이 떠오르죠? 분쟁을 일으키는 원인은 아주 복잡하고 다양한데요. 식민지 시대의 역사적 앙금부터 종교적 차이, 민족적 반목, 자원을 차지하려는 욕심, 이웃국가들과의 군사적·정치적 이해관계까지 뒤엉키게 마련입니다. 이런 것들이 결국 무시할 수 없는 국제적 분쟁과 무력 갈등을 초래하게 되지요.

중동
2 터키(크르드)
3 이스라엘
(팔레스타인, 레바논, 헤즈볼라)
4 이라크
5 예멘

동유럽
16 러시아(체첸)

아시아
17 아프가니스탄
18 파키스탄
19 인도(카슈미르, 복모택동주의계)
20 스리랑카
21 미얀마
22 태국
23 필리핀(아부 사야프)

대서양

태평양

남아메리카
1 콜롬비아

태평양

인도양

태평양

아프리카
6 알제리
7 세네갈
8 기니비사우
9 나이지리아
10 차드
11 수단
12 에티오피아
13 소말리아
14 중앙아프리카共
15 콩고민주共

전쟁
분쟁

지구촌 전쟁지역과 분쟁지역

무엇보다 중요한 점은 전쟁의 이면에 고통이 존재한다는 사실입니다. 소수의 이해관계 때문에 일어난 전쟁으로 수많은 사람의 인생이 처참하게 망가지잖아요. 분쟁지역을 한번 둘러보세요. 폭탄에 가족을 잃거나 지뢰를 밟아 팔다리를 잃은 사람, 먹고살기조차 힘들어져 원조의 손길을 기다리는 가정이 지천입니다. 모두 전쟁이 왜 일어났는지 정확한 원인조차 알지 못한 채 집과 가족을 잃고 떠돌게 되는데요. 이들은 설령 전쟁이 끝난 후라 해도 예전의 삶을 되찾지는 못합니다. 우리 대한민국 국민은 특히 세계의 분쟁지역에 대해서 관심을 가져야 합니다. 60년 전 우리나라도 세계인들이 주목하는 분쟁지역이었잖아요? 물론 지금도 전쟁으로부터 안전하다고 장담할 수 없지만, 그 당시 국제사회의 관심이 없었더라면 현재의 대한민국이 존재할 수 있었을까요?

● **분쟁을 일으키는 여러 요인들**
무력분쟁과 내전을 겪고 있는 나라에는 공통점이 있습니다. 식민통치를 받은 경험이 있으며, 부정부패가 만연하고 민족·종교 갈등이 존재한다는 것인데

426

순위	국가	점수	순위	국가	점수	순위	국가	점수	순위	국가	점수	순위	국가	점수
1	덴마크	92	5	스위스	86	11	호주	80	15	일본	76	43	한국	55
2	뉴질랜드	91	7	싱가포르	84	12	독일	79	17	바베이도스	74		⋮	
3	핀란드	89	8	네덜란드	83	12	아이슬란드	79	17	홍콩	74	100	중국	36
4	스웨덴	87	9	룩셈부르크	82	14	영국	78	17	아일랜드	74		⋮	
5	노르웨이	86	10	캐나다	81	15	벨기에	76	17	미국	74	174	북한	8

2014년 부패인식지수 순위(점수가 100에 가까울수록 아주 깨끗함)

요. 2014년 국제투명성기구(TI: Transparency International)의 부패인식지수(CPI: Corruption Perceptions Index)에 따르면 대부분의 아프리카와 아시아 국가들의 부패 점수는 100점 만점에 30 이하입니다. 이라크, 아프가니스탄, 소말리아, 북한이 세계에서 가장 부패한 국가군에 들었는데요.[28] 한국은 43위이고, 북한은 소말리아와 함께 공동 174위로 꼴찌를 기록했습니다.

식민통치를 받은 국가들은 독립 후 장기간의 무력분쟁과 쿠데타에 시달렸습니다. 서구국가들의 지배에서 벗어난 이후 정치권력을 잡기 위한 내분이 일어나고 쿠데타로 정권이 하루아침에 넘어가는 과정이 반복됐지요. 민주국가를 건설하는 데 필요한 통치구조(Governance)와 언론의 자유, 기본권 보장, 사법체계, 법제도를 빠른 시간에 구축하려다 보니 문제가 발생할 수밖에 없었던 것입니다. 안정적인 통치구조가 체계적으로 준비되어 있지 않은 신생 정부는 부패하기 쉽고, 이에 따라 자연스레 반군의 저항이 발생하게 마련인데요. 부패한 독재정권은 종종 자원을 차지하기 위해 인접국가와 영토분쟁을 벌이기도 합니다.

28 http://www.transparency.org/cpi2014/results/

민족·종교간 대립은 더 심각한 분쟁의 원인입니다. 오랜 세월동안 형성된 증오심은 단기간에 없어지기 힘들거든요. 단순히 권력을 위한 싸움이 아니기 때문에 어느 쪽이 옳고 그르다고 판단하기도 어렵지요. 아프리카와 아시아에는 많은 종교가 존재하기 때문에 갈등이 일어나기 쉽습니다. 오랜 세월 부족을 이루어 살던 아프리카를 침략한 서구국가들은 아프리카의 역사나 각 부족 간의 전통적인 거주 지역을 고려하지 않고 마구잡이로 국경을 나눠 결과적으로 부족 간의 적대감을 조성했는데요. 이로써 서구국가들이 아프리카를 떠나간 이후에도 이 문제는 두고두고 민족 간의 갈등을 초래하는 원인으로 작용했답니다.

천연자원과 무기산업 문제도 크고 작은 충돌을 발생시키는 원인인데요. 이처럼 '자원이 이득보다 피와 가난을 가져오는 상황'을 정치학에서는 '자원의 저주(Resource curse)'라 부릅니다. 천연자원으로 얻은 부가 국가의 소수 권력자들에게 집중되므로 계속해서 무력분쟁이 발생하는 악순환이 반복되는데요. 이때 일부 군벌과 강대국이 이해관계로 얽히면서 '자원의 저주'는 더 큰 분쟁으로 이어지고 결국 해결이 어려워지는 상황으로 치닫게 됩니다. 하지만 무기 수출은 선진국 경제의 상당 부분을 차지하므로 그들이 무기판매를 단념하지 않는 한 크고 작은 전쟁은 계속될 전망입니다.

● 이스라엘과 팔레스타인 분쟁

기원전 팔레스타인 지역에는 이스라엘 민족(유대인)이 정착해 왕국을 이루어 살고 있었습니다. 2세기에 로마인들이 그들을 추방한 후에는 아랍인이 오랜 세월 통치했고요. 그런데 19세기 이후 유럽의 반 유대인 정책이 시행되면서 유대인들이 팔레스타인 지역에 국가를 세우려는 움직임을 보입니다. 결국 19세기 초 팔레스타인을 지배하던 영국이 전쟁에 협력하는 대가로 이 지역을

이스라엘	이슈	팔레스타인
예루살렘은 유대인의 정치적 종교적 중심지이므로 양분 불가	예루살렘 분할	동예루살렘(1967년 제3차 중동전쟁에서 이스라엘이 점령)을 독립국의 수도로 삼겠다
정착촌 유지 대신 이에 상응하는 면적의 다른 영토 제공	국경선 확정	그린라인(1967년 제3차 중동전쟁 이전 국경선)을 기준으로 독립국가를 세운다
유대인 정착촌 건설 및 확대 고수	유대인 정착촌	유대인 정착촌 건설 중단 촉구
난민 수용 반대	팔레스타인 난민	팔레스타인 난민의 본국 귀환권

이스라엘과 팔레스타인의 분쟁을 야기하는 이슈들(2003, 이스라엘 외무부)

유대인들에게 넘기기로 결정하는데요. 이로써 이스라엘과 팔레스타인의 기나긴 분쟁이 서막을 열게 됩니다. 국가도 없이 떠돌며 차별 받던 유대인이 갑자기 전면 등장하여 팔레스타인의 땅을 차지해버린 거예요. 이 과정에서 미국은 이스라엘의 편에 서고, 주변의 아랍 국가들은 팔레스타인의 편을 듭니다.

팔레스타인 지역에서는 지금도 뿌리 깊은 종교적, 인종적 갈등을 배경으로 한 치의 양보가 없는 해묵은 갈등이 지난하게 반복되고 있답니다.[29] '중동 분쟁의 1번지'라 불리는 이스라엘과 팔레스타인의 문제는 과연 언제쯤 해결될까요?

● 소말리아 내전

소말리아는 1인당 GDP가 600달러밖에 되지 않는 최빈국이자 매우 엄격한 이슬람국가[30]입니다. 전 세계적으로 악명이 자자한 소말리아 해적의 근거지이기도 하고요. 소말리아는 19세기 후반부터 영국과 이탈리아의 분리 통치 아래 있다가 1960년에 독립했습니다. 그러나 민주주의가 자리를 잡기 전인 1969년,

---

29 2014년 7월에는 팔레스타인과 이스라엘이 공습과 로켓포 공격을 주고받던 중 이스라엘이 가자지구 국경 근처에 군대를 배치하는 등 최악의 사태에 이르기도 했다.

30 인구의 99%가 이슬람교도다.

시아드 바레 장군이 쿠데타를 일으켜 사회주의 일당독재를 시작하는데요. 1991년, 바레의 장기집권에 불만을 품은 반군단체 통일소말리아회의(USC)가 바레를 축출하며 내전이 시작됩니다. 그 이후 정권을 잡기 위한 군벌세력들의 다툼이 아직까지 계속되고 있지요.

1993년 모가디슈 시내의 반군(CC BY 2.0)

국제사회가 소말리아를 주목하기 시작한 것은 1991년이었습니다. 가뭄으로 인해 420만 명의 소말리아 국민이 기아에 직면하는 사태가 벌어졌는데요. 이에 유엔은 1992년 소말리아활동(UNOSMO)을 결의하고 평화유지군을 파견하여 소말리아를 지원합니다. 그러나 1993년 모가디슈 전투에서 타격을 입은 미군은 결국 병력을 철수하게 되지요. 그 후 소말리아는 지속된 가뭄과 내전을 겪으며 20년간 무려 40만 명의 사망자와 100만 명에 달하는 난민을 남겼습니다.

● 시에라리온 내전

시에라리온은 아프리카 서부 대서양 연안에 자리 잡은 나라입니다. 강을 따라 넓게 퍼진 다이아몬드 광맥으로 인해 '피의 다이아몬드'[31]로 유명한 내전 지역인데요. 시에라리온 내전은 1991년에 발발하여 2002년 공식적으로 끝났지만 내전의 끔찍한 실상과 후유증은 아직도 계속되고 있습니다.

영국의 식민지였던 시에라리온은 1961년 드디어 독립하게 됩니다. 그러나 독립 이후로 정권이 수시로 바뀌며 독재정치가 계속되었고, 이 과정에서 반정부세력인 연합혁명전선(RUF; Revolutionary United front)의 활동이 확대되었는데요. 1991년 라이베리아의 찰스 테일러 대통령은 시에라리온의 다이아몬드 채굴권을 차지하기 위해 연합혁명전선을 지원합니다. 그의 개입은 시에라리온을 더 큰 전쟁의 불길 속으로 끌어들이는 데 한 몫 했지요.

1996년 민선정부가 출범하면서 내전이 일단락되는 듯했지만 이때도 찰스 테일러의 지원으로 쿠데타가 일어나 전쟁은 2002년까지 계속됩니다. 이 과정에 찰스 테일러의 지시를 받은 연합혁명전선의 잔혹한 행위는 정말 충격적이었어요. 이들은 정부에 협조했다는 혐의를 받은 사람들의 팔다리를 절단했는데요. 사실상 무고한 사람들이 많이 희생당했습니다. 이 끔찍한 내전은 서아프리카 평화유지군(ECOMOG; Economic Community of west African States Monitoring Group)과 유엔평화유지군의 노력으로 2002년 공식 종결되었어요.

시에라리온은 아직도 내전의 그늘에서 벗어나지 못했습니다. 국가의 사회 기반시설이 모두 망가졌고, 마을 사람들은 약간의 원조금과 구걸하여 얻은 돈으로 연명하고 있는 실정이지요. 어른뿐 아니라 소년병으로 끌려간 어린 아이들까지 손발이 없는 경우가 허다한 시에라리온의 미래는 막막하기만 합

---

31 영화 「블러드 다이아몬드」(2006)는 다이아몬드 지배를 두고 벌어진 시에라리온의 내전을 다룬 영화다.

폐허가 된 학교 앞에 모인 아이들. 내전 중 1,270여 개의 초등학교가 파괴되었다.

니다. 내전으로 인해 시에라리온 사람들이 겪은 신체적·정신적 고통은 감히 짐작조차 할 수 없을 정도지요. 10년 동안 25만여 명의 여성들이 성적 학대를 당하고, 7000여 명의 소년병들이 정부와 반군에 강제징집 당했으며, 4,000명 이상의 사람들이 사지가 절단된 채 살고 있다고 하니, 전쟁이 종결된 후에도 죽음의 먹구름은 쉽게 걷히지 않을 것 같습니다.

평화를 향하여

유엔헌장 제2조 3항은 "모든 회원국들은 그들 간의 국제분쟁을 국제평화와 완전, 그리고 정의가 위협받지 않게 평화적 수단에 의해 해결해야 한다"고 규정하고 있습니다. 제33조 1항에도 "어떠한 분쟁도 그의 계속이 국제평화와 안전의 유지를 위태롭게 할 우려가 있는 것일 경우, 그 분쟁 당사자는 우선교섭, 심사, 중개, 조정, 중재재판, 사법적 해결, 지역적 기관 또는 지역의 약정을 이용 또는 당사자가 선택하는 다른 평화적 수단에 의한 해결을 구한다"고 규정되어 있지요.

국제분쟁은 반드시 교섭, 심사, 중개, 조정, 중재재판, 사법적 해결 등을 통하여 '평화적'으로 해결해야 합니다. 국제분쟁을 해결하는 방법은 크게 '외교절차에 의한 방법'과 '사법적 판단에 의한 방법'으로 나눌 수 있어요.

● 국제분쟁의 외교적 해결

외교적 방법에 의한 국제분쟁의 해결 방법에는 교섭, 중개, 사실심사, 조정이 있습니다. '교섭'은 국제분쟁 해결에 가장 많이 이용되는 방법으로, 조약문의 교섭을 포함한 국가 간의 접촉을 의미해요. 동시에 분쟁 해결에서는 다른 국가나 국제기구의 도움 없이 해당 국가가 직접 만나서 문제를 해결하는 것을 말합니다. 교섭은 단순히 이미 발생한 분쟁을 해결하는 수단에 머물지 않고, 분쟁의 발생을 예방하는 기술로도 사용되지요. 교섭의 일종인 협의는 한 국가의 새로운 정책이 다른 국가에게 피해를 줄 가능성이 있는 경우에 미리 그 국가와 대화를 시도하여 정책을 조정하는 것을 말합니다.

교섭의 형태는 일반적으로 외교채널, 즉 각국의 재외공관이나 외교관들을 통해 이루어져요. 복잡한 분쟁의 경우에는 당사국의 정부관련기관 대표를 포함한 대표단이 이를 수행하기도 합니다. 일부 특정한 주제에 대한 교섭은 당사국 간 관계기관 간의 조절에 의해 수행되기도 하고요. 예를 들어 무역문제는 무역관련 부처들에 의해, 무기에 관해서는 국방관련 부처들에 의해 조절된다는 말이지요. 만약 교섭이 지지부진한 경우에는 당사국 간 외무장관 회담이나 정상회담을 갖기도 합니다.

교섭은 제3자의 개입 없이 당사국 간의 이해관계에 대해 합의를 이루는 것이기 때문에 각국의 이해가 정면으로 대립하는 경우에는 지지부진해지기 쉽워요.[32] 하지만 일단 교섭이 타결되면, 당사국들 간의 관계는 급속히 호전되는 경우가 많습니다.

교섭이 실패할 경우 그다음 단계로 사용되는 분쟁해결 방법이 주선과 중개입니다. 제3자가 회담장소를 마련하여 분쟁 당사국들이 재교섭에 나설 수 있도록 하는 것인데요. 이를 '주선'이라 합니다. '중개'는 제3자가 단순히 양국을 협상 테이블에 앉히는 것뿐만 아니라, 나름의 중재안까지 제시하는 것을 의미해요. 일반적으로 강대국이 중개자로 나설 경우 성공 가능성이 높은 것은 사실이지만 강대국들은 때때로 자국의 이익을 추구한다는 의심을 받을 수 있습니다. 때로는 강대국이 아닌 중위권 국가들에 의한 중개가 더 효율적일 수 있지요.[33] 중개는 반드시 국가가 아니라도 국제기구, 또는 그들 국가와 특별한 관계가 있는 개인이 맡을 수도 있습니다. 칠레와 아르헨티나가 비글 해협 수로 문제로 전쟁 위기에 처했을 때 양국은 공통의 가톨릭 신앙에 기반을 두어 교황청의 추기경에게 중개를 맡겨 분쟁을 해결하기도 했답니다.

중개는 양측의 힘이 비등하여 성공을 확신하지 못할 때, 성공 가능성이 높습니다. 그러나 양측 모두 "우리가 쟤네보다 강한 것 같은데?"라는 생각이 들 경우에는 실패하기 쉬워요. 이때는 강대국에 의한 중개가 성공 가능성이 높고, 특히 강대국이 어느 한쪽에 힘을 실어준다면 해결 가능성이 더 커집니다. 수에즈 전쟁 당시 미국과 소련이 이스라엘, 영국, 프랑스를 압박하고 이집트 지지를 선언하자 3국이 철수한 것을 예로 들 수 있지요.

중개의 한계점은 양쪽 당사자가 모두 만족할 만한 중개자를 찾기가 쉬운

---

32 당사국들 간의 감정의 골이 깊어 만나기조차 꺼리는 경우, 또는 당사국들 간의 이해관계 차이가 너무 커서 이를 메울 공동의 이익이 없는 경우에는 제3자의 개입이 없기 때문에 교섭 당사국의 국력이나 협상력에 의해 불공정한 결과가 발생할 수도 있다.

33 요르단, 알제리, 노르웨이 등이 국제분쟁에 있어 공정한 중개자로 선호되는 국가들이다.

일이 아니라는 점입니다. 또한 중개자가 제시한 해결책 자체가 구속력을 지닐 수 있는 것은 아니므로 그 효과가 제한적이에요.

'사실심사'는 심사위원회와 같은 국제적인 기관으로 하여금 분쟁의 원인이 된 사안들을 명확히 밝히도록 하여 국제분쟁을 평화적으로 해결하는 것인데요. 국제심사는 그리 자주 사용되지 않습니다. 견해 차이의 해소에는 교섭이, 사실에 대한 조사가 필요한 경우에는 국제기구에 의한 해결이 더 선호되기 때문이에요.

'조정'은 국제기관이 분쟁 해결에 나서는 것으로 분쟁의 사실문제는 물론 법률문제도 함께 다룬다는 점에서 국제심사와 다릅니다. 이 제도는 원래 사실심사에서 발전한 것으로 위원들이 사실문제뿐 아니라 법률문제까지도 다룰 수 있도록 권한을 확대한 거예요. 외교관들이나 전문가들이 조정위원을 맡는 경우도 있지만 보통은 법률가들로 구성되어 분쟁을 조사하고 해결방안을 제시합니다. 조정안은 구속력을 가지지는 못하지만 당사국들은 조정의 수락여부를 통보해야 하고요. 위원회의 제안이 수락되면 분쟁 해결 조건에 관한 합의문이 작성되지만 거부되면 당사국들에게 아무런 의무도 부과하지 못합니다.

● 국제분쟁의 사법적 해결

사법적 판단에 의한 해결은 중재재판과 국제사법재판소를 통한 방법 등이 있습니다.[34] 중재재판은 분쟁 당사국이 재판관의 선정, 재판준칙, 절차 등을 합의하여 재판을 진행하고 구속력 있는 결정에 의해서 분쟁을 해결하는 제도입니다. 중재재판이 통용되기 시작한 시기는 19세기 이후이며, 1872년 영국과

---

34 중재재판과 사법재판은 분쟁 당사국의 권리와 의무에 대해 국제법에 따라 분쟁을 해결한다는 점에서 사법적 분쟁 해결 방법에 해당한다.

미국의 '앨라배마 호 사건'이 중재재판에 의해 해결된 대표적인 국제분쟁 사례입니다. 이에 비해 사법재판은 상설 설치된 재판소와 재판준칙, 절차에 따라 재판하는 제도로 국제사법재판소의 재판이 이에 해당됩니다. 국제사회에서 상설 국제사법재판소가 생긴 것은 제1차 세계대전 이후이며, 1921년 네덜란드 헤이그에 창설되었습니다.

● 국제분쟁의 근본적 해결

분쟁으로 인해 사회 인프라가 파괴되면 그 결과는 고스란히 국민들의 생활에 영향을 끼칩니다. 오랜 기간 내전과 분쟁에 주력한 정부가 제대로 된 정책이나 법체계를 갖출 리 없잖아요? 따라서 국민들은 분쟁이 종결된 후에도 그대로 가난에 노출된 채 방치됩니다. 많은 사람이 목숨을 잃고, 살아남은 사람들도 이전과 같은 경제활동을 할 수 없으므로 국가경제를 이끌 노동력이 모자라게 되지요. 희망도, 집도, 직업도 없는 젊은이들은 범죄에 몸을 담거나 무장단체에 가입합니다. 이를 막을 수 있는 법제도는 마련되어 있지 않고요. 소말리아 같은 나라는 정부의 힘 자체가 유명무실합니다.

전 세계에서 분쟁 국가들에게 보내는 해외 원조금은 일반 시민들에게는 실질적인 도움이 되지 않습니다. 원조금의 상당 액수가 부패한 소수의 정치권력의 손에 떨어지기 때문인데요. 빈곤을 해결하기 위한 원조금이 또 다른 빈곤을 낳는 부패정권의 자금으로 쓰이는 셈입니다. 기득권층은 국가의 발전보다는 개인의 부와 권력을 유지하는 데 관심을 갖게 마련이고, 당장의 배고픔이 문제인 국민들은 민주화를 중요한 문제로 여기지 않기 때문입니다. 따라서 불안정한 사회구조가 지속되면서 이는 다시 분쟁으로 이어지게 되지요. 즉 분쟁이 빈곤을 낳고, 빈곤이 다시 분쟁으로 이어지는 악순환이 계속되는 것입니다. 이 악순환을 끊어야만 희망이 자랄 수 있을 텐데요!

하지만 국제사회는 분쟁을 해결하기 위해 여전히 노력하고 있습니다. 비록 그 효과가 미미할지라도 말이에요. 수많은 언론인들이 분쟁의 소식과 참상을 세계에 정확히 알리기 위해 위험을 무릅쓰고 분쟁 현장을 찾아가기도 합니다.

케냐는 부정부패로 인한 오랜 정치적 갈등과 폭력사태를 겪은 나라입니다. 그런데 최근 케냐 방송에 따르면 케냐의 '반부패위원회'가 '반부패커리큘럼'을 만들고 토론 등을 통해 학생들에게 '청렴함'을 가르치고 있다고 해요. 물론 케냐의 부패 문제가 워낙 심각한 탓에 이 같은 움직임이 과연 효과적일지는 아무도 장담할 수 없지만, 케냐의 미래를 책임질 인재 육성의 기회라고 볼 때 희망적인 움직임인 것만은 틀림없습니다.

세계은행(World Bank)은 『세계개발 보고서』에서 "저개발 국가의 가장 큰 장애는 가난이 아니라 폭력이다"라고 지적했는데요. 평화로운 국가들은 가난으로부터 벗어날 수 있는 관리능력이 있지만, 분쟁에 시달린 국가들은 그럴 가능성이 떨어진다는 점을 인식한 탓입니다. 아프리카의 두 나라 부룬디와 부르키나파소의 성장률과 소득수준은 1990년까지만 해도 비슷했습니다. 그러나 부룬디에서 내전이 일어나면서 상황은 달라졌어요. 부룬디에선 10여 년간 30만 명의 민간인이 사망한 반면, 현재 부르키나파소는 브룬디보다 2.5배나 경제적 수준이 높아졌거든요.

한 번 분쟁을 겪은 국가는 폭력의 사이클에서 벗어나기가 쉽지 않습니다. 그렇다고 해서 악순환의 고리를 끊기 위해서 무조건 외세를 들이는 것도 근본적인 해결책은 될 수 없어요. 우리나라의 역사만 보아도 알 수 있는 사실이잖아요? 결국, 분쟁 국가 내부에서 정부와 국민 사이에 신뢰를 회복하고, 건전하고 건강한 국가를 만들기 위해 서로 노력해야 합니다.

국제분쟁을 끝내려면 무엇보다 세계인 모두, 우리 모두, 그리고 각 개인이 이 문제에 관심을 가져야 합니다. 전쟁으로 고통 받는 이들에게 관심을 기울이면 그들을 위해 할 수 있는 다양한 일들을 자연스럽게 발견하게 될 테니까요. 우리의 관심은 분쟁 국가 스스로 폭력의 어두운 과거를 청산하고 악순환의 고리를 끊는 희망의 씨앗이 될 수 있습니다.